KB057633

생물권 정치학시대에서의 정치와 교육

생물권 정치학시대에서의
정치와 교육

한나 아렌트와 유교와의 대화 속에서

이은선 지음

Politics &
Education

머리말

1

몇 년 전 제레미 리프킨의 저서 *The Empathic Civilization* (『공감의 시대』)가 번역되어 나올 때 그가 썼던 'Biosphere Politics'라는 말이 '생명(生命)권 정치학' 대신에 '생물(生物)권 정치학'으로 번역되어 나오는 것을 보면서 공감했었다. 이번 책의 2부에 있는 글 「탈학교 사회와 한국 생물(生物)여성영성의 교육」에서 좀 더 자세히 그 이유를 밝히고 있지만 나는 생명권보다 생물권이라는 말을 더 선호한다. '생물'(物)이라는 말이 생명(命)이라는 말보다 우리가 지금까지 생명 없이 죽은 것이라고 생각했던 물질까지도 포괄하는 더 적극적인 생태학적 언어라고 생각하고, 이와 더불어 여기서 '생'(生)이라는 글자는 낳다 또는 살리다의 동사가 되어서 생물이라는 말은 우리의 적극적인 행위의 언어, 즉 만물을 낳고 살리는 책임과 행위의 언어로 더욱 이해될 수 있다고 보기 때문이다. 그래서 이 책의 제목을 『생물권 정치학 시대에서의 정치와 교육』이라고 했고, 이 언어로써 나는 여기서 논의되는 모든 물음과 성찰들이 궁극적으로 범 생태적인 위기에 처한 우리 삶의 나아갈 길을 묻는 질문에로 수렴되고, 그것이 좁은 의미의 우리 정치와 교육에서의 물음들과 다른 것이 아님을 드러내고자 했다.

2

이 책은 나의 지금까지의 다른 책들과 마찬가지로 매우 통합학문적이고 통섭적인 사고에서 나온 것이다. 이미 제목에서도 드러나듯이 이 책이 포괄하는 영역은 우리의 통상적인 학문 구분 영역인 종교나 철학, 정치, 교육 등의 좁은 구분을 넘어선다. 대신에 그러한 제반 영역들을 엮어서 물(物)을 살리고, 인간의 삶과 정치를 더욱 인간다운 것으로 하는 일은 어떤 것일까를 묻는다. 그러나 억지로 그렇게 된 것이 아니다. 오히려 자연스럽게 지금 나와 우리의 처지와 상황에서 출발해서 살피다 보니 한편으로는 존재의 근저를 묻는 종교적·철학적 물음을 피할 수 없었고, 다른 한편으로는 생명의 공동 삶을 위해서 거기서의 룰과 마땅함과 아름다움을 묻는 자리에서 다시 자연스럽게 좁은 의미에서의 정치와 교육, 특히 어린 시절의 교육과 감정과 의지 교육, 우리 판단과 행위의 근본과 시작에 대한 물음에로 나아가게 되었다. 그래서 이러한 모든 물음과 탐구들을 연결하다 보니 지금의 모습처럼 통합학문적이 되었다.

이러한 가운데서도 지구적 인간 공동 삶의 공간적 구분은 버리기 어려웠다. 그것을 여기서 인간 의식의 동서의 구분으로서 '유교 사상'과 '한나 아렌트'라는 묶음으로 드러냈다. 유교 전통 가운데서는 특히 서구 사상사에서 마틴 루터에 자주 견주어지는 왕양명(王陽明, 1473-1529)의 사고를 많이 언술했지만, 그러나 이번 저술의 많은 부분이 주로 오늘날 인류의 탈근대적 상황 속에있는 우리에게 동아시아적 유교 사고가 어떻게 새롭게 다가오는가를 보편적인 언어로 살핀 것이므로 유교사상에 대한 언급이 너무 일반적으로 보일 수 있다. 그러나 그럼에도 불구하고 이러한 비교연구가 의미가 없지 않다고 본 것은 오늘날 한국의 상황도 그 지정학적 위치와 문화적 전통에도 불구하

고 스스로의 유교적 전통으로부터 너무 소외되어 있어서 어쩌면 이렇게 서
구적 사고와 언어로 다시 한 번 해석되고 비교된 언어가 우리들에게도 그 지
적 전통에 더 용이하게 다가갈 수 있게 하는 것으로 보였고, 특히 오늘 학문
후속세대들에게는 더욱 그렇게 보였기 때문이다.

3

사실 이 책을 내기 전에, 아니면 이 책은 벌써 묶여 나왔어야 하고, 지금쯤
왕양명과 한나 아렌트에 대한 정치한 비교연구서가 나오는 시점이 되었어야
한다. 그러나 여러 가지 급했던 다른 저술과 일들로 저술 지원을 받고도 정해
진 시간 안에 마무리하지 못했다. 그래서 그 일은 뒤로 미루어졌고, 대신에
우선 지원을 받기 이전에 쓰인 아렌트에 관한 글들과 그리고 이후 지원 연구
를 수행하면서 동시에 다른 일로 써야 했던 몇몇의 글들을 모아서 이번 책으
로 내게 되었다. 제1부의 아렌트 연구는 주로 아직 아렌트가 지금처럼 한국
에 널리 알려지기 이전에 쓰인 것들이어서 그녀 사상의 소개에 더 집중한 경
향이 있다. 하지만 나는 아렌트를 처음 읽는 순간부터 그의 사상이 얼마나
탈전통적이고 포스트모던적으로−여기서 내가 포스트모던적이라 함은 그녀
사상이 보여주고 있는 예민한 내재적 초월성(immanent transcendent)에 대한 감각
과 매우 통합적인 사고를 주로 이르는 말인데−동아시아의 유교적 사고와, 특
히 불교와 도교와의 대화를 거쳐서 전개된 신유교적 사고와 연결될 수 있는
지를 지시하고자 했다. 특히 그녀 삶과 사고의 전체적인 전개 과정이 내가 예
전에 서구의 신인본주의자 하인리히 페스탈로치(H. J. Pestalozzi, 1746-1827)와 비
교 연구했던 왕양명과 매우 깊게 연결되는 것을 보면서 큰 기쁨을 느꼈고, 그
비교 연구가 제1부의 마지막 글 「한나 아렌트의 탄생성의 교육학과 왕양명

의 치량지의 교육사상」으로 이루어졌다.

　이 글이 기초가 되어서 나의 양명과 아렌트에 대한 심화된 연구가 구상되었는데, 그 구조와 기본적인 관점은 모두 어떻게 동서의 두 사상가가 자신들 시대의 세계관적인 절망과 폭력을 아프게 경험하고서 그 극복의 근거와 실마리를 인간 내면속에서 발견하면서 나름의 정치와 교육적 대안을 제시했는지를 보여주는 일이 된다. 지난 2009년 한국학중앙연구원이 주최했던 문명과 평화 국제포럼에 참석했던 리처드 J. 번스타인 교수(『한나 아렌트와 유대인 문제』의 저자)가 한국에 왔을 때, 그가 자신의 보스턴 친구 양명학자 투웨이밍(Tu Wei-ming) 교수에게 어떻게 아렌트와 양명이 서로 연결될 수 있는지를 말해 왔다는 이야기를 직접 듣고서 그렇게 나의 관점이 다른 아렌트 전문가에 의해서 공유되는 것을 듣고 반가웠다. 나는 이러한 관점을 지난 2008년 서울에서 열렸던 세계철학자 대회에 마련된 한나 아렌트 패널에서 요약하여 발표하기도 했다.

4

　이후 이렇게 아렌트와 연결해서 이해된 양명 연구는 자연스럽게 다시 그 양명을 한국의 퇴계와 연결시켜 볼 수 있게 했다. 사실 퇴계는 일반적으로 우리에게 양명의 배척자, 한국에서 그렇게 양명학이 이단시되는데 시발점을 마련한 사람으로 알려져 있다. 그러나 양명과 비교했던 아렌트와 더불어 퇴계를 생각해 보니 퇴계가 양명의 주관의 발견(心即理)과 의지의 창발력(誠意)을 왜 그렇게 경원시하고 비판했는지를 유추해 볼 수 있었다. 즉 퇴계는 아렌트가 그녀의 경우에서 아무리 주관의 탄생성에 주목했고, 행위할 수 있는 인간 의지의 힘을 신뢰했다 하더라도 그 의지가 더 근원적으로 보다 보편적인 원리들과 전통과 권위와 연결되지 않고서는 매우 위험할 수 있다는 것을 알아차려서 다시 인간 정신에서 과거와 관계하는 사고를 중시한 것처럼, 그렇게 유사하게 퇴계도 양명의 주관과 의지를 비판하면서 객관(理)과 권위와 사고(思)를 중시한 것이라고 이해하였다. 그러나 나는 앞의 아렌트와 양명의 비교 연구에서 그러한 아렌트 사고의 전개와 전환이 양명에게서도 유사하게 이루어져서 나중에 양명이 발견한 양지(良知)와 치량지(致良知)의 가르침도 또 하나의 유사한 통합이라는 것을 말했는데, 이것은 결국 양명과 퇴계는 출발점은 달랐지만 그 결론에 이르러서는 서로 유사한 입장에 도달한 것으로 본 것이다. 즉 그들이 비록 서로 의식은 못했다 하더라도 인간 심에 대한 유사한 결론에 도달했고, 이것은 퇴계도 고봉 기대승(1527-1572) 등과의 심도 깊은 대화와 탐색을 통해서 자신의 심(心)과 리(理)에 대한 이해를 수정해 갔기 때문에 가능해진 것으로 보았다. 결국 나는 양명, 퇴계, 아렌트 모두가 그들의 삶과 사고에서 주관과 객관, 지와 행, 사고와 의지, 과거와 미래를 직관적으로 통합하면서 바로 지금 여기에서 영원(초월)을 선취한 영적 사상가들로 이해한 것을 말한다. 그러나 한편 퇴계를 살펴보니 아렌트가 양명보다는 퇴계와 만나는 점이 더 많다는 것도 보였고, 대신에 양명의 강력한 실천적 삶과 같은 것은 오히려 아렌트와 퇴계가 다시 객관과 전통과 사고에 몰두하면서 약화시킨 것이 아닌가 하는 생각도 들었다. 이렇게 나는 비록 퇴계 연구에 있어서 초학자임에도 불구하고 그와 가장 대척점에 있다고 여겨지는 양명을 끌어들여서 그 둘을 다시 연결시켜서 모두를 동아시아 신유교 전통의 '심학'(心學)의 대가들로 밝히고자 했다. 이것은 과한 것으로 보일 수 있지만 그럼에도 불구하고 그러한 이해에 대해서 나름대로 확신을 가졌는데, 그 확신은 이 둘을 특히 서구의 또 다른 사상가 루돌프 슈타이너(Rudolf Steiner, 1861-1925)와 연결하여 살펴봄으로써 더욱 강해졌다.

퇴계 연구는 영남대학교 퇴계학 연구원의 최재목 교수님으로부터 원고 청탁을 받고 이루어졌다. 또한 비슷한 시기에 충남대학교 유학연구소 김세정 교수님으로부터 양명사상의 현대적 해석을 위한 심포지엄에 참여해 달라는 부탁을 받았다. 그래서 궁리하던 중 이 둘을 서로 연결시켜 보려는 생각을 갖게 되었고, 이 둘의 화해를 통해서 우리 개인의 성찰뿐 아니라 공동체적 대동의 삶을 위해서도 둘이 함께 역할 할 수 있도록 하면 얼마나 좋을까를 생각했다. 그러한 염원이 전혀 근거 없지 않은 것은 특히 우리나라에서 보통 초월심리학적 인지학자(人智學, anthroposophy)로 알려져 있는 루돌프 슈타이너의 사고를 같이 연결하여 생각해 보았기 때문이다. 그는 칸트 이후의 서양 인식론의 한계와 출구 없음 앞에서 괴테 초월심리학적 통찰과 불교 사상의 영향을 받고서 인간의 정신을 이세상적 감각의 세계를 벗어나서 좀더 높고 깊은 초감각적 세계로 인도하기를 바랐다. 그러나 그것을 지금까지의 좁은 의미의 종교적 · 비의적 방법이 아니라 학문과 과학과 교육의 일을 통해서 이루고자 했는데, 이러한 시도 가운데서 잉태된 그의 사상이 일찍이 동아시아에서 퇴계나 양명이 신유교적 언어로 인간 심(心)의 미시적 세계와 우주적 거시의 세계(理)에 대해서 밝혔던 통찰과 많이 상통함을 보았다. 슈타이너는 더군다나 이 일을 가난한 민중의 해방과 자유를 위해서 시작했으므로, 그와 많은 접점을 가지고 있는 것으로 보이는 신유교적 사고가 어떻게 거룩과 초월의 영역을 급진적으로 세계내적으로 끌어들이는 일을 통해서 오늘날 외재적 초월신과 인격신에 대한 과도한 강조로 점점 더 그 폐쇄성에 빠져드는 서구 기독교적 사고보다 더 인간 해방적이고, 보편 친화적일 수 있는가를 볼 수 있게 한다고 생각했다.

인간의 정신을 이 세상 생명 진화의 꽃으로 보는 슈타이너는 인간의 '의지'와 '사고'와 '감정'이 어떻게 그 시기와 때에 따라서 서로 다르게 역할을 하는지를 밝힌다. 그에 따르면 어린 시절의 교육은 그 의지가 품고 있고 감정으로 어렴풋하게 느끼고 있는 각 사람 고유의 미래의 상을 실현시킬 수 있는 힘을 기르기 위해서 먼저 의지와 감정 교육에 주력해야 한다. 대신에 사춘기에 이르러서는 자신의 의지와 감정을 반성적 사고와 성찰로 비판적으로 점검할 수 있는 비판 능력과 사고 능력을 길러 주어야 한다. 그에 의하면 인간의 현재를 이루는 감정은 반감(antipathy)과 공감(sympathy)의 두 가지로 이루어지는데, 반감은 과거에 이미 이루어진 것과 관계하는 사고로 전개되고, 이와 다르게 공감은 미래에 실현되어야 하는 의지의 일로 전개된다. 여기서 그는 인간이 행위하는 인간이 되고, 또한 그 행위가 바른 것이 되기 위해서는(판단) 의지와 사고, 공감과 반감이 모두 함께 배려되고 고려되어야 함을 강조한다. 앞에서 양명과 퇴계가 우리의 공부에서 무엇이 중요하고 시발점이 무엇인가에 대해서는 서로의 시작이 달랐지만 나중에는 이들의 사고에서도 의지와 사고에 대한 강조가 서로 긴밀히 연결되고 통합되었다고 본 대로, 나는 슈타이너의 성찰 속에 그러한 양명과 퇴계가 잘 어우러져서 또 다른 언어로 훌륭하게 융합되어 있는 것을 보았다. 그리고 이러한 슈타이너의 사상은 단순히 아동교육이나 인간 활동 중 좁은 의미의 교육에서만의 일이 아니라 더 확장된 지평에서 인간 문명과 전 우주적 삶의 운행과도 깊이 연결되어 살펴진다는 점에서 퇴계나 양명의 우주론과도 잘 상응함을 보았다.

제2부의 마지막 글인 「어떻게 희락하고 행위할 수 있는 인간을 기를 수 있을 것인가?-양명과 퇴계 그리고 루돌프 슈타이너」는 바로 이러한 탐구의 결과인데, 그러나 이 글이 처음 쓰여서 발표될 때는 이러한 생각들을 충분히 나눌 수 없었고, 한국교육철학학회에서도 발표했지만 너무 복잡한 관계이므로

충분히 설명할 수가 없었다. 또한 이 글 자체가 무척 길고 슈타이너 사상이 여전히 워낙 비의적인 측면이 많아서 유교 사고와 연결하여 오늘날의 언어로 그 상관점과 의미를 보여준다는 것이 쉽지 않았다. 그러나 나는 이 글의 시작하는 말을 '과거와 미래 사이에서 현재를 구하기' 라는 제목으로 내걸면서 그것을 오늘 우리 교육의 현실과 보편적인 삶의 정황을 지시하는 말로 제시하였고, 그러한 이들의 사고가 결코 그들 시대만의 것이거나 현실성 없는 사고놀음이 아니라 우리 시대를 위해서도 매우 실천적인 의미를 지니고 있는 것으로 보여주고자 했다. 이들 사고와 성찰이 오늘 우리 시대와 교육을 위해서도 진정으로 실제적이고 구체적인(practical) 의미를 담고 있다고 확신했기 때문이다. 더불어 이 제목은 한나 아렌트가 자신의 저서 중에서 제일 사랑한다고 하는 『과거와 미래 사이(Between Past and Future)』도 생각나게 하고, 슈타이너가 우리 감정의 반감과 공감을 들어서 과거와 관계하는 반감과 함께 시작되는 사고와, 미래와 관계하는 공감에서 나오는 의지 사이의 균형과 조화야말로 건강한 현재적 삶의 모습인 것을 역설한 것과도 연결된다. 퇴계가 과거와 전통과 원리와 권위와 더 관계하면서 인간 형성을 생각했다면, 양명은 미래와 주체의 창발성과 우리 의지의 창조적 행위와 상상의 힘을 더 강조함으로써 인간 존엄성을 회복하고자 한 것을 잘 대변해 준다고 생각한다.

6

나는 정치란 아렌트가 지시한 대로 각자가 가지고 태어난 인간적 위대성과 나름의 고유성을 잘 발휘하고 표현할 수 있도록 자리와 환경을 마련해 주는 일이라고 생각한다. 또한 교육이란 그러한 인간 위대성과 행위의 씨앗을 잘 알아보고 살펴서 위대한 행위의 인간으로 길러내는 일이라고 여긴다. 그런데 오늘 우리 삶의 정황을 보면 많은 사람들이 먹고사는 일을 위해서 죽도록 경쟁하고 싸우면서도 종노릇하는 모습을 보여주고 있고, 교육은 거기서 단지 밥벌이 수단으로만 여겨지는 형편이다. 나는 우리 교육이 지난 세기 70년대에 이반 일리치(Ivan Illich, 1926-2002)가 그의 『탈학교 사회(Deschooling Society)』에서 이미 잘 지적하여 주었듯이 너무 소수의 제도적 기득권에 의해서 독점되어 있다고 생각한다. 그 소수의 기득권에는 한국 사회에서는 특히 소위 SKY대학으로 불리는 몇몇의 특정대학들이 있고, 더 넓게는 대학 일반, 아니 더 나아가서 '학교'라는 사회적 제도 일반이 있다. 이러한 상황에서 일리치는 이제 인류는 서구 사회에서 과거 중세인들이 16세기 종교개혁을 통해서 옥죄는 교회로부터 해방되었듯이 그렇게 학교로부터 해방되는 과제 앞에 놓여 있다고 했는데, 나는 이 비전에 많이 동감한다. 교육과 배움이 대학이나 학교라는 한없이 독점 권력화된 제도기구로부터 해방될 수 있고, 그래서 다시 인간의 참된 성장과 우주적 생명 공동체의 안녕을 위한 일이 되어야 함을 말하는 것이다. 나는 '거기서 그 관건이 무엇인가?'라는 물음에서 제일 중요한 것이 만물과 인간 각자의 내면에 놓여 있는 천래의 가능성에 눈떠야 하고, 거기에 접목해서 배움의 과정이 진행되어야 하며, 우리 직업의 선택에 있어서도 다른 기초가 있는 것이 아니라는 생각이다. 이러한 생각들이 이 책의 서장으로 놓은 「청년 정의운동」과 마무리장의 「어떻게 우리의 대동사회를 이룰 수 있을 것인가?- 2013체제와 한국사회 제도개혁의 여러 문제들」에 표현되었다. 이러한 글들을 통해서 나는 오늘 정치와 교육으로 인해서 한없이 억눌려 있고 고통에 빠져 있는 우리 사회, 특히 거기서의 청년들과 노인들, 또한 어린 유아들을 생각하면서 어떻게 이들의 삶이 보다 인간적으로 배려될 수 있는지를 찾고자 했다. 이러한 성찰을 위해서도 아렌트와 유교적 지혜가 좋은 지침이 될 수 있었다.

먼저 그중에서도 '인간은 누구나 다 배움(學)을 통해서 위대해질 수 있다.' (學以至聖人之道)는 유교적 가르침은 오늘날 한없이 실리주의에 빠져 있고 제도적으로 독점화된 교육을 개혁할 수 있는 좋은 씨앗을 가지고 있다고 보았다. 그 유교적 배움의 길은 '가학' (家學)이라는 전통도 가지고 있고, 무슨 일을 하면서 살든지 간에 '자기수행' 이라는 측면을 강조하면서 공부를 일생과 평상과 삶의 일로 가르쳐 주었기 때문이다. 이렇게 인간 모두의 선험적 가능성에 기초하면서 교육과 배움을 보편화하고 일상화하는 유교적 길은 오늘 우리의 배움의 길에 새롭게 적용한다면 바로 중세 교회로부터 민중해방을 가능케 했던 루터 종교개혁의 믿음만큼이나 우리에게 해방의 길을 가르쳐 줄 수 있다고 믿는다. 인간 내면의 가능성에 대한 깊은 믿음과 신뢰(性卽理 또는 心卽理), 우리 정신의 힘으로서 인작(人爵)보다 천작(天爵)을 더 귀히 여길 수 있는 내면적 힘에 대한 강조, 그래서 자신을 쉽게 조그마한 이익이나 명예에 팔지 않고 '뜻을 높이는 일' (尙志)에 매진하도록 하는 의지적 결단력, 그렇게 해서 새로운 세계를 창조해 내려는 인간적 상상력과 공동체적 단결력, 이러한 것들이 유교적 가르침에 충실히 담겨져 있다고 본다. 그리고 이 지혜들이란 우리가 위에서 슈타이너의 이야기에서 본 대로 미래를 창조하는 의지의 힘에 더욱 더 근본적으로 달려 있다고 보아서 교육에서 사고보다 의지를 기초적으로 길러 주는 일이 얼마나 중요한지를 다시 한 번 일깨워 준다고 할 수 있다.

7

한나 아렌트는 생애에서 20대의 말에 유럽 계몽주의 시대 동화(同化) 유대인 라헬 반하겐(Rahel Varnhagen, 1771-1833)의 전기를 마무리하면서 "다른 사람과 공유된 실재가 없이는 진실은 그 의미를 모두 상실한다." (without reality shared with other human beings, truth loses all meaning)는 진리를 터득하고서 그때까지의 자신의 무세계적 자아폐쇄를 극복할 수 있었다고 한다. 그런 후 그녀가 일생 동안 그 원리와 실제를 탐구해 왔던 정치에 있어서 기초와 기반이 되는 것은 사실(fact)을 사실로 알아보고 시인하면서 언술할 수 있는 인간적 정신의 힘이라고 했다. 사실이 의견(opinion)이나 진실 게임으로 왜곡되기 시작하면 인간 공동 삶은 한없이 지난해지고 비참해지는데, 그래서 그녀는 한 사회에서 그 사실을 공유하는 관찰자, 왜곡하지 않는 무구한 증거자, 용기 있는 언술자 등의 존재를 그렇게 중시했고, 그러한 정신의 소유자들을 기르는 일이야말로 인간 공동 삶의 근간이라고 보았다. 그들이야말로 참된 자유인이고, 진정한 상식인이며, 인간적인 교양인들이라고 보았기 때문이다.

한편 그러한 자유인과 교양인과 상식인을 기르는데 우리의 말과 언어와 대화만큼 중요한 것이 없다. 그것들은 가장 보편적이고 용이하게 우리의 정신과 행위를 비추어서 검토해 볼 수 있는 통로이고, 그래서 인간 전통의 보고(寶庫)이기 때문이다. 지난해 한국 대선에서 우리는 우리 자신의 말과 언어가 어느 정도로 왜곡되고 타락할 수 있는지를 경험했다. 사실과 진실을 담아 내는 대신에 의견으로 가장되어 큰 소리로 주장되는 거짓과 왜곡의 말, 자신과 의견을 달리 하는 사람들을 너무나 쉽게, 그리고 극단적으로 악마화하는 말의 폭력과 찌름의 언어, 전통과 상식과 인간 함께함에 있어서 기본이던 대화에서의 예의가 사라지고 완악함과 교만을 한껏 드러내는 무례함, 이런 언어적 폭력들이 무차별적으로 행해지는 것을 보았다. 종합편성 채널까지 동원해서 언로를 독점한 소수 언론의 행패는 앞으로의 한국 정치와 사회의 미래를 한껏 어둡게 할 수 있음을 잘 보았다. 또한 이에 더해서 인간 모두의 일인성(性)과 가족, 젠더의 이해에 있어서 전래의 상식과 보편이 신중한 고려없이 무시되는 일이 얼마나 저항을 받을 수 있는지를 또한 잘 경험하였다. 대중과 민중 속에서 체화되지 못한 일부 엘리트주의적 진보주의의 언어들은 결코 현실을 바꾸는 힘이 되지 못함을 깊이 경험한 것이다. 이러한 모든 일들을 겪으면서 나는 우리 일상의 언어를 보다 더 진실되고, 인간성에 대한 예의를 갖춘 예민한 언어로 깨어나게 하는 일이야말로 참으로 중요한 일이라는 것을 깨달았다. 보통 사람들의 언어와 말에서 인간성에 대한 예민한 감각과 예의를 갖추도록 하는 일, 그것을 가능하게 하는 살아 있는 인문학 공부와 인간 전통의 탐구, 거짓을 배격하고 보다 더 진실해지고자 하며, 상대방을 배려하고, 대화 속에서 그 상대방과 진정으로 한 인간임을 상기하며 그의 필요와 감정에 귀 기울이는 배려심의 언어를 배우는 일이야말로 모든 정치와 교육에서 우선되는 일이라고 생각했다. 그래서 나의 이번 책도 그러한 일에 조금이나마 보탬이 되기를 소망한다. 그리고 앞으로도 힘 닿는 대로 그러한 일에 매진하고자 한다. 그러면서 지금까지의 나의 언어와 대화에서도 가식과 왜곡과 폭력으로 상처받은 많은 삶의 동반자들을 생각하면서 그들에게 진심으로 용서를 빌고 싶다.

8

이렇게 부족한 사람의 말을 모아서 다시 한 권의 책으로 엮어 준 〈도서출판 모시는사람들〉에게 먼저 감사의 마음을 전하고자 한다. 소경희 편집장은 나와는 세 번째의 작업이지만 한결 같은 마음으로 이 책을 엮어 주었다. 그의 수고와 마음 씀에 감사하며, 그가 이러한 지난한 일들을 하면서 품고 있는 동학(東學)의 이상이 우리 사회와 문명에 더욱 펼쳐지기를 기도한다. 세종대학교 교육학과의 제자들과 동료들의 너그러운 마음으로 연구학기를 가질 수 있어서 이 책을 엮을 수 있는 시간을 얻었다. 감사한 마음으로 새 학기가 되면 기쁘게 만날 것을 기대한다. 지금 서문을 쓰고 있는 곳은 미국 오하이오 데니슨(Denison) 대학교 도서관인데, 이런 조용한 성찰의 시간을 가능하게 해 준 남편 이정배 교수와 두 아들 경성과 융화, 그리고 데니슨 대학의 배근주 교수, 이들의 배려와 환대에 감사한다. 가장 가깝기 때문에 항상 나눔과 배려에서 많이 소외되었던 나의 엄마와 가족들, 형제자매들, 친척들, 이들에게 감사하면서 용서를 구한다. 또한 항상 바쁘다는 핑계로 잘 찾아뵙지 못하는 선생님들, 이동준 교수님, 신옥희 선생님, 김영혜 사모님, 스위스의 바르트 부인, 마이어 부인, 부리 할머니 가족들, 이런 이웃들을 생각한다. 한국교육철학학회, 한국양명학회, 한나아렌트학회, 여신협, 생명평화마당의 모든 동반자들에게 감사한다. 그래서 다시 나의 삶에서 'by grace, through faith' 라는 말을 상기하면서 이 글을 마치고자 한다. 나는 말과 언어를 믿는다.(I believe in language)

2013년 1월 미국 오하이오 그랜빌에서
저자 모심

생물권 정치학시대에서의 정치와 교육

청년 정의운동

– 내가 나의 하나님을 사랑한다고 할 때 나는 무엇을 사랑하는 것인가?

01.

우리 시대에 다시 정의가 문제 되었습니다. 누구나 잘 알고 있듯이 지구 어머니의 젖이 그 자식들에게 골고루 나누어지지 못하고 있기 때문입니다. 일찍부터 지구 동서의 사람들은 정의에 대해서 약간씩 다르게 이야기해 왔습니다. 하지만 한결같이 말한 것은 지구에 살고 있는 모두는 각자 자신의 몫을 가지고 있다는 것이고, 그래서 그 본래적으로 주어진 다른 사람의 몫을 빼앗은 것은 불의이고 잘못된 일이라는 것입니다. 플라톤은 일찍이 정의를 '일인일사'(一人一事)로 말하면서 사회 구성원 모두가 각자 자신의 일을 가지고 있는 사회를 이상사회라고 했고, 맹자는 '경장'(敬長)을 말하면서 낡고 오래된 것, 나이 들어서 힘이 없는 존재이지만 바로 그 존재를 존숭하고 귀하게 여기는 일이야말로 정의라고 하면서 오늘 우리 시대의 능력 평등주의나 공리주의와는 전혀 다른 이야기를 해 주고 있습니다.

사람들이 후천적으로 이룬 것(능력)을 가지고 서로 비교하며 자리매김을 하는 것은 언뜻 보기에는 정당한 듯이 보이지만 자칫하면 그 일은 모두가 본래

가지고 있는 자연 고유성의 존엄함을 무시하기 쉽습니다. 그래서 요즘처럼 스펙 쌓기가 성행하고 약자나 노인, 오래된 것, 아니면 새로 도착한 자는 설 자리를 잃거나 찾지 못하고 각종 공리주의에 휘둘리며 비참 속에 빠지게 됩니다. 기성세대가 이미 이루어 놓은 세상에 '늦게'(belated) 또는 '새로'(new) 온 자로서 청년 여러분들의 고통이 큽니다. 견고한 성처럼 틈새가 보이지 않는 곳에 와서 어떻게든 자신의 자리를 찾고 두 발로 서고자 오랜 기간 인내하며 노력하지만 그렇게 되기란 정말 쉽지 않습니다. 한국 사회에서의 고통에 찬 긴 교육 기간, 군대라는 통과의례, 여성의 몸과 관련해서 쏟아지는 온갖 비인간적 요구들과 잔인성을 견디어 내야 하는 조건 등, 청년 여러분들의 길에 난관이 가득합니다.

그러나 그럼에도 불구하고(in spite of) 우리의 세계는 바로 그러한 청년 여러분들의 고통에 찬 몸부림을 통해서 새로워져 왔으며, 만약 그렇게 새로 온 자들의 몸부림이 없다면 세계는 벌써 존재하지 않았을 것입니다. 이것은 하나님은 누구에게나 그 탄생과 더불어 이 세계를 새롭게 할 힘과 명(命)을 주신다는 것이고, 그래서 각자는 이 세계에서 자신만의 새로운 일과 명을 찾아야하고 그것이 여러분의 권리이자 의무라는 것입니다. 이 세상의 소망과 희망은 바로 그렇게 새롭게 오는 자, 새로 탄생하는 자에게 있기 때문입니다.(A child has been born to us.)[1] 이 세상에 새롭게 온 자로서 예수는 당시 율법학자와 바리새파 사람들을 향해서 "위선자들"이라고 외쳤습니다(마태 23장). 당시의 율법학자와 바리새인들이 오늘 교회의 성직자나 신학자에 견주어질 수 있는데, 이들은 기성세대로서 과거에 자신들이 이룬 것에 집착하고 거기에 기대어서 온갖 권력과 부, 명예와 더불어 영생도 자신들의 소유로 만들려고 합니다. 청년 예수는 거기에 대해서 분연히 일어서서 그러한 이미 이루어진 것에 대한 집착과 고정화는 하나님을 죽은 자의 하나님으로 만드는 일이고 그의 성전을 시장 이해의 각축장으로 만드는 일이며, 영생과 부활을 소유와 물질적 실체로 만드는 일이라고 경고했습니다. 그래서 그는 그러한 자들에게 점령당해 있는 당시의 예루살렘을 보고 통탄하였고 그 임박한 해체를 보고 깊이 애통해 했습니다.

02.

19세기 중반 미대륙에서 부당한 전쟁과 함께 인디언과 흑인을 차별하는 미국 정부에 대해서 시민불복종을 외쳤고, 당시 점점 더 드세지는 서구 제국주의적 개발주의에 저항해서 월든 호숫가 숲에서 극진한 자연주의적 삶의 모형을 보여준 『월든』의 작가 헨리 소로우는 당시의 젊은이들에게 누구나 "자신만의 대양을 탐험하라."고 조언합니다. "가난을 피하기 위해서 너무 근심하지 말자."는 이야기를 하는 그에 따르면 각자는 그렇게 자신만의 탐구할 대양을 가지고 있을 때 외롭지 않고, 쉽게 좌절하지 않으며, 세상이 주는 가벼운 쾌락이나 만족 대신에 인생의 깊은 즐거움과 감탄의 여유를 가질 수 있다고 합니다.

그런데 여기서 자신만의 대양이란 꼭 거창할 필요가 없습니다. 자연주의자 소로우에게 있어서는 그것은 숲을 산책하는 일이 되어서 그는 날마다 많은 시간을 숲에서 보냈고, 오후 4시가 지날 때까지 밖으로 나오지 않고 방안에만 있을 때는 마치 고해성사라도 해야 하는 죄를 지은 것처럼 느꼈다고 합니다. 그는 많은 날의 오후에 몇 킬로미터 떨어진 곳에 새로 발견한 언덕이나 호수, 숲에 가기 위해서 길을 나섰으며, 길에서 스컹크를 만나서 3백 미터를 따라가기도 했고, 매발톱나무 열매와 밤에 대해서 아주 잘 알게 된 것을 자부하게 되었다고 합니다. 그렇게 소로우는 자신의 대양인 자연과 깊이 사귀는 삶을 살았습니다.[2] 오늘 청년 여러분들도 모두 나만의 대양을 가질 수 있고 가져야 합니다. 그것이 어떤 젊은이에는 헌책방을 운영하는 일이 되었다고 합니다. 그는 책을 읽고 헌 책을 모아서 이웃과 서로 나누어보고, 거기서 마을의 사랑방을 만들고 헌 책들과 책장들을 아름답게 배열하여서 모두가 얼마 지불하지 않고 들러서 쉴 수 있고, 이웃과 대화를 나눌 수 있으며, 서로의 삶의 고충을 나누는 사랑의 장소로 화하게 했습니다. 그는 헌책방을 운영하는 일을 자신만의 대양으로 삼아서 성심과 진심을 다해 탐험해 나갔기 때문에 그 경험과 지혜로 서울시장으로 당선된 박원순 시장의 집무실을 꾸미는 일도 맡게 되었다고 합니다.[3]

어떤 청년 여러분에게는 그것이 독도를 탐험하는 일이 될 수도 있습니다. 거기서 한일관계라는 대양을 만날 수도 있습니다. 또 어떤 이에게는 오늘 우리 사회 고통의 큰 원인이 되는 학교와 교육의 일을 자신만의 대양으로 삼아 정말 어떻게 하면 그것이 사람을 살리고 기르는 일이 될 수 있을까를 탐험하여서 교육계의 사두개인이나 바리새파를 모두 그 성전에서 몰아내는 일을 할 수 있습니다. 서형숙이라는 『엄마학교』의 저자는 결혼하고 자신의 두 아이를 키우는 일을 대양으로 삼아서 지극 정성으로 탐험하고 실천하다가 오늘은 세계의 수많은 엄마들이 그에게 엄마 되는 법을 배우러 오는 '엄마학교'의 교장이 되었습니다.[4] 소로우는 당시 대학을 졸업하고도 토지 측량기사, 연필 제조사 등 손과 몸으로 하는 일과 땅과 자연과 관계하는 일에 깊은 관심을 가졌던 젊은이로서, 홀로 숲으로 들어가서 무엇을 하며 외롭지 않느냐는 질문에 "계절이 변화하는 것을 지켜보는 것만으로도 할 일은 충분하다."고 말합니다. 명상에 잠긴 요기수행자가 가만히 앉아 있어서 다른 사람들은 너무 분주해서 맡지 못하고 듣지 못하는 창조자의 향기를 호흡하며 아름다운 소리를 듣는 것만으로도 나름으로 신의 창조에 이바지하는 것이라고 하는 소로우는 그래서 "행동을 절제하고, 생활을 간소화하고, 무엇보다도 지금 여기에서의 존재를 위해 영혼을 활짝 여는" 일을 강조합니다. 그렇게 충실하고 깊이 있게 자신의 대양을 탐구해 나갈 때 우리는 자신이 나 자신보다 나를 더 잘 알고 있는 어떤 존재의 피조물이라는 것과, (우리가) 인류의 일부분이라는 사실, 또한 우리의 모험과 탐험이 가치 있는 일이고 모든 것이 잘 되리라는 것을 알게 된다고 소로우는 자신 삶의 깊은 체험으로부터 이야기해 주고 있습니다.[5] 그는 "구차하고, 생각이 짧고, 경솔한 방법으로 빵을 얻는 일에 만족하려 해서는 안 됩니다." 우리가 "정직하고 진실하게 자신의 가슴과 삶으로 모든 힘을 다해서 빵을 구하는 사람은 반드시 빵을 얻을 것이며, 그렇게 얻은 빵은 매우 맛있을 것입니다."라고 확신 있게 말합니다.

03.

오늘 물질과 자본주의와 도시와 성공 지상주의의 시대에 이렇게 소로우가 제안하고 탐험하다가 간 삶의 원리를 다시 실험하는 일은 어쩌면 거의 불가능한 일인지도 모르겠습니다. 그것은 어리석은(foolish) 일처럼 보이고, "너무 배고픈"(hungry) 삶처럼 보입니다. 하지만 오늘 세속화(a secular age)를 넘어서 다시 탈세속화(postsecular)를 말하면서 우리 시대의 새로운 신앙적 영성을 찾는 존 D. 카푸토(J. D. Caputo)에 따르면 오늘 우리 시대에 신앙과 종교라고 하는 것은 다름 아니라 바로 그 "불가능 한 것, 즉 신을 열정적으로 사랑하는 사람들을 위한 것"입니다. 오늘 우리 시대에 불가능해 보이는 일에 열정을 쏟는 일, 그것은 자기 강조와 자기 과시의 시대에 "자신을 버리고 남을 따르는 일"(捨己從人)이 될 수도 있고, 자신의 성공과 잘됨에만 관심을 갖는 시대에 "다른 사람과 함께 선을 행하는 일"(善與人同)일 수 있으며, 이렇게 인간성이 무너지고 종교가 사람 잡는 일이 되어 버린 때에 다시 그 "인간성을 추구하여 영원을 이루는 일"(求仁成聖)이 될 수도 있습니다.[6] 카푸토는 그리하여 서양 중세 기독교 신앙 시대의 문을 연 어거스틴의 진실한 고백과 추구에 접목하여서 "내가 나의 신을 사랑할 때, 나는 무엇을 사랑하는가?"라는 물음을 우리가 반복적으로 진지하게 물어야 한다고 촉구합니다.[7] 내가 나의 하나님을 사랑한다고 말할 때 나는 진정으로 무엇을 사랑하는 것인가? 이 질문이 공수표가 되지 않도록 하기 위해서 우리는 오늘 우리 시대의 불가능한 것을 찾아서 그것을 탐험하고 밝혀내면서 하늘 나라를 확장하는 일에 힘을 보태어야 하겠습니다.

예전에 백범(白凡) 김구 선생님은 가난한 집안에서 태어나서 과거시험에도 실패하고, 너무도 못생겨서 상이 좋지 않아 관상쟁이로도 밥벌이를 할 수 없게 되어 절망하고 있는 가운데 다음의 구절을 만났다고 합니다.

"상 좋은 것이 몸 좋은 것만 못하고, 몸 좋은 것이 마음 좋은 것만 못하다."
(相好不如身好 身好不如心好)[8]

이 이야기에 근거해서 백범 선생님은 그때부터 자신은 이제 '마음 좋은 사람'(好心人)이 되어야겠다고 결심하고 밖을 가꾸는 일에 관심을 쏟기보다는 마음을 닦는 일에 온 힘을 쏟아서 대한민국뿐 아니라 온 세계 동포를 하나같이 마음에 품는 위대한 정신의 사람이 되었습니다. 다른 모든 일보다도 그의 『나의 소원』 이야기가 바로 그 증거입니다.

이야기가 조금 길어졌습니다. 앞의 소로우는 단순함의 가치를 믿으면서

"문제들을 단순화하고, 불필요한 것들로부터 꼭 필요한 것과 진정한 것들을 구분해 내는" 일의 중요성을 말합니다. 이 시대가 고통스러우면 고통스러울 수록 오늘 우리 시대는 더욱 더 여러분들을 통한 새로움을 기다립니다. 기독교 성경의 로마서에는 온 세계의 피조물이 그것을 기다리고 있다고 했습니다. 청년 예수가 그렇게 이 세상을 새롭게 했듯이 오늘 우리 시대에 가장 변해야 하는 것, 꼭 필요한 것과 나에게 진정한 것이 무엇인가를 찾아내어서 그것을 자신의 대양으로 삼고 그 불가능한 것을 이루어내고자 하는 열정과 용기가 여러분의 것이기를 소원합니다. 그 탐험의 길에서 '내가 나의 하나님을 사랑한다고 했을 때 나는 무엇을 사랑하는 것인가?' 라는 질문이 여러분의 끊임없는 물음이 되기를 기도합니다.

제1장

한나 아렌트의 라헬 반하겐과
한국 사회에서의 졸부의식과 교육적 속물주의

무왕과 주공은 참으로 효자이시다.

대저 효란 사람(부모)의 뜻을 잘 잇고, 사람의 일을 잘 전술하는 것이다.

(武王周公 其達孝矣乎. 夫孝者 善繼人之志 善述人之事者也, 『中庸』19장)

01.

사람들은 누구나 중심에 서고 싶어 한다. 주인공이고 싶어 하고, 자신을 아무 거리낌 없이 드러낼 수 있기를 바라고, 자신의 고유한 목소리가 경청되기를 바라며 소외되거나 자신도 어찌 할 수 없는 어떤 조건에 의해서 문 밖의 사람이 되기를 원하지 않는다. 그러나 현실은 그렇지 않다. 어떤 사람은 가난에 의해서, 어떤 사람은 성별에 의해서, 또한 어떤 사람은 외모나 학벌, 출신 배경이나 또는 이데올로기, 종교적 소속, 국적 등에 의해서 차별받고 소외당하고, 무시당하며 아무도 아닌 것처럼 취급받거나 폭력이나 심지어는 생명까지도 위협을 받는다.

이런 삶의 상황에서 어떤 사람은 철저히 자신을 버리고 자신의 과거와 출신 배경과 현재를 거부하면서 무슨 일이 있더라도 성공하고 상승하여서 중심으로 들어오려고 한다. 그런 가운데서 그만의 독특한 졸부 근성을 지니게 되는데, 어떤 사람은 그러나 그 상승으로 성공을 얻는 대신에 치러야 하는 대가에 대해서 결코 눈감을 수 없고, "진실을 포기하는" 대신에 얻어지는 상승과 인정에 굴복하기보다는 적어도 '이야기꾼'(narrator)이 되어서 이 모든 과정과 고통을 전해주기를 원한다. 삶이 어떻게 진행되어 왔는지, 자신은 어떤 고통과 비애와 절망과 불행을 겪었는지, 과거와 전통은 단순히 없던 것으로 해버릴 수 없고 거기에 어쩌면 그 사람의 진정한 고유성이 자리 잡고 있다는 것을. 그리고 인간과 삶에 대해서 사유하고 생각하는 것은 나이지만 그 사유의 대상들이 세계이고 다수인 것과 마찬가지로 나의 사유와 이야기는 다수인 청자(聽者)를 필요로 하고, 그래서 삶은 결코 혼자일 수 없고 "모든 것이 연결되어 있으며, 그래서 사실은 모든 것이 그 자체로서 충분히 좋다(선하다)는 것을." 그리고 그러한 사실을 깨닫는 것이야말로 삶에서 진짜 실패로부터 구원받는 일이라는 것을 그는 다름 세대에 전해주고자 한다.(that everything is related; and in truth, everything is good enough. This is the salvage from the great bankruptcy of life) 그런 사람을 동아시아의 유교 전통은 '효자'라고 했고, 하늘과 전통의 뜻을 잇는 큰 효의 일을 하는 사람이라고 했다. 그런 의미에서 보면 라헬 반하겐과 한나 아렌트도 하늘의 효녀들이다.

02.

『라헬 반하겐-한 유대인 여성의 삶(Rahel Varnhagen-The Life of a Jewish Woman, 1771-1833)』은 한나 아렌트가 20대에 쓴 저술이다. 아렌트는 여기서 18세기 말

에서 19세기 전반부, 유럽 계몽주의와 낭만주의 시대의 격변기를 살았던 한 유대인 여성이 어떻게 자신의 유대인성으로부터 나와서 한 보편적 유럽인이 되고자 애썼으며, 어떻게 자신의 과거와 현재로부터 도망쳐서 이상의 미래로 가기 위해 몸부림쳤는지를 보여주고 있다. 그러면서 과거와 미래 사이에서 갈등하고 소외되는 현재인, 한 개인으로서의 해방과 성공과 집단으로서의 사회와 정치가 어떻게 관계되는지, 각자가 죽도록 노력하여 재산(wealth)이나 문화(교육)로 신분 상승을 하지만 그러나 그 과정 속에서 어떻게 자신의 인간성을 잃고서 가식과 거짓과 무인간성의 졸부 인간으로 변해 가는지를 잘 그려주었다.

그러나 라헬은 아렌트에 의하면 이 진정한 인생의 실패로부터 구원받은 사람이다. 그래서 그녀가 비록 그렇게 꿈꾸었던 해방과 자유를 실제 삶에서는 얻지 못했지만, 그래서 인생에서 한 번도 진정으로 우울에서 벗어나 본 적이 없지만 그녀는 "의식적인 국외자"(a conscious pariah)로 살아가는 법을 배웠다고 한다. 그래서 인생의 모든 일들을 자신에게 쏟아지는 대로 허락하면서, 그러나 거기서 남들이 보지 못하는 것들을 보면서 그것들을 사심 없이 판단하며 세상에 전해 주었음을 말한다. 그래서 그녀 임종 시 마지막 말은, "내 인생의 비참과 불행이었고 내 생애 내내 나에게 가장 큰 창피함(shame)이었던 유대인으로 태어났다는 것, 그러나 지금 나는 어떤 경우에도 그것을 잃어버리는 것을 원치 않게 되었다."는 것이었다고 한다.[1]

아렌트의 전기적 삶을 보면 그녀가 라헬 반하겐의 이야기를 맨 처음 접한 것은 친구 앤 멘델스존(Anne Meldelsohn)을 통해서였다. 하지만 그때는 큰 관심을 갖지 않다가 어거스틴에 대한 학위 논문을 끝내고나서 그녀가 독일 낭만주의 연구에 천착하면서 깊이 빠져들게 되었다. 아렌트는 라헬의 삶에 대한 전기적 스토리텔링(Rahel Varnhagen-The Life of a Jewish Woman)을 마무리한 후(1933

년)에 말하기를,[2] "어떤 이에게는 라헬은 이미 100여 년 전에 죽은 사람이지만 나에게는 가장 친한 친구(my closest friend)"라고 하였고, 영브릴에 의하면 아렌트 자신이 하이델베르크 시절에 마치 현대의 라헬 같았다고 한다.[3] 1936년 아렌트가 막 만나서 사랑하게 된 블뤼허에게 쓴 한 편지를 보면, 그녀는 "한 유대 여성이라는 것이 그렇게 끔찍한 이유는 그녀가 바로 자신의 존재를 항상 끊임없이 정당화해야 하기 때문이다."(one must constantly legitimize oneself)라고 쓰고 있다.[4] 그 정당화도 바로 자신의 주변에서 이미 "같은 역사적 공간"(in the same historical space) 안에 살고 있는 사람들에게 반복적으로 해야 하는 것이 었으므로 아렌트는 그때까지 자신의 삶에서 어떠한 사람에게도 조언을 구해본 적이 없다고 할 정도로 그렇게 자기 안에 갇혀 지냈던 것을 알 수 있다.[5] 아렌트는 바로 자신처럼 존재 자체가 문제가 된 라헬을 만나서 그녀가 어떻게 그 문제를 껴안고 씨름했는지, 거기서 무엇이 실패이고 성취였는지, 그녀의 아픔과 기쁨은 어떠했는지 등을 18-19세기 독일 낭만주의 시대의 유대인 동화(同化, assimilation)의 정황 속에서 살펴나간다.

03.

당시는 헤르더와 괴테, 슐라이에르마허, 훔볼트, 슐레겔 등의 시대였고, 라헬은 나폴레옹이 프러시아로 진격해 들어오기 전까지(1790-1806) 베를린에서 그때까지는 자신들도 일종의 이방인과 변방인(pariah)들이었던 젊은 낭만주의자들, 시인들, 배우들, 철학자들, 몰락한 귀족들이 모이는 살롱을 이끌었다고 한다. 그들 중에는 훔볼트 형제, 슐레겔, 겐츠, 슐라이에르마허, 프러시아의 페르디난드 왕자와 그의 애인, 파울린 비젤, 문헌학자 아우구스트 볼프, 브렌

타노 등이 있었다. 그때는 계몽주의의 프러시아에서 유대인의 동화가 본격적으로 시작된 시기였는데, 라헬은 어떻게 해서든지 유대인성의 게토(ghetto)로부터 나와서 보편적인 유럽인·프러시아인이 되기를 원했고, 그녀가 비록 "부자도 아니고 아름답지도 않았지만"(not rich, not beautiful and Jewish) 사려 깊고, 말없고, 누구에게나 친절하며 "사람에 대한 열정적인 관심과 독창적이고 때 묻지 않았으며 비관습적인 지성"을 가지고 있어서 그녀의 살롱은 번성했고 유명했다고 한다.

그러나 당시 명망 있는 유대인 집안의 여성들이 유럽인 귀족이나 정치가·학자들과의 결혼을 통해서 유럽 사회에 동화되어서 나름의 위치와 역할을 찾아간 것과는 달리 라헬에게는 그러한 기회가 오지 않았다. 두세 차례의 약혼과 사랑이 있었지만 결혼에 이르지 못했고, 43살이 되어서야 자신보다 14살이 어린 그 자신이 하층민이었고, 그래서 어떻게든지 상류사회로의 신분 상승을 위해서 애쓰던 알사스 지방 출신의 문학청년 반하겐(Vanhagen)과 결혼하였다. 반하겐은 나중에 프러시아의 외교관이 되었고, 라헬이 가졌던 모든 것을 숭앙하는 사람이었지만, 나중에는 라헬은 오직 그 남편이 가진 지위와 위치를 통해서만 받아들여지는 사람이 될 수 있었다.

04.

아렌트는 라헬이 오직 스스로를 고양시키고 문학과 교양을 통해서 최고의 독일인 자리에 오른 괴테를 숭상하던 베를린 괴테 숭배그룹(Goethe cult in Berlin)의 창시자였다고 밝히면서 라헬의 삶에 대해서 다음과 같이 쓴다; 그녀의 모든 노력은 그녀가 "운명"(Destiny)이라고 불렀던, 마치 "우산도 없는 가운데 맞이한 폭풍우" 같았던 삶 자체에 자신을 온전히 내어준 것이었다. 그녀는 이 세상에서 집과 안락처를 얻기 위해서 자신이 만나는 사람들의 특성과 의견·기회들을 이용하지 않았고, 오직 경험의 "대변자"(mouthpiece)로서 선택하는 일을 하거나 행위하지 않으면서 그러나 깨어 있으면서 삶의 사건들을 전해 주었다고 한다. "나에게 있어서는 삶 자체가 하나의 과제였다."[6]고 라헬은 고백했다고 아렌트는 전해준다.

아렌트에 따르면 당시 베를린에서의 유대인들은 마치 미개인 종족의 아이들 같았다고 한다. 신약 시대에 예루살렘 성전의 붕괴 이후 각 지역으로 흩어져서 우리가 들었듯이 '메시아를 죽인 민족'으로서 그때까지 게토 속에서 온갖 박해와 멸시를 받고 살다가 유럽 계몽주의가 싹트면서 레싱이나 헤르더 같은 사람들의 휴머니즘적 계몽으로 서서히 받아들여지는 과정에 있었던 것이다. 중세 이후 궁정에서 소수의 유대인들이 부와 재산의 경영으로 영향을 미치는 특권계급이 된 것 이외에는 대부분 비참 속에서 살았는데, 이제 유럽 사회는 그런 그들을 사회의 정당한 구성원으로 받아들이기 시작하였고, 대신 이들에게 개종과 세례를 요구했다.

중세를 거치면서 유대인들은 자신들을 더 이상 하나님의 선택 받은 민족으로 생각하지 않았다. 또한 다른 사람들도 더 이상 그들을 기독교를 거부해서 벌 받는 사람들로 생각하지 않았다. 그 유대인들의 책인『구약』은 한편으로는 유럽의 문명과 너무나 동떨어진 것이 되었지만 한편으로는 유럽 문명의 실체 안으로 완벽하게 녹아들어 갔는데, 사람들은 유대인들이 그 책의 저자들이었다는 사실을 잊었고, 단순히 억압당하고 문명화되지 못한 뒤처진 사람들이기 때문에 계몽해야 한다고 생각했다는 것이다.[7] 죄책감과 더불어 열등감이 항상 이들을 따라다니는 감정이었는데, 라헬의 삶도 이 열등감에서 벗어날 수 없었다고 한다. 그래서 그녀는 모든 것을 피했고, 행동하지 않았으며, 사랑하지 않았다. 세계에 참여하지 않았고 그러한 철저한 포기 속에서 그녀에게 남겨진 것은 오직 "생각하는 일"(thought), "인간의 한계를 넘어서는 인내력을 가지고서 모든 것을 검토해 보고 질문을 던지는 일"이었다고 한다.[8] "사실들은 나에게 전혀 의미가 없다."(facts mean nothing at all to me)라고 라헬은 썼고, 아렌트에 의하면 라헬의 이러한 '사실'에 대한 부정과 거짓말(lying)과 의견(opinion)에 대한 선호, 특히 자신이 한 사람의 유대인으로 태어났다는 사실의 부정은 곧 그녀 자신에 대한 싸움으로 발전했다고 한다. "아! 그래요. 내가 이 세상으로부터 나가서 아무런 인습에 매이지 않고 아무런 관계도 맺지 않고 조그만 마을에서 정직하고 열심히 일하는 삶을 살 수만 있다면요!"라고 라헬은 친구에게 썼다고 지적한다.[9]

태어날 때부터의 불리함과 운명으로부터의 행운도 차지하지 못했던 라헬이 발달시킨 것은 "일반화하는 경향"(inclination to generalize)이었다. 이렇게 구체적인 것으로부터 피해서 추상과 일반에로 향하는 성향은 그녀의 "행복해지고 싶은 열망"(yearning to be happy)을 "진리에 대한 열정"(passion for truth)으로 바꾸어 놓았다고 한다. "그녀는 다른 사람을 사랑하지 않았다. 그러나 다른 사람과 진리의 영역에서 만나는 것을 사랑했다." "그녀는 행복하지 않았다. 행복할 수 없었다. 그러나 그녀는 또한 불행하지도 않았다. 그녀는 아무도 사랑할 수 없었다. 그러나 많은 사람들 속에서 드러나는 자질의 다양함을 사랑했다." "라헬은 모든 사람과 모든 것에 대해서 이야기했다." "나는 내가 결정하지 못한다고 말하지는 않겠다. 나는 결정하는 것을 좋아하지 않는다." "나에게 있어서는 어떤 사람의 아주 작은 특성이 그 사람 전체의 내적 자질을 영원히 결정하는 요소가 되므로 그 사람에게 내가 그에 대해서 어떻게 생각하는지와 우연한 사건에 대해서 내가 무슨 생각을 가지고 있는지를 말할 수 없다. 그들은 내가 미쳤다고 생각할 것이다. 그러므로 내게 남아 있는 일은 오직 침묵하는 일이며, 뒤로 물러서는 것이고, 부정하고·피하고·관찰하고·사람들을 괴롭히고·서투르게 화내고…" "그 사람이 어떤 능력의 사람인지 나보다 더 잘 알 수 있는 사람은 없다. 어느 누구도 나보다 더 빨리 파악하지 못한다." 아렌트는 이상의 설명들을 하며 라헬의 애매함은 바로 이러한 특성에서 나오고, 그녀가 사람들을 파악하는 능력은 바로 그녀의 "극도의 감수성"에 힘입은 것이라고 적고 있다.[10] 하지만 이렇게 한 사람의 삶과 고통이 점점 더 상상적이고 가상적이 될수록 "청중과 인정을 향한 갈구"는 커진다고 아렌트는 지적한다. 그래서 "비난은 나에게 큰 영향을 미치지 못한다. 그러나 칭찬은 나를 사로잡는다."라고 쓸 정도로 라헬은 무차별적으로 모든 사람들을 얻으려 했다고 한다. "그녀는 자기 내면의 그렇게 미약한 주인이어서 실재에 대한 의식조차도 남의 추인에 매달린다."고 아렌트는 쓰고 있다.

05.

이상의 이야기들이 한나 아렌트가 자신과 매우 동질의 여성이었다고 느낀 라헬 반하겐의 생애 서술 시작에 나오는 내용들이다. 라헬은 어떻게든지 유대인성으로부터 도망치고 싶었다. 그래서 한편으로는 유럽의 귀족이나 외교관, "그녀가 소외되어 있던 모든 것의 대변자"였던 그들과 결혼이 성사되기를 간절히 원했지만, 그러나 한편으로는 그녀는 그 관계를 실패로 이끌었다. 귀족과 상류 계층의 사람들은 그들이 태어나면서 노력하지 않고 얻은 것들로 누군가가 되어 있었지만 라헬은 그들에게 그 기득권을 포기하고 스스로의 힘으로 누군가가 되어 줄 것을 요구했고, 그들은 그것을 견딜 수 없어 했기 때문이다.[11] "그녀는 모든 것을 마치 그녀가 그것들을 처음 만나는 것처럼 스스로 파악하기를 원했다. 그녀는 고유성에 매달렸다." "관계들로부터의 자유로움", "사물들과 사람들, 상황들을 서술하는 그녀만의 놀라운 방식", "마치 한 어린 소녀가 아닌가 생각될 정도의 위트", "사물들을 바라보는 완전히 자유스러운 방식", "괴테조차도 놀라게 한 뛰어난 고유성", "그녀의 오리지널리티 속에서의 사고에 대한 마니아", "아마도 그녀는 어떤 한 천재에게 매달리기에는 너무 똑똑했다.", "열정적으로 분노를 터뜨리면서도 그녀는 끊임없이 새로운 대안을 찾아 나섰다."고 아렌트는 적고 있다. "전에 진정으로 불행해 본 사람은 결코 다시 행복해질 수 없고, 전에 진정으로 행복해 본 사람은 다시 불행해질 수 없다."라고 라헬은 자신의 일기에 썼다고 한다.

라헬의 살롱은 1806년 나폴레옹이 베를린에 입성하면서 닫게 되었고, 그녀 집안의 경제 사정은 점점 나빠져 갔으며 어머니의 죽음으로 남동생의 호의에 매달리는 상황이 되었다고 한다. 이런 절망적인 상황에서 그러나 그녀는 자신보다 14세 연하의 가난하고 스스로가 "길 옆의 걸인" 같다고 표현하는 젊은 문학도인 반하겐을 만난다. 그는 그녀의 모든 것을 숭앙했고, 거의 "종교적인 헌신"을 보였으며, 만난 지 6년 후인 1814년 세례와 더불어 그와 결혼했다. 그 사이 프로이센의 외교관이 된 반하겐은 그녀를 그녀의 홈그라운드인 베를린 밖으로 데려갔고, 고향을 떠나자 거기서 그녀는 먼저 유대인이 아닌 프러이센의 시민으로 받아들여졌고, 외교관 부인으로서 한동안 그녀가 그렇게 원하던 주류사회의 멤버가 될 수 있었다.

아렌트는 라헬의 남편 반하겐이야말로 당시 어떻게든 상승하려는 의지를 가지고 노력하여 정부의 관료가 된 대표적인 '졸부'(parvenu)였다고 밝히고 있다. "나는 내 안에 참을 수 없는 충동을 가지고 있는데, 내 상관들을 통해서 나 자신을 영예롭게 하고, 그들을 사랑하기 위해서 그들의 좋은 점들을 찾아내는 것이다."[12] 아렌트에 따르면 반하겐의 이러한 고백과 충동이 바로 모든 상승하려는 사람들의 전형적인 것이라고 지적한다. 태어나면서부터가 아니라 그들의 피나는 노력으로 어떤 위치에 도달하려는 사람들이 복종밖에는 다른 선택이 없는 그들의 상관을 더 생산적으로 모시는 길은 그들의 장점을 찾아내고 그것들을 숭앙하면서 나가는 것이기 때문이다. 이러한 기만으로 하층민들은 자신을 졸부로 받아줄 사회를 위한 준비를 해 나간다는 것이다. 자유로운 정신의 부모를 만났지만 가정에 충실하지 못했던 아버지로 인해서 꾸준한 교육을 받지 못했던 라헬의 남편 반하겐은 기회가 닿는 대로 스스로를 교육시켰고, 당시 유럽 교양인들을 대상으로 하는 살롱의 주인이던 라헬을 만나서 그녀로부터 모든 것을 배웠다고 한다. 35살에 프러시아 공사관의 작전 법무관이 된 그는 이 직함을 생애 동안 지녔다. 아렌트에 의하면 반하겐은 오직 라헬에 의해서 졸부가 되었다. 라헬이 아니었으면 그저 하찮은 관리에 머물렀을 것이지만 라헬은 그것보다 더한 것을 원했고, 진정으로 주류사회에서 동료로 받아지기를 원했으며, 반하겐을 통해서 그 꿈을 이루려고 했기 때문이다. 그러나 열렬하게 지위를 갖기를 원했고, 하나의 정상적인 사람으로 인정받기를 원했으며, 사회적 평등을 갖기 원했던 그녀의 염원이 "덕스런 군주들을 향한 존경"이나, "문학적 소양을 가진 귀족들"을 사랑하는 것으로 표현된 것은 그녀의 잘못이 아니라고 아렌트는 적고 있다. "19세기 브르주아 사회에서 절대군주적 왕은 졸부들의 왕이었다." 당시 이러한 상황에서 괴테는 문학의 힘으로 한 작가가 군주들의 친구가 될 수 있으며, 모든 명예와 타이틀과 존경을 상으로 얻을 수 있는지를 보여주는 상징이 되었다고 아렌트는 밝힌다. 라헬과 반하겐은 반하겐의 외교관으로서의 이력이 그치자 베를린에서 그러한 괴테 숭상의 중심이 되었다고 한다.[13]

06.

그러나 라헬 반하겐에 대한 아렌트의 마지막 그림은 이런 '파르브니' (parrenu, 졸부)로서의 모습이 아니다. 라헬은 프러시아 외교관의 아내로서 바덴에서 더 이상 자신의 출신과 과거가 문제가 되지 않는 위치에 올랐지만 그녀는 남편 반하겐과는 달리 그런 졸부의 가식과 거짓을 견딜 수 없어했다고 한다. 그녀는 한편으로는 자신의 과거를 "완전히 버리고" 싶었지만 그럴 수 없었다. 그녀는 여전히 과거에 그녀가 페리아였을 때 가졌던 진지성과 성실성을 가지고 모든 것을 물었으며, 아렌트에 의하면 이것이 그녀의 "불행" (misfortune)이기도 했지만 그녀가 늙어서까지 "놀라운 활기"(remarkable vivacity)를 잃지 않은 이유이기도 했다고 한다.[14] 그녀는 과거에 자신이 사물의 중심까지 내려가서 물으면서 경험했고, 판단했으며, 거절하면서 겪었던 모든 것을 "사회적 상승"으로 얻어지는 조그마한 성취와 바꿀 수 없었다. "졸부가 되기 위해서는 진실을 포기하는 대가를 치러야 한다. 그러나 라헬은 그 일을 위해서 준비되지 않았다."라고 아렌트는 쓰고 있다.[15] 라헬은 이러한 자신의 실패와 불행을 진정으로 자신과 동류인 유일한 친구라고 고백하는 파울린 비젤 (Pauline Wiesel)에게 다음과 같이 적고 있다.

"우리는 이 세상에서 진실을 살도록 창조되었어. … 우리는 이 인간 세상의 가장자리에 있지. 우리를 위해서는 아무런 장소도, 오피스도, 타이틀도 없어. 모든 거짓은 자기 자리를 가지고 있지만 영원한 진실, 진정한 삶과 느낌은 자리가 없는 걸! 그래서 우리는 이 세상으로부터 제외된 거야. 너는 그것을 공격했기 때문에… 나는 죄를 지을 수 없고 그것과 더불어 거짓을 말할 수 없기 때문에."[16] 파울린은 예전에 한 귀족왕자의 애인이었지만 거기에 머물지 않고 나와서 자유롭게 살다가 어려운 노후를 맞이한 여성이었다; 라헬은 파울린과 더불어 "참된 실제를 위해서 사회로부터 추방당한 모든 사람들의 깊은 인간적 사랑"을 공유하고 있었다고 아렌트는 밝힌다.[17]

아렌트에 따르면 졸부(parvenu)의 위치에 오르고자 노력하는 하층민(pariah)의 한 특징은 그가 어떤 특별한 구체적인 목표를 가지고 있기보다는 오히려 상승하는 것 자체가 그의 생의 목적이고, 매번 현재 상태에서 벗어나고자 하는 것이 그의 일이다. 그러므로 그가 무엇을 이루었다고 한들 그는 그 오르고자 하는 욕망을 벗어던질 수 없고, 끊임없이 추구하는 것이 그의 특성이라고 한다. 여기에 반해서 "한 정직한 졸부", "자신의 페리아 상태로 돌아가기를 원하는 졸부는 바보이다."[18] 라헬은 이제 외교관의 부인이 되어서 사회에서 자리를 갖게 되었지만, 그러나 자신이 그러한 남편으로 인해서 누군가가 되는 것을 참을 수 없었던 것이다. 하지만 아렌트에 따르면, 이것은 다시 이제 가능한 것을 얻은 후에 불가능한 것을 계속 원하는 모습이다. "존경받는 사회에서 무엇인가가 되려면 자유로울 수 없다." "하층민이 졸부가 되기를 원한다면 그가 지불해야 하는 대가는 항상 너무 높고, 그의 인생의 가장 중심을 이루는 바로 그것을 부순다." "항상 감사해하고, 지나치게 속하려고 하고, 이러한 것들이 하층민의 전형적인 악덕이다. … '악덕'으로서의 감사, 친절함에의 집착, 부드러움, 환영 받는다는 것, 사람들로 하여금 어떻게든 자신을 사랑하게 만들려는 아첨, 다른 사람에게 구속당해서 살아야 하는 국외자의 자기자제의 어려움, 시선을 끌기 위해서는 어떤 수단이든지 쓰고, 무관심을 못 견뎌 하며, 그래서 우정과 따뜻함과 친밀함을 가장하기 위해서 자신을 속이는 것", 이런 것들이 라헬이 자신의 인격적 특성을 서술하기 위해서 쓴 표현들이라고 아렌트는 밝힌다.[19]

졸부로 상승하려는 하층민이 보여주는 이러한 악덕은 그러나 또 다른 "결점"과 쌍을 이루는데, 그것은 "다른 사람의 시선과 입장을 너무 많이 생각하는 것", "나는 다른 사람에게 상처주기보다는 차라리 내가 아프고 만다."[20]는 것이라고 한다. 이렇게 다른 사람에 대한 예민한 감수성과 과도한 이해는 아렌트에 따르면 특권을 가진 사람들은 도저히 알지 못하는 것이다. "페리아의 인간성을 구성하는 것은 바로 이 열정적인 감수성(passionate empathy)이다."라는 것이다. 진정한 졸부가 되려면 이상의 두 가지 결점을 극복해야 했다. "졸부는 감사해하면 안 되는데, 왜냐하면 모든 것을 자기 노력으로 얻은 것이기 때문이다. 그는 다른 사람들을 생각해 주면 안 되는데, 왜냐하면 자기 자신을 일종의 유능함의 화신으로 삼아서 존경해야 하기 때문이다.··· 다른 불쌍한 그의 동료 하층민들이 모델로 삼아 추종해야 하는···" "졸부가 그의 국외자성을 잃어버림으로 해서 마침내 지불해야 하는 대가는 보편성을 파악하는 능력이고, 관계성을 알아보는 힘이며, 자기 자신외의 다른 어떤 것에 관심을 기울이는 능력이다."라고 아렌트는 라헬의 관찰을 통해서 밝힌다.[21]

아렌트에 의하면 라헬은 졸부가 되기 위해서 극복했어야 하는 두 가지 결점을 극복하지 못했다. 그 결점들이 그녀로 하여금 진정한 졸부가 되게 하지 못했고, 졸부로서 행복을 느끼지 못하게 했다. 졸부로서의 자리를 얻는 수단으로 취했던 반하겐과의 결혼도 점점 더 감사 외의 다른 감정은 없는 것으로 변해갔고, 그러나 그럼에도 불구하고 아렌트의 관찰에 따르면 바로 그 결혼을 통해서 확보된 자리가 라헬에게 마치 이집트와 팔레스타인으로부터의 도망자에게 도움과 사랑과 배려를 베풀어주는 것과 같은 것이 되어서 그녀는 거기서부터 작은 틈바구니를 얻을 수 있었다고 한다. 그 틈바구니는 그녀로 하여금 그의 국외자성을 잃지 않고 온전히 밖에서 보는 자만이 가질 수 있는, "삶을 하나의 전체로서 보는 일"(see life as a whole)을 가능하게 했고, 그 길 위에서 도달할 수 있는 일, "자유로운 존재에 대한 큰 사랑"(great love for free existence)을 유지하게 했다는 것이다. 이것이야말로 "인생의 진정한 실패로부터의 구원" (the salvage from the great bankruptcy of life)이라고 아렌트는 적고 있다.[22]

07.

라헬은 한 사람의 유대인으로서 항상 밖에 서 있었고 페리아였다. 그리고 그녀는 사회에 들어가려면 오직 거짓과 "단순한 위선"이라기보다는 "훨씬 더 보편화된 거짓" (a far more generalized lie)이라는 대가를 치르지 않고는 들어갈 수 없는 것을 보았다고 한다. 또한 그녀는 "졸부가 되기 위해서는 모든 자연적인 느낌과 모든 진실을 감추고서 모든 사랑을 이용하고, 모든 열정을 누르기 위해서뿐 아니라 더 나쁜 것은 그것을 사회적 상승을 위한 하나의 수단으로 바꾸기 위해서" 희생해야 하는 것임을 알았다.[23] 이런 가운데서 그녀는 유대인성을 철저히 자기 개인의 문제로 여겼다. 자신 개인의 약점과 "창피함" (shame)으로 여겼고, 어떻게 해서든지 개인적으로 거기서 벗어나고자 했다. 그녀는 항상 자신은 사회와 대면해서 싸울 힘과 용기가 없었다고 고백한다. 그래서 그녀에게 남겨진 유일한 일은 마치 우산도 없는 가운데서 쏟아지는 폭풍우를 맞듯이 겪는 삶의 모든 일들을 생각하고, 잘 전하는(narrate) 일이었다고 한다. 63세에 당시 유행하던 콜레라로 인해서 급작스럽게 세상을 떠날 때까지 그녀는 수천 통의 편지를 썼으며, 그것들은 19세기 유럽 사회에서 독일 유대인 사회가 어떻게 이루어져 갔으며, 당시의 정치사회적 상황으로부터 어떻게 "유대인이면서 유대인이고 싶지 않은" 유대인들의 문제가 하나의 개인적이고 인격적인 문제와 틀로 형성되어 갔는지를 보여주는 것이었다고 아렌트는 해석한다.

아렌트는 그녀의 『전체주의의 기원』에서 유럽 사회에서 현대 전체주의의 대표적 모습이었던 반유대주의(Antisemitism)가 싹트게 되는 과정을 밝힌다. 당시의 상황은 이 거센 동화(assimilation)의 물결 앞에서 유대인들은 주로 "부와 문화(교육)"의 습득을 통해서 "개인적으로" 지긋지긋한 게토에서 벗어나고자 했다고 한다. 나폴레옹이 프로이센으로 들어와서 유대인 자치법이 통과되었고 그 후 1812년의 일반해방법령으로 프로이센에서 가난한 유대인들에게도 완전한 시민권을 부여하는 법이 통과되었지만, 오히려 이렇게 유대인 해방 문제가 보편적인 문제가 되자 그 이전까지 보호받아 온 소수의 예외적 유대인들은 자신들의 특권이 사라지는 것을 목도하게 되었다. 이렇게 예외인으로서가 아닌 보편인으로서의 유대인 문제가 부각되자 그때까지 이들과 자유로운 정신과 마음으로 인간적인 관계를 맺어 왔던 프로이센의 교양인들도 쉽게 반유대적이 되었고, 유대인 살롱을 떠나갔다고 한다. 그래서 유대인들은 그 사회에서 받아들여지려면 더욱 더 각자가 "비록 유대인이지만 유대인이 아니라는 것을 (그들의 부와 재능과 교양으로) 증명해야만" 했고, "예외로 존재한다는 것을 자랑스러워할 수 있는 개인으로서 뛰어나야만 했다."고 아렌트는 당시의 상황을 전한다.[24]

아렌트의 관찰에 따르면 그러나 유대인들이 정치적·시민적 추방자이기를 멈추는 곳에서는 어디서나 그들은 사회적 하층민(pariah)이 되었다. 그래서 그녀에 의하면 "유대 민족사에서 가장 불행한 사실 가운데 하나는, 유대인의 친구들이 아니라 적들만이 유대인 문제가 정치적 문제라는 점을 이해하고 있었다는 것이다."[25]라고 한다. 예전에 보호 유대인으로 남아 있을 때에는 유대인으로서의 존재가 견딜 만했고 위험하지 않았지만 이제는 상황이 달라져서 많은 사람들이 기독교로 개종을 하면서 동화되었다. 하지만 그 개종도 유럽의 주류 사회로의 진출을 위한 "허가증"이 되지 못했으므로 이들 유대인들은 필사적으로 자신들을 예외적이고 뛰어난 개인으로 증명해야만 한 것이다.[26] 여기서 유대인이라는 것의 유령이 발견되었고, 유대인다운 특성을 구성하는 것이 하나의 사회적·인격적 행동 유형으로 만들어졌다고 아렌트는 지적한다. 유대인의 문제가 '교육'과 '교양'의 문제로 간주되었고, 이렇게 정치적 권리와 시민의 권리에 대한 무관심과 함께 유대인들은 법률가나 의사 등의 자유 전문직업에 대거 몰리면서 "유대인들이 속물과 벼락부자의 원칙으로 묘사"되는 일이 시작되었다고 한다.[27]

여기서 아렌트가 지적하는 "교육적 속물주의"(educational philistinism)는 오늘 21세기 세계화와 미국화의 거친 파도 앞에서 미국 한인 이민사회나 한국 사회에서도 유사하게 나타난다. 당시 유대인의 상황은 "거리에서는 일반인이지만 집에서는 유대인"이어야 하는 현실, 일반 유대인들과 닮지 않으면서 여전히 유대인으로 남는다는 것, 다시 말해 유대인이 아닌 척 행동하면서 동시에 유대인임을 충분히 확실하게 보여주어야 하는 슬픈 현실이었다. 아렌트는 이러한 19세기 유럽 사회에서 유대인들이 취할 수밖에 없었던 세 가지 상황이란 첫째 언젠가는 떠돌이 하층민으로서 사회 밖에 존재하든지(pariah), 둘째로 벼락부자가 되든지(parvenu), 세 번째로 자신의 출생을 숨기기보다는 "자기 출생의 비밀로 민족의 비밀을 팔아 넘겨야" 하는 파괴적인 상황에 처하는 길이라고 지적하였다.[28] 이러한 딜레마적 상황 속에서 아렌트에 따르면 라헬 반하겐의 살롱은 "공적인 사회 바깥에 다른 사회적 삶을 정착시키려는 독특한 시도"였지만 실패하였고, 그 이래로 "떠돌이 하층민이나 벼락부자의 길은 극단적 고독의 길이었으며, 순응주의의 길은 끝없는 후회의 길"이 되었다고 한다.[29] 당시 유대인들은 벼락부자가 되지 못했다는 하층민의 회한과 민족을 배반하고 정치적 평등권을 개인의 특권과 교환했다는 벼락부자의 양심의 가책을 동시에 느꼈다고 한다.[30] 이러한 감정은 20세기 근대 자본주의 시대 이후의 한국의 민중과 대중들, 일제 강점기하에서의 친일파나 미국 이민사회에서의 성공한 코리안–아메리칸들, 아니면 오늘날 한국 사회에서 어떻게든 재산이나 교육을 통해서 성공하고 상승하려는 보통의 사람들과 또한 모든 면에서 서구(미국) 지향적인 경제적·문화적 엘리트들이 느끼는 감정과도 매우 유사한 것을 볼 수 있다.

아렌트에 의하면 그러나 이렇게 하나의 "심리적인 자질"이 되었고, 당시 유대인 개개인에게 "복잡한 인격성의 문제"가 된 이 특성이란 민족성과는 상관이 없다. 오히려 그것은 모든 민족과 계급에게 그들의 인간적 명예가 훼손당했을 경우에 나타나는 "벼락부자의 특징"이며, "버림받은 하층민"의 특징이다. 한편으로는 "인간다움, 친절, 편견으로부터의 자유, 불의에 대한 예민한 감수성"을 말할 수 있지만, 다른 한편으로는 "벼락부자가 목표를 달성하려면 반드시 획득해야 하는 자질, 즉 비인간적이고 탐욕스러우며 오만하고 비굴한 노예근성에다 어떤 일이 있어도 앞으로 밀고 나가겠다는 단호한 결심"이 이들의 특징이라는 것이다.[31] 오늘 한국 사회에서도 쉽게 만날 수 있는 많은 사람들의 특성, MB대통령부터 시작해서 성공한 CEO들, 자식의 교육과 성공을 위해서 모든 것을 거는 평범한 아버지와 어머니들에게서 보이는 모습들이다. 아렌트는 지적하기를 여기서 이들 개인의 사적인 삶은 신중한 숙고에 의해서 인도되기보다는 "예측할 수 없는 정열의 법칙"에 의해서 휘둘려지고 거기다가 공적으로 미처 해결되지 못한 문제들이 가하는 무거운 짐으로 잔뜩 채워져서 이들의 사생활은 "비인간적일 정도로까지 훼손"되어 있다고 한다.[32] "낯설고 흥미로운 존재가 되라는 요구"는 주류사회의 요구로서 원래 배우나 연주가, 즉 "사회가 반쯤 부정하면서 반쯤은 칭송했던 사람들의 특성"이라고 한다. "자신이 유대인임을 자랑하면서 동시에 부끄러워했던 동화된 유대인들"은 분명 이 범주에 속했던 사람들이고, 오늘 세계의 주류국가로 발돋움하려고 자신의 과거 전통과 형제(북한)들과의 구별과 차별을 통해서 그 상태에 도달하려고 "비극적인 노력"을 하는 한국이라는 국가, 거기서의 많은 국민들, 개인적으로 어떻게든 보통의 한국 사람들과는 다르다는 것을 증명해서 상류 특권층으로 가려는 많은 한국인들, 그들 모두에게 해당되는 지적이다.[33] 나는 최근에 한국 가수 싸이의 「강남스타일」의 성공배경과 그 노랫말의 내용, 그 춤과 노래가 전세계로 확산되면서 나타나는 현상들에도 이러한 측면들이 녹아있다고 생각한다.

08.

한나 아렌트는 라헬 반하겐 삶의 이야기를 독일 유대인 문학 초기 형성기의 것으로 이해하면서 한없이 개인적으로 자기 자신에게서 모든 문제의 원인을 찾고, 그것으로 세상에 대해서 끝없이 부끄러워하면서 그러나 세계의 소외된 자, 국외자, 하층민에 대한 연민과 동정심을 잃지 않는 순수한 인간적 마음으로 보여주었다. 인간은 누구나 그가 몸담아 살고 있는 사회가 요구하는 직분이나 위치나 부나 명예를 완전히 무시하거나 거부할 수 없다. 그것이 라헬의 한계이기도 했으며 동시에 우리 모두의 한계이자 삶의 조건이다. 그런 맥락에서 라헬도 비록 견디기 힘들어 했지만 남편이 마련한 부르주아지의 기반 때문에 그나마 틈새를 간직할 수 있었고, 그녀의 기록들도 또한 그 남편에 의해서 나중에 세상에 전해질 수 있었다. 그러나 아렌트의 메시지는 우리가 거기에 머물러서는 안 된다는 것이다. 라헬도 포함하여 당시의 유대인들은 그 유대인성의 문제를 각자가 개인적으로 풀려고 했다. 그 가운데서 서로가 서로에게 소외되어서 졸부는 졸부들대로 재산과 부와 교양과 교육적 속물주의로 자신만은 다르다는 것을 증명해 보이려고 노력하였고, 가난하고 소외된 하층민은 하층민대로 절망하면서 그것이 모두 자기 개인의 무능과 문제인 양 하면서 서로 떨어져 살았다. 아렌트는 여기에서 당시 유대인들의 실패를 본다. 즉 그들의 정치적인 무자각으로 당시의 유럽 사회에서 유대인 사회가 하나의 정치권으로 자라나지 못했고, 그 때문에 그 후에 벌어지는 드레퓌스 사건을 포함해서 나치 독일의 상황에서 그렇게 엄청난 희생을 치르게 되었다고 분석한다. "정치사나 경제사에서 설명하지 못하고 사건의 표면 아래 감추어진 사회적 요소를 역사가가 인식했던 적은 없다. 단지 시인이나 소설가의 예리하고 열정적인 힘에 의해 기록되었을 뿐이다. 만약 그대로 내버려 두었다면 단순한 정치적 반유대주의가 걸어갔을 진로, 즉 반유대인 법령이나 대중의 폭발로 귀결되었을 뿐 결코 대량 학살로 끝나지 않았을 그런 진로를 바꾼 것은 이런 사회적 요소였다."[34]라고 아렌트는 쓰고 있다.

여기서 우리가 얻을 수 있는 정치철학자 아렌트의 메시지는 다음과 같다; 즉 한 시대의 소외의 문제를 정치적이고 시민권적인 문제의식과 보편적인 인간 권리의 문제로 담론화해 내지 못하고 그것을 위해서 행위하지 못하면 결국에는 자기 혼자는 개인적으로 상승하여서 예외가 된다 하더라도 그 삶이 보장되지 않는다는 것이다. 그렇게 과거와 자신의 또 다른 기원인 동족과 동료와 떨어져서 거짓과 더불어 살아가는 그들의 삶도 결국 유린될 수밖에 없다는 가르침이다. 오늘 우리 시대에도 바로 이러한 졸부의식으로 상승한 사람들이 흔하다. 한국 사회는 너나없이 성공하려고 하며 MB정권이란 바로 그 일을 가장 찬란하게 한 사람에게 희망을 걸고서 CEO 출신의 사람을 대통령으로 뽑은 것이다. 앞에서도 지적했지만 졸부의 특성은 자신을 성공의 화신으로 삼아서 결코 만족을 모르고, 자기가 구체적으로 어떤 내용의 목표를 가지는지도 성찰하지 않으면서 오직 더욱더 상승하기만을 원하면서 앞으로 나아가기만을 바란다. 그래서 안정과 변화 사이의 균형을 잃고서 자신과 더불어 주변을 황폐시킨다. 아렌트에 따르면 이 무한한 성장의 노예성으로 인해서 졸부의 시대에는 주변의 약한 자, 미래에 오는 세대들을 위해서 남겨 두어야 할 것들, 아니면 과거의 기반들이 무참히 파헤쳐지고 유린되어서 남아나는 것이 없게 된다. 여기서 그녀는 마지막 남는 것은 "언어"(language)뿐이라고 했지만 오늘 한국 사회에서는 모국어조차도 남겨 두지 않는 외국어 광풍이 불고 있고, 그래서 이제는 아이들이 자신의 모국어조차 나중에 '교육'을 통해서 배워야 하는 일이 생기게 되었다. 이런 광란이 일어나려고 할 때 개인의 게토에 머물러서 자기 개인적인 안정을 확보하는 일에만 몰두하고 연대하지 않으면서 주변을 배려하지 않는다면 결국 그 개인들이 맞게 되는 미래도 비참이라는 것이다.

오늘 우리 사회에서 비인간화의 주범은 종교와 정치, 교육이다. 이러한 정치현실에서 종교적·교육적 광란이 점점 더 거세게 몰아쳐오고 있는데 우리들도 어쩌면 개인적으로만 비판하고 분노할 뿐이지 게토의 안정에 머물러있으면서 전술조차도 하지 않고 있는 것이 아닌지 생각해 볼 일이다. 지금 너무나 많은 사람들이 종교적 광란과 교육적 광란으로 죽어 가고 있는데, 우리의 침묵과 행위 없음과 이기심을 과연 어떻게 할 것인가?

· 제2장 ·
인간의 조건과
공공성으로의 교육

1. 오늘의 세계정황과 세계소외

요즈음 나라 안의 상황도 그렇고 세계사적인 차원에서도 가장 많이 듣는 이야기는 무한경쟁과 부자되기이다. 이러한 이야기들이 우리 삶의 영역에서 무차별적으로 적용되고, 많은 사람들이 거기에 편승해서 살아가는 것을 보면서 그것은 인간이 모여 사는 삶의 행태 중 가장 타락한 모습인 만인 대 만인의 투쟁의 상태가 아닐까 생각해 본다. 이중에서도 특히 오늘 우리의 교육 현실은 더욱 더 무한경쟁과 경쟁 원리에 사로잡혀 가고 있는데, 그래서 매일의 공부의 짐을 지고 가는 학생들뿐 아니라 선생님들, 그리고 그들의 뒷바라지에 모든 것을 쏟아 넣는 학부모들은 매우 힘들고 불행해 보인다. 여기서 삶의 유일한 관심은 오로지 살아남기와 경쟁에서 이기기의 사적인 것에 국한된다. 보다 인간다운 공공적 삶이나 지금의 핵가족의 반경을 넘어서 좀더 큰 공동체에 관심하는 일 등은 드물다.

일찍이 인류의 20세기를 '전체주의' 시대로 파악한 한나 아렌트(Hannah

Arendt, 1906-1975)는 현대의 이러한 상황과 관련하여 '세계소외'(World alienation)를 말한다. 세계소외란 20세기 실존철학자들이 많이 말한 자기소외와는 또 다른 말이다. 즉 세계소외란 오늘날 기술문명과 소비문명의 시대에 자연과 지구에 대한 과도한 착취와 지배로 우리 모두의 삶의 기반인 자연이 위협받는 것을 말하며, 또한 모든 사람들이 자신의 사적인 삶에만 관심함으로써 공공의 영역이 무너지는 것을 말한다. 그래서 각자는 자아에 대한 과도한 관심으로 무세계성에 빠지게 되고, 점점 더 자아의 감옥에 갇히게 된다. 이것은 마르크스가 인류의 산업시대를 분석하면서 노동력 착취와 관련하여 인간소외를 말하고 자기소외를 말한 것과도 다른 모습이다. 아렌트는 오히려 근대 인간이 더 심각하게 놓여 있는 문제상황이란 그들의 배타적인 자아 집중으로 인해서 세계와 지구를 잃어버리고 세계의 다른 존재들과의 경험을 단지 자기 자신과의 심리적 경험들로 환원해 버리는 것이라고 했다. 그래서 현대인들에게는 이제 모두가 공통으로 관심하는 공공의 영역이 남아 있지 않고, 세계와 지구에 대한 사랑이 사라지고 오로지 서로 단절되어 있는 주관적 욕구와 자아적 가치만이 남게 되었다고 한다. 이러한 상황은 바로 앞에서 지적한 만인 대 만인의 투쟁의 상황과 다르지 않다.

유태계 독일인으로 태어나서 하이데거와 야스퍼스에게서 많은 영향을 받은 아렌트가 시종일관 주목한 문제는 근대 인간의 전체주의와 거기서 발생하는 악에 대한 공포와 전율이었다. 근대 인간의 전체주의란 이제 자신 안에 세계의 중심을 가지게 된 인간이 "모든 것이 가능하고", "가능한 모든 것을 만들고, 또한 불가능한 것을 가능하게 만든다."는 모토 아래서 각종 유토피아적인 폭력을 휘두르는 것이다. 같은 유태계 철학자로서 아렌트와 깊은 정신적 유대를 나누었던 『책임의 원리(Das Prinzip Verantwortung, 1983)』의 저자 한스 요나스도 지적했듯이 이러한 근대 전체주의의 폭력은 오늘날까지 여러 가지 모습으로 계속되고 있다. 즉 타락한 자본주의와 공산주의의 물질주의로, 오늘날은 인간 삶의 집으로서의 지구 환경을 무시하고 낯선 인공적 우주를 건설하기 위해 무한히 경쟁하는 기술 패권주의 등의 모습으로 계속되고 있다. 요즈음 우리가 주변에서 많이 듣고 있는 인간 몸에 대한 무한한 조작주의도 이러한 전체주의적 사고의 반영이고, 무한경쟁으로만 치닫는 교육에서의 영재주의, 과도한 조기교육의 열풍, 천정부지로 치솟는 사교육비 증가 현상 등은 모두 인간의 자연적 조건을 무시하고 어떠한 수단과 방법을 써서라도 세워 놓은 목표에 도달하려는 유토피아니즘적인 전체주의의 폭력과 다르지 않다. 오늘 한국 사회에서는 여기에 종교도 큰 역할을 하고 있는 것을 다시 말할 필요도 없다. 한 개인의 삶에서도 그렇고 공동체의 삶에서도 그 삶이 계속되기 위해서는 인정해야 하는 조건이 있고, 서로 존중해야 하는 장소와 영역이 있으며, 본래적인 것으로 받아들여야 하는 한계가 있다는 것을 생각하지 않으면서 욕망과 무지와 미신, 또는 기껏해야 통계에 의한 행동만이 남아 있는 상황을 말한다.

이상에서 본 대로 아렌트 사상은 21세기 오늘날에도 매우 현실적인 의미를 준다. 그래서 그녀의 사상은 국내외적으로 많은 붐을 일으키고 있다.[1] 유태인으로서 겪을 수밖에 없었던 20세기 정치적 전체주의의 폭력 앞에서 그녀는 근본으로부터 다시 인간 존재의 삶의 조건들을 사유해 보고자 했다. 유태인 말살이라는 반인륜적 범죄 앞에서 악의 평범성을 이야기하며, 바로 사유하지 않는 사고력의 결여야말로 그러한 세기적 범죄의 원인이라고 밝힌 그녀의 사유는 바로 인간 활동적 삶의 제조건들을 성찰한 결과이다. 그녀의 인간학적인 주저인 『인간의 조건(The Human Condition)』을 말한다. 아렌트는 여기서 인간 삶의 세 조건을 '생명(필연성)'과 '세계성', 그리고 '다원성'이라고 밝혔다. 그리고 그러한 조건 아래서 행해지는 인간 활동의 세 가지를 노동과 작업, 그리고 말과 행위로 들었다. 이러한 아렌트의 깊이 있는 인간학적인 성찰은 마치 페스탈로치가 자신의 교육적인 활동을 본격적으로 시작하기 전에 심도 깊은 인간학적인 탐구를 시도했던 것을 생각하게 한다. 이러한 인간학적인 관찰이야말로 모든 교육 활동의 토대라는 점에서 교육학자들은 아렌트의 연구로부터도 배울 수 있다. 굳이 20세기 교육인간학의 이야기를 빌리지 않더라도 인간에 대한 통합적인 이해가 없이는 교육이 가능하리라고 생각할 수 없기 때문이다. 한국에서도 90년대 들어와서 많이 논의되고 있는 자유주의와 공동체주의에 관한 논쟁이라든지, 맥켄타이어 등의 사회적 실제에 대한 교육학적 논의 등이 모두 아렌트 사상의 빛에서 더욱 논의될 수 있다고 생각한다. 아렌트 사상이 담지하고 있는 과거와 미래, 전통과 현재, 개인과 사회, 정치와 교육, 종교와 철학, 정신적 활동과 신체적 몸의 활동 등의 양면성을 포괄하는 사고가 더욱 풍성한 논의를 불러올 수 있다고 보기 때문이다. 이것은 그녀 사상의 '포스트모던성'(postmodernity)을 말한다. 이 특성은 이미 많이 주목되었고 본 논문은 어떻게 그것이 오늘 한국의 교육현실에 비추어서 의미를 주는지를 살펴보고자 한다. 앞에서 밝힌 대로 그녀의 인간학적 주저인 『인간의 조건』을 주된 텍스트로 삼아서 거기서부터 추려진 인간 이해가 오늘의 교육 현실을 위해서 어떠한 메시지를 줄 수 있는지를 탐색하려는 것이다.

2. 공론 영역과 사적 영역

'공론 영역'(The public realm)과 '사적 영역'(The private realm)이라는 용어는[2] 종교·철학·정치·경제·교육·예술 등 많은 영역을 포괄하는 아렌트 사상에서 그 핵심을 이루는 용어이다. 아렌트는 인간의 삶을 그 제 조건에 따른 세 가지 활동 양식으로 파악하였다. 그 활동들을 다시 공론 영역과 사적 영역의 개념으로 분석하여 어떻게 한 개인의 삶뿐만 아니라 인류의 삶이 거기에 따라서 이루어지는지를 밝혔다. 물론 그녀 자신이 만년에 인간의 '정신적 삶'(vita contemplativa)을 이러한 '활동적 삶'(vita activa)으로부터 더욱 구분하여 사유(thinking)와 '의지'(willing) 그리고 '판단'(judging)의 세 영역으로 나누어서 더욱 정교화했지만, 이 정신적 삶도 넓은 의미로 인간의 삶과 활동에 포괄된다는 점에서 결코 이 공론 영역과 사적 영역의 개념들과 무관한 것이 아니다.[3]

아렌트는 인간이 태어나서 지상에서 살아가는 데 주어진 기본 조건을 먼저 생명(필연성)과 세계성 그리고 다원성의 세 가지로 본다. 생명(life)이란 인간의 신체적 조건성을 말한다. 모든 인간의 삶은 우선 신체적 생명으로 유지되어야 한다. 이 신체적 생명을 지속시키기 위해서 인간은 노동(labor)을 필요로 한다. 즉, 신체적 생명이라는 필연적인 조건에 상응하는 인간의 활동은 노동인 것이다. 인간의 삶은 그러나 이러한 자연적 조건만이 아닌 '작업'(work) 활동을 통해서 이루어지는 인공세계의 조건에 제약을 받는다. 이미 20세기 철학적 인간학자들이 다방면으로 밝혀 놓은 문화적 동물로서의 인간의 특성대로 인간은 자신의 신체적 제약성을 좀 더 영구적이고 지속적으로 뛰어 넘기 위해서 인공의 세계를 건설한다. 여기서 인간의 두 번째 활동인 작업 활동이 나오고 인간의 삶은 이 인공적인 세계에 한없이 의존하고 있는 것이다.

아렌트는 여기서 더 나아가서 인간에게 가장 고유한 조건으로서 다원성(plunality)을 든다. 그것은 인간의 삶이란 결코 홀로의 삶이 아니라 이 지구상에 살며 복수의 사람들 사이에서 거주한다는 것이다. 우리 인간은 어느 누구도 지금껏 살았고, 현재 살고 있으며, 앞으로 살게 될 다른 사람들과 동일하지 않은 방식으로 동등하다고 하는데, 아렌트에 의하면 삶에서의 이 다원성의 조건이야말로 인간의 '행위'(action)를 가능케 하고, 행위란 사물이나 물건의 매개 없이 인간 사이에서 직접 수행되는 유일한 인간 활동이라고 한다. 그것은 인간이 물리적 대상으로서가 아니라 인간으로서 서로에게 자신을 드러내는 양식이다.[4]

아렌트는 이렇게 인간 삶의 세 가지 조건과 거기에 상응하는 활동들을 지적한 후 그 모든 활동과 조건들이 가장 보편적으로 연결되어 있는 조건으로서 탄생성(natality)과 사멸성(motality)을 든다. 즉 인간은 누구나 새로 태어나고 죽는다는 것이다. 탄생과 죽음의 보편적인 인간 실존의 조건이야말로 인간의 노동과 작업, 정치적 행위가 조건 지워지고 또한 거기에 상응하면서 행해지는 것들이다. 아렌트는 여기서 특히 나중에 우리의 교육이념을 위해서도 매우 중요한 탄생성의 개념을 들어서 그것을 특별히 인간의 행위와 관련시킨다. 즉 인간의 행위가 가능한 이유는 앞에서도 지적했듯이 각자의 인간이 그 탄생과 더불어 이 세상에 가지고 오는 새로움과 고유성 때문이라고 하는데, 그 새로움이 펼쳐질 장소가 바로 공론의 영역이 되는 것이다.[5]

아렌트는 인간은 무엇을 하든 언제나 조건 지워진 존재라는 것을 강조한다. 그러면서 다시 인간은 어떤 일을 행하든 언제나 사람들과 그들이 만든 사물 세계에 뿌리를 두고 있다는 사실에서부터 출발해서 인간 활동의 공론 영역과 사적 영역을 구분하여 밝혀 나간다. 그녀에 의하면 공론 영역과 사적 영역의 구분은 서양의 고대 그리스 폴리스의 삶에서 가장 뚜렷하게 이루어졌다. 인간을 본성적으로 정치적 동물(zoon politikon)로 파악한 아리스토텔레스와 플라톤의 이상국가론이 그 증거들이고, 여기서 공론 영역은 단순화시켜 폴리스의 정치적 영역으로, 그리고 사적 영역은 가정생활로 구분할 수 있다.[6] 당시 폴리스의 모든 시민은 두 가지 존재의 질서인 '자신의 것'(idion)과 '공동의 것'(koinon)의 예리한 구분 아래서 살았는데, 사적인 가정생활은 신체적 생명체로서의 필요와 욕구의 동인에 의한 삶을 말하고, 공론의 정치 영역은 그 필요와 욕구의 필연성으로부터 해방된 사람들이 모여서 공동 세계의 일을 위해 활동하는 자유의 영역을 말한다. 고대 그리스인들에 따르면 모험과 명예로운 일에 착수하고 국사에 헌신하기 위해서는 우선 자신의 생명을 바칠 각오를 해야 한다. 생명에 대한 지나친 사랑은 자유에는 방해가 되며 이것은 동시에 노예성의 확실한 표시라고 한다. 이러한 전통에서 아리스토텔레스가 시민의 삶이라고 부른 '좋은 삶'(the good life)이란 단순한 삶의 필연성을 극복했고, 노동과 생산으로부터 자유로우며, 자신의 생존에 대해 모든 생명이 갖는 내적 충동을 극복한 삶을 말한다.[7] 생계만을 목적으로 하고 생명을 유지하는 것만을 목적으로 하는 활동은 결코 정치적 영역에 등장할 수 없다는 것이다.

아렌트에 따르면 이러한 고대 폴리스의 공론 영역과 사적 영역 사이의 심연은 중세 기독교 봉건사회를 거쳐 근대 사회로 오면서 본질적으로 사라졌다. 또한 플라톤이나 아리스토텔레스가 인간 고유의 특성이라고 생각했던 '정치적 삶'(bios politikos)이라는 것은 인간이 동료들과 함께 산다는 의미의 '사회적'(social)인 것과는 다르다. 인간종 사이의 자연적이고 단순한 사회적 교제는 동물과 다른 것이 아니며, 오히려 인간의 생물학적 삶의 필요에 의해서 부과된 인간의 한계로서 생각되었다고 한다. 여기에 반해서 정치적 삶이란 바로 인간이 '말'(lexis)과 '행위'(praxis)를 통해서 자신의 독특성과 위대성을 공개적으로 드러내는 활동이다.[8]

공적이라는 용어는 서로 밀접하게 관련되어 있으나 완전하게 일치하지 않는 두 현상을 의미한다고 한다. 두 현상이란 먼저 공중 앞에 나타나는 것은 누구나 볼 수 있고 들을 수 있다는 의미에서 "가장 폭넓은 공공성"(the widest possible publicity)을 의미하고, 두 번째는 우리 모두에게 공동의 것(common)이고,

우리의 사적 소유지와 온전히 구별되는 세계를 의미한다.[9] 그러므로 이 영역에서는 결코 힘과 폭력이 아니라 말과 설득을 통해서 모든 것이 결정되고, 서로가 온전히 평등한 가운데서 위대한 말들에 의해서 능력이 표현됨을 말한다. 정치적이라는 것, 공론의 영역에서 생활한다는 것은 인간의 배타적 특권으로서 여기서 사람들은 위대한 말과 행위로써 자신을 타인과 구별하고 탁월성을 획득할 수 있다는 것이다.[10]

아렌트에 따르면 근대에 와서 "사적인 영역도 공적인 영역도 아닌 사회적 (social) 영역의 출현"으로 상황은 근본적으로 변했다. 그녀에 의하면 근대의 사회(society)란 "경제적으로 조직되어 하나의 거대한 인간 가족의 복제물이 된 가족집합체"를 말한다. 또한 근대의 민족국가란 그 사회가 정치적으로 조직화된 것이다. 그러므로 위에서 살펴본 대로 고대인들은 경제에 관련된, 다시 말해서 개인 유지와 종족 보존에 관련된 것은 모두 비정치적인 가정사로 여겼기 때문에 근대 이후 정치학이 되어 버린 국민경제, 사회경제, 민족경제란 그들의 시각에서 보면 모순이다. 이렇게 공동 세계에 연관된 활동인 정치와 생계 유지에 연관된 활동인 경제가 서로 연결된 것, 즉 '정치경제'란 이해하기 힘든 것이다. 사회의 출현이란 가계의 활동, 문제 및 조직 형태가 가정의 어두운 내부로부터 공론 영역의 밝은 곳으로 이전된 것을 말한다.[11] 이것은 예전에는 공적인 활동이 박탈된 사적인 노예들에 의해서 가정에서 해결되던 경제의 문제와 개인 생명의 유지와 종족 보존의 문제가 공적인 관심사가 되었다는 것이고, 이제 모두의 문제가 된 것을 말한다. 그래서 사적인 것과 공적인 것을 구분하던 옛 경계선은 불분명해졌고, 원래 어떤 것이 '박탈된' 상태를 의미하는 사적 생활이란 이제 그런 의미를 더 이상 갖지 않게 되었으며 오히려 근대 이후 친밀성의 개념을 얻게 되었다고 한다.[12]

그러나 아렌트의 이러한 해석과는 달리 인류 역사의 전개를 다른 시각에서 보면 분명 인간의 삶이 긍정적인 방향으로 진보된 것을 밝혀주는 것으로 이해할 수 있다. 즉 예전에는 어두운 사적 영역(가정)에서 폭력과 불평등을 겪으면서 인간 삶에서 진정으로 필요한 정치적 현실성을 박탈당한 채 끊임없이 생산노동에만 종사해야 했던 사람들이 사회의 시민이 되었고, 민족국가의 국민이 되어서 국가의 보호를 받게 되었으며 각자 나름대로 사적 영역을 즐길 수 있게 된 것으로 해석할 수 있는 것을 말한다. 그러나 아렌트는 바로 이러한 전개의 또 다른 극단을 보면서 공론의 영역-공통적인 것에 대한 관심이 사라지고, 사적인 영역-소유에 대한 집착과 욕망이 한없이 커져서 종국에는 인간적 삶 자체가 더 이상 가능하게 되지 않는 파국을 경고하였다. 그녀에 의하면 근대의 사회란 "단지 살기 위해서 상호 의존한다는 사실이 공적인 의미를 획득하고 단순한 생존에 관련된 활동이 공적으로 등장하는 곳"[13]이다. 그러므로 이렇게 해서 모든 사람들이 단지 자신들의 생존과 소유에만 관심하게 되면서 사람들은 그러한 생산에 대한 관심과 종사로 평준화되었고, 이러한 사회 구성원의 표준화는 인간의 자발적인 행위와 탁월한 업적을 이루지 못하게 한다고 지적한다. 즉 근대 세계에서 평등의 승리는 사회가 공론 영역을 정복했다는 것이고, 여기서 사람은 단지 '행동'(behavior)할 뿐이지 타인의 존재에 대해서 응하는 '행위'(act)하는 존재가 아니라는 것이다.

아렌트는 이것을 근대 사회의 '순응주의'(conformism)라고 비판한다. 여기서는 정치학이나 윤리학 대신에 경제학이 그 기술적 도구인 통계학과 더불어 탄생하여 가장 우수한 사회과학이 되었다. 더 나아가서 행동과학으로서의 사회과학은 인간 자체를, 그리고 그의 모든 활동을 단순히 조건반사적으로 행동하는 동물의 수준으로 환원시켰다. 그러므로 이렇게 해서 인간의 삶속에서 그리스 사람들이 아레테(aret)로, 로마인들이 비르투스(virtus)라고 불렀던 탁월성(德)이 사라지게 되면서 사람들은 공직자나 예술가나 상인이나 모두 개인의 보존과 종의 지속을 관리하고 보장하는 일에만 관심하게 되었다는 것이다. 즉 인간도 다시 동물 수준의 모여 삶의 수준으로 떨어진 것이다. 그래서 여기서는 공동의 사물 세계의 중재를 통해서 타인과 관계를 맺거나 분리됨으로써 형성되는 타인과의 객관적 관계가 박탈되고 각자는 내적 주관성으로 침잠해 버리면서 결국 고독이라는 근대의 대중적 현상을 낳았다고 한다. 아렌트에 따르면 사멸성을 삶의 또 다른 조건으로 갖는 인간에게 공론의 영역은 불멸성과 개인의 무상성을 보장하는 공간이었다. 그러므로 이 공동의 세계에 대한 관심을 잃어버리면서 근대에 들어와서 공적인 정치 영역이 소멸되었다는 것은 "불멸성에 대한 진정한 염려가 거의 사라졌다."는 것을 의미한다. 즉 현대인들이 교육을 포함한 삶의 모든 활동에서 나타내는 찰나성·순응주의·무세계성·배타적인 주관주의를 말하는 것이다.[14]

아렌트에 의하면 사회적인 것의 발생이라고 불렀던 것은 역사적으로 사적 소유의 관리가 사적인 관심에서 공적인 관심사로 변형된 바로 그 시기에 이루어졌다.[15] 이후 소유주들은 그들의 부를 통해서 공론 영역에 접근하기보다는 자신들의 부의 축적을 위해서 공론 영역이 자신들을 보호해 줄 것을 요구하였다. 이 요구는 그러나 한계를 모르고 진행되어 사적인 것이 유일한 공동의 관심사로 남게 되면서 결국은 서로 충돌하게 된다. 아렌트의 이러한 지적대로 이 충돌의 파국을 오늘 21세기를 시작한 우리는 개인의 삶에서도 그렇고, 가정·사회·국가·세계의 모든 차원에서 적나라하게 보고 있다. 자신의 사회적 영역의 확장을 무한정으로 늘리기 위해 모든 부동산을 동산으로 바꾸어 버리면서 부유(浮遊)하고, 재산과 소유의 문제로 부모와 형제자매들 간의 관계도 물거품이 되고, 또는 지역 간의 개발이기주의로 공동의 삶의 환경이 파괴되고 국가 간의 무한경쟁으로 세계 평화는 크게 위협받고 있다. 아렌트는 소유의 진정한 의미란 삶의 필연성을 지배함으로써 잠재적으로 자유로운 사람, 즉 자신만의 삶을 초월하여 모든 사람이 공동으로 참여하는 세계에 들어갈 수 있는 사람이 된다는 의미라고 뚜렷이 밝힌다. 그러나 이 진정한 의미를 버리고 "만약 소유주 각자가 정치적 삶을 영위하는데 재산을 사용하지 않고 늘리려고만 한다면, 자신의 자유를 기꺼이 희생하고 자진하여 어쩔 수 없이 노예가 될 수밖에 없는 존재, 즉 필연성의 종이 되고자 하는 것과 같다."[16]고 지적하였다. 그래서 우리는 여기서 결국 공적 영역 소멸의 마지막 단계는 필연적으로 사적 영역의 제거라는 위험도 같이 가져오는 것을 뚜렷이 알 수 있다.

아렌트에 따르면 인간 존재의 삶의 조건에 따라 나누어진 공론 영역과 사적 영역의 가장 근본적인 의미는 한편으로는 숨겨져야 할 것이 존재하고 다른 한편으로는 존재하기 위해서는 반드시 공공적으로 드러나야 할 것이 있다는 사실이다.[17] 인간 활동적 삶의 양식인 노동과 작업, 행위도 이 의미에 따라 각각 적절한 자리매김을 암시하고 있다고 하는데 아렌트는 여기서부터 이 세 활동 양식을 더욱 자세히 분석해 나간다.

3. 인간 활동적 삶의 세 가지 양식

1) 노동

앞에서도 밝힌 대로 노동은 인간 신체의 생물학적 과정에 상응하는 활동이고, 인간이 신체적 생명이라는 조건 아래서 살아가는 이유로 발생하는 활동이다. 인간은 생명적 삶을 계속하기 위해서 에너지의 섭취를 필요로 하고, 이 에너지를 생산하기 위해서 노동을 한다. 따라서 노동의 동물로서의 인간은 자연의 필연성에 예속되어 있는 것이다. 이 인간 생명 필요물의 생산은 그러나 고대 세계에서는 주로 노예들이 담당했다. 노예들은 자신의 주인들이 필요물의 생산에서 벗어나서 공적 생활에 종사할 수 있도록 노동을 담당했고, 그런 의미에서 노예는 공론 영역에서의 활동이 박탈된 이름 없는 사적 대상들이었다. "자신의 신체로 삶의 필연성에 봉사하는 노예"나 "필요에 의해서 필연적으로 수행되는 신체의 노동은 노예적이다."라는 표현에서 잘 나타나듯이 고대에서 노동은 경멸받았고, 신체가 많이 소모되는 일은 천한 일로 여겨졌다. 삶의 필연성에 종속되어 있는 것을 나타내 주기 때문이다.

그러나 근대에 들어와서 근본적인 변화가 일어났다. 우리가 잘 알듯이 애덤 스미스(1723-1790)는 『국부론』을 지어서 노동의 문제를 공론의 영역으로 부상시켰고, 그 이후에 마르크스는 결정적으로 인간을 노동하는 동물로 정의함으로써 인간 노동을 통한 인간의 창조 개념을 밀고 나가서 전통적인 이성적 동물이라는 인간 규정을 근원에서부터 흔들었다.[18]

아렌트는 이러한 마르크스의 인간 규정을 한편으로는 깊이 숙지하면서, 그러나 다른 한편으로는 거기서 더 나아가서 그를 래디컬하게 비판하면서 자신의 독자적인 이론을 세워 나갔다. 그녀에 따르면 근대에서 노동의 지위가 상승한 근본 이유는 근대인들이 주목한 노동의 생산성(productivity) 때문이다. 인간의 힘은 자신의 생계와 생존 수단을 생산하고 소진되어 버리는 것이 아니라 잉여, 즉 자신의 재생산에 필요한 것 이상을 생산할 수 있다. 자신의 재생산이 확보되었을 때도 노동력은 고갈되지 않기 때문에 그것은 하나 이상의 삶의 과정의 재생산을 위해 사용될 수 있고, 마르크스는 근대 자본주의 사회에서 착취를 통해 몇 사람의 노동이 모든 사람의 삶을 충족시키는 방식으로 노동력이 유통될 수 있다는 사실에 주목하였다. 여기에서 한편에서는 엄청난 부의 축적 과정과 더불어 노동 계층의 착취를 보는데 착취당하는 노동의 동물은 공론 영역으로부터 자신을 숨겨 주고 보호하는 사적 공간을 박탈당하기 때문에 결코 사적이 될 수 없다.[19] 그러나 다시 진정한 공론 영역에서의 활동은 사적 공간, '소유' (所有: 장소의 가짐)를 가지지 않은 사람에게는 불가능하므로 자본주의 사회에서의 노동자의 삶은 비참한 것이다.

여기에 대한 해법으로 내어놓은 마르크스의 노동에 대한 입장은 그러나 아렌트에 의하면 그 안에 근본적인 모순을 담고 있다. 즉 마르크스가 시종일관 인간을 노동하는 동물로 규정하면서 노동을 자연이 부과한 영원한 필연성이자 인간 활동 중에서 가장 인간적이고 생산적인 활동이라고 찬양하지만, 그러나 그는 동시에 그 노동으로부터의 지양과 노동으로부터의 해방만이 인간을 위한 참된 자유의 왕국을 건설하는 길이라고 역설한 것이다. 인간의 모든 일이 그래서 취미활동이 되고 노동이기를 그칠 때 유토피아가 이루어진다고 하는데, 그러나 가장 위대하고 가장 인간적인 일을 더 이상 필요로 하지 않는 사회가 어떻게 유토피아가 될 수 있겠느냐고 아렌트는 비판한다.[20]

아렌트는 노동이 영원히 인간 삶의 한 조건임을 놓치지 않는다. 생물학적인 생명으로서의 소비의 수단을 제공하는 활동인 노동은 자연이 부과하는 영원한 필연성으로 머문다.[21] 그러나 근대에 들어서 이 노동의 생산력이 부의 원천으로 발견되고 그리하여 인간 활동 중에서 가장 사적이던 노동이 공적으로 되면서 이 소비의 수단을 보다 견고하고 안정되게 쌓아 두려는 인간의 욕망은 한계를 모르게 되었다. 애덤 스미스를 비롯한 근대인들이 그렇게도 열렬하게 옹호했던 것은 각자 나름의 소유 자체가 아니라 방해받지 않고 보다 많은 소유 또는 사유를 갖는 것이었는데, 이 자유 경제주의의 추구는 21세기 벽두의 오늘날에도 그대로 이어져서 개인적 차원뿐 아니라 국가 간의 관계에서도 가장 강력한 삶의 원리가 되었다. 그래서 우리 모두는 아렌트의 지적대로 노동자가 된 것이다. 그녀는 우리가 '노동자의 사회에 살고 있다.'고 선언한다. 또한 축적된 부를 게걸스럽게 소비해야 하는 '소비자의 사회에 살고 있다.'고 말한다. 그녀에 의하면 여기서 중요한 점은 "노동자가 역사상 처음으로 공론 영역에서 동일한 권리를 인정받았다는 사실이 아니라, 우리가 모든 인간 활동을 삶의 필수품 확보와 그것을 풍부하게 공급하는 노동 활동이라는 공통분모로 평준화시켰다는 사실"이라고 한다. 그래서 예술가도, 정치인도, 심지어는 종교인도 모두 노동자가 되었다. 즉 모두가 자신들의 사적인 소유의 증대를 위해 공동의 것으로부터 울타리를 치는 필연성의 노예가 된 것이다. "우리가 무엇을 하든지, 우리는 생계를 유지하기 위해서 일을 한다. 이것이 (근대) 사회가 내린 판결문"이라는 것이다.[22]

한편 이렇게 근대인들이 사적 부의 축적에 몰두하고 소비수단의 안정적 확보에 힘을 쏟는 이유는 그 필연성으로부터의 해방, 즉 노동으로부터의 해방을 위한 것이다. 그러나 여기서 우리는 아렌트도 잘 지적하였듯이 또 한번 인간 조건의 불안정이 불러오는 전체주의의 폐해를 본다. 즉 오늘날 소비가 만연하고, "너무 부유하여 일할 필요가 없어서 휴식의 자리에 권태가 들어서고, 단순히 생리적으로 소비하고 소모하기만 하는 욕구의 수레바퀴가 신체를 죽을 지경까지 망가뜨리는 삶"[23]의 모습을 보는 것이다. 위에서도 마르크스의 유희와 취미의 왕국에 대한 비판에서도 보여주었듯이, 아렌트의 현대 기술사회·소비사회에 대한 비판은 날카롭다. 인간의 피할 수 없는 한 조건인 노동이 가져다 줄 수 있는 두 가지의 불행, 즉 노동을 하여 기진맥진하여도 휴식이 따르지 않아서 비참한 상태가 계속되는 빈곤과 궁핍이거나, 아니면 너무 많이 가져서 모든 생활이 취미생활이 되었고 가진 것을 즐기고 소비하는 것이 노동이 되어 버린 상태, 이 두 상태에서 인간은 모두 불행하다는 것이다. 그래서 현대 사회는 불행이 만연한 사회이고, 아렌트는 오늘날 이

"보편적 불행"은 한편으로는 노동과 소비의 불안스러운 균형 때문이고, 다른 한편으로는 소모와 재생산·고통(노동)과 고통으로부터의 해방(휴식과 취미 등)이라는 삶의 과정이 온전히 균형을 이루는 곳에서만 성취될 수 있는 행복에 대한 집요한 요구 때문이라고 분석한다. 아렌트에 따르면 오늘날의 이러한 행복에 대한 보편적인 욕구와 그러나 그 반대로 우리 사회의 광범위한 불행은 "우리가 만족하며 살 수 있을 만큼의 충분한 노동을 하지 않는 노동의 사회에 살기 시작했다는 가장 설득력 있는 표시"라고 한다.[24] 이러한 지적은 우리가 오늘날 특히 한국의 교육 현장에서 지적 교육에의 과도한 집중으로 몸의 수행과 손의 작업 등이 거의 사라져 버린 것에 대한 비판에서도 유사하게 들을 수 있다.

오늘날 경제는 모두 소비경제가 되어 버렸다. 이 소비경제에서 생산된 사물들은 그러나 그 경제 과정 자체가 종국을 맞지 않으려면 계속 빨리 소비되고 폐기되어야 하는데, 그래서 오늘날 노동하는 동물의 여가시간은 오로지 소비를 위해서 소모되며 그와 더불어 그에게 남겨진 시간이 많으면 많을수록 그의 탐욕은 더욱 커지고 강해진다. 아렌트는 이러한 노동과 소비, 소비와 노동의 쳇바퀴에 얽매인 사회에서는 마침내는 세계의 모든 대상이 소비와 소비를 통한 무화(annihilation)로부터 안전할 수 없을 것이라고 경고한다. 오늘날 각종 개발 신화, 지구의 어느 곳도 그냥 두지 않는 여행자의 물결, 자신의 간이 썩어 들어갈 때까지 한계를 모르고 진행되는 노동과 그로부터 얻어지는 각종 향락 등 오늘 우리 문화의 모습을 잘 지적하고 있다.

오늘날 각종 자동화와 기술화는 영원히 반복되는 생물학적 삶의 순환이 거쳐야만 하는 두가지 단계, 즉 노동과 소비 단계의 비율을 변화시켜 거의 모든 인간 노동력이 소비에 소모될 수 있음을 보여주었다. 여기에 지금까지 부수적으로 여겨졌던 사회적 문제인 여가의 문제가 떠오르는데, 그 여가란 우리의 소비 능력을 계속해서 유지시키기 위해 일상의 피로를 풀어 주는 기회로 이해되고 있다.[25] 인간은 그러나 이렇게 자신의 에너지를 소비에만 소모하며 자신의 주변을 빨리 소비하고 폐기해야 하는 향락품과 소비재로만 채울 수는 없는 존재이다. 이렇게 되었을 때 그는 더 이상 자유로운 소비인이 아니며 단지 그 과정에 떠밀려 가는 부초 같은 존재가 되는 것이다.

노동의 고통과 수고를 완전히 제거하려는 것은 생물학적 삶에서 가장 자연적인 즐거움을 빼앗는 것이며, 그것은 인간적인 삶에서 그 생명력을 박탈하는 것이라고 아렌트는 지적한다. 그러므로 인간의 삶에서 살기를 그만 둔다면 모르지만 이러한 삶의 필연적인 양식들을 제거할 수는 없다. 하지만 인간은 거기서 더 나아가서 그러한 노동에 의해서 삶의 필연성과 관계되는 소비재의 생산을 넘어서 보다 더 지속적이고 영속적인 방식으로 자신의 세계를 구성해 줄 사물들을 제작하기를 원한다. 이것으로 인간은 삶의 또 다른 근본적인 조건인 사멸성을 극복하려는 것인데, 오늘날의 소비사회에서 더 위험한 것은 우리 모두인 노동자들이 노동의 삶이 좀 더 쉬워지면 쉬워질수록 이 노동과 소비로 극복될 수 없는 삶의 무상성이 있다는 사실을 점점 더 잊어가고 있는 것이라고 지적한다. 즉 그들에게 제공되는 다산성의 풍요에 현혹되어서 영원성과 불멸성에 대한 관심이 사라지는 것을 말한다.[26] 이렇게 해서 인간 활동의 또 다른 장인 작업으로 넘어간다.

2) 작업

인간은 한편으로 신체적 생명으로서 삶의 필연성에 종속된다. 그러므로 그 필연성을 충족시켜 줄 수 있는 수단(사유재산)을 어느 정도 안정되게 확보하는 일은 필수적이다. 그러나 근대 사회에서 이루어진 이러한 필연성의 지위

상승이 공론 영역 전체를 뒤덮게 되면 아렌트가 위에서 잘 지적해 준 것과 같은 불행을 맞게 된다. 즉 진정한 공론 영역이 사라지고 사회는 독재국가나 만인 대 만인의 투쟁의 상황이 되거나, 아니면 모든 영원성이나 불멸성에 대한 감각을 잃고서 찰나적으로 소비와 향락에 빠져 사는 대중이 있게 될 뿐이다. 인간은 이렇게 살아갈 수만은 없다. 인간은 노동생산력의 찰나성과 무세계성에 대항하여 보다 지속적인 세계성을 확보하기를 원하며, 또한 보다 영속적인 인공적 세계의 울타리가 아니고서는 인간은 안정적으로 살아갈 수 없는 존재이다. 세계성은 그래서 인간 삶의 또 다른 조건인 것이다.

　육체의 노동과 구별되는 우리 손의 작업으로 인간은 '…을 재료로 하여' 인공세계를 구성한다. 이 인공세계는 사용물이며 절대적이지는 않지만 그러나 지속성과 가치를 소유하여 불안정하고 죽을 운명의 인간이 좀 더 안정적으로 살 수 있는 거처가 된다.[27] 아렌트는 이러한 인간의 작업 활동으로 인간이 마주하고 있는 세계란 우리 앞에 그저 웅대하고 무관심하게 서 있는 단순한 자연이 아니라 인위적 세계의 객관성임을 분명히 한다. 그리하여 자신의 육체나 길들여진 동물로 생활하는 노동하는 동물은 여전히 자연과 지구의 하인으로 남지만, 도구를 가진 제작인은 지구의 군주이자 지배자처럼 행위하는 것이다. 그녀에 의하면 제작인의 생산성은 "프로메테우스의 반란의 결과물"이다.[28] 왜냐하면 그것은 신이 창조한 자연을 파괴함으로써만이 얻어지는 것이고, 그래서 일종의 폭력의 경험인데, 폭력의 경험이란 인간의 힘에 대한 가장 기본적인 경험이므로 인간은 여기에서 단순노동이나 경작에서 얻는 행복과는 매우 다른 자기확신과 만족을 얻는다고 한다. 아렌트에 따르면 명확한 시작과 예상할 수 있는 분명한 끝을 가진다는 것이 인간의 활동 중 제작(작업)이 가지는 특징이다. 제작은 육체적 생명 과정의 순환에 매여 있어서 시작도 끝도 없는 노동과는 달리 제작자가 분명한 의도를 가지고 시작할 수 있고, 또한 나 외의 다른 사람들에게 의존되어 있어서 그 끝을 예견할 수 없는 인간의 행위와는 달리 분명히 끝을 맺을 수 있다. 제작인은 언제든지 앞으로의 생산물의 이미지를 가지고 혼자서 자유롭게 생산할 수 있고, 다시금 자신의 손으로 만든 작품에 대해서 홀로 자유롭게 파괴할 수 있기 때문에 가장 자유롭다고 할 수 있고, 그런 의미에서 군주이자 지배자라고 할 수 있다는 의미이다.[29]

제작인은 자신의 작업에서 용구와 도구들을 이용하여 좀 더 지속적인 인공의 대상물들을 만들어 낸다. 이 대상물은 그 지속성 때문에 인간의 보다 안락한 생활을 위한 수단으로 사용될 수 있으므로 교환의 대상이 될 수 있다. 이것은 우수한 제작인의 철학이라고 할 수 있는 유용성의 공리주의인데, 그러나 아렌트는 여기서 모든 공리주의가 갖는 내적 딜레마를 뚜렷하게 드러낸다. 즉 제작인의 수단과 목적의 경험과 도구성의 경험에서는 그 수단과 목적의 연쇄를 끊어서 모든 목적이 수단으로 다시 사용되지 못하게 막을 수 있는 방법이 없다는 것이다. 여기에 대한 칸트의 유명한 선언 -모든 인간은 결코 목적을 위한 수단으로 되어서는 안 되며, 모든 인간 존재는 목적 그 자체이다.- 이 있지만 아렌트가 보기에는 칸트의 이러한 입장도 여전히 공리주의적 사유에 기인한다. 다만 인간중심적인 공리주의일 뿐이라는 것이다.[30]

오늘의 공동체주의자 맥켄타이어의 칸트 비판에서도 유사하게 듣는 이러한 비판은 현재의 기술 문명 사회에서 더욱 더 그 타당성이 증명된다. 이러한 현대 기술 문명의 공리주의적 난관은 아렌트에 따르면, "모든 제작이 도구성과 더불어 세계를 건설할 수 있다 하더라도 이 세계를 존재하게 한 기준이 세계가 확립된 이후에도 계속해서 이 세계를 지배하게 된다면 이 세계는 사용된 원료만큼이나 무가치한 것이 된다는 사실에서 발생한다."고 한다.[31] 오늘날 우리는 전세계와 지구가 도구화되고, 거기에 주어진 모든 것이 무한히 평가절하되며, 그 내재적이고 독자적인 가치를 상실해 가는 과정을 목도하고 있다. 아렌트에 의하면 플라톤은 고대 그리스인들이 세계와 자연을 평가절하 하는 태도와 그 안에 들어 있는 인간 중심주의의 위험을 알아차렸다. 그의 프로타고라스와의 논쟁은 만약 인간이 사용을 위한 모든 사물의 척도가 된다면 인간은 단지 사물의 사용자이거나 도구화하는 자에 머물 뿐이며, 진정으로 세계와 관계를 맺는 자, 말하는 자와 사유하는 자, 행위자가 되지 못한다는 것을 깨달은 것이라고 한다. 그래서 플라톤은 말년에 다시 프로타고라스의 말을 고쳐서 "아무리 단순한 사용물조차 그것의 척도는 신(神)이다."라고 선언했다고 하는데,[32] 여기서 자연과 세계를 대하는 플라톤의 영성이 드러나고, 이것을 다시 언급하면서 오늘 우리 시대의 인간 중심주의를 넘어서려는 아렌트의 종교성이 동시에 드러나는 것을 나는 본다.

인간 삶의 또 다른 조건인 인공의 세계를 제작하는 인간은 그 제작물들을 서로 교환한다. 노동의 동물과는 달리 제작인은 비록 정치적 영역은 아닐지라도 자신의 공론 영역을 충분히 가질 수 있는데, 즉 교환시장이 그의 공론 영역이 될 수 있다. 아렌트는 여기서 제작인의 생산품이 가지는 '사용가치' (use)와 '교환가치' (exchange), 근대에 로크가 행했던 '가치' (worth)와 '값' (value)의 구분에 주목하며 값(value)은 오로지 공론 영역을 존중함으로써만 존재할 수 있음을 지적한다.[33] 그렇기는 하지만 위에서 제작인으로서의 인간 작업이 가지는 원리인 공리주의, 더 나아가서 인간 중심적 공리주의가 내포하는 한계와 위험성을 지적한 것처럼 이 두 가치 사이의 갈등, 다른 이야기로 하면 모든 사물의 평가절하와 모든 내재적 가치의 상실은 인간의 작업 활동이 항상 불러올 수 있는 인간 실존의 야누스적 상황을 밝히는 것이라고 할 수 있다.

오늘 21세기의 소비지향적이고 시장가치 지향적 사회에서 우리는 어느 시대보다도 더 적나라하게 이 위험 앞에 노출되어 있다. 아렌트는 인간 작업 활동 분석의 마지막에서 그 작업 활동과 밀접히 연관되어 있는 예술작품에 대해서 논하는데, 예술작품의 직접적 원천은 인간의 사유 능력임을 분명히 밝힌다.[34] 예술작품의 많은 종류들은 인간의 손을 통해서 사물화되지만, 그러나 예술작품이 진정으로 세계에서 올바른 자리를 차지하려면 유용성이나 교환가치, 또 일상적 삶의 절박함과 욕구로부터도 분리되어야 한다는 것이다. 즉 예술작품이란 인간의 영원성의 추구가 사물화된 작품으로서 살아 있는 피조물이 사용하는 사용물이 아니라는 것이다. 시나 음악, 그림, 조각, 건축 등 예술작품은 인간의 영원성과 불멸성에 대한 사유가 결코 사용되거나 교환될 수 없는 방식으로 대상화된 것이기 때문에 그 대상은 세계의 어느 대상보다도 영속적이라는 의미이다. 그리하여 여기에서 예술작품에 대해서는 '지속적'(durable)이라는 말보다도 '영속적'(permanent)이라는 단어를 쓰며, 이 영속성으로 인해서 예술작품은 인간의 어떤 다른 제작품보다도 우리에게 세계성과 안정성을 마련해 준다고 한다.

이런 의미에서 보면 우리가 주변에, 또는 한 사회나 민족이 자신의 세대를 넘어서 아니면 자기 민족의 테두리를 뛰어 넘어 보다 보편적이고 영속적으로 유지될 수 있는 예술작품을 가지고 있지 않다면 얼마나 불안정하고 불행할 것인가를 생각해 볼 수 있다. 오늘 우리 사회에서 단순히 교환가치로만 여겨져서 과거 예술인들의 기록이나 흔적들이 무참히 파괴되는 것을 보면서 드는 생각이고, 모두가 노동자가 되어 버린 사회가 처한 위기이기도 하다. 그러나 한편 우리 시대에는 이 예술작품도 이러한 본래적인 의미를 잃어버리고 하나의 상품으로, 그것도 무수히 반복적으로 똑같은 것을 찍어낼 수 있는 노동자의 생산품으로 전락할 위험에 노출되어 있는 것도 사실이다. 이와 더불어 예술가 자신이 그 생산품보다 평가절하되어 예술작품이 신격화되고 불멸적인 것으로 추앙받는 인간과 생산품 사이의 전도가 일어나기도 한다. 그래서 예술작품에 표현된 영원성은 "불멸성"(immortality)일 뿐이지 진정한 "영원성"(eternity)의 표현이 아니라고 하는데, 여기서 아렌트는 예술 활동도 넘어가서 진정으로 영원성이 드러나는 영역으로서 인간의 말과 행위를 탐색하기 시작한다. 불멸성이란 다시 그 대상에 집착하는 것이다. 그러나 진정한 영원성은 결코 대상화될 수 없고 사물화될 수 없는 것으로 다만 경험될 뿐이고 계시될 뿐이라는 것이다. 그래서 어떤 사상가가 영원성에 대한 관심을 가졌다 하더라도 자신의 사상을 기록하려고 의자에 앉는 순간 그는 이제 영원성에 대한 관심을 버리고 자기 사상의 흔적을 남기려는 잠재적 불멸성을 선택한 것이라고 아렌트는 날카롭게 지적한다.[35] 이러한 대상화에의 집착이야말로 죽을 수밖에 없는 인간의 피할 수 없는 조건이지만 아렌트는 이것을 인간의 또 다른 활동인 행위를 탐색하면서 넘어서고자 한다.

3) 행위

행위는 인간은 홀로 살 수 없고 다른 사람들과의 사이에서 살아 있다는 조건에서 나오는 인간 활동이다. 행위는 사물이나 물건의 매개없이 인간 사이에서 직접적으로 수행되는 유일한 활동이다. 다양한 다른 사람들과의 관계에서 살아감으로 인해서 인간은 말과 행위를 필요로 하고, 아렌트에 의하면 이 행위야말로 진정으로 인간이 동물과 구별되고 신과도 구별되는 인간 고유성이다. 이러한 행위의 조건은 인간의 다원성이다. 나와 다른 타자가 있음으로 해서 내가 그에게 나아갈 수 있고, 그 나아감은 그러나 동시에 그와 내가 인간으로서 동일하기 때문에 가능한 것이다. 그래서 아렌트는 말과 행위의 기본 조건인 인간의 다원성은 동등성과 차이성이라는 이름의 성격을 동

시에 가진다고 먼저 밝힌다.[36]

인간은 누구나 다 자신만의 유일한 차이성을 말과 행위를 통해서 다른 사람들에게 드러내기를 원한다. 이것이 인간 고유의 공론의 영역을 가능케 하고, 그 가능하게 하는 근본 이유는 인간은 누구나 다 그 태어남과 더불어 이 세상에 지금까지 이 세상이 경험하지 못했던 새로운 것을 가져올 수 있고, 또한 가져와야 하기 때문이다. 아렌트는 인간이 말과 행위로 자신을 드러내려는 창발성(initiative)은 그가 인간이면 누구도 억제할 수 없는 것이라고 한다. 이 참여와 활동은 그리하여 노동처럼 필연성에 의해서 강요되는 것이 아니며, 작업의 경우처럼 유용성 때문에 추진되는 것도 아닌 오로지 우리가 결합하기를 원하는 타인의 현존에 의해 자극받는다.[37] 이런 의미에서 노동도 공론의 대상이 될 수 있고, 제작자도 교환시장을 통해서 공론을 형성할 수 있지만 진정한 의미에서 공론의 영역을 이루는 것은 행위하는 인간인 것이다.

행위한다는 것은 '시작한다'(그리스어 archein)는 것을 의미한다고 그녀는 먼저 지적한다. 사람들은 태어남으로써 새로 온 자, 시작하는 자가 되어서 주도권을 잡고서 행위하게 된다. 이렇게 새로 시작하려는 창발성은 인간이 자유의 원리와 더불어 창조되었다는 것도 의미하는데, 그러므로 아렌트는 세상이 계속 존재하고 또한 살 만한 장소가 되기 위해서는 말과 행위에 적합한 장소여야만 하고, 거기서 새로 온 자가 필연성의 노예가 되거나 유용성의 관계에 너무 얽매임이 없이 자유롭게 자신의 새로움을 드러낼 수 있어야 한다고 역설한다.[38] 이것이 바로 건강한 공론의 영역이 형성되는 것을 말하며, 여기에서만이 인간의 위대성이 드러날 수 있기 때문이다.

행위는 제작과는 달리 고립되어서는 결코 이루어질 수 없다. 제작이 세상에 둘러싸여 세상과 끊임없이 접촉하며 이루어지듯이 행위와 말은 타인의 행위와 말의 그물망에 둘러싸여 그것과 끊임없이 접촉하면서 이루어지는 것이다. 행위하다를 가리키는 그리스어와 라틴어의 단어를 살펴보면 본래적으로 한 사람에 의한 '시작'(archein, arere)과 다수가 참여하여 일을 실행하고, 완성하며, 온전히 이루어낸 '업적'(prattein, gerere)의 두 가지가 모두 포함된다고 한다. 이 행위의 본래적 상호의존성이 망각되면 힘의 환상이 생기고 강자의 오류가 발생하는 것이다.[39]

아렌트는 여기서부터 시작하여 인간의 함께 함이 유지되는 양식인 권력에 대해서 다각도로 점검한다. 그녀는 먼저 건전한 공론 영역이 가능할 때만 실현되는 '권력'(power)과 고립된 개인에게서 자연적인 성질로 나타나는 '힘'(strength), 그리고 권력과 반대되는 '세력'(force)을 뚜렷이 구분한다. 그녀에 따르면 권력은 행위하고 말하는 사람들 사이의 잠재적 현상 공간인 공론 영역을 존재케 하는 것이다. 이 단어는 그리스어의 가능태(dynamis), 라틴어의 포텐치아(potentia), 그리고 독일어의 마하트(Macht, '할 수 있다' 또는 '원한다'의 m gen)와 유사한데, 모두 현상(appearance)의 잠재적 성격을 의미한다고 한다. 즉 "말과 행위가 일치하는 곳에서, 말이 공허하지 않고 행위가 야만적이지 않은 곳에서, 말이 의도를 숨기지 않고 행위가 실재를 현시하는 곳에서" 공론의 공간을 현시하는 가능태인 것이다.[40] 그러므로 권력은 감소되지 않고도 분할될 수 있다. 또한 세력이나 힘처럼 불변하거나 측정 가능하여 의지할 만한 실재가 아니며, 놀라울 정도로 물질적 요소와 무관하며, 수(numbers)와 수단(means)과도 무관하다고 한다.[41] 권력을 쉽게 파괴할 수 있는 것은 그러므로 개인적인 힘이 아니고 폭력이며, 소수의 권력이 다수의 권력보다 더 강할 수 있다고 한다. 권력은 함께 행위하는 사람들 사이에서 생겨나서 사람들이 흩어지는 순간 사라진다고 하는데, 이것은 권력의 현시성과 그것과 더불은 말과 행위의 현실태성(energeia)을 잘 나타낸다. 즉 말과 행위의 가장 깊은 의미란 그것의 최종적인 성과물에 영향을 받는 것이 아니라 그저 단순히 존재한다는 사실만으로도 고유성을 갖는다는 뜻이다. 이러한 인간 행위의 특성을 아렌트는 아리스토텔레스의 현실태의 개념을 들어서 "목적을 추구하지 않으며 어떤 생산물도 남기지는 않으나 실행 자체에서 완전한 의미를 가지는 활동"으로 밝힌다.[42] 즉 말과 행위란 본래적으로 자기목적성을 갖는 것이며, 여기서 목적(telos)은 추구되는 것이 아니라 오히려 활동 그 자체에 놓여 있는 것이다. 앞에서 아렌트는 불멸성과 영원성을 구분하며 인간의 궁극적인 위대성을 영원성의 추구에서 보고자 했는데, 불멸성과는 달리 영원성이란 바로 이 현실태 속에서 현상되고 실현되는 것이라고 할 수 있다. 이렇게 해서 인간의 고유성은 필연성과 유용성의 영역을 넘어서 존재의 영역(sui generis)에 있다는 것이 드러나며, 참된 권력이란 존재하는 모든 인간이 자신의 고유성을 현실화할 수 있는 장을 마련해 주는 것임을 알 수 있다. "정치의 기술은 사람들에게 위대하고 빛나는 일(ta megala kai lampra)을 성취하는 방법을 가르치는 것이다."라고 아렌트는 밝혔다.[43]

권력은 공론 영역과 인간 고유성이 타락할 수 있는 현상의 공간을 보존한다. 이러한 권력이 없다면 말과 행위를 통해 공적으로 발생하는 현실의 공간은 생생한 말과 행동이 사라지는 만큼이나 빠르게 없어질 것이다. 그러므로 아렌트는 권력을 인간의 손으로 만들어진 세계의 "생명줄"(lifeblood)이라고 이름 짓는다. 이러한 권력이 아닌 폭력으로 정치하려는 것이 전제정치이고, 힘으로 하려는 것은 우민정치이다. 권력은 언제나 행위의 가능성이 열려 있는 곳에서만 가능하므로 "무슨 이유에서든지 고립되어 함께 하는 삶에 참여하지 못하는 자는 그의 힘이 아무리 세고, 고립의 이유가 아무리 타당하더라도 권력을 상실하여 무능하게 된다."고 밝힌다."[44]

역사에서 우리는 이와 같이 본래적인 권력이 부패하는 것을 무수히 보아 왔다. 그래서 권력에의 신뢰만큼 단명한 것이 없고, 그렇게 되었을 때 인간의 행위는 위대성을 기준으로만 판단되는 것이 아니라 유용성의 원리 아래 놓이게 된다. 즉 어떤 목적을 위한 수단이 되고, 인간의 삶은 더 이상 현실태로서가 아니라 노동이나 작업으로만 이해된다. 여기서부터 아렌트는 어떻게 오늘날 근대 사회에서 인간 활동의 고유의 질서가 전도되고 인간도 오로지 상품의 생산자로서 노동자 무리의 한 불특정인으로 남게 되었는지를 밝힌다. 그것은 공론 영역의 소멸과 관계되며, 공론 영역과 사적 영역의 구분이 사라지고 인간 고유의 인격성과 위대성이 자취를 감추는 위기 상황을 말한다. "인간이 성취할 수 있는 가장 위대한 것이 자기 자신의 현상과 현실화라는 확신"이 장차 사라진 것이다. 아렌트는 이 확신에 대립되어 있는 것은 한편으로 자신의 생산품을 자기 자신보다 더 오래 지속될 수 있고 보다 가치 있다고 여기는 제작인의 확신과 다른 한편으로는 생명적 자신을 최고의 재산이자 가치라고 믿는 노동하는 동물의 확신이라고 지적한다.[45] 그러므로 이들은 모두 정치와 무관하며, 비정치적이거나 반정치적이라는 것이다.

산업사회는 인격으로서의 인간을 배제하며 사람들이 자기 가족이라는 사적 영역 안에서나 친구간의 친밀함에서만 자신을 드러내도록 요구한다. 또한 노동하는 인간은 세계와도 타인과도 함께 하지 않으며 오직 자신의 육체와만 함께 한다. 근대 사회에서 공론의 영역으로 진입한 노동운동도 아렌트의 분석에 따르면 마치 한 사람인 것처럼 함께 노동하는 노동자 무리의 형태로 사람들을 모으는 것이다. 그러므로 이 함께 함은 다원성을 구별해 주는 어떤 특징도 갖고 있지 못하여 결국 진정한 정치적 공론의 영역을 마련해 줄 수 없다고 한다.[46] 아렌트에 의하면 우리가 세계의 실재성을 가늠할 수 있는 유일한 성격은 세계란 우리 모두에게 공동의 것이라는 점이다. 그러나 노동하는 인간, 제작하는 인간은 타인의 방해가 없고, 타인이 보고 듣지도 못하여 확인도 할 수 없는 고립 속에서 일하면서 오로지 생산품과 그 생산품들이 첨가되어 이루어지는 사물 세계와만 관계하거나 또는 소비 이외의 어떤 교환에도 참여하지 못하므로 진정으로 공동의 것에 대한 감각을 키워 낼 수 없다. 그러므로 오늘날 한 개인의 인격적 중요성과 위대성이 오직 생산할 수 있고 소비할 수 있는 능력에 달려 있다고 믿는 사회에서 개인의 고립은 심각하다. 그래서 "공동감각의 현저한 감소와 미신과 기만의 현저한 증가는 대개 세계로부터 사람들이 소외된다는 사실의 명백한 징표"[47]라고 날카롭게 지적한다. 이것은 오늘 바로 우리 한국 사회의 적나라한 모습이고, 우리 교육의 현장에서도 단지 미래의 생산 능력과 소비 능력만을 키우는 일이 우선시되므로 공론의 영역이 형성되지 못하며, 학생들은 거기서 어떠한 공적 관심과 능력도 배양받지 못한다.

그러나 아렌트에 따르면 이렇게 인간의 활동을 모두 제작과 노동으로 환원시키면서 말과 행위의 정치적 활동을 비난하고 그 무용성을 주장한 시대는 비단 우리 시대인 근대가 최초는 아니다. 아테네에서 소크라테스에게 행해졌던 비난이나 공자나 예수에게 가해졌던 비난을 생각해 볼 수 있는데, 이렇게 행위를 생산으로 대체하려는 시도를 아렌트는 바로 인간 조건의 다원성에서 발생하는 행위의 불행을 벗어나 보려는 유혹이라고 해석한다. 그 불행이란 바로 행위의 세 가지 좌절, 즉 "결과의 예측 불가능성", "과정의 환원 불가능성", 그리고 "작자의 익명성"이다.[48]

사멸성을 또 하나의 실존 조건으로 갖는 인간은 오직 현실태로서만 그 위대성이 드러나는 말과 행위의 현시성과 그 과정의 환원 불가능성을 견딜 수 없다. 또한 항상 나와 다른 다수가 등장하여 그들의 고유성과 의도가 함께 작용함으로 인해 야기되는 행위 결과의 예측 불가능성과 무책임성을 참기 힘들어 한다. 그래서 인간은 이러한 현시성과 다원성을 제거하려는 시도로 행위하는 자보다는 구체적인 생산물을 내놓는 제작자와 노동인을 더 선호한다. 또한 한 사람이 모든 것을 결정하고 집행하려는 일인 통치의 전제정치나 과두정치, 오늘에 와서는 대중들은 아무런 목소리도 갖지 못하는 관료정치 등의 변형된 정치 형태를 가지는데, 이것들 모두는 언제나 공론 영역을 제거 하려고 하며 공론 영역에서 시민들을 추방하는 것을 공통 특징으로 갖는다 고 한다. 아렌트에 의하면 플라톤의 해결책인 철인정치까지도 일인 통치의 한 변형일 뿐이다. 그것은 지배자만이 공적인 일에 관여하고, 시민들은 모두 사적인 일에 종사해야 한다는 주장과 다름없다. 또한 오늘날 사적인 산업과 근면성의 증진으로 시민들로부터 공적인 일에 참여하기 위해 필요한 시간을 뺏는 모습과 크게 다르지 않다고 비판한다.[49] 이렇게 되었을 때 우리 한국인 들도 지난 몇 십 년간의 현대사에서 혹독히 경험했듯이 아렌트에 따르면 "전 제정치의 단기적 이점은 안정성, 안보성, 그리고 생산성"이지만, 이렇게 하 여서 설령 재난이 비교적 먼 미래에 발생한다 하더라도 이 장점들은 오히려 권력의 필연적 상실을 불러오기 때문에 다만 단기적 장점에 불과할 따름이 다. 이것으로써 말과 행위가 살아 있는 공론 영역의 제거란 필연적으로 안정 된 사적 영역의 제거도 동시에 불러온다는 사실을 다시 한 번 지적해준다.

아렌트에 의하면 우리가 정치의 영역이 목적과 수단의 영역이라고 믿는 한 우리는 인식된 목적을 실현하기 위해 누군가가 모든 수단을 사용하는 것 을 막을 수 없다고 한다. 지금까지 인간의 역사에서 행위를 생산으로 대체하 고, '보다 높은' 목적–시대마다 다르지만 근대에는 사회의 생산성과 진보– 을 달성하기 위해 정치를 수단으로 폄하시킨 것은 정치철학의 전통만큼이나 오래된 것이다.[50] 이것은 모두 "행위의 과정적 성격"과 "행위 능력이란 예기 치 않은 새로운 과정을 시작할 수 있는 능력"이라는 사실을 인정하지 못했기 때문이다. 그래서 아렌트가 여기서 내놓는 해법은 결코 이러한 행위의 환원 불가능성과 예측 불가능성을 부인하거나 외면하는 것이 아니다. 오히려 진정으로 인간 행위의 창발성과 과정적 성격을 분명하게 드러낼 수 있는 잠재력을 제시하는데, 그것은 다름 아닌 인간의 "용서하는 힘"과 "약속하는 힘"이다.[51]

행위하는 인간의 용서하는 능력은 자신이 무엇을 행했는가를 알지 못하고, 또한 알 수 있다 하더라도 행한 것을 되돌릴 수 없는 무능력인 환원 불가능성의 곤경으로부터 벗어날 수 있게 한다. 또한 미래의 불확실성인 예측 불가능의 치유책은 약속을 하고 또 그 약속을 지키는 인간의 능력에 내재해 있다.[52] 그런데 이 용서하는 힘과 약속하는 힘이야말로 진정으로 더욱 타인의 현존과 그의 행위하는 힘에 의존하는 것이다. 왜냐하면 어느 누구도 스스로를 용서하거나 자신에게만 행한 약속에 구속되어 있다고 생각할 수 없기 때문이다. 이렇게 용서와 약속의 행위가 타인의 현존이라는 인간 다원성의 조건에서만 가능하지만 그 능력이란 궁극적으로 인간이 무엇인가 새로운 어떤 것을 해석하고 시작하는 힘, 즉 "인간이 반드시 죽는다 할지라도 죽기 위해서 태어난 것이 아니라 시작하기 위해서 태어났다는 사실을 항상 상기시켜 주는 행위의 내재적 능력"[53]이 되는 것이다. 그래서 여기서 우리는 아렌트의 사상 속에서 사멸성과 탄생성의 조건이 더욱 근원적인 의미에서 모든 인간 활동의 조건이 됨을 알 수 있다.

아렌트는 서양 역사에서 나사렛 예수를 인간의 용서하는 능력에 대한 전례 없는 통찰의 예로 제시한다. 또한 소크라테스를 말과 행위를 가능케 하는 인간 사유 능력의 독창적이고 전례가 없는 예로 지적한다. 그러면서 이 모두는 인간의 행위란 바로 "기적"(murache)과 다름없다는 사실을 잘 알고 있었다는 예증이라고 밝히는데,[54] 인간사의 영역인 세계를 그것의 정상적이고 자연적인 황폐화로부터 구원하는 기적은 궁극적으로 "탄생성"(the fact of natality)이라고 마무리한다. 거기에 인간 행위 능력이 존재론적으로 근거되어 있다는 것이다. 이렇게 해서 아렌트는 새로운 인간이 태어남으로써 새로 시작할 수 있는 인간 행위에 대한 깊은 신뢰를 드러내고, 그 행위의 능력이 단순히 인간의 주관적 요청이나 공리주의적 원리에 의한 것이 아니라 가장 객관적으로, 즉 존재론적으로 뿌리내려져 있는 것을 밝히는 것이다. 그럼으로써 인간 조건의 궁극적인 초월성을 잘 드러내고 있다.[55] 전적으로 타자의 현존과 그 다원성의 조건이 인정될 때만 실현되는 인간의 행위 활동, 그것이 이루어지는 공론 영역의 보존이야말로 인간 삶을 위한 가장 기초적인 조건이 되는 것이고, 그것이 바로 삶 자체라는 것이다. 그래서 그 행위 능력의 완전한 경험만이 인간사에 희망과 믿음을 줄 수 있다고 선언하였다. "한 아기가 태어났도다."(A Child has been born unto us.)

4. 인간 삶의 제 조건과 교육

이상에서 우리는 인간 활동적 삶의 세 영역을 살펴보았다. 그것은 인간이 살아가기 위해서 받아들여야 하는 제 조건에 따른 것이었다. 여기서 우리는 인간의 노동과 작업은 선하고 아름다운 인간 공동체의 삶을 현시하는 행위에서 궁극적인 유의미성을 갖는 것을 보았다. 또한 그 인간의 말과 행위는 다시 탄생성이라고 하는 조건에 존재론적으로 근거됨을 보았다. 사실 인간의 교육이란 이 탄생성과 제일 많이 관계되는 활동이다. 그것은 바로 교육은 이 세상에 새로 태어난 아이를 잘 길러서 그의 고유성을 드러내도록 하고, 그럼으로써 새로운 것이 보태어져서 이 세상이 좀 더 살기 좋은 세상으로 변하는 것을 소망하며 실행하는 일이기 때문이다. 아렌트도 이 탄생성을 "교육의 본질"(the essence of education)로 보았다.[56]

그러므로 탄생성과 더불어 인간 실존의 제 조건과 그것과 연관된 활동에 대해서 바른 이해를 얻는 일은 매우 긴요하다. 특히 오늘날 우리는 기술사회의 전체주의적 폭력 앞에 적나라하게 노출되어 있고 또한 공론 영역의 파괴가 여러 차원에서 더욱 진행되면서 그녀가 지적한 무세계성의 오류로 점점 빠져들고 있기 때문이다. 여기서 사람들은 서로 공유하는 공동세계 없이 각자의 이기적인 동기와 욕구에 따라 행동한다. 이러한 위기 상황 아래서 이 장에서의 탐색은 어떻게 아렌트가 제시한 인간 실존의 제 조건과 특히 탄생성의 조건이 교육적으로 의미를 가지는가를 찾아내는 것이다.

1) 노동과 작업과 행위 – 교육 받은 인간의 삼중주 활동

아렌트가 이야기한 인간의 세 가지 활동은 인간 삶의 여러 가지 조건에 의해서 제한되어 있는 것이었다. 이 제 조건들을 인간 실존의 제약성으로 받아들이는 것이 전체주의의 폐해를 방지하는 길이다. 그러나 이것은 또한 그렇게 부정적인 의미로서만이 아니라 오히려 인간 존재에게 "아무런 대가 없이 주어진, 알지 못하는 곳으로부터 온 공짜선물"로도 인식될 수 있다.[57] 아렌트는 이 인간의 '조건'(condition)은 인간의 '본성'(nature)과는 다르다고 하였다. 이것은 인간은 무엇을 하든 언제나 조건 지워진 존재이기는 하지만 부분적으로는 인간 스스로가 부단히 자기 조건을 창출한다는 의미로 이해할 수 있다. 인간 실존의 수행적 성격과 교육에서의 가능성을 잘 드러내는 말이다.

인간의 교육도 이 삶의 조건들을 숙지해야 한다. 이 중 어느 한 조건만을 받아들이고 거기에 따른 활동만을 강조한다거나 하면 바로 그 교육은 아렌트가 공동체 구성원들의 힘의 불균형으로 인해서 정치권력이 부패하는 것을 들었듯이 그렇게 부패하고 만다. 또한 근대 이후 오늘날 행위하는 인간에 대한 노동하는 인간과 생산하는 인간의 승리로 모든 인간의 활동이 필연성의 법칙에 예속되었고, 공리주의적 시장성의 원리에 좌우되고 있는 상황에서 이것을 하루 바삐 시정해야 하는 것이 또한 오늘날의 교육이 수행해야 하는 과제이기 때문이다. 즉 공공성으로의 교육과 공론의 영역을 회복시키는 교육을 말한다.

노동은 생명으로 태어난 인간의 피할 수 없는 신체적 활동이다. 그러므로 교육은 모든 사람에게 이 노동의 능력을 키워 줄 수 있어야 한다. 하지만 아렌트가 위의 노동 활동에 대한 분석에서 잘 밝혔듯이 근대 산업혁명 이후 노동이 부의 중요한 원천으로 부각되면서 모든 인간 활동을 부의 추구를 위한 노동 활동으로 평준화시켰다. 즉 누구나 노동자가 되었고, 오늘날 교육은 어떻게 하면 좀 더 효율적인 노동자를 키울 수 있을까를 고민하며 인간을 오로지 생계 유지에 매달리고 그것의 보다 안정적인 확보를 위해 일하는 존재로만 그리고 있다. 그러나 오늘의 대중 소비사회에서 많은 사람들은 그 생계의 보다 안정적이고 풍성한 확보로 얻어진 시간들을 무한히 되풀이되는 소비생활로 허무하게 보내고 있으므로 이것이 결코 대안이 될 수 없는 것은 분명하다. 그래서 요즈음 자동화의 결과로 대부분이 머리의 노동자인 시대에 다시 신체의 노동을 강조하며 인간 활동의 균형을 잡아보려고 하지만 그렇게 용이하지 않다. 인간 조건의 한 가지 사항만을 너무 강조한 결과이다. 오늘날 교육은 한편으로는 너무 주지주의적으로 치우쳐 있지만 이 주지주의가 아렌트가 이야기한 말과 사유가 살아 있는 행위하는 인간을 키우는 주지주의가 아니다. 그 대신에 인간의 생물적 생존과 욕망만을 부추기는 계산하는 주지주의로 타락했다. 그래서 다시 교육 현장에서 노동과 노작 활동이 강조되고 건강한 몸의 단련이 주목받고 있는데, 그것은 인간 조건의 한 요소인 신체성, 그것과 더불은 노동이라는 인간 활동의 건강한 위치를 회복하자는 것이다.

이 노동의 능력과 더불어 자신의 손으로 삶에서 보다 영속적이고 지속적인 울타리를 만들어서 인간 삶의 또 다른 조건인 제작과 문화의 세계를 잘 구축할 수 있는 사람은 귀하다. 그래서 제작인으로의 능력을 키우는 것이 교육에서 많이 강조되고 있고, 그 능력은 나름대로 인간에게 삶의 기쁨과 안정을 가져다주었다. 그러나 이 경우도 앞에서 살펴본 대로 대량생산과 끊임없는 교환의 법칙에 종속되면서 제작인의 활동은 단지 하나의 노동에 불과한 것이 되었으며, 그의 창작인으로서의 긍지와 영속성에 대한 가치 의식은 희미해졌다. 오늘날 교육에서 다시 이 손작업에 의한 공작물의 생산이나 고유한 아이디어에 따른 예술 활동이 무척 고무되고 있다. 그것은 모두 현대 교육에서 제작인으로서의 인간 활동이 무시되면서 세계성에 대한 감각을 잃어 가는 데 대한 경종일 것이다. 하지만 그럼에도 불구하고 이 제작 활동 중에서도 우리들의 일상적 삶의 필연성과 욕구로부터 가장 분리되어 있는 것으로 여겨지는 예술 활동조차도 소비와 취미의 수준으로 전락하여 부의 축적을 위한 수단이나 또 하나의 사용물의 생산이 되고 있다. 아니면 반대로 거기서 물화된 작품이 예술가 자신보다도 훨씬 더 위대하고 중요하다고 여겨지면서 인간과 그의 생산품 사이의 전도가 일어나고 있다. 이것은 진정한 영원성의 추구가 아니라 물화된 대상 속에서 영원을 실체로서 고정시켜 놓으려는 불멸성의 추구일 뿐이다. 죽을 수밖에 없는 인간 연약성의 또 다른 측면인 것이다.

아렌트는 여기에 대한 진정한 대안으로서 이미 그 활동 안에 자신의 목적을 담고 있는 말과 행위를 제시하였다. 말과 행위란 앞에서 강조했듯이 인간이 물리적 대상으로가 아니라 인간으로서 서로에게 자신을 드러내는 양식이다. 인간 삶은 인간 사이와 다원성의 조건 아래서 이루어지므로 말과 행위를 필요로 하고 또한 인간의 함께 함인 말과 행위 자체가 삶의 목적이기도 하다는 지적이다. 말과 행위는 또한 사유와 밀접하게 연관되어 있다. 물론 아렌트 자신이 사유를 인간 활동의 최고 형태로 규정하면서 그것을 행위와 구분했고, 현대에서 이루어진 행위와 관조의 전도를 말했다. 그렇지만 한편으로는 지금까지 서양의 철학 전통에 면면히 내려오는 사고와 행위의 구별 속에 내재하는 위계질서의 타당성을 의심하기도 하면서[58] 사고와 말과 행위란 그렇게 나누어질 수 없는 것으로서 인간 활동의 궁극적인 고유성과 목적성을 표현하는 것으로 밝혔다. 이러한 사상을 오늘의 교육 환경과 비교해 보면 오늘날 학교 교육은 사유와 행위, 수단(과정)과 목적을 너무 이분적으로 나누기 때문에 행위하는 인간을 키워 내지 못하고, 이것은 다시 깊이 사유하는 인간을 길러 내지 못하는 것을 밝힌다. 거기서 진정한 인간적 공공의 세계를 구성해 내는 일은 요원함을 말하는 것이다.

교육의 방법과 과정 면에서도 생각해 보면 사유하는 행위의 능력이 길러지는 것은 이미 그 안에 활동 자체의 목적도 내포하고 있는 행위의 활동을 통해서이다. 아렌트는 말과 행위의 현실태성을 대단히 강조했다. 즉 말과 행위란 본래적으로 자기목적성을 가지는 것이며, 여기서 목적은 활동 자체 안에 놓여 있는 것이라는 의미이다. 이러한 뜻에서 보면 오늘날 학교 교육에서 과도하게 현재의 과정과 미래의 목표를 나누고, 책과 사회, 이론과 경험, 그리고 실천을 나누면서 아이들을 교실과 학과목의 좁은 울타리 속에 몰아넣는 것은 비판받아야 마땅하다. 요즈음 허스트나 맥켄타이어 등이 새로운 교육 과정과 목적들로서 사회적 실제에의 입문으로서의 교육을 말하는 것도 유사한 문제의식에서 나온 것이라고 볼 수 있다.[59] 우리가 이미 알고 있는 유교 사상권의 왕양명이 제창한 교육의 기초와 방법과 목적으로서의 지행합일(知行合一)의 이념도 이와 다르지 않다.[60]

아렌트는 인간 삶의 세 조건을 말하고 그에 따른 세 가지의 활동들을 이야기하면서 인간이 자신을 인격으로서 드러내는 행위를 우리 활동의 궁극적인 의미성으로 제시하였다. 어느 하나의 조건도 무시될 수 없는 것이지만 행위의 조건을 무시한다는 것은 곧 인간이기를 포기하는 것과 마찬가지이다. 그것은 인간을 단순히 노동하는 동물, 제작하는 작업인으로만 한정하는 것이고 자신의 탄생과 더불어 계시될 또 하나의 영원성의 현시를 무시하는 것이다. 그런 의미에서 오늘날 잘 교육 받은 사람이라면 노동과 작업, 그리고 행위의 능력이 삼중주의 조화 속에서(in concert) 잘 전개된 사람임을 의미하고, 그 중에서도 특히 나와 상대해 있는 타자의 다원성을 인정하고 관계를 맺는 능력이야말로 가장 소중한 것을 알게 한다. 즉 공공성으로의 교육이야말로 교육의 참된 목적이 되며, 거기에 인간의 고유성이 발휘될 수 있는 토대가 놓여지는 것이라는 의미이다.

2) 공공성으로의 교육

지금까지의 아렌트의 논의에 따르면 인간의 세 가지 활동 중 노동과 작업은 주로 사적인 영역의 일이고, 행위란 그 자체가 공공성이라는 것을 조건으로 가지고 있으며 그 공공성의 확보가 목적이기도 하다. 노동과 제작을 통해서 좀 더 안정적으로 확보된 인공의 세계 속에서 자신의 생명적 삶을 계속해 나가는 인간이 모여서 이루어지는 삶이 공공의 삶이라면 그 공공성으로의 교육이 바로 이렇게 행위할 수 있는 인간, 말할 수 있고 사유할 수 있는 인간으로의 교육을 말한다. 교육의 궁극적인 목적과 방법과 기초가 모두 이 공공성의 개념으로 파악될 수 있다고 본다.

아렌트는 오늘날 우리는 모든 사람이 노동자가 된 시대에 살고 있다고 지적했다. 우리 삶에서 관조와 활동의 위계가 전도되고 제작인의 활동이 먼저 우위를 차지하게 되더니 마침내는 노동하는 동물이 승리하여 노동 활동이 인간 능력의 서열에서 최고의 지위로 상승하게 되었음을 말하는 것이다.[61] 이것은 이제 이 세계는 그 자체로서 가치를 가지는 측면이 하나도 없고 모든 인간의 유용한 사용물인 한에서만 가치가 있고 더 나아가서 인간이 짧게 쓰고 버리는 소비물인 한에서만 존재 이유를 가지게 되었다는 것이다. 다르게 이야기하면 이제 모두는 자신의 사적인 소비물의 축적에만 관심을 가지고 있고, 공동으로 관심하는 것, 자신이 범할 수 없는 장소와 가치가 있다는 것을 인정하지 않게 되었다는 의미이다. 즉 공공의 영역이 파괴된 것이고 공론의 장소가 사라진 것을 말한다. 우리가 살펴본 대로 아렌트는 이러한 현상을 서구 삶의 역사에서 영원한 것에 대한 관조(종교)와 철학과 과학적 활동의 전개 양상과 더불어 살피면서 세계소외와 지구소외로 특징지었다. 그것은 인간과 자아에로의 집중이고, 생산물이나 사물의 소비에서 얻어지는 고통과 쾌락의 총계를 행복으로 알고서 모든 것의 척도로 삼으면서 "인간이 동물의 종으로 퇴보하려는 위험신호"가 심각하게 나타난 것이라고 이해했다.[62]

이상과 같은 공공감각의 파괴와 공론 영역의 부재 상황에서는 미신과 기만이 현저하게 증가하고, 무세계성의 고독 가운데서 또한 인간 행위의 예측 불가능성과 환원 불가능성에 대한 강한 두려움으로 도무지 행위가 발생하지 못한다. 모두가 그저 익명으로 숨어 버리며 자신을 드러내려고 하지 않는다. 아렌트는 그리하여 이 공론 영역의 보존과 사유하고 행위하는 인간 능력을 귀하게 여길 것을 강조하였는데, 인간이 단순히 먹고 사는 문제만이 아니라 왜 사는지에 대한 의문, 그리고 자신의 사적인 이익만이 아니라 지구를 포함하여 타자의 존재에 진정으로 관심하는 능력의 배양을 강조한 것을 말한다. 이것은 오늘날 교육이 단순히 직업교육으로 화해 버렸고, 사고 자체도 결과를 계산하는 것이 됨으로써 두뇌의 한 기능으로 변해 버렸으며 행위는 곧장 생산과 제작의 관점에서만 이해되어 노동자와 제작인만을 양산하는 것에 대한 비판이 된다. 심지어는 오늘날 대학에서 교수들조차도 더욱 더 연구의 생산물에 따라 평가되므로 모두 노동자가 되어서 자신의 연구실이나 실험실의 사적 영역으로 숨어 버리는 것을 말한다. 오늘 우리 교육의 상황이 이러하므로 대학에서 말과 행위가 사라지고 공론이 부재하니 학생들도 역시 이기적이고, 사고할 줄 모르며 행동하지 않는 겁쟁이가 되었다.

입시경쟁이나 취직시험, 미래의 삶의 보장을 위해서 모든 시간과 에너지를 쏟고 있는 학생들에게 이 공공성으로의 능력을 기대할 수 없다. 그러한 가운데 우리 사회에서의 부와 권력의 편중은 더욱 심해지고, 정보는 조작되며, 사람들은 향락적이지만 그들의 삶에서 진정한 명랑성은 사라졌다. 각자가 자신에게로 내던져져서 폐쇄된 자기 속에 갇혀서 공동으로 관심하는 지구도, 나라도, 정의도 갖지 못하면서 우리 정신에 유일하게 남은 것은 탐욕과 욕망, 신체의 무감각한 충동뿐이라고 지적받는다. 결국 다시 한 번 드러나는 것이지만 공공의 영역이 사라지면 우리의 사적인 영역도 위협을 받아서 종국에는 모두의 황폐화만 남게 되는 것이다.

여기에 대한 대안으로 탐색되는 공공성으로의 교육을 인간 행위의 기적과 같은 능력으로 파악되는 용서하는 능력과 약속하는 능력과 마지막으로 관련시켜 보면, 그것은 관용할 수 있는 능력을 키워 주는 것이고, 자신의 말을 진정으로 실행하는 성실성과 신용을 길러 주는 교육을 말한다. 즉 말과 행위에서 신뢰와 성실성을 가지게 되어 더불어 담론할 수 있고, 그래서 공론의 영역을 형성할 수 있는 사람을 기르는 것을 뜻한다. 한 인간이나 사회가 아무리 뛰어난 생산력을 가지고 있고 발명력을 가지고 있다고 하더라도 이 관용과 성실성의 기초적인 덕목을 갖추고 있지 않으면 번영은 고사하고 마침내는 그 생존조차 불가능하게 된다. 다원성과 다양성이 인정되지 않고 서로 간의 신뢰가 지켜지지 않으므로 인한 생명의 고사인 것이다. 그래서 "국가의 흥망은 언로(言路)의 열리고 막힘에 달려 있다."고 한 율곡도 공론을 "국가 존립의 원기(元氣)"라고 하였다.[63] 교육받았고 사회의 엘리트가 되었다는 것은 그러므로 자신의 사적인 이익을 희생하고 공론을 확립하는 데 힘쓰는 사람이 되는 것을 말하며 오늘 우리 시대야말로 어느 때보다도 이러한 사람들을 필요로 한다.

5. 탄생성의 교육학

이상에서와 같이 우리는 한나 아렌트의 인간의 조건에 대한 탐색을 거쳐서 거기서부터 얻어진 통찰을 가지고 공공성으로의 교육을 제안했다. 거기서 아렌트가 인간 활동의 궁극적인 조건성을 그 탄생성에서 보고 있음을 보았다. 이 탄생성은 아렌트 정치사상의 핵심 개념이다. 아무리 권력이 부패하고 인간이 더불어 살 수 없는 세상이 되었다하더라도 세상에 새로운 사람이 태어나서 기적과 같이 그 새로움을 가지고 행위하면서 다시 공론의 영역을 불러올 수 있기 때문이다. 이미 지적한 대로 그녀는 또한 이 탄생성을 교육의 본질로 보았다. 그리하여 그녀에게 있어서 교육이란 "이 새로움을 잘 지켜주는 것"(preserve the newness)이다.[64] 즉 새로 온 사람이 비록 말과 행위하기에 적당하지 않은 세상에 태어났더라도 그 새로움을 잘 간직하고 배양할 수 있도록 도와주고 보호해 주어서 마침내는 행위할 수 있는 인간으로 키우는 것을 말한다.

아렌트는 그러기 위해서는 교육은 정치와 다르며, "보수적"(conservative)이어야 한다고 말한다.[65] 이것은 교육이란 정치와는 달리 동시대 사람들 사이의 일이 아니라 자라나는 세대와의 관계의 일이므로 그들의 새로움이 피어날 수 있도록 보살피고 기다려주어야 하며, 더욱 더 신중성을 가지고 행해야 함을 말하는 것이다. 이렇게 본다면 우리는 아렌트의 교육사상이 그녀가 대단히 진보적인 정치철학자라고 해서 단지 혁명적이고 개혁적인 것만이 아니라 매우 신중하고, 한편 권위를 강조하며 또한 안정성을 요구한다는 것을 알게 된다.[66] 그녀에 따르면 정치와 교육은 서로 밀접하게 연관되어 있지만 둘을 서로 혼합해서는 안된다. 이 둘은 그 책임성의 종류에 있어서 서로 다르기 때문인데, 즉 정치란 자유로운 행위가 가능한 동등한 성인들 사이의 일이지만 교육이란 아직 성숙하지 않은 학생과 성인인 교사 사이의 일인 것이다. 그러므로 교육에 있어서는 성인인 교사는 학생보다 세계에 대해서 더 큰 책임을 지녀야 한다고 강조한다.[67] 그래서 책임을 지지 않으려고 하는 사회에서는 교육이 가능하지 않다고 한다. 교육에서 책임이란 바로 권위의 형태를 가지고 그 근거가 된다.[68] 따라서 이러한 권위는 전통과 종교와도 내적으로 밀접하게 연결되어 있다고 한다.

이러한 이야기는 오늘날 우리 교육을 위해서 많은 것을 시사해 준다. 우리가 교육의 보수성과 개혁성 사이에서 방향을 잡지 못하고 있을 때, 또한 정치와 교육이 어떠한 관계를 맺어야 할지 몰라서 당황하고 있을 때, 그리고 교육에서 모든 초월적 근거를 잃어버리고 철저히 세속성의 무의미성으로 방황할 때 좋은 방향을 제시해 줄 수 있다. 즉 아렌트는 우리의 교육이란 결코 이 두 방향 중 어느 한곳으로 경도되어서는 안 되고 보수와 진보, 전통과 현재와 미래, 권위와 자유, 기성세대와 새로운 세대가 하모니를 이루어서 행해지는 일이라는 것을 일깨워주는 것이다. 다른 이야기로 하면 교육의 포스트모던성이라고도 하겠다.

오늘날 위대한 인간의 행위가 사라지고 모두가 사적인 이익의 추구를 위해서 숨어버릴 때 다시 인간이 살 만한 세상을 만들기 위해서 탄생성의 조건에 근거한 공공성으로의 교육을 강조하는 아렌트는 그래서 교육이란 다시 기다림과 인내여야 한다고 말한다. 근대 계몽주의자들처럼 일직선상의 시회 진보를 추구하는 것이 아니라 달팽이의 느리고 나선형을 이루는 행보처럼 그렇게 교육에 대한 희망을 걸어야 한다는 것이다.[69] 이렇게 탄생성을 교육의 기초로 보는 관점은 궁극적으로는 우리의 희망의 근거가 존재론적으로(초월적으로) 근거된 것이라는 사실을 밝혀 주는 것이다. 우리의 힘과 능력의 바깥에 놓여 있는 예상조차 할 수 없는 새로움의 탄생, 그 기적과도 같은 새로움의 시작에 우리의 삶이 궁극적으로 조건지어져 있다는 것을 밝힘으로써 교육의 깊은 초월적인 측면을 드러내는 것이다.

우리가 교육을 통해서 새로 오는 세대를 마음대로 할 수 있을 것 같지만 결코 그렇게 해서는 안 되고 깨어지기 쉬운 보물을 다루듯이 조심스럽게 경외를 가지고 다루어야 한다는 것, 그렇게 자유와 행위의 공간을 주어야만 아이들이 바로 그 행위할 수 있는 능력을 끼치게 된다는 것, 이런 것들이 아렌트의 교육적 가르침이고 이상이다. 오늘날 과도한 조기교육이나 서두르는 직업교육 등으로 새로 태어난 아이들에게 유아기를 박탈하고, 청소년기를 빼앗으며 조루한 성인의 세계로 내모는 것은 그러므로 오류이다.[70] 우리 모두가 한편으로는 사멸성의 조건을 뛰어넘을 수 없다 해도 모두는 태어나서 살아가면서 각자 '너는 누구인가?' 라는 존재의 질문에 대답해야 하는데, 이 물음에 대한 대답을 좀 더 용이하게 할 수 있도록 도와주고 그래서 더욱 위대한 대답이 나올 수 있도록 장소를 마련해 주는 것, 그것이 정치이고 교육이라는 것이다. 행위하는 인간으로의 교육, 공공성에로의 교육, 위대성에로의 교육, 이것이 우리가 오늘날 더욱 실행해야 하는 교육적 이상이라고 여긴다.

· 제3장 ·
한나 아렌트 교육사상에서의
전통과 현대

1. 교육에서의 전통과 현대

오늘 우리가 사는 삶의 정황은 국내외적으로 안정과 평화라는 것과는 거리가 멀고 온통 갈등과 변혁으로 소용돌이 치고 있다. 특히 한국에서는 노무현 참여정부의 출범 이래로 사회 구성원들 간의 갈등의 수위가 점점 높아져서 새로운 타협점을 찾기 위해서 고투하고 있지만 그 길은 험난하다.[1] 이렇게 정치, 사회, 문화, 교육 등 삶의 거의 모든 영역에서 겪고 있는 이 갈등을 여러 가지로 표현할 수 있겠지만, 간단히 전통과 현대, 과거와 미래, 어제와 오늘 사이의 갈등과 힘겨룸이라고 말할 수 있겠다. 그것은 앞으로 나아가려는 사람을 뒤에서 잡아당기거나, 아니면 뒤에서는 막 밀지만 앞에서는 막고 있어서 어찌 해 볼 수 없는, 즉 '과거와 미래 사이에'(Between Past and Future) 끼여서 나아가지도 물러서지도 못하는 현재의 모습을 그리고 있는 것이다.[2]

이러한 삶의 정황 중에서 이 위기감의 수위가 가장 높은 곳 중 하나가 바로 교육의 영역이다. 그래서 이것은 '교육 국란' 을 겪고 있는 것이라고도 표현되고, 나라 전체가 이 과거와 미래 사이의 힘의 겨룸에서 오는 여러 가지 갈등적 교육 문제들로 몸살을 앓고 있다. 교실붕괴, 학교붕괴와 관련한 대안학교의 문제, 고교평준화의 해체냐 지속이냐의 논의, 교직의 연령 제한에 관한 것, 교장의 리더십을 어디까지 인정해 줄 것이며 일선의 교사들에게 교육과정에 관한 권한을 어디까지 보장할 것인가, 해외 조기유학을 포함하여 점점 심화되어 가는 고등교육의 서구 종속화 등 과거와 미래 가치 사이에서 갈등하며 고뇌하는 한국 교육의 모습은 매우 위기적이다.[3]

이렇게 전통과 현대 사이에서, 과거와 미래 사이에서 갈등하고 혼돈에 빠져 있을 때는 다시 현재 하고 있는 일의 정체성을 묻게 된다. 그래서 한국의 교육철학회에서도 학회의 중점 과제로서 교육철학의 학문적 정체성에 관한 논의를 계속해 왔으며, 대학의 역할, 공부의 의미, 학교나 교사의 역할과 리더십에 관한 논의들을 여러 방면과 각도로 행해 왔다. 제1·2차 세계대전 후 미국에서 지금의 한국과 같이 교육이 심각한 정치문제가 되어서 다툼이 일어났을 때, 20세기 최고의 정치철학자로 일컬어지는 한나 아렌트는 그러한 교육의 위기 문제를 카프카가 서술한 앞(미래)과 뒤(과거) 사이의 두 반목자(antagonists) 간의 싸움으로 표현하면서 정치와 문화, 종교 등의 위기와 함께 연관시켜 보면서 해결점을 찾으려고 노력하였다. 그러면서 다시 교육이 무엇이고, 교육자의 역할이란 어떤 것이며, 교육에서의 책임과 권위가 무엇인가 등을 전통과 현대의 빛에서 조명하였다. 그녀에 따르면 교육이란 특히 새로 오는 세대의 주인공들과 관계하는 일이므로 이 전통과 현재, 과거와 미래 사이의 갈등의 문제가 가장 첨예하게 나타나는 일 중의 하나이다. 그런 의미에서 우리가 겪고 있는 교육의 문제에 대해서도 많은 시사가 될 수 있다고 생각한다. 앞에서도 지적했듯이 오늘 한국 사회와 교육이 겪고 있는 갈등이 바로 과거와 미래 사이의 간극에서 오는 것이고, 특히 현재의 한국 사회만큼 이 갈

등이 빠른 속도로, 그리고 진한 농도에서 진행되고 있는 나라가 드물다는 점에서 의미를 준다. 그래서 비록 서구 전통에 대한 지식에 근거해서지만 그 전통에 대한 해박하고 깊이 있는 통찰에 바탕을 두고서 20세기 현대 사회를 여러 각도에서 점검하며 교육의 문제를 논한 아렌트의 사고는 좋은 길잡이가 될 수 있다.

2003년 5월 당시 교육철학회 월례회에서 한국 교육철학의 정체성에 관한 논의를 하면서 과거 한 사람의 사상가, 더군다나 서양 전통의 사상가들을 다시 다루는 작업에 대해서 비판이 일어났는데, 이 논쟁 자체가 바로 지금까지 지적한 전통과 현재 사이의 갈등을 담고 있는 모습이라고 생각한다. 왜냐하면 오늘의 한국 교육철학 정체성이 강조하는 우리 교육 문제를 분석하고 검증하는 일도 중요하고 빼놓을 수 없는 일이지만, 동시에 과거와 전통을 모를 때에는 그 분석과 검증에 사고의 깊이가 없고, 항상 모든 것을 다시 새롭게 시작해야 하는 위험성을 지니고 있기 때문이다. 거기서 더 나아가서 나와 다른 전통을 살펴보지 않는다는 것은 확장된 사고를 가질 수 있는 길을 차단하는 것인데, 더군다나 본 논문이 진행되면서 드러나겠지만 아렌트 사상은 우리 유교 전통과 많은 접점을 드러낸다는 점에서도 그녀의 사상을 살펴보는 일은 여전히 가치 있는 일이다. 그래서 본 논문은 특히 그녀의 핵심 교육서라고 할 수 있는 『과거와 미래 사이에서(Between Past and Future)』를 중심으로 오늘 우리 교육 문제에 대한 한 시사를 얻고자 노력한다.

2. 교육이란 무엇인가?

아렌트는 그녀의 인간학적 주저인 『인간의 조건』에서 인간 활동적 삶(노동,

작업, 행위)의 세 조건을 생명(필연성)과 세계성, 그리고 다원성으로 들었다. 그리고 거기서 더 나아가서 인간 삶의 가장 보편적인 조건으로서 탄생성(natality)과 사멸성(motality)을 들어서 인간 활동적 삶과 정신적 삶이 가장 기초적으로 조건 지워진 모습으로 밝혀 주었다.

아렌트는 이 탄생성을 또한 "교육의 본질"(the essence of education)로 들고 있다. 그것은 이 세상에 새로 탄생하는 모든 아이는 그 안에 자신만의 고유한 새로움(the newness)을 간직하고 태어나며, 이 새로움 때문에 그 아이는 고유한 행위자가 될 수 있고, 더불어 세상은 그것을 통해서 다시 새로움을 경험하면서 기적과도 같이 새로워질 수 있다는 것이다. 그래서 교육이란 "이 새로움을 잘 간직하는 것"(preserve their newness)이며, 그것이 잘 펼쳐지고 열매를 맺을 수 있도록 도와주고 배려해 주는 것이다. 또한 세계에 이 새로움을 잘 소개해 주어서 세계로 하여금 다시 한 번 기회를 갖도록 하는 것이라고 한다.[4]

그러나 문제는 이 새로움이 펼쳐질 장소인 세계가 그렇게 호의적이지 않다는 데 있다. 아이는 새로움을 가지고 탄생하지만 그 아이가 이 세상에 올 때는 그것은 이미 꽉 짜여지고 잘 정돈된 세계에 "늦게"(belated) 온 것이기도 하고, 그래서 아이들은 오히려 이미 기존에 있는 세계에 자신을 맞추어야 하며 또한 새로움을 펼칠 자신의 기회가 이미 박탈된 상태에서 오기도 하기 때문이다.[5] 아렌트는 이 시간적 딜레마(time lag), 세대 간의 갈등, 사회적 조건의 불평등성에 대해서 잘 인지하고 있다. 이것이야말로 또한 그녀가 인간 행위의 조건인 다양성(plurality)을 말할 때 의미한 것이기도 하다. 그러나 이러한 삶의 존재론적 조건이야말로 바로 교육자가 필요한 이유이고, 또한 교육이 정치와 밀접하게 관련되어 있으면서도 다른 이유이고, 우리가 오늘 교육의 위기를 말하면서 다시 그것을 새롭게 함으로써 세계를 새롭게 하려는 근거가 되기도 한다는 것이 그녀의 생각이다.

아렌트에 따르면 교육이란 새로운 탄생자가 가지고 있는 새로움에도 불구하고 그 탄생자는 항상 이 세상에 늦게 온 자이므로 이미 있던 과거와 관계해야만 하고, 그 이미 있었던, 그리고 현존하는 이 세계를 소개해 주고 가르쳐 주는 일과 관계해야만 한다. 그런 의미에서 교육자는 이 세상의 "대변자"(representative)가 되는 것이라고 한다. 그 교육자가 비록 현재 있는 상태대로의 세계 모습을 마음에 들어 하지 않고, 또한 지금의 모습이 된 데 그렇게 큰 역할을 하지 않았다 하더라도 그는 바로 지금 세대 세계의 대변자인 것이고, 그런 의미에서 그는 이 세계에 대해서 책임이 있고, 그러한 책임감을 가지고 새로 오는 세대와 관계해야 한다는 것이다. 이 세대는 바로 그 자신이기도 하기 때문이다.[6]

그러므로 아렌트는 책임이 부재하고, 자라나는 세대에 대해서 그리고 세계에 대해서 책임을 느끼지 못하는 사람은 교육의 일을 담당해서는 안 된다고 말한다. 20세기 인간의 정황을 자기소외나 인간소외가 아닌 세계소외(world alienation)로 규정 짓는 아렌트는 교육자의 세계에 대한 책임을 무척 강조한다. 지금 교육 받고 있는 세대도 다시 구세대가 되어 지나갈 것이지만, 그들의 존재도 넘어서서 여전히 남아서 계속적으로 다가올 세대의 존재 기반이 되는 세계에 대한 책임이야말로 교사가 동시에 져야 하는 한 책임이라는 것이다. "자라나는 세대에 대한 책임"과 "이 세계를 지속시키는 데 대한 책임", 이것이 교사가 동시에 져야 하는 두 가지 책임인데,[7] 이 두 가지 책임이 때로 충돌을 일으키기도 하지만 이 둘에 대한 책임은 교육자가 간과할 수 없는 것이라고 지적한다.

이 둘에 대한 책임이란 결국 세계의 현재 모습과 그것이 그렇게 되어 온 역사와 전통을 이 세대의 대변자로서 잘 알려주어서 자라나는 세대도 거기에 나름의 고유한 새로움을 보탤 수 있도록 기회를 주는 것이다. 아렌트에 따르면 여기서 교사의 "권위"(authority)가 나오며, 교육이 전통과 떼려야 뗄 수 없는 관계가 있는 이유이다.[8] 그녀에 의하면 교육은 권위와 함께 이루어져야 한다. 물론 교사의 능력이 이 권위와 뗄 수 없는 관계이지만 반드시 일치하는 것은 아니고 오히려 권위란 책임으로부터 나오는 것이며, 그래서 학교와 교육의 현장에서 권위가 회복되지 않으면 교육이 가능하지 않다고 한다.

자칫 매우 보수주의적이고 권위주의적인 교육관과 교사관이 되기 쉬운 이상의 생각을 가지고 아렌트는 20세기 미국의 교육 풍토를 비판했다. 그것은 "진보주의의 깃발 아래"(under the banner of progressive education), "어린이의 세기"(the century of the child)라는 이름으로 오히려 아이들을 철저히 자기 세대들만의 세계에 방치해 두는 무책임한 태도라고 비난했다. 그녀에 따르면 오늘날 이 교육에서의 무책임과 권위 상실은 정치에서의 모습과 매우 밀접하게 관련되어 있다. 그것은 모든 공적 영역이 사라지고 각자가 사적 영역으로 숨어 버리는 현대 대중사회(mass society)의 특징이기도 하다. 이 사회 속에서 부모와 교사는 매일 자신들의 책임 없음과 죄 없음을 선포하며 아이들을 그들만의 세계에 놔 두는데, 여기서 아이들은 어른들의 권위에서 벗어난 대신에 더욱 더 폭압적인 자신들 동류 그룹의 독재에 빠지게 되거나 어른들의 세계로부터는 완전히 격리되어서 나름의 순응주의를 배워 간다고 한다.[9] 요즈음 우리 교육 환경에서도 심각한 학내 폭력과 왕따 문화, 입시교육의 현장에서 학생과 교사의 관계가 단지 지식을 사고 파는 계약관계로 인식되는 모습 등, 오늘날 책임과 권위가 사라지고 난 후의 교육 현장이 매우 거칠고 혼란스러운 것에서도 잘 드러난다.

아렌트는 20세기 미국의 교육학은 현대 심리학과 실용주의의 영향으로 점차 하나의 '교수학'(a science of teaching)으로 발달하여, 이제 거기서는 무엇이 진정으로 가르쳐지는지의 내용(the actual material to be taught)은 중요하지 않게 되

었다고 비판한다. 그래서 교사의 훈련이 단지 교수법의 훈련이 되었을 뿐이
지 그가 가르칠 특별한 주제나 내용의 온전한 습득이 아니게 되었으며, 그리
하여 교사는 자신이 가르치는 내용을 잘 몰라도 되고, 심지어는 학생들보다
조금 먼저, 단지 수업 시간에 들어가기 전 한 시간 정도만 먼저 안 정도에 그
칠 경우도 많다고 지적한다.[10] 현대의 학교에서는 '오직 행한 것만을 알 수
있다'는 기치 아래 모든 활동(doing)이 배움(learning)으로 대치되고, '공부'
(working)가 '놀이'(playing)가 되었으며, 단지 낱낱의 직업 기술 훈련이 되었거
나 점점 더 긴 기간을 조작적으로 아이들의 세계에만 갇혀 있게 만든다고 비
판한다. 이와 유사한 맥락에서 한국의 정순우도 전통 촌락 사회에서의 서당
이나 서원 교육의 의미를 드는데, 여기서의 교육이란 오늘날과 같이 학교가
마치 감옥처럼 사회로부터, 그리고 어른 세계로부터 완전히 고립 격리되어
있지 않았고 공동체적인 제의나 의례를 함께 행함으로써 사회와의 연결고리
를 맺고 있었다고 지적한다.[11] 또한 임재해도 한국 전통 민속 문화에서는 교
육이라는 이름으로 또래끼리 집단적으로 격리되어 통제 받는 일은 없었다고
그 의미를 주목한다.[12]

물론 21세기 우리는 여기서 아렌트가 비판하는 진보주의가 나오게 된 배
경도 알고 있고, 그 진보주의 이후 항존주의나 본질주의, 문화 재건주의 등의
또 다른 논의들을 두루 경험하였으므로 진보적인 아동 중심의 교육사상이
가지는 의미를 모르는 바가 아니다. 많은 면에서는 아직도 오늘의 한국 교육
에서 진보주의의 진정한 의미가 실현되지 않은 측면이 많다. 그러나 여기서
아렌트가 교육의 본질에 대해서 물으며 진정으로 세상과 아이들에 대한 책
임 의식과 함께 자라나는 세대들에게 이 세상을 소개해 주는 교사의 권위에
대해 이야기하는 것의 의미를 바로 파악해야 한다고 생각한다. 그것이란 바
로 그 아이들이 가지고 오는 새로움은 결코 이 세상의 과거와 현재와의 치열

한 대화 없이는 드러날 수 없는 것이라는 사실을 알기 때문이다. 그래서 배움이 놀이로 대치되어서는 안되고 교육이 몇몇의 직업훈련으로 이해되어서는 안 된다는 것을 강조하였다. 아렌트는 교육이 같은 세대 사이의 일이 아니라 기성세대와 자라나는 세대 사이의 관계라는 것을 뚜렷이 강조한다. 만약 동시대 사람들 사이의 일이라면 그것은 교육이 아니라 정치인데, 역사상에서 성장한 어른들과 관계하면서 '교육'이라는 이름을 붙일 때는 그것이 얼마나 정치적 폭력이 되기 쉽고, "사이비 교육"(a pretense of education)이 되어서 악마적인 역할을 했는지 알 수 없다고 한다. 우리나라도 지난 전두환 정권에서 '삼청교육대'의 경험을 통해서도 잘 알 수 있는데, 아렌트는 그리하여 교육은 다른 영역의 일과, 특히 정치와 확실히 구별되어야 하며, 정치는 결코 보수적이 되어서는 안 되지만 교육은 "보수적"(conservative)이 되어야 한다고 강조한다.[13] 이렇게 해서 인간 활동적 삶의 최고 목표를 정치적 행위의 삶에서 찾는 아렌트이지만 교육은 그 정치적 삶을 준비하는 다음 세대를 보살핀다는 면에서 보수적이어야 한다고 강조하는 것이다. 교육은 무엇인가를 항상 "간직하고 보호한다는 의미"(conservation)에서도 보수적이어야 하는데, 아이를 세상에 대해서, 세상을 아이에 대해서, 새로운 것을 오래된 것에 대해서, 오래된 것을 새로운 것에 대해 보호해 주고 보살펴 주는 것, 이것이 교육적 활동의 핵심이라고 밝힌다. 이렇게 해서 아렌트는 다음과 같은 인상 깊은 말로 자신의 교육에 대한 성찰을 맺는데, 그것은 한마디로 책임에서 나오는 아이와 세상에 대한 사랑인 것이다.

> 교육이란 바로 우리가 이 세계를 그 파멸로부터 구하기 위해서 책임을 질 정도로 사랑할 것인가를 결심하는 순간에 시작되며, … 교육이란 또한 같은 정도로 우리가 아이들을 이 세계로부터 쫓아내어서 그들 자신만의 악에 내버

려 두지 않고, 또한 그들에게서 어떤 새로운 것, 우리는 전에 결코 볼 수 없었던 것을 시도해 볼 기회를 빼앗는 것이 아니라 오히려 이 공동의 세계를 새롭게 할 새로운 일을 앞서서 준비시킬 만큼 그렇게 사랑할 것인가를 결정하는 곳에서 시작된다.[14]

그렇다면 이제 이 일을 위해서 꼭 필요하다고 하는 권위가 그러나 잘못된 독재자의 것이 아니기 위해서는 어떠한 모습이며, 또한 어떻게 전통과 종교적인 근거와 연결되어 있어서 아렌트의 권위와 보수주의가 결코 부정적인 의미의 보수주의와 권위주의가 아닌지를 탐색하고자 한다. 즉 그녀가 말하는 교육에서의 보수주의가 과거와 미래, 전통과 현대, 오래된 것과 새로운 것, 구세대와 신세대, 세상과 인간 등이 서로 역동적으로 상관되어 있는 것을 인지하는 대안적 보수인지를 알아 보기 위해서 다음 장에서 탐색을 계속하려고 한다.[15]

3. 권위란 무엇인가? – 권위와 전통, 그리고 종교의 삼중주

1) 그리스적 전통에서의 권위

오늘날 우리 시대에 어른과 아이, 교사와 학생 사이의 관계인 양육과 교육의 영역에까지 번진 권위 상실의 문제는 아렌트에 따르면 원래 정치적인 문제이다. 이렇게 권위가 폭넓은 의미에서 가장 자연스럽게 받아들여졌던 교육의 영역에서조차 상실되었다는 것은 그 위기의 가장 심각한 표현이라고 한다.[16] 이미 종교와 전통이 상실되었고 가장 안정적이었던 권위마저 오늘날 폭넓게 상실되고 있다는 것은 그녀에 의하면 이제 근대 정신의 의심의 원리가 정치의 영역에까지 파고들었다는 것을 의미하며, 전통과 종교의 상실이 이제 비로소 최고의 정치적 사건이 되었음을 뜻한다고 한다.[17] 자유가 과거 어떤 권위주의적(authoritarian) 국가나 전제폭군적(tyrannical) 국가에서보다도 20세기 나치나 스탈린 등의 전체주의(totalitarian) 국가에서 완전히 파괴되었다고 보는 아렌트는 그리하여 참된 권위를 찾아나선다. 왜냐하면 권위란 사멸성을 또 다른 삶의 조건으로 하는 인간에게 세계의 기초와 지속성을 가져다주기 위해서 꼭 필요한 것이라고 보기 때문이다.

서구 전통에서 '권위'(authority)라는 단어와 개념의 기원은 사실 로마적인 것이라고 한다. 그리스 전통에서는 언어적으로도 그렇고 정치적 경험의 면에서도 이 단어에 꼭 합당한 것을 가지고 있지 않다고 한다. 그러나 플라톤과 아리스토텔레스는 서로 다른 방법이기는 하지만 그들의 정치적 경험들로부터 이 단어에 일치되는 어떤 것을 찾아내려고 노력하였다. 우리가 잘 알다시피 플라톤의 『국가론』은 폴리스에서 철학자가 정치에 대해 제기한 반란을 보여주는 것으로서 철인왕의 통치를 지향한다. 하지만 그 철인왕의 모습이 마침내는 그리스 폭군과 유사하다는 데 딜레마가 있다. 그러나 그럼에도 불구하고 여기서의 철인왕 통치는 결코 물리적인 폭력이나 강압에 의한 것이 아니었다. 나중에 칸트에 의해서도 적절하게 지적되고 비판된 것이기는 하지만 그것은 "이성의 통치"(a tyranny of reason)를 말하는데, 아렌트는 여기에서 오늘날의 참된 권위의 회복을 위한 한가지 빛줄기를 본다. 즉 그것이 독재의 한 형태가 되기는 했지만 여기서 우리가 주목해야 하는 것은 그 철인왕의 권위라는 것이 그가 태어난 신분이나 선천적인 불평등, 또는 물리적인 폭력에 기원하는 것이 아니라 그가 철학자로서 본질의 세계에 대해 파악한 '이념'(idea)에 근거하는 것이라는 사실이다.[18] 플라톤의 이러한 기존의 물리적 계급과

질서를 깨는 급진적인 사고는 그의 『국가론』에서 남녀의 신체적 차이를 인간 존재의 본질적인 차이로 인정하지 않으면서 남녀 모두에게 공동으로 수호자 교육을 시켜야 한다고 주장하는 것이라든가, 통치자에게서 처자를 포함한 일체의 사유재산을 허락하지 않아야 한다고 주장하는 등 21세기의 우리도 쉽게 용납하기 어려운 여러 가지 혁명적인 통치술을 제안하는 데서도 잘 나타난다.[19]

물론 이 통치자가 될 만한 사람들을 골라서 혼인시키는 데 있어서 어떤 우주적인 원칙을 계산한다든가 나중에 마지막 〈10권〉에서 결국 정의롭게 살지 못한 사람들이 가야 하는 지옥행이나 사후의 벌 등을 이야기하면서 신화적으로 폭력적인 요소를 다시 끌어들이기도 하지만, 이 철인왕 통치는 바로 철학과 정신의 측면에서 인간 삶 전체를, 정치의 전 영역을 살펴보려 한 것이라는 의의를 가진다고 하겠다. 이것은 인간 이성인 로고스가 결코 인간 자신의 생산물이 아니며 이념(idea)의 세계는 인간 동굴세계 밖의 세계에 있는 것으로 나타나듯이 결국 인간의 일이란, 또한 거기서의 존엄성과 권위란 결코 그 자신에게 뿌리를 둔 것이 아니라 밖의 다른 것과 더 높은 영역에 달려 있는 것을 시사해 주는 의미로 이해할 수 있다.[20] 20세기의 전체주의처럼 철저히 자신 안에 권력의 뿌리를 두는 것이 아니라 자아와 인간의 영역을 넘어서는 더 높은 어떤 것의 뿌리를 제시해 주는 의미라고 하겠다. 그리스 전통의 플라톤이 오늘의 권위 부패와 상실의 시대에 우리에게 가르쳐주는 메시지라고 볼 수 있다.

2) 로마 전통에서의 권위와 전통 그리고 종교의 삼중주

아렌트에 따르면 서구 전통에서 권위라는 말의 기원뿐 아니라 개념적인 정의의 근거도 제공해주는 것은 로마인들이라고 하는데, 그들 정치의 마음에는 "기원의 성스러움"(the sacredness of foundation)에 대한 확신이 자리 잡고 있었기 때문이라고 한다. 그것은 처음에 앞으로 올 모든 세대들을 묶어 주는 어떤 기초가 놓여졌다는 것에 대한 확신인 것이다.[21] 이 처음 시작과 과거에 대한 로마인들의 숭배 정신은 그들이 가장 숭배하는 신이 오늘날 서양 달력의 1월(January) 이름이 연원된 야누스(Janus)와 기억의 신인 미네르바(Minerva)라는 데서도 잘 나타나는데, 이들은 로마 도시의 기원을 놓은 조상들에 대한 깊은 존경과 기억으로 그것을 종교의 수준으로 승화시켜 놓았다고 한다. 그래서 로마 종교는 매우 정치적이라는 것이다. '종교'(religion)라는 말도 로마의 're-ligare'(to be tied back: 과거에 연결됨)에서 연원되었듯이 여기서 종교적이란 곧 과거에 연결됨, 과거 로마 도시의 기초를 놓은 창시자들에 대한 존중에서 나온 것임을 알 수 있다.[22] 이것으로써 로마인들이 생각하는 권위의 한 중요한 근거는 시작과 과거에 연결되어 있으며, 그것은 동시에 정치적이며 종교적이다.

로마 전통에서 '권위'(authoritas)라는 단어가 파생된 배경은 바로 여기라고 한다. 즉 로마 단어 autoritas는 동사 augere에서 나왔고 그 augere란 바로 augment(증대하다)로서 권위란 다름 아니라 과거 시작과 기원을 놓은 사람들처럼 공동체의 기초와 기반의 증대를 위해서 수고한 사람들이 얻는 것을 말한다.[23] 원로원에서 장로들이 자신들 도시가 처음 놓여졌을 때의 위대성과 의미를 끊임없이 논하고 거기에 근거해서 현재의 일들을 판단하고 방향 지울 수 있는 권위, 그것이 비록 어떤 강제적인 명령이나 외부적인 강압의 힘을 갖고 있지는 않지만 처음과 기원에 대한 기억을 가지고 있기 때문에 공동체가 나아갈 방향에 대해서 말해 줄 수 있고, 그 조언을 후대의 사람들이 결코 무시할 수 없는 능력, 그것이 참된 권위라는 것이다. 아렌트에 따르면 이렇게 권위란 힘(power)의 경우와는 달리 과거에 뿌리를 갖는 것이고, 그러면서도 그 과거가 결코 오늘 현재의 삶에 영향을 덜 미치는 것이 아니라고 한다. 이렇게 해서 우리는 아렌트의 로마 전통 소개에서 권위의 근거는 과거의 시작점과 토대, 기원과 관련된다는 것을 배웠으며, 여기서 '종교'와 '권위', 그리고 '전통'의 "로마적 삼중주"(Roman trinity)에 대해서 듣는다.[24] 이것은 로마 문명이 과거 그리스 전통을 자신들의 권위로 승화시켰으며, 또한 이후 기독교 신앙은 로마 전통을 본받아서 자신들 신앙의 기원에 대한 증거들에 바탕에 두고서 기독교 종교를 전개해 갈 수 있었다는 것을 말한다. 이것으로써 서구 전통에서 이 로마적 삼중주의 정신은 중세를 넘어서까지 존속된 것을 알 수 있다고 한다. 또한 이 정신은 이 세 요소 중 어느 하나가 위태롭게 되었을 때는 나머지 다른 둘도 결코 안전하지 못하다는 것을 말하는데, 아렌트에 의하면 서구 근대역사에서 루터나 홉스, 인본주의자들이 그 업적에도 불구하고 가지는 한계는 바로 이 삼중주의 의미를 잘 파악하지 못한 것이라고 한다.[25]

과거는 전통에 의해서 승화된다. 전통은 과거 처음 성스러운 기초를 놓았고 그것을 권위를 가지고 계속해서 논의해 온 사람들을 통해서 세대를 거쳐 전해져 온 조상들의 증거(testimony)를 담고 있다. 아렌트가 발터 벤야민과의 대화에서 밝힌 이야기에 의하면 전통(tradition)이란 과거에 일어났던 끊임없는 새로워짐의 역사를 모아 놓은 것이다. 그것은 끊임없는 도전과 거기에 대한 응전의 역사이고, 모든 도전을 이겨 내고 살아남은 어떤 정제된 "엑기스"(crystallization)이다. 그러므로 교육은 학생들로 하여금 그 전통의 바다 속으로 들어가서 마치 "진주잡이"(pearl diver)처럼 거기서 정제된 진주를 찾아내어 현재를 비판하고 그것에 견주어서 자신의 새로움을 찾아낼 수 있도록 해 주는 것이어야 한다고 강조한다.[26] 그것이야말로 전통의 것으로 현재의 부조리를 바로잡는 '이고격금'(以古格今)과 다시 현재의 것으로 전통을 새롭게 하는 '이

금격고'(以今格古)의 진리인 것이다.[27] 교육이 보수적이어야 한다고 말하는 것은 단순히 전통을 강요하고 기성세대와 자라나는 세대와의 관계가 위계적이어야 하는 것을 말하는 것이 아니라 이렇게 전통을 잘 소개해 주고, 자라나는 세대에 대한 한없는 책임의식을 가지고 또한 현재에 대한 적나라한 토론과 담론 속에서 참된 권위가 살아 있는 것임을 말하는 것이다.

교사는 현재 세대를 대변하고 있는 사람이어야 한다고 했다. 미래에 더 적합한 새로움을 가지고 탄생한 학생들에게 현재 세대를 있는 그대로 적나라하게 소개해 주고, 교사 자신이기도 한 현재를 어떤 주관적인 왜곡이나 거기에 대한 무지 때문에 소개시켜 주지 못하는 것이 아니라 오늘의 현재 상태에 대해서 충실한 책임의식을 가지고 자라나는 세대에게 보여주어야 한다는 것이다. 이렇게 전통을 소개 받고 현재의 적나라한 모습에 인도될 때 학생들은 거기에다가 자신들의 새로움을 보탤 수 있는 가능성을 얻게 된다. 따라서 여기에서의 권위란 학생들을 그러한 가능성에로 이끌려는 책임과 연결된 권위이고, 전통이란 항상 현재의 상황에 대한 비판과 미래의 새로움과의 관계에서만 의미 있는 것이 된다. 여기서 아렌트의 보수란 일반적인 의미에서의 보수주의와는 다르다는 평가가 나온다. 그녀에게서는 전통과 현대, 그리고 미래, 권위와 자유, 기성세대와 새로운 세대, 정치와 교육의 양면이 동시에 포괄되어 있는 것이다.

아렌트는 마지막으로 우리가 권위가 없이 산다는 것은, 또한 그 권위의 기원이 현재의 권력과 그 권력을 가진 사람을 넘어서 있다는 것을 모르는 것은 성스러운 시원에 대해서 종교적인 믿음도 없이, 또한 전통적인 것이어서 자명한 우리 삶과 행동의 어떤 기준도 없이 인간이 같이 사는 일의 기초적인 문제들에 다시 봉착해 있는 모습과 같은 것이라고 지적한다. 권위와 전통과 종교가 없이 산다는 것은 그래서 처음부터 완전히 다시 새롭게 시작해야 하는

위험과 부담에 노출되어 있다는 것이다.[28]

4. 참으로 교육받은 사람의 모습 – 자유인과 문화인

1) 자유와 자유인

지금까지 앞에서 살펴본 것처럼 아렌트가 우리 삶과 교육을 위해서 권위와 전통, 종교적인 기초를 중시한다고 해서 자라나는 세대와 피교육자의 자유와 고유성을 무시하는 것이 아님을 알 수 있었다. 원래 스스로 행위하는 인간을 활동적 삶의 최고 목표로 삼는 아렌트는 이 세상에 대해서 스스로 책임질 줄 아는 세대를 키우는 것의 중요성을 간과하지 않는다. 아렌트가 교육은 보수적이어야 하고 권위가 요청된다고 한 진정한 이유는 바로 자라나는 세대의 새로움, 그의 탄생이 가져오는 기적을 잘 돌봐주기 위한 것이었다. 이러한 맥락에서 아렌트는 권위에 대한 탐색과 아울러 자유와 문화에 대한 물음을 동시에 하면서 어떤 모습이 진정한 자유인지, 문화의 본질이 무엇이며 진정으로 교육받은 사람의 모습은 세상과 어떤 관계를 맺어야 하는지를 밝혀준다. 여기에서 그녀의 궁극적인 교육 이상과 전통과 오늘, 세계와 자아를 잘 어우르는 대안이 제시된다.

앞에서도 지적했지만 세계소외를 오늘 세계 정황의 특징으로 규정하는 아렌트답게 그녀가 해석하는 자유와 문화의 모습은 오늘 우리 세대가 일반적으로 듣는 이야기와는 사뭇 다르다. 그녀의 참된 자유인과 문화인의 모습 속에는 세계에 대한 배려와 객관에 대한 겸손이 가장 중요하게 자리하고 있다.

아렌트는 원래 정치적 문제로서 바울이나 어거스틴 등 중세 기독교 사상가가 등장하기 전에는 인간 사고에서 큰 비중을 차지하지 않던 '자유'가 점점 서구 철학의 핵심적인 주제로 떠오른 것에 주목한다. 그러면서 특히 칸트 등에서 분명히 드러나는 대로 자유의 문제를 철저히 인간 내면의 문제(의지의 자유 등)로 환원시킨 것을 비판하면서 그러한 내적 자유(사고나 의지의 자유)는 밖의 정치적 자유가 없이는 경험될 수 없고, 또한 자유란 타자의 존재가 요청되는 공론 영역이 아니고서는 드러나지 않는다는 점을 강조한다.[29] 기독교 등의 의지적 종교의 영향이나 루소의 정치철학에서 극점을 보이는 개인주의의 영향으로 자유가 순전히 내면적 '의지'(will)의 문제가 되었거나, 점점 정치와 자유는 함께 갈 수 없다는 신조가 만연하게 되었다고 그녀는 분석한다.

이에 반해서 과거 그리스나 로마 사람들만큼 정치 행위에 높은 의미를 주던 사람들은 없었다는 지적과 함께 정치와 관련된 자유(freedom)란 사고나 의지의 문제가 아닌 행위(action)라는 것을 강조한다. 그것은 바로 이 세상에 전혀 새로운 것을 불러올 수 있는 행위 능력인 순발성(spontaneity)을 특징으로 하여 오히려 자신 안의 동기나 목적에서 자유로우면서 밖에서 요구하는 원리들(principles)의 요청에 따라 새로운 것을 시작할 수 있는 능력이라는 것이다.[30] 여기서 아렌트가 말하는 원리들(理, principles)에는 명예나 영광, 덕, 또는 두려움이나 미움 등도 포함되는데, 이 원리들은 개인 자아의 개별적인 의지나 동기들보다도 훨씬 더 보편적(universal)이고, 밖에서부터 우리의 행동을 유발하며 자유란 바로 이 원리들과 더불어 나타나는 매우 '수행적인 성격'(performing action)을 가지는 것이라고 한다. 자유하다는 것과 행위한다는 것은 같은 것이라는 의미이고,[31] 그래서 오늘 우리 시대에는 매우 드물게 된 '용기'(courage)라는 덕목을 정치의 중요한 덕목으로 드는데, 용기란 사람들을 정치에서 세계의 자유를 위해 자신에 대한 염려로부터 해방시킨다고 지적한다.

이러한 아렌트의 자유와 행위에 대한 이야기를 듣고 있으면 아시아 유교 전통에서의 유명한 주희와 왕양명의 논쟁이 생각난다. 주희의 공부 방법이 너무 객관적인 리(理)에 치우치자 양명이 그 리를 다시 주관과 내면으로 끌어들였고, 그러나 그 양명의 해법에는 여기서 아렌트가 자유의 문제가 근대에 와서 너무 주관성의 문제가 되었다고 비판하듯이 자칫 주관성만이 남게 되는 위험을 가지고 있다.[32] 그래서 다시 보다 보편적인 객관의 리가 강조되고 오늘은 다시 그 리의 객관성과 세계성 그리고 타자의 다원성이 강조되어야 하는 상황이며 자유란 바로 그렇게 타자와 함께함을 통해서만이 드러나는 인간 고유의 행위라는 메시지인데, 아렌트와 양명은 나름대로 거기에 응대했다.

아렌트는 근대에서의 완전한 자유는 결코 사회와 병립할 수 없다는 극단적 개인주의를 비판하고, 또한 정치가 온통 경제와 행정으로 화해 버려서 세계는 안중에도 없고 개인과 인간의 안정만을 위해 존재하는 실용주의와 공리주의로 전락한 것을 비판한다. 그녀에 따르면 정치란 단지 "(인간)삶만이 아니라 세계 전체가 관건"(not life but the world is at stake)이며,[33] 인간 행위란 어떤 실용적인 목적만을 위한 것이 아니라 한 기회와 순간에 어떤 위대한 일을 하는 것, 전혀 새로운 일을 시작하는 것을 통해서 자유를 온전히 드러내는 일, 그 자체로서 의미 있는 일이라고 한다. 그러므로 정치는 무엇인가 항상 결과물을 남기려는 예술과는 다르며 정치는 그래서 퍼포먼스의 성격을 가지고 있고, 인간의 함께하는 삶이란 이 행위를 통해서 항상 새로워진다고 한다.[34]

이렇게 각자가 자신의 위치에서 행위할 수 있는 능력으로 자유를 이해한 아렌트는 매우 현실적이다. 그녀는 현대에서 완전한 '주권'(sovereignty)과 '자유'를 일치시키는 것에 대해서 그것이 얼마나 비현실적인 요구인지를 지적한다. 우리가 이 지구상에는 "한 사람이 사는 것이 아니라 다수가 사는 것"(not man but men live on the earth)을 조건으로 분명히 인식한다면 주권과 자유의 완전한 일치란 허구이고, 그런 의미에서 현실적인 계급 구조(hierarchy)와 권위와 책임을 이야기하는 것이 이해된다. 여기서도 아렌트의 사고가 아시아의 유교적 사고와 닮은 점이 많다는 것이 다시 드러난다. 그것은 권위와 자유, 전통과 현대, 공동체와 개인을 어떻게 역동적으로 관계 맺을까에 대한 지시가 될 수 있다.

아렌트는 인간의 모든 행위는 "기적"(a miracle)이라고 했다. 우리가 현실이라고 부르는 것은 바로 이 기적들이 짜 놓은 보자기이며, 역사는 이 기적들로 가득 차 있고, 행위와 시작하는 일이 같은 것이라면 이 기적을 일으키는 능력도 바로 우리 안에 현존하는 것을 지시하는 것이다. 자유란 이 행위에로의 능력이며 시작할 수 있고 기적을 일으키는 능력이다. 그런 의미에서 자유는 단지 자아만을 위한 것도 아니고 인간만을 위한 것도 아닌 세계를 위한 것이다. 탄생성의 교육학이란 바로 이 자유의 능력, 세계를 위해 같이 사는 삶을 위해 새로운 것을 시작할 수 있는 행위의 능력을 기르는 것이다. 왜냐하면 우리는 인간 누구나가 "자유와 행위의 두 가지 선물"(the twofold gift of freedom and action)을 받았고, 그래서 그는 "기적의 창시자"(author of the 'miracles')로서 이 혼돈과 비극이 일상적으로 일어나는 세계에서도 다시 자신들의 새로운 세계를 세울 수 있다는 것을 알기 때문이다.[35] 참된 자유인은 세계를 배려하고 새롭게 세우는 행위인이라는 것을 강력하게 시사한다.

2) 문화와 문화인(교양인)

앞에서 우리는 아렌트가 우리의 행위를 유발하는 리(理)에 미움과 공포, 분노 등 소위 동양철학적 논쟁에서 '사단'이 아닌 '칠정'도 포함시키는 것을 보았다. 이것은 우리 자유의 행위가 가능해지는 데 있어서 우리의 '감정',

미적 판단력, 문화가 한 핵심 요소가 됨을 밝히는 것이며, 그래서 아렌트는 다시 현대 대중사회에서의 문화의 모습과 그 위기적 상황, 그리고 역할 등을 탐색한다. 그러면서 참된 미적 감수성과 문화적 소양에로의 교육이야말로 오늘의 세계를 구하고 다시 살 만한 세계가 되도록 하는데 긴요함을 밝힌다.

그녀에 따르면 중세 이후 유럽 절대군주 궁정사회에서부터 기원을 갖는 근대 사회와 문화와의 관계는 문화를 철저히 소유로 보는 것이다. 특히 교양인들의 신분상승(the educated philistine)을 위해서 문화가 사용된 것을 알 수 있다. 오늘날 한국 사회에서도 거세게 불고 있는 명품 선호 현상이나 예술품 사재기 현상 등이 그 한 모습인데, 여기에 문화는 소위 교양인들의 개인적인 목적, 즉 사회적 신분이나 자유의 표현과 상승을 위해서 이용되었다. 그러나 아렌트에 의하면 현대 대중사회(mass society)에 오면 이 모든 관계는 또 다시 바뀌는데, 즉 오늘의 대중 소비사회에서는 문화는 단지 소유되는 것을 넘어서 끊임없이 소비되고 있으며, 대중은 더 이상 '문화'(culture)를 원하는 것이 아니라 '오락'(entertainment)을 원하게 된다. 또한 이 오락을 위해서 과거 영구성의 상징이었던 문화재들이 끊임없이 변형되고 각색된다. 그래서 문화의 기준이 신선함과 새로움이 되었는데, 그녀에 따르면 이것은 문화가 우리 사회에서 더이상 가능하지 못하다는 것을 지시하는지도 모르겠다고 한다. 왜냐하면 문화란 바로 우리가 떠나더라도 남아 있는 어떤 영구한 것을 미화하여 형상화해 놓은 것으로 이해되어 왔기 때문이다.[36]

"문화란 대상과 관계하고 세계의 현상이지만, 오락은 사람과 관계하고 삶의 현상이다."라고 지적하였다.[37] 또한 문화(culture)란 원래 '농사'(agriculture)를 뜻했듯이 자연과 관계하는 것이고, 이미 세계의 한 부분이 된 과거의 기념비들을 잘 돌보아서 세계의 지속성을 확보해 주는 것이다. 하지만 오늘날 대중 소비사회에서는 세계의 모든 대상물들이 단지 인간 삶을 위해서 사용되고 소비되어서 문화가 단지 사회 과정의 삶을 위한 기능과 필요물이 되었다. 아렌트에 따르면 문화가 가능해질 수 있기 위해서는 이 기능주의와 실용주의를 넘어서, 즉 인간의 필요를 넘어서서 단지 그 현현의 미를 통해서만 지속성을 얻고 더 나아가서 영구성을 얻는 대상들을 통해서 가능하다고 한다. 그런 의미에서 예술품들은 '인간'(의 소비)을 위해서 만들어진 것이 아니라 '세계'(worldliness)를 위해서 만들어진 것이고, 그러나 또 다시 보면 사멸성을 조건으로 하는 인간이 이 지구 위에서 살아가기 위해서는 그러한 지속성과 영속성을 지닌 집을 필요로 하기 때문이다.[38]

그런데 이렇게 소비 가능성과 유용성을 넘어서 지속적으로 남아서 문화와 세계를 형성하는 예술의 미(美)는 우리가 그 대상으로부터 거리를 두고서 우리 자신을 잊고서, 다시 말하면 그 대상에서 우리가 원하는 것을 보려는 것이 아니라 그 자체가 있는 그대로 현현되도록 하지 않으면 볼 수 없다고 지적한다. 여기서 아렌트는 미적 판단력으로서의 칸트 판단력비판의 취미 판단과 접목하여 '확장된 의식'(eine erweiterte Denkungsart)과 취미 판단의 '사심 없음'(disinterested Mind)에 대해서 말한다. 칸트는 (미적) 판단력은 우리의 순수이성이나 실천이성의 수행처럼 자기 자신(자신의 논리나 양심)과 대화하며 실행되는 것이 아니라 다른 사람과 관계하며, 즉 "모든 다른 사람의 입장에서 생각해 볼 수 있는" 능력에 달려 있다는 것을 지적하였다. 판단력의 확장된 의식방식이란 자아의 개인적인 한계나 욕구를 뛰어넘어서 우리와 우연히 한 시대에 함께 하는 다른 사람들의 시각에서 대상을 볼 수 있는 능력이므로 그것은 타인의 현존을 필요로 하고, 그런 의미에서 우리의 (미적) 판단력은 매우 정치적인 의미를 지닌다고 지적된다. 즉 "미(美)의 공공적 성격"(the public quality of beauty)을 말하는 것이다.

또한 우리의 '취미'(Geschmack/Taste)라는 것은 우리가 일반적으로 생각하듯이 결코 우리의 사적 감정(private feeling)이 아니다. 오히려 모든 사람들이 공동으로 가지고 있는 '좋은 감정'(le bon sens) −영어로는 상식(common sense)에 호소하는 것인데, 이러한 취미 판단의 사심 없음이란 이 세상을 어떤 유용성이나 개인의 이해관계, 또는 도덕적 판단도 넘어서서 그 자체의 현현의 미를 판단하는 능력이라는 점에서 바로 이 세계를 있는 그대로 보존할 수 있는 능력이 된다. 그런 의미에서 그것은 문화를 생산하는 능력이 되며, 또한 여기서는 세계가 먼저이지 결코 인간이 먼저가 아니고, 인간의 삶이나 자아가 먼저가 아니라고 아렌트는 지적한다.[39] 아렌트는 문화의 핵심적인 일이란 바로 이 취미를 분류하는 일이고, 이 취미란 한 개인의 자질(quality)을 나타내는 척도라고 한다. 또한 완전히 사심이 없어져서 세상을 가장 있는 그대로 볼 수 있는 사람이야말로 "가장 자유로운 사람"(the freest)인데, 이것은 자신의 삶의 필요물들을 채우고 난 후에 경험할 수 있는 자유로서 이 모습이야말로 문화와 마찬가지로 로마적 기원을 갖는 "휴머니스트"(humanists)의 참된 모습이라고 밝힌다.[40]

휴머니스트란 어떠한 스페셜리스트도 아니다. 그의 판단은 좁은 의미의 철학자의 판단도 넘어서고, 과학자 또는 자신의 작품에 집착하는 예술가의 판단도 넘어서서 가장 자유롭게 자유의 물음을 삶의 핵심으로 하면서 세계를 볼 수 있는 사람이다. 그는 이 세상을 어떻게 다루어야 하는지를 아는 사람이며 그 대상들의 아름다움을 경탄하면서 그것을 보존할 줄 아는 사람이라는 것이다.

우리 교육의 목표가 한 스페셜리스트를 키우는 일을 넘어서 이러한 휴머니스트를 키우고 자유인을 기르는 일이라면 그것은 바로 위에서 말한 문화인을 키워서 참으로 문화화된 마음의 활동으로서 취미 판단을 가지고 세계를 소비해 버리는 것이 아니라 보호하고 배려할 줄 아는 사람을 키우는 것이다. 아렌트가 우리 교육의 목표를 "(아이들로 하여금) 우리의 공동세계를 새롭게 하는 일을 준비시키는 일"(to prepare our children for the task of renewing a common world)이라고 했다면 바로 이 문화인, 휴머니스트를 키우는 일을 말하는 것이다. 그 모습 속에는 자신의 자유로부터 나와서 세계와 대상을 참으로 배려하며 보호할 수 있는 능력이 함께하고 있다. 그것은 아주 자유로운 판단 속에서 우리의 삶에서 영속적으로 동반자가 될 만한 대상과 친구와 사고를 찾는 일인데 현재뿐 아니라 과거에서의 동반자도 말하는 것이다. 문화인이란 바로 이렇게 각종 전문화와 실리주의(philistinism)를 넘어서 우리의 세계를 아름답게 구성할 동반자의 선택을 잘하는 진정한 자유인인 것이다.[41]

이렇게 결코 권위가 억압으로 가는 것이 아니며 자유가 자기에의 함몰이나 세계 파괴가 아닌 참다운 문화인·교양인·휴머니스트를 키우는 일로 연결되는 아렌트의 입장이야말로 전통과 현대·과거와 미래·권위와 자유가 잘 화합하는 모습이라고 할 수 있다. 휴머니즘은 문화가 꽃핀 결과이다. 정치는 이 문화가 잘 꽃필 수 있도록 장을 마련해 주어야 하고 문화는 다시 정치의 위대한 일을 기록하며 기억하여 형상화한다. 이렇게 해서 정치와 예술이 같이 가고 서로 돕는 가운데 참된 문화인과 교양인이 자라게 되는 것이며 그러한 문화인과 교양인은 자신의 능력으로 우리의 세계를 새롭게 한다는 것이 아렌트의 메세지이다.

5. 정신의 삶이 살아 있는 학교를 위하여

이상에서와 같이 우리는 한나 아렌트의 탄생성의 교육학이 어떻게 전통과 현대, 과거와 미래, 권위와 자유, 세계와 자아의 간극 속에서 그 새로운 조화의 가능성들을 찾아가는지를 살펴보았다. 그녀의 세계 인식은 오늘날 모든 존재와 시간을 철저히 기능과 과정, 실리의 차원으로 환원시켜 버리는 현대 역사주의와 실용주의의 전체주의적 폭력에 맞서는 것이었다. 그래서 다시 세계를 구하고 행위하는 인간의 위대성을 구하며 지구와 자연을 우리 인간의 부정할 수 없는 삶의 조건으로 삼자는 것이었다.

아렌트의 살아생전에 그녀에게서 배운 제자들의 말에 의하면 그녀의 태도는 매우 교육적인 것이었다고 한다. 강의시간에 그녀는 끊임없이 학생들로 하여금 그들 고유의 생각을 토로하게 하려고 노력하였고, 한 주제를 얼마나 다양한 각도에서 생각해 볼 수 있는지를 보여주려고 애썼다고 한다. 학생들로 하여금 스스로 생각할 수 있도록 도와주며 논의와 논쟁이 살아 있는 장으로 학교를 만들려고 노력한 것이다. 이렇게 배려하고 기다려 주는 태도 속에서 교육은 학생 각자의 새로움을 기르고 배려하는 일이기 때문에 보수적이 되어야 한다는 그녀의 말이 이해가 간다.

그러나 아렌트의 이러한 주장에는 또한 하나의 커다란 딜레마가 있는 것도 사실이다. 그렇게 학교와 교실이 정치적 현실로부터 보호받아야 하고 교육과 정치가 다른 것으로 선언된다면, 아렌트 자신이 말한 세계를 새롭게 하는데 필요한 힘, 즉 미래의 정치적 역량이 어떻게 실험과 실천 없이 교실과 학교에서만 길러질 수 있겠느냐 하는 것이다. 아렌트가 판단력이란 가르쳐질 수 있는 것이 아니라 실천될 뿐이라고 했다면 교육이 정치로부터 분리되어서 보수적이 되어야 한다는 주장은 "자가당착"(oxymoron)이 될 수도 있기 때문이다.[42]

이렇게 여기서 부분적으로 나타나는 정신적 삶(vita contemplativa)과 활동적 삶(vita activa) 사이의 갈등과 모순은 그녀 자신이 충분히 풀고 가지 못한 문제이다. 또한 오늘 우리의 삶뿐 아니라 학교 교육의 현장에서도 여전히 큰 갈등의 소지로 남아 있다. 그녀는 앞에서 문화의 위기를 말할 때 가장 고양된 판단력을 가지고 가장 자유롭게 미(美)를 판단할 수 있는 사람으로서 철학자를 말한 로마의 키케로를 인용하였다.[43] 그렇다면 세상으로부터 나와서 정신적인 삶을 살고 있고 또한 미적 판단력이 호소하는 상식(common sense)을 넘어서 이념(idea)과 진리의 세계를 추구하는 철학자가 결국 문화(예술)와 현실(정치)의 판단자가 되어야 한다는 의미인데, 과연 이러한 전통적 관념이 오늘날 얼마나 설득력을 얻을 수 있을까 하는 의문이다. 오늘날과 같은 이념과 영구성과 철학의 해체 시기에 말이다.

그녀의 마지막 저술 제목이 『정신적 삶(The Life of the Mind)』이었는데, 그녀는 그것을 완성하지 못하고 떠났다. 사유와 의지 부분에 이어서 펼쳐질 판단부분을 완성하지 못한 것이다. 그러므로 오늘날 이 남겨진 물음에 대한 확실한 답을 얻을 수는 없지만 그녀는 문화인이란 자기 삶에서 어떤 동반자를-사람들 중에서, 사물들 중에서 그리고 생각들 가운데서도-선택할지를 아는 사람이라고 했다. 또한 그녀 자신은 플라톤에 대한 수많은 비판과 또한 그 비판들이 설사 옳다고 하더라도 그 비판자들보다는 플라톤을 삶의 더 좋은 동반자로 택하고 싶다고 했다.[44] 여기서도 나타나듯이 그녀 자신은 그 많은 정치적 관심과 활동에도 불구하고 정신적 삶을 활동적 삶보다 더 지향한 것 같다. 그런 의미에서 본다면 우리의 학교와 교육도, 아니 더 나아가서 이 학교야말로 정신적 삶의 장소가 돼야 하지 않을까 생각한다.[45]

원래 '학교'(school)가 연원된 그리스어 스콜레(skhole)가 학교와 공부란 노동과 삶의 필연성으로부터의 자유일뿐만 아니라 정치적 활동으로부터의 자유와 여유라는 것을 전통으로부터 지적해 주고 있다.[46] 오늘날의 온갖 실용주의와 실천과 활동, 경험에 대한 왜곡된 강조로 사고는 저 멀리 가 버리고 오직 활동과 눈에 보이는 양적인 성과물만이 교육의 척도가 되었다면 이것이

야말로 아렌트가 지적하는 "교육의 위기"(The crisis in education)가 아닐까 생각
한다. 아렌트는 나치 독일의 종족 살해의 범죄 앞에서도 그러한 끔찍한 악이
생각 없음의 평범성에서 나오는 것이라고 지적하였다. 오늘 우리 현실의 여
러 비인간적인 상황도 바로 이러한 우리의 생각 없음, 우리들의 사고하지 않
음, 학교의 난장판이 불러온 것이 아닐까 생각해 본다.

　다시 플라톤이 권위의 근거로 이념(idea)을 가지고 있는 것이라고 한 의미
를 잘 생각해 보면 오늘 우리가 교사와 교육자로서 과연 세계와 우주와 인간
삶, 자신의 교육활동에 대한 이념과 생각을 가지고 있는지와 그런 것들에 대
한 통찰을 가지고 있는가 생각해 볼 일이다. 생각을 가지고 논의하고 자신이
속한 공동체의 기초를 증대시킬 수 있는 사람, 거기에 참 권위가 있다고 했
다. 그렇게 될 때는 다시 그 이념의 세계를 떠나서 이 세상에 대한 책임을 갖
지 않을 수가 없고, 이 책임감을 가지고 우리 아이들이 모두 그 나름으로 담
지하고 있는 새로움(the newness), 그들의 정신, 우리의 언설로 다 표현해 내고
파악할 수는 없지만 그 초월의 근거를 경외를 가지고 배려하고 보살피는 일
이야말로 교육이라고 아렌트의 탄생성의 교육학은 가르쳐 준다.[47]

　아렌트가 의식적으로는 동양 문화권에 대해서 무지하고 또한 오늘날의 페
미니스트적인 입장에서도 그녀에 대해서 여러가지 비판적 지적을 할 수 있
지만 나는 그럼에도 불구하고 아렌트를 나의 삶의 동반자로 선택하는데 조
금도 주저하지 않을 것이다. 오늘 한국의 교육을 위해서도 분명히 좋은 동반
자가 될 수 있다고 여긴다.

제4장

한나 아렌트의 탄생성의 교육학과 왕양명의 치량지의 교육사상

– 공적 감각과 지행합일의 인간교육을 위해서

1. 아렌트와 양명 비교연구의 의미

이 장은 20세기 서구 최고의 정치철학자로 알려져 있는 한나 아렌트(Hannah Arendt, 1906-1975)와 중국 명나라의 혁신적 유교사상가 왕양명(王陽明, 1472-1529)의 사상을 비교연구하면서 거기서 얻어지는 지혜를 가지고 오늘 우리 시대를 조명해 보려는 것이다. 왕양명은 주지하다시피 11세기 송나라 주희(朱熹, 1130-1200)의 신유학을 그보다 300여 년 후인 자신의 시대를 위해서 다시 한 번 크게 개혁한 사상가이다. 그는 당시 주희식 공부방법(聖人之道, To become a sage)이 심각한 주지주의적 관념론에 빠져 있는 것을 보고 그것을 개혁하여 진정으로 실천할 수 있고, 행위할 수 있는 인간을 키워 내는 공부법으로 개혁하기를 원했다. 그는 인간은 누구나가 배움(學)을 통해서 성인이 될 수 있다는 유교 본래의 가르침에 따라 다시 그 참된 공부법을 찾아 고뇌하던 중 우리 모두의 본래적 성품은 이미 성현을 이루는 데 적합하다는 것을 깨닫게 되었다. 이 깨달음을 그는 "우리 마음이 곧 하늘"(心卽理)이고, "지(知)와 행(行)은 하나이다."(知行合一)라는 말로 표현해 주었다.

한나 아렌트의 인간의 조건과 삶에 대한 탐구도 인간 본래성과 고유성에 대한 유사한 믿음을 전해준다. 20세기를 서구 관념론의 비극적인 결과인 '전체주의' 시대로 보고, 인간 공통적 삶의 기반에 대한 관심을 모두 잃어버리고 저마다 사적 영역의 이익 추구에만 몰두하는 시대로 규탄하면서도 아렌트는 다시 새롭게 시작할 수 있고, 위대한 일을 할 수 있으며, 약속과 용서할 수 있는 능력을 통해서 기적과 같이 새로운 시대를 열 수 있는 인간의 가능성을 말했다. 그리고 그러한 인간의 조건을 "탄생성"(natality)으로 표현하였다.

이들의 사고와 탐색은 그러나 여기서 끝나지 않는다. 양명은 자신의 인간 가능성에 대한 처음의 깨달음이 자칫 다시 심약한 주관주의와 관념주의로 전락할 위험이 있다는 것을 알아차렸고, 그래서 "백번의 죽음과 천 번의 고난"(百死千難)을 겪으면서 고민하며 그 인간 심(心)의 더욱 더 근본적인 기초인 '양지'(良知, the innate knowledge of the good)를 발견하게 된다. 양지는 인간 심의 기초적인 직관력으로서 무엇이 옳고 그른지를 직관적으로 파악할 수 있는 능력이고, 우리 인식의 대상인 세상을 자신의 사적 욕망이나 의도에 좌우됨이 없이 그 자체로 파악할 수 있는 능력을 말한다. 아렌트에게서의 유사한 전개는 그녀가 인간학적 주저인『인간의 조건(The Human Condition)』에서 인간 활동적 삶(vita activa)에 관심하고, 거기서 특히 행위에 집중적으로 관심했지만, 그러나 점점 시간이 갈수록 그 행위를 가능케 하는 더욱 더 근원적인 정신의 힘인 '판단'(judging)에 주목하게 되는 것에서 볼 수 있다. 이것은 인간 활동적 삶의 꽃인 행위가 주로 인간 정신의 주관적 측면인 의지(will)와 관계한다면, 정신적 삶(vita contemplativa)의 판단이란 세계의 객관과 더욱 직접적으로 관계하는 지적 감수성으로서 인간 의지와 행위의 출발점이 되기 때문이다. 우리 모두가 주지하는 대로 아렌트는 특히 칸트의 판단력 비판으로부터 많은 것을 얻으면서 이 판단력의 정치적 속성을 부각시키는데, 왜냐하면 판단력이야말로 그것의 확장(enlargement)을 통해서 사심 없음의 마음이 되어서 상대방의 입장에서 나를 생각해 볼 수 있는 소통과 공감의 능력이 된다고 보았기 때문이다. 이렇게 인간 본유적인 소통의 정신적 힘을 발견한 양명과 아렌트는 그것을 확충하고 바르게 키워 내기 위해서(致良知/ the enlargement of the mind) 많은 교육적 사고를 발전시키고, 이 본유의 능력을 진정으로 인간적인 자유와 문화, 교양의 힘으로 자라게 하여 자아와 인간뿐 아니라 세계를 배려하고 관심하는 행위의 능력으로 키우기를 원했다. '공적 감각' 과 '지행합일' 로의 인간 육성을 말한다.

이렇게 이 글은 동서의 두 사상가를 그들 사고의 전개 과정을 문제사적으로 따라가며 살펴보려고 한다. 비록 동서와 400여 년의 시공의 차이가 있지만 두 사상가의 생애 전개와 맞물려서 진행되는 사상의 전개를 따라가 보면 거기에는 쓰인 개념이나 용어의 차이에도 불구하고 내적으로 깊은 유사성이 있다는 확신이 든다. 그 유사성이란 인간과 세계의 의미와 가능성에 대한 매번의 세찬 반박과 저항에도 불구하고 다시 그것을 재건하려는 시도였으며, 그 시도에 있어서 궁극까지, 아니면 근저에까지 다가가서 온전히 이루어 보려는 '성실성' (誠)이었고, 그래서 거기서 그 성실성의 표현으로서 그들에게 있어서 새로운 세대의 교육은 참으로 중요한 정치적 실천이 되고 '세계사랑' (Amour Mundi)의 표현이 되었다는 점이다.

이렇게 유사하게 얻어진 두 사상가의 세계 의미 실현 방안들이 오늘 우리 시대에도 여전히 의미 있고 타당한 것을 본다. 오늘 우리 시대에도 양명과 아렌트가 고민했듯이 세계를 따뜻한 마음으로 끌어안는 사람은 드물고 오직 사적 욕망과 오도된 무제한의 신념만이 난무하여 우리 삶의 공적 기반이 한없이 위협받고 있다. 생각 없음과 사고하지 않음이 정치·사회·문화의 모든 영역에서 심지어는 배움의 현장에까지 만연해 있다. 이러한 상황에서는 행위할 수 있는 인간의 출현은 기대하기 힘들고 교육은 단지 사적 욕망을 채우는 수단으로 전락해 버리며 세계는 다시 또 다른 형태의 전체주의 위협 아래 놓여 있다. 따라서 오늘 우리 시대야말로 더욱 절실하게 인간가능성과 그 정신적인 힘에 대한 심도 깊은 탐구가 요청되는데 양명과 아렌트의 사상은 이 일을 위해서 좋은 길잡이가 된다고 생각한다.

이것과 더불어 이 글의 또 하나의 의도는 어떻게 우리 고유의 유교 전통 언어들이 오늘날의 현대 언어로 재해석되고 다시 번역될 수 있겠는지를 드러내는 일이다. 양명의 언어였던 유교 언어는 우리 민족의 언어와 사고 형성에 가장 두드러진 영향을 끼친 것 중 하나이다. 그러나 오늘날은 그 언어가 매우 생소하게 되어서, 예를 들어 조선시대 내내 우리 선인들의 최대 학문 관심거리였던 '사단칠정론'(四端七情論)등이 오늘날은 종종 그들만의 지적 놀음이었던 것으로 치부되어 외면되고 있다. 그러나 오늘 아렌트의 인간 정신적 삶에 대한 탐구와 그녀에게 깊은 영향을 준 칸트 등의 이성 비판들을 살펴보면 이들이 인간 행위와 판단의 합당한 근거를 찾기 위해 인간의 감각(sense)과 감정(feelings), 오성(intellect)과 이성(reason) 등의 관계를 탐구했고, 어떻게 인간의 정신적 삶이 활동적 삶과 관계되는지를 탐구한 시도들과 다른 것이 아님을 알 수 있다. 그들은 공통적으로 인간 도덕적 능력(性 또는 理)의 시작(四端, four beginnings)을 이성(理)으로 봐야 할는지, 아니면 그 이성적 판단력도 더 근원적으로는 인간 마음의 감정(七情, 氣)이나 감각(taste도 그 중의 하나)에서 싹트는 것으로 보아야 할는지 등을 놓고 씨름했다. 동서의 이 모든 노력들은 모두가 어떻게 하면 세계를 이해할 줄 알고 사랑하며, 한몸을 이룰 줄 아는 인간 정신을 키울 수 있는가 하는 노력이었다. 그 일에 있어서 우리 선인들이 결코 게을리

하지 않았고 더 나아가서 세계의 어느 그룹들보다도 치열하였다는 것을 이 글에서 간접적으로나마 보여주고 싶다.

양명과 아렌트 모두 그들 사상 전개에서 네 단계의 문제사적 전개 과정을 보여주고 그때마다 대표되는 저서 또는 공리가 있었다. 본 글에서는 이것을 크게 두 단계, 즉 '활동적 삶' (行/의지)과 '정신적 삶' (知/판단력)의 탐구 단계로 나누어서 살펴보려고 한다. 마지막으로 그들의 교육적 귀결과 거기서의 여러 대안적 제안들과 한계들을 살펴보려고 한다. 오늘날 우리 사회가 당면하고 있는 가장 큰 위험 가운데 하나는 바로 교육에서의 전체주의의 위협이다. 아렌트도 지적했듯이 교육은 특히 인간의 자연(nature)과 관계하는 일이므로 이 인간의 자연을 조작하려는 교육에서의 전체주의는 그러므로 가장 두려운 결과의 재앙이 될 수 있다.

2. 아렌트의 활동적 삶(vita activa)과 양명의 심즉리(心卽理)

1) 탄생성과 심즉리의 발견

삶의 거의 말년까지도 자신이 철학자(philosopher)로 불리는 것을 원치 않았고 대신 '정치이론가' (political theorist)로 불리기를 선호했던 아렌트의 전체주의(totalitarianism) 비판은 그녀가 유대인 지성인으로서 20세기 인류가 겪었던 끔직한 삶의 정황들을 직접적으로 체험하면서 우러나온 것이었다. 그것은 제국주의와 반유대주의, 스탈린주의 등의 체제 속에서 인간이 어떻게 철저히 무용지물화(superfluous)되고 무기력해지는 것에 대한 비판적 고찰이다. 꽉 짜여진 기획(project) 속에서 한 치의 오차도 없이 계획된 목표가 달성되도록 하는 기도(企圖) 속에서 그 목표에 합당하지 않고 능력이 없는 것으로 판단되고 또는 그 기도의 실현 가능성이나 독재성에 대해서 의심을 품는 사람들을 모두 제거해 버리는 체제를 그녀는 전체주의 체제로 규정하였다. 그 체제 속에서 어떻게 거기에서 세워진 목표의 달성을 위해서는 결코 "불가능한 일이 없다."(everything is possible)는 신념 아래 극단까지 인간성이 파괴되어 갔으며 상상할 수도 없을 정도로 비인간성의 일이 자행되었는지를 밝혀 주었다. 거기서 대중들은 '무감각해졌고'(no-sense, senselessness), 오직 그들의 사고를 기능하게 하는 것이 있다면 조그마한 이익과 힘에라도 매달리는 자기 보존의 본능 뿐이었다. 철학자를 포함하여 소위 지성인, 교양인이라고 하던 사람들도 쉽게 무감각한 대중이 되어서 아주 작은 이익을 위해서도 인간성의 존엄을 간단히 내던지고 자신의 안위와 보존에만 매달리는 속물들이 되어 가는 것을 그녀는 보았다.

전체주의 테러는 마지막에는 이러한 상식적 실리 추구도 무용지물로 만들어 버린다고 한다. 자신의 목적에 대한 '초의식'(ideological supersense)에 사로잡혀서 모든 현실성과 현실 속의 다양함과 변화를 무시하고 결국에는 자신과 자기편까지도 모두 삶의 정지와 철저한 무(無, the nihilistic banality of homo homini lupus)로 몰고 간다.[1] 아렌트는 어떻게 이러한 인간의 범죄(crime)가 가능할 수 있었는지를 묻고 또 묻는다. 그 범죄란 결코 우리가 지금까지 인간사에서 경험했던 대로 일반적인 인간적 악행들-이기심이나 욕심, 탐욕, 복수, 권력욕 또는 비겁함 등-의 동기에서 행해진 것이 아니라 도저히 이해할 수 없고, 그래서 벌을 줄 수도 용서할 수도 없는 최신종의 범죄로서 그녀에 의하면 서구 철학사나 심지어는 기독교 신학에서조차 뚜렷한 개념을 가지고 있지 않은-칸트만이 유일하게 그 존재를 감지한- '근본악'(radical evil)이 아닌가 생각한다.[2] 실리주의적인 관점에서 오로지 자신의 목표에만 몰두하여 현실의 뜻밖의 것과 다양함, 활동들을 경멸하는 전체주의적 악을 아렌트는 나중에 자신의 『정신의 삶(The Life of the Mind)』에서 다각도로 탐구한다. 그녀는 서구 정신사에서의 전통적인 "형이상학적 오류들"(metaphysical fallacies)을 지적하는데, 항상현실보다 이념을, 몸과 감정과 의지보다 이성과 사고를, 활동보다는 존재를우위에 놓아 온 것과 20세기 전체주의적 관념주의는 무관하지 않다고 분석한다. 비록 헤겔이 인간 정신의 본질을 활동(action)으로 전환시켜 놓기는 했지만, 그 정신의 활동과 역사를 마치 과학의 체계처럼 만들어 놓고서 그 체계로써 미래의 모든 것을 규정하려고 했다는 것은 바로 20세기 전체주의를 불러일으키는데 결정적인 책임이 있다고 본다.[3] 아렌트에 따르면 헤겔 이후 철학의 신은 이제 더 이상 불멸(immortality)이 아니라 필연성(necessity)이 되었고, 그래서 헤겔은 "철학적 사고의 목표는 우연적인 것을 제거하는 것 외의 다른것이 아니다."라고 언표하였다고 한다.[4]

15세기 후반부터 중국 명나라(1368-1644) 후기의 유학자 양명이 고통 받고 있던 것도 바로 전(前) 시대의 거대한 철학적 체계가 불러온 삶과 사고의 고사였다. 11세기 중국 신유교의 집대성자로 평가받는 주희의 철학은 그동안 300여년을 지내오면서 시험과목이나 사상의 표현 방식까지도 엄격하게 규제하는국가 과거제도를 통해서 거의 관학화되었고 국가적 이데올로기로 자리 잡게되었다. 송나라(960-1279) 신유교의 종합자인 주희의 사고는 이 세상의 만물을궁극의 합리성인 '태극'(太極 또는 無極, The Great Ultimate) 또는 '천리'(天理, The heavenly Principle)의 현현으로 파악한다. 따라서 그에 따르면 인간의 본성(性)도그 합리성(理)의 표현인데(性卽理), 인간은 이러한 자신의 본성에 도달하기 위해서 세계의 만물 속에 똑같은 합리성으로 존재하는 수많은 합리성의 현현들을 탐구해야 한다. 이것은 그의 공부법이 지극히 지적이고, 이성적이고 합리적인 과정이 되는 것임을 말한다.

어린 시절 일찍이 생모를 여의고 무정한 계모 밑에서 자라났지만 아주 일 찍부터 삶에서 제일가는 일은 과거에 급제하는 일이 아니라 성인(聖人)이 되는 길을 배우는 것이라고 선언한 양명은 많은 탐색을 거쳐서 주희 사상과 만나게 된다. 주희 사상의 가르침대로 인간 만사와 만물에 대한 지식을 얻기 위해서 수많은 책을 읽고, 경전을 공부하고, 지식을 쌓아 갔지만 그러나 그는 인간은 이러한 주지주의적이고 지식의 양을 축적해 가는 방법을 통해서는 깨달음에 도달할 수 없는 것을 보았다. 한편 당시 명나라 후기의 지적·정치적 상황을 살펴보면 15세기 초까지의 번영을 뒤로 하고 쾌락에 빠진 왕들을 대신해서 비밀경찰조직을 운영하는 몇몇 환관들의 전제 권력 남용이 극심하였다. 이러한 예측할 수 없는 상황 속에서 지식인들은 전제 권력의 화를 피해서 아예 숨어 버리거나 과거시험 과목의 암기나 화려한 글쓰기에 몰두하였고, 지식인들의 정치적 저항은 한갓 꿈이었다.

이와 같은 상황에서 젊은 유학자 관리 양명은 당시 조정의 막후 실력자였던 환관 유근의 부당한 처리로 투옥된 관리들을 구하려고 용감하게 나섰다가 큰 위기에 봉착하게 된다. 그는 투옥되어 의식을 잃을 때까지 매 맞고 극도의 오지인 용장으로 유배를 가는데, 그러나 거기서 큰 깨달음을 얻게 된다. 보통 양명의 '용장대오' (龍場大悟)라고 일컬어지는 이 경험 속에서 양명은 인간의 삶은 이 세상의 만물에 대한 지식을 모두 습득할 만큼 그렇게 한계가 없는 것이 아니고, 수많은 이론적 지식의 습득만으로는 결코 행위에로 나갈 수 없다는 것을 알아차리게 되었다. 그에 따르면 인간은 이성만의 존재가 아니라 몸의 존재이고 감정과 의지의 존재이기도 한데, 그리하여 차가운 이성적 본성 (性)만이 아니라 우리 존재의 모든 측면, 즉 심(心) 자체가 하늘(理)과 맞닿아 있으므로(心卽理) 성학의 길을 단순히 지적 현학주의로 만들어버린 주희의 사고는 옳지 않다는 것이다. 일반적으로 주희의 '성즉리'(性卽理)에 대해서 양명의 '심즉리'(心卽理)로 말하여지는 이 명제는 양명이 "비로소 성인의 도는 나의 본성으로 스스로 충족하니, 지난날 대상 사물에서 이치를 구한 것은 잘못이었다."(始知聖人之道 吾性自足 向之求理於事物者誤也)는 깨달음을 표현한 것이다.

이것을 오늘날 아렌트의 전체주의 비판과 연결하여 보면 바깥에 세워진 목표를 위해서 불가능할 것이 없는 것처럼 인간을 내몰면서 삶의 다른 모든 현실적인 측면들, 즉 몸과 마음과 감정의 측면들을 정지시키는 지적 전체주의에 대항하는 것이다. 인간의 활동(心)에는 많은 현실적인 제약들과 조건들이 있지만 그래도 그 현실(心) 안에서 궁극의 도가 실현되는 것임을 알고 매순간의 활동 속에서 도의 현현을 보려는 요구라고 할 수 있다. 그러므로 매순간과 과정의 활동(行)이 중요하므로 양명은 줄기차게 행(行)을 강조했고, 그 행(行)의 본래적 모습인 지행합일의 구조를 드러내려고 하였다. 이것은 아렌트가 자신을 철학자가 아닌 정치이론가로, 그리고 철학자 그룹들을 종종 "학교 사람들"(school-men)이라고 조롱하는 듯한 표현을 쓰면서 활동과 행위를 강조한 것과 연결된다고 하겠다.

아렌트는 '모든 것이 가능하다'는 전체주의의 악 앞에서 인간의 현실적 삶은 결코 그렇지 않은 "조건들"(conditions)을 찾기 원했고, 인간의 정신적 삶이 아닌 활동적 삶이 어떠한 조건 하에서, 어떠한 제약에도 불구하고 이루어지는지를 보기 원했다. 여기서 그녀가 발견한 것은 그러나 놀랍게도 인간의 활동이 그 지구적 제약과 사멸성이라는 한계에도 불구하고 다시 새롭게 시작할 수 있는 탄생성과 전혀 새로운 것을 불러올 수 있는 행위의 능력을 가지고 있다는 것이었다("한 아이가 우리에게 태어났도다!").[5] 이것은 양명이 심즉리에 대한 확신과 믿음으로 다시 세상으로 나아가서 그 치유를 위해서 활동하기 시작했고 아렌트도 자신의 『인간의 조건』을 세계사랑(Amour Mundi)으로 불러주기를 원한 것에서도 나타나듯이 그렇게 인간 활동의 한계와 조건들에도 불구하고 그 활동들을 통해서 다시 좋은 것, 새로운 것, 궁극적인 것이 실현될 수 있는 것에 대한 믿음을 드러내 준 것이다.

인간의 '행위'(action)는 인간이 홀로 살 수 없고 다른 사람들과의 사이에서 살아 있다는 조건에서 나오는 인간의 활동이다. 아렌트는 『인간의 조건』에서 그 행위를 특히 아리스토텔레스의 현실태(energeia) 개념을 들어서 "목적을 추구하지 않으며 어떤 생산물도 남기지는 않으나 실행 자체에서 완전한 의미를 가지는 활동"으로 밝혔다.[6] 즉 인간의 말과 행위란 본래적으로 자기목적성을 갖는 것이며, 여기서 목적(telos)은 추구되는 것이 아니라 오히려 활동 그 자체 안에 놓여 있는 것이라는 의미이다. 이렇게 해서 행위는 항상 필연성이나 유용성으로부터 나와서 언제나 어떤 생산물을 지향하는 노동이나 작업의 활동과는 달리 바로 이 자기 목적성 때문에 인간 고유의 인격성과 위대성을 드러내는 것이라는 의미이다. 공론 영역이란 바로 이러한 인간의 행위가 실현되는 곳이라고 한다. 즉 이 영역에서는 인간이 어떤 공리주의나 유용성의 원리에 의해서 세워진 목적을 위한 수단으로 여겨지지 않고 오직 그 현실태로서 받아들여지고 자기 자신의 현실화가 실현되는 곳이다. 이와 반대로 소수에 의해서 공동체의 다수가 이러한 행위에의 가능성을 빼앗기고 수단으로 전락되어 오직 생산하는 능력에 의해서만 평가받는 사회가 전체주의 사회이며, 전체주의의 악이라는 것이다.

2) 자유(의지, will)와 의(意)의 발견

이렇게 본래적으로 순수 현실태와 자기 목적성의 활동으로 이해되는 인간 행위의 문제는 다름 아닌 우리 삶과 활동에서의 자유(freedom)의 문제와 연결된다. 아렌트는 그녀의 비슷한 시기의 논문 「자유란 무엇인가?(What is freedom?)」에서 자기 목적성으로서의 인간 행위의 이해와 유사하게 진정한 자유가 무엇인지를 탐구한다. 그 자유란 결코 개인의 의지(will)나 사유(thought)의 문제가 아니고, 또는 개인적인 자유(liberty)나 주권(sovereignty)의 문제가 아니라 오직 다양성이라는 인간의 조건 속에서 "전에는 전혀 없었던 것을 현재에로 부르는 행위", 그래서 자신의 개인적인 동기나 목적을 뛰어넘어서 순간에서 행위하는 것, 오직 시작(archein)에 몰두하는 것이지, 결과(prattein)까지 염두에 두고서 주저하거나 피하는 것이 아닌 활동을 말한다.[7] 이런 의미에서 그녀에 의하면 정치적 행위의 활동은 항상 불멸성(immortality)을 추구하면서 작품으로 무엇인가를 남기기를 원하는 예술의 행위와는 가장 극에 있고, 반대로 퍼포먼스(performing arts)로서의 예술은 정치와 인간의 행위와 가장 유사성을 보인다.[8]

이러한 이야기를 듣고 있으면 양명이 자신의 심즉리의 터득에 따라 즉 아렌트의 언어로 다시 이야기하면 인간의 활동(마음) 안에 전혀 새로운 것(하늘의 도)을 불러오고 실현할 수 있는 능력이 있다는 확신을 갖게 됨에 따라 줄기차게 지행합일을 주장한 것이 생각난다. 그에 따르면 참된 지(知)와 진정한 지(眞知)에서는 자연스럽게 행위가 따라 나온다. 그래서 지(知)와 행(行)은 하나인 것이다. 그러나 많은 경우 그렇게 되지 못하는 이유는 지에서 행으로 옮겨지는 사이에 사적 욕망과 동기가 개입되어서 따지게 되고, 결과를 재게 되며, 다시 말하면 지가 생산물에 집착하면서 공리주의의 도구가 되기 때문이다. 양명에 따르면 "행(위)은 지식의 완성이고"(行是知之成), "지는 행을 지향한다."(知是行的主意) 그러므로 "행위를 포함하지 않는 지식은 지라고 부를 수 없다."(不行不足謂之知)는 것이다. 이것을 아렌트의 언어로 다시 해석해 보면 인간 활동의 가장 고유한 형태는 행위이고, 이것은 바로 자기 목적성의 현실태로서 존재할 수 있는 것이며, 그래서 건강한 권력에 의해서 공론의 영역이 살아 있는 사회란 모두가 각자 나름대로 행위하면서, 즉 자신만의 고유성을 드러내면서 살아갈 수 있는 사회를 말하는 것이다. 반대로 가장 악한 사회란 플라톤이 예시했던 대로 일인독재의 사회 속에서 "알지만 행하지 않는 자"와 "행하기는 하나 알지 못하는 자"가 철저히 구분되어서[9] 모두가 참된 삶에서 소외된 경우를 말한다. 양명의 말대로 하면 모든 구성원에게서 지(知)와 행(行)이 완전히 나뉘어서 사적 욕망만이 들끓는 사회가 된 것을 지시한다.

양명은 이와 같은 인간 삶에서의 지와 행의 분리의 병을 치유하기 위해서 행에 집중한다. 그러면서 그것이 우리 마음의 '의지'(意, will 또는 intention)와 밀접하게 관련되어 있는 것으로 보고, 다시 말하면 심(心)의 핵심을 의(意)로 보면서 이 의지가 어떻게 작동하는지를 관찰하는 것이야말로 우리 공부(格物)의 핵심이 된다고 선언한다. 왜냐하면 의지란 마음의 지향성(intentionality)으로서 지라고도 할 수 있고 행이라고도 할 수 있고, 행의 시작으로서 세계 만물을 존재에로 불러오고 새로운 것을 시작하는 출발점이기 때문이다.

> 그렇다. 몸의 주재자는 마음(心)이며, 마음으로부터 나오는 것이 뜻(意)이다. 뜻의 본체는 앎(知)이며, 뜻이 가 있는 곳이 바로 사물(物)인 것이다. 만약 뜻이 어버이를 섬기는데 가 있다면, 어버이를 섬기는 일이 곧 하나의 (사)물이 되고, 뜻이 임금을 섬기는데 있다면, 그것이 곧 하나의 물이 된다. … 그래서 마음 밖에 이치(理)가 따로 있는 것이 아니고, 마음 밖에 사물이 따로 있는 것이 아니다.[10]

양명은 여기서 선언된 심즉리(心卽理), 우리 마음 안에 만물의 이치가 있다는 것과 그 심(心)의 핵심으로서의 의지(意)에 대한 이해로서 우리 마음의 의지야말로 만물을 시작하고 불러내는 기원자(originator)로 보는 것인데, 여기에 근거해서 주희와 더불어 유명한 격물(格物, the investigation of things) 논쟁을 벌인다. 양명은 『대학(大學)』이 가르쳐주는 성학(聖學)의 길인 8조목(格物, 致知, 誠意, 正心, 修身, 齊家, 治國, 平天下)에서 격물을 주희가 가르쳐준 대로 수많은 외물에 대한 탐구를 통한 지식의 확충으로 이해하는 것에 반대한다. 오히려 외물들이란 바로 나의 뜻(意)이 다가가서 불려지는 존재들이므로 먼저 그 사물을 촉발하는 나의 뜻을 고치는 공부, 나의 마음을 바르게 하고(正心) 내 뜻을 사적 욕망으로부터 벗어나게 하여 성실되게 하는 공부가 되어야 한다고 주장한다. 그래서 그는 주희가 송대 이전의 『대학』 고본을 새롭게 편하면서 성의(誠意) 장 앞에 격물(格物) 장을 앞서서 배열해 놓는 것에 반대하고 원래의 고본으로 돌아갈 것을 주장하면서 8조목의 모든 가르침이란 모두 한가지로 "뜻을 성실히 추구하는데"(誠意) 있으며, 이것이 바로 격물의 진정한 의미라고 결론짓는다.[11] 부모님을 잘 섬기기 위해서 그 부모님 섬기는 일에 관해 기록해 놓은 수많은 책들을 읽음으로써 가능해지는 것이 아니라, 부모님 섬기는 일에 마음이 닿자마자(知 또는 意) 거기에 어떤 사심도 끼어들지 않게 해서 즉각적으로 행동으로 옮기는 일(行)을 통해서 참된 효가 이루어지는 것이라는 의미이다. 아렌트의 이야기대로 하면 행위의 자기 목적성과 창발성에 대한 강조인 것이다.

앞에서 우리가 언급한 「자유란 무엇인가?」라는 논문에서 아렌트는 인간 행위와 가장 밀접한 관계가 있는 자유(freedom)의 문제가 한 개인의 의지의 문제로 환원되는 것에 대해서 비판했다. 그러나 시간이 지나면서 이 인간 의지의 문제를 검토하지 않을 수 없다는 것을 알아차린다. 그래서 그녀는 『정신의 삶』에서 '사고'(thinking) 다음으로 '의지'(willing)의 문제를 다루면서 어떻게 서구 정신사에서 의지의 문제가 점점 더 가장 중요한 테마가 되어 왔는지를 밝힌다. 그녀에 따르면 영원 회귀적 세계관을 가지고 있던 고대 그리스인들에게 이 의지의 문제는 낯설다. 서구인들이 의지의 문제를 발견한 것은 인간 내면(inwardness)의 차원에 대한 발견과 더불어 시작되었는데, 기독교와의 만남에서 바울의 고민과 더불어 시작되었고, 중세의 어거스틴과 둔스 스코투스(Duns Scotus) 등을 거쳐서 특별히 근대에 들어와서 가장 첨예화되었다고 한다. 그것은 근대에 계획(project)할 수 있는 자아에 대한 자각과 함께 진보(progress)의 개념이 등장하였고, 그리하여 이제 과거와 현재가 아닌 미래가 가장 중요한 관심거리가 되면서 의지가 정신의 "가장 내적인 자아"(inmost self)로서 중요하게 되었다는 의미이다.[12] 아렌트에 의하면 일반적으로 중세까지만 해도 의지(자유의지, free-will)의 문제는 악의 존재 문제와 쉽게 연결되므로 그렇게 선호되지 않았다. 그러다가 토마스 아퀴나스보다 약간 젊은 세대인 둔스 스코투스에 의해서 지성이라는 것은 의지에 대상을 제공해 주는 보조자의 역할을 할 뿐이고, 그 대상에로 향하는 의지의 확인(conformed)이 없이는 정확히 기능하지 못하는 것인데,[13] 따라서 지성(intellect)이 아닌 의지(will)야말로 유한한 존재인 인간 존재가 그의 유한성을 넘을 수 있는 정신적 기제가 된다고 주장하였다. 그는 자유(freedom)와 필연성(necessity)이란 모두 우리 정신의 두 가지 명암으로 그것의 화해를 위해서 인위적으로 신적 은총이 필요한 것이 아니라 우리의 의지로써 행위를 시작하여 그 필연성을 극복해 내야 한다고 보았다. 이렇게 "행위의 원천"(the spring of action)으로서의 의지에 대한 경험은 이후 근대의 데카르트와 칸트를 거쳐서 헤겔의 역사철학에서 화려하게 꽃피었고(the Now cannot resist), 니체의 "힘에의 의지"(will to power)에서 극점을 맞이했으며 마침내는 하이데거의 "의지하지 않는 의지"(will-not-to-will)에로까지 전개되었다고 아렌트는 추적하여 밝힌다.

아렌트의 탐구에 따르면 의지가 행위의 원천이라는 이해는 서구정신사에서 어거스틴에게서 가장 먼저 나타났다. 우리 감각을 한 곳으로 집중하게 되면 기억에 모여진 인상들을 주재하여서 이해에 재료들을 제공하여 행위가 일어날 수 있도록 기반을 준비한다.[14] 그런데 의지는 이 일에서 항상 두 갈래로 갈라진다. 즉 원하는 것(velle)과 원치 않는 것(nolle) 것 사이의 갈등인데 그러나 그 갈등은 행위를 시작하는 순간 사라지고–이미 선택해서 시작한 것은 되돌릴 수 없으므로(행위의 환원 불가능성)–의지는 행위를 시작함으로써 해방된다고 한다.[15] 이 의지의 해방이란 그러나 결코 원하지 않는 것을 원함(the will-not-to-will)에서는 이루어지지 않는데, 그 원하지 않는 것을 원함이라는 것은 또하나의 원함이고 아직 진정한 의미에서의 행위가 아니기 때문이라고 한다. 그리하여 어거스틴도 둔스 스코투스에게서도 아렌트에 따르면 이 의지가 바로 '사랑'(love)으로 변할 때, 즉 행위로 변할 때 드디어 의지는 휴식하고 만족하게 된다고 한다. 그런 의미에서 사랑은 의지(또는 知)와 행위가 가장 온전히 결합된 이상적인 지행합일의 경우라고 한다.[16] 아렌트가 소개하는 어거스틴에 의하면 신이 인간을 창조한 이유란 시작이 있어야 하기 때문에(a beginning must exist)이다. 그리고 인간은 다른 피조물의 종들과는 달리 인격(person)과 개인(individuality)으로 창조되었는데 이 인격과 개인의 고유성이란 바로 그의 의지 속에서 표현되는 것이고, 그런 의미에서 시작(창조)할 수 있는 힘으로서의 의지란 "창조자 하느님의 형상"(the image of a creator God)이라고 한다.[17]

의지는 한편으로는 욕망, 그리고 다른 한 편으로는 이성에 대해서 일종의 '쿠데타'(a kind of coup d'etat)처럼, 그렇게 행위한다. 이것은 '자유로운 행위

란 예외적인 것'이고, … '우리가 의지한다는 것은 아주 드물게 일어난다'
는 것을 말해 준다. 다른 이야기로 하면, '의지하는 행위'(the willing activity)를
다룰 때 '자유의 문제'(the problem of freedom)를 다루지 않고는 가능하지 않다
는 것을 말하는 것이다.[18]

3. 아렌트의 정신의 삶(vita contemplativa)과 양명의 치량지(致良知)

1) 판단력과 양지의 발견을 위한 고통

이렇게 인간 활동적 삶의 조건을 이야기할 때의 인간 행위와 자유(의지)에
대한 아렌트의 신뢰는 그러나 그녀의 사고가 깊어짐에 따라서 더욱 검토를
받는다. 아렌트는『전체주의의 기원』에서부터 가지고 있었던 근본악에 대한
생각을『인간의 조건』에서도 여전히 표명했고,[19] 그 근본악의 가능성에도 불
구하고 인간 행위의 창발성을 믿었다. 그러나 이것은 어떻게 보면 인간의 사
고와 철학과 정신보다는 행위와 정치와 활동적 삶을 더 우위에 두고 있던 아
렌트의 정치철학이 비록 전통적 형이상학 이원론의 역전된 모습이긴 하지만
여전히 세계관적 이원론 아래 있다는 것을 보여주는 일이다. 이후 이 시기의
이원론이 무너지는 경험을 아렌트는 예루살렘의 아이히만(Eichmann in
Jerusalem) 재판을 겪으면서 하게 된다. 즉 그녀는 인간의 악한 행위가 어떤 확
고한 악한 의도(volition)나 신념(will)이 없이도 가능해지는 것을 보았고, 그래서
악을 인간의 의지만의 문제로 보거나 또 하나의 존재론적 실체(nature, destiny,
original sinfulness)로 볼 수 없다는 것을 알아차린 것이다. 우리가 잘 아는 대로
그녀가 발견한 것은 "악의 평범성"(the banality of evil)이었던 것이다.

우리가 앞에서 지적한 대로 아렌트는 이미 『인간의 조건』시대에 자유의 문제, 특히 정치와 관련된 자유의 문제를 개인적 의지의 문제로만 보는 것에 반대하였다. 그녀에 따르면 루소 이후 근대 사회에서 자유(freedom)와 주권 (sovereignty)의 일치는 자유와 자유의지(free will)를 일치시킨 철학적 시도의 "가장 유해하고 위험한 결과"이다.[20] 그 대신에 그녀는 이미 이 시절에 인간의 행위를 불러오는 것은 단지 개인적 사고(intellect)나 의지(will)의 문제가 아니고 이들보다 더 객관적인 "원리들"(principles)이라고 했는데, 이 원리들이란 결코 어느 한 개인이나 그룹의 동기(motives)나 목표(goal)가 아니라 몽테스키외에 의해서 "덕(목)"(virtue)이라고 불려진, 결코 이 세상의 한 개인이나 시대에 의해서 소진될 수 없고 항상 다시 인간의 기적 같은 행위 가운데서 현현되는 것이라고 밝혔다.[21] 이러한 설명에서 우리는 이미 이때에 아렌트가 인간의 행위를 더욱 더 객관과 세계와 관계시키고자 하고, 그래서 개인의 주관과 의지에 휘둘려진 근대 이후의 세계와 역사를 치유하고, 이것은 다시 말하면 의지보다도 더 근원으로 내려가서 그 의지를 촉발하고 의지가 의도하는 목표의 내용을 파악하는 인간의 사고를 다시 탐구하면서 그 사고가 항상 관계하는 '사실'(fact)과 '그러함'(realness)의 세계성을 더욱 분명히 드러내고자 한 것으로 볼 수 있다.

미완성이기는 하지만 이러한 전향의 산물인 『정신의 삶』서문에 아렌트는 왜 항상 "행위의 감독자"(an action watcher)였던 자신이 다시 인간의 정신적 삶에 관심하게 되었고, 그 정신적 삶과 인간의 행위가 어떻게 관계하는지를 살피게 되었는지 밝히고 있다. 거기서 아렌트는 서구 데카르트에게서 최고점을 보여준 주관의 유아독존주의(solipsism)야말로 철학의 가장 파괴적인 오류이고,[22] 근대에 올수록 사고의 대리인으로서의 의지를 가지고, 특히 마르크시즘이나 실존주의에서처럼 모든 것을 할 수 있다고 여긴 것이야말로 "(서구)

형이상학적 오류의 마지막"(the last of the metaphysical fallacies) 모습이라고 지적한다.[23]

아렌트는 그녀의『인간의 조건』에서는 인간의 탄생성을 인간이 어떠한 상황에도 불구하고 행위할 수 있는 기적 같은 근거로 밝혀주었다. 그러나 인간 정신의 삶에 대한 심도 깊은 탐구 중에 판단(Judging)을 남겨 놓고 의지(Willing) 부분을 마무리하는 부분에서는 그 탄생성이라는 것을 인간이 자기 스스로의 생산자이고 창조자가 아니라는 조건으로서의 인간 의지(행위)의 한계를 드러내는 가장 뚜렷한 표시로 보고 있다. 그리하여 그녀는 마침내 인간 정신의 의지의 차원을 넘어서 좀 더 객관과 사실과 세계, 그리고 원리와 관계되는 판단력 검토에로 들어간다.

> 시작할 수 있는 힘이란 탄생성에 근거하는 것이지 결코 창조성(creativity)에 근거하는 것이 아니고, 그것은 한 선물(gift)이 아니라 인간 존재가 새로운 인간이 계속해서 반복적으로 탄생하는 덕분으로 이 세상에 다시 출현한다는 '사실' (the fact)에 근거한 것이다. 우리가 탄생 덕분으로 자유에로 불려졌다는 것은 우리가 그 자유를 좋아하든 또는 그 임의성에 질색을 하든, 그것과 더불어 "기뻐하든"(pleased), 또는 일종의 운명주의를 내세우면서 그 끔찍한 책임감으로부터 벗어나는 것을 선택하든 관계가 없다. 이 짐은 그 자체로서 인간 정신력의 또 다른 힘, (행위 또는 의지의) 시작할 수 있는 능력보다 결코 덜 신비적이지 않은 판단의 능력을 검토함으로써만 풀 수 있는 문제이다. 그 검토는 적어도 우리에게 우리의 기쁨과 불쾌 속에 무엇이 관계되는지를 알려 줄 것이다.[24]

아렌트에 대한 깊이 있는 전기를 쓴 영-브릴(E. Young-Bruehl)에 의하면 1972

년경부터 아렌트는 자신을 '철학자' (a philosopher)로 부르는 것에 대한 주저를 내려놓게 되었으며, 『정신의 삶』을 쓸 무렵에는 그녀는 다시 자신의 "첫사랑" (first amour) 철학에로 돌아왔다고 말했다고 한다.[25]

일반적인 전통의 유학자와는 달리 학자이면서 동시에 문필가, 정치가, 군인 등의 매우 활동적인 삶을 살았던 양명에게서도 우리는 지금까지 보아왔던 아렌트에게서의 전환을 유사하게 발견할 수 있다. 양명은 자신의 심즉리와 지행합일의 깨달음에 따라 이미 우리 마음 안에 만물에 대한 지식이 있고, 행한다는 것은 이미 아는 것을 포함하는 것이므로 오직 행함에 힘쓸 것을 강조하였다. 그래서 앞에서 본 대로 양명은 성인이 되기 위한 유교 전통의 공부 방법인 격물과 치지를 의(지)(意, intention)의 문제로 보았고, 책을 많이 읽고 외물에 대한 지식을 확충하는 방법 대신에 '뜻을 성실히 함' (誠意)과 '마음을 바르게 함' (正心)의 공부 방법으로 가르쳤다. 이 무렵 양명은 제자들에게 책을 통한 공부 방법 대신에 자기 마음속의(心) 활동을 살피는 명상의 방법, 즉 정좌(靜坐)를 아주 효과적인 공부 방법으로 가르쳤다고 한다. 이는 심즉리의 원리에 따라 "오경의 모든 말씀이 오직 내 마음의 각주인 것 같다." (乃以默記五經之言證之)는 체험을 바탕으로 뜻을 성실히 하고 행(行)을 독실하게 하는 방법을 통해서 모든 사람들이 "성현을 향한 보편적 가능성"을 가지고 있다는 믿음을 표현한 것이다.[26]

그러나 이렇게 지행합일을 강조하고 정좌의 방법을 추천했지만 양명은 한편으로 제자들로부터 계속해서 왜 어떤 사람들은 알고 있으면서도 행하지 않고, 예를 들어 어떤 사람들은 그 부모를 마땅히 섬겨야 함을 알고 있으면서도 그 지식을 행하지 않고, 형에게 아우 노릇을 다해야 함을 알고 있지만 그렇게 하지 않느냐고 질문을 받는다. 또한 양명은 자신이 추천한 정좌의 방법이 잘못하면 남용이 되어서 "신체를 마른 장작으로 또는 정신을 불 꺼진 재로 돌아가게 하는" 위험이 있음을 보았다.[27] 이러한 부정하기 어려운 지행분리의 현실 앞에서 양명은 자신의 심즉리와 지행합일의 가르침을 다시 '존천리거인욕'(存天理 去人慾, to preserve the heavenly Principle and get rid of selfish human desires)의 방법으로 재정리하여 제시한다. 즉 그가 그토록 강조했던 마음의 본체(心之本體)가 천리(天理)인 바 이 천리를 보존하는 것이 공부라고 강조한 것이다. 이것은 앞에서 심의 핵심을 의(意)로 보았던 관점과는 또 다른 것인데, 앞에서 아렌트가 인간 자유의 문제를 개인의 의지가 아닌 원리들(principles)의 문제로 보면서 객관과 세계와 더욱 관계시키고, 의지가 아닌 사고(理)의 영역으로 더욱 다가간 것과 유사한 전개라고 하겠다.

이러한 해결 앞에서 그러나 양명은 그렇게 만족할 수가 없었다. 그가 여기서 지행분리(惡)의 현실을 설명하기 위해서 '인욕'(人慾, human selfish desires)이라는 전통의 언어를 가져오기는 했지만, 그리고 그 인욕의 현실에 그렇게 몰두하지 말고 우리의 주된 관심을 마음의 본체인 천리에 두라고 강조했지만, 그러나 만약 이렇게 천리와 인욕을 나눈다면 그것은 자신이 심즉리와 지행합일을 깨달음으로 인해서 그렇게 반대했던 주희의 우주론적 이원론(性卽理, 즉 인간의 이성적 본성만이 선하다)에 스스로 다시 빠지는 모습이 되기 때문이다. 양명은 현실에서 인욕의 현실을 부정할 수 없었지만 인간 심이 행위할 수 있는 능력을 믿었기 때문에 줄기차게 존천리거인욕을 이야기했다. 그렇지만 그 마음의 천리가 구체적으로 무엇을 말하는 것이냐는 제자들의 질문에는 잘 대답할 수가 없었다. 인간의 악의 문제를 인심(人心)에 두고서 설명하려고 했지만 그것을 주희가 했던 것처럼 기(氣, the material force)라고 하는 또 하나의 우주론적 실체를 끌어들여서 관념론적으로 이원론적 방식으로 해결하고 싶지 않았다. 그래서 양명은 줄기차게 심체로서의 천리에 집중하라고 했지만 그 천리를 명시적으로 기술할 수가 없었고, 단지 질문자들에게 그들 자신이 직접 발견해야 한다고 권고했을 뿐이었다.[28]

그렇게 거의 6년여를 지내면서 그 사이에 군인이자 정치가로서 그가 겪었던 어려운 정치적 딜레마와 더불어 여러 변경 지방에서 근무하면서 경험했던 민중들의 고통과 비참 앞에서 양명은 자신의 가르침에도 불구하고 깊은 무력감을 느꼈다고 한다. 이 비관적 무력감을 양명은 1521년 경 인간 심의 또다른 능력인 '양지'(良知, the innate knowledge of the good)를 발견하고서 극복한다. 즉 그는 인간 심의 본체로서 그가 좀 더 분명하게 지시하기를 원했던 천리가 우리가 선천적으로 무엇이 옳고 그른지를 판단할 수 있는 선한 판단력(良知)이라는 것을 발견한 것이다. 그는 자신의 이 발견을 "백 번의 죽음과 천 번의 고난"(百死千難)을 통해서 얻은 것이라고 고백하였고, 이 이후부터는 그의 모든 노력을 바로 이 인간 지(知)의 본체인 양지를 신장시키고 그것에 대한 가르침(致良知)을 펼치는 데 주력한다.

우리가 앞에서 지적했듯이 아렌트는 예루살렘에서의 아이히만의 재판을 겪으면서 근본악의 문제를 악의 평범성으로 새롭게 볼 수 있었고, 인간의 행위와 의지가 그보다 더 근본적인 정신의 힘으로서의 생각하는 힘(thinking)과 거기서의 판단력(judging)에 좌우된다는 것을 알았다. 당시 아렌트는 자신의 이러한 발견을 솔직하게 밝히면서 내외의 비난으로 인해 너무나 많은 고통을 겪었고 또 그즈음에 교통사고로 거의 죽음을 경험하기도 하였으며 남편의 병도 발병했지만, 그녀의 친구 맥카시(M. McCarthy)에 의하면 아렌트는 고백하기를 자신은 이 보고서를 "설명할 수 없는 기쁨"(a curious euphoria) 속에서 저술했다고 한다.[29]

2) 아렌트의 판단력과 양명의 양지

아렌트는 인간 정신적 삶에 대한 통찰에서 비록 완성을 하진 못했지만 칸트로부터 깊은 영향을 받아서 판단력에 집중했고, 양명은 맹자로부터 인간의 선천적인 선한 감수성인 양지를 재발견하고서 거기에 몰두하게 되었는데, 지금부터 우리는 이 인간 정신의 근원적인 힘인 양지와 판단력이 과연 무엇일까를 살펴보고자 한다.

앞에서 보았듯이 이들은 모두 인간의 활동적 삶(vita activa/心)과 행위(action/行)에 관심하다가 인간 정신의 의지(willing/意)에 희망을 걸게 되었고, 그러나 또 그 인간 의지의 신뢰된 행위 능력이란 항상 실망을 가져올 수 있음을 보았다. 이렇게 우주적 비관주의가 다시 자리 잡고 악의 근본성이 드높게 주창될 때 그러나 그들은 그 비관주의를 실천적으로 극복할 새로운 대안을 발견했다. 그것은 인간 정신과 심(心)의 의지에서 한 단계 더 내려가서 그 의지를 더욱 기초적으로 발동시키는 선천적인 사고력인 양지(良知) 또는 판단력(jodging)을 본 것이다. 그것은 의지가 지향하는 바의 대상을 제공해 주고 그것을 통해서 객관과 세상을 다시 주관과 인간의 조건으로 인식하도록 함으로써 참된 도덕성과 간주간성(intersubjectivity)의 기원이 되는 것임을 파악한 것을 말한다.

악은 절대로 근본적(radical)이지 않고 다만 극단적(extreme)일 뿐이라는 것과, 그것은 어떤 깊이도 악마적인 차원도 갖고 있지 않다는 것이 참으로 나의 의견입니다. 그 악은 번창할 수 있고 세상을 황폐화시킬 수 있습니다. 왜냐하면 마치 표면의 곰팡이처럼 퍼지기 때문입니다. 그것은 "사고를 불가능하게 하는 것" (thought-defying)입니다. 왜냐하면 사고란 어떤 깊이에 도달하고 근본에 이르려고 하는 것인데, 악과 관련해서는 거기에는 아무것도 없기 때문에

(there is nothing) 사고는 매우 당황하게 되기 때문입니다. 그것이 악의 평범성입니다. 오직 선만이 깊이를 가지고 있고, 그래서 근본적일 수 있습니다.(Only the good has depth and can be radical)[30]

성인의 (양)지는 맑은 하늘의 해와 같고, 현인의 것은 뜬구름이 낀 하늘의 해와 같으며, 어리석은 사람의 것은 어둡고 음산한 날의 것과 같다. 비록 밝고 어두움에 있어서는 서로 같지 않지만, 그들 모두가 다 검고 흰 것을 분별할 수 있다는 점에서는 같다. 비록 캄캄한 밤중이라 하더라도 어렴풋하나마 검고 흰 것을 구별할 수 있다는 것은, 해의 남은 빛이 다하지 않았기 때문이다. 곤경에 처해 배우고 공부하는 일이란 바로 이 빛의 흔적을 따라 그것을 출발점으로 해서 일을 자세히 살피는 것 외의 다른 것이 아니다.[31]

행위의 원천이었던 의지, 그렇다면 그 의지를 보다 앞서서 작동시키는 것은 무엇일까? 아렌트와 양명 모두에게 그것은 대상에 대한 '인식' (知)이라는 것이 분명해졌다. 아렌트는 그녀의 『정신의 삶』에서 "(인간) 정신적 활동에서의 의심할 여지없는 보는 것의 우선성"(the unquestioned priority of vision for mental activities)" 에 대해서 말하고, "현상적 세계의 절대적 우위성"(the absolute primacy of the world of appearances)에 대해서 언급한다. 이것은 그녀가 인간의 정치적 삶에서 어떻게 사실적 진리(factual truth)가 인간 공동의 삶에서 기초적 진실이 되는지를 밝혀주는 데서도 잘 드러난다.[32] 양명도 다음의 구절 속에서 인간의 몸과 정신, 판단력, 의지, 행위가 어떻게 서로 상관되는지를 밝혀주고 있다.

마음(心)은 몸의 주재이다. 그리고 그 마음의 텅 비어 있으면서도 밝게 깨닫는 것이 본연의 양지이다. 그 텅 비어 있으면서도 밝게 깨달은 양지가 감응하여 움직이는 것이 뜻(意)이다. 앎(知)이 있은 연후에야 뜻이 있는 것이다.

앎이 없으면 뜻도 없는 것이다. (그러니) 앎이란 뜻의 본체가 아니겠는가?[33]

　아렌트는 그녀의 아이히만 경험에서 인간의 악한 행위가 의도(volition)나 지능(intelligence) 여부에 상관없이 '생각 없음'(thoughtlessness, the absence of thinking)에서 나올 수 있다는 것을 보았다. 여기서 아이히만이 전혀 "바보스럽지"(stupid) 않았다는 것을 통해서 아렌트는 이 생각 없음을 칸트의 사고하는 능력(the faculty of thinking/Vernunft(reason))과 인지하는 능력(the faculty of cognition/ Verstand(intellect)) 사이의 구분을 따라서 먼저 "의미를 찾는 물음"(the quest for meaning), 진리(truth)가 아닌 의미(meaning)를 찾는 사고하는 능력(reasoning)의 부재로 해석한다.[34] 사고한다는 것은 우리의 인지(cognition)나 지능(intellect)이 가르쳐주는 사실적 진리의 한계를 뛰어넘어서 그 속에 담긴 뜻(meaning)을 찾는 행위라고 하는데, 이 뜻을 찾는 행위, 다른 말로 하면 사물과 일에서 무엇이 진정한 것인지를 가려내는 행위가 사유의 핵심으로 이해된다. 이것은 일종의 존재의 관계성을 파악하는 능력이다. 그런 의미에서 아렌트의 사유에의 집중은 먼저 인간의 도덕적인 앎과 판단 능력에로 향해지고, 칸트에게서의 실천이성이나 양심(conscience)과 밀접하게 연결되어서 탐구된다. 아렌트에 의하면 "(우리의) 생각하는 자아는 참으로 칸트가 말한 '물자체'이다."[35] 이것은 그러나 단순한 나(self)가 아닌 "활동 자체"(sheer activity)이다라는 것이다. 그러므로 나이를 먹는 것이 아니고(ageless), 성(性)의 구별과 관계 있는 것이 아니며 (sexless), 이렇게 겉으로 드러나는 보이는 것으로부터 무엇이 진정한 것인지를 끊임없이 구별하는 "사고 활동(activity of thinking)의 경험이야말로 영성에 대한 우리 이해의 원초적 기원(the aboriginal source of our notion of spirituality)이 되는지도 모르겠다."고 고백한다.[36] 여기서 아렌트의 인간 사고력의 이해는 좁은 의미의 철학이나 이성의 차원을 넘어서 깊은 영적 차원에로 승화됨을 보여준다고 하겠다.

이러한 인간 사고의 핵심에 대한 이해가 양명에게서는 훨씬 더 도덕적이고 윤리적인 성격으로 나타난다. 맹자의 유명한 이야기, 한 아이가 우물에 빠지려고 하는 것을 보고 사람이라면 누구나 나중의 이익이나 칭찬 등에 대한 고려 없이 즉각적으로 그 아이를 구하려고 뛰어들 것이라는 인간 본성의 본래적 선함과 능력을 서술하기 위해 쓰였던 양지(良知, 선한 지식)와 양능(良能, 선한 능력) 개념을 양명은 마치 신의 계시처럼 떠올리면서 자신이 인간 마음의 천리로서 파악한 것의 가장 적절한 이름으로 발견한다. 양명은 그것을 우리 마음의 "도"(the Way)로서, 마음의 "영단"(靈丹)으로서, 마치 항해자들에게 방향을 알려주는 "지남침"(指南針)과 "시금석"(試金石)같은 것으로서 파악한다.

네가 가지고 있는 양지야말로 너 자신의 준칙이 되는 것이다. 만일 네 뜻에 품고 있는 일이 옳으면, 그것이 옳다고 알고, 그르면 그르다고 앎으로써 조금도 속여 넘길 수가 없는 것이다. 그것을 속이려들지 말고, 다만 하나하나 그것에 따라서 행동하면 선은 곧 보존되고 악은 곧 제거될 것이다. 이러한 경지가 되면 얼마나 안전되고 또한 기쁘겠느냐? 이것이 바로 '격물'의 참된 묘결이며, '앎에 이르는'(致知) 참된 효과인 것이다.[37]

우리가 익히 아는 대로 칸트는 인간의 정신적 삶에서 의지와 더욱 연관되어 있는 실천이성은 특수를 이미 주어져 있는 보편(규칙이나 원리, 법칙)에 관련시키는 '규범적'(regulative)인 인식작용인데 반해서 판단력이란 오직 특수만이 주어져 있고 그 특수에 대해서 보편을 찾아내야 하는 '반성적'(reflexive) 사고임을 밝혀주었다.[38] 이것은 인간의 인식 활동을 더욱 더 그 직접적인 출발에서부터 이해하려는 시도인데, 칸트에 따르면 이 개별적인 대상의 직접적인 파악에 있어서도 인간은 그러나 본래부터 선험적인 인식 구조를 지니고 있다. 그것이란 대표적으로 미감적 판단력의 합목적성의 구조라고 한다. 일명 '취미 판단'(the faculty of taste)으로도 불리는 이 직접적이고도 직관 반성적이고 실천이성보다도 훨씬 더 활동적인-왜냐하면 매 순간의 개별대상에 대한 즉각적인 판단이므로-판단력에 대해서 아렌트는 매우 집중하고서 거기에서 실천이성에 대한 신뢰보다도 더 근본적으로 인간 공동 생활을 위한 가능성을 발견한다. 즉 (미감적) 판단력의 정치적 속성을 알아낸 것이다.

이 판단력비판을 유교적인 맥락에서 보면 칠정(七情/ 喜, 怒, 哀, 樂, 愛, 惡, 欲)에 대한 검토와 다르지 않다. 칸트의 판단력비판은 주로 인간적 쾌·불쾌 감정의 출현에 관한 탐구이다. 그렇다면 유교적 성인지도의 공부가 우리 칠정이 대상에 의해서 촉발되었을 때 어떻게 그것이 정도에 맞게 순수하게 발현되고 사단(四端, four beginnings of virtue)으로 연결되어서 도덕적 행위가 나올 수 있게 할까 하는 탐구라면 판단력비판이나 사단칠정론 논의는 모두가 바로 인간 인식의 기초점(감정)을 잘 다듬어서 올바른 판단과 행위(실천이성)가 가능해지도록 하려는 노력이라고 하겠다. 양명은 인간의 양지란 지(知, 사고)이기도 하지만 감정(好惡)으로도 표현되냐고 하고, 우리 마음의 본체를 기쁨(樂)이나 즐거움(喜)이라고 밝히기도 했다. 그는 말하기를, "양지란 옳고 그름을 아는 것과 다르지 않고, 그 옳고 그름을 안다는 것은 (옳은 것을) 좋아하고 (그른 것을) 싫어하는 것과 다르지 않다. (옳은 것을) 좋아하고 (그른 것을) 싫어하는 것은 옳고 그름의 판단을 모두 포함하는 것이며, 옳고 그름을 아는 것은 모든 일과 그들의 변화를 포괄하는 것이다."[39] 그는 또 말하기를, "기쁨, 노여움, 슬픔, 두려움, 좋아함, 싫어함, 욕구하는 것을 '일곱 가지 감정'(七情)이라고 한다. 그 일곱 가지 감정이란 모두 사람의 마음에는 마땅히 있어야 하는 것이다. 그러나 다만 양지에 대해서 분명히 알아야 한다. ··· '일곱 가지 감정'도 그 자연스러운 운행을 따르기만 하면 모두가 양지의 작용이다. 그러므로 선과 악을 구별할 수가 없다. 그러나 집착하는 것이 있으면 안된다. '일곱 가지 감정'에 집착하는 것이 있으면 모두 욕망이라 부를 수 있으며, 모두 양지를 가리는 것이 된다."[40]고 했다.

이 인용문에서도 잘 나타나듯이 양지의 작용에는 대상에 대한 '감각들' (senses)이 들어가고, '감정' (love/hate, feelings)으로도 표현되며, 그것이 다시 행위를 위한 '판단' (judging)이 되는 것처럼 아렌트가 주목하는 (미감적) 판단력에서도 이러한 다면적인 인식 작용들이 모두 포괄되어 있다.[41] 결국 아렌트와 양명은 이러한 미감적 판단력과 양지에 주목함으로써 인간 행위의 뿌리와 인식의 근원점에 내려가서 인간 공동체의 삶을 치유할 수 있는, 다시 말하면 행(行)이 가능해지고, 지행합일이 이루어질 수 있는 가능성을 찾기 원한 것이다.

아렌트는 칸트가 인간의 판단력을 인간 감각 중 가장 내밀하고 즉각적인 선호가 나오는 미각(taste)과 관계시킨 것에 주목한다. 인간의 오각(시각, 청각, 촉각, 후각, 미각) 중에서도 그 감각의 반응이 가장 개인적이고(private) 즉각적이며(immediate) 압도적이어서 부인하려야 할 수 없는 미각을 들어서 그는 인간의 판단이란 그렇게 각 개별자에 대해서 각 개인별로 고유하며, 또한 이 미각과의 유비를 통해서 인간의 판단 능력이 누구에게나 선험적으로 직관과 같은 능력으로 내재해 있음을 말하는 것이라고 이해한다.[42] 양명도 양지를 우리 마음의 본체로서 누구에게나 천리로서 작용하는 것이라고 강조하였다.

그런데 문제는 어떻게 이렇게 개인적이며, 주관적이어서 상대방에게 그 느낌(sensation)을 잘 전달해 줄 수 없는 미각(취미)으로서의 판단력을 인간 공동 삶에서 판단력으로 신뢰할 수 있겠는가 하는 것이다. 이것은 우리 판단력의 '확장'(enlargement)과 관련한 문제인데, 칸트가 우리의 미감이 제6감각이라고 할 수 있는 '공통감'(common sense, the sensus communis)의 조건하에서 서로 통할 수 있다고 한 대로 아렌트는 여기서부터 우리 마음의 공통감에 대해서 집중한다. 공통감이란 토마스 아퀴나스 이래로 인간의 제6감(a kind of sixth sense)이라고 불리었고, 불어에서는 '좋은 감정'(bon sens), 영어로는 '상식'(common sense)이라고 불려서 우리의 양심(conscience)과도 통하는데, 이 공통감을 통해서 인간의 판단은 그것이 아무리 주관적이라고 하더라도 한 대상에 대해서 다른 사람도 나와 같은 감정을 가질 것을 기대할 수 있다는 것이다. 인간은 항상 다른 사람과 같이 느끼고 있을 때에만 만족을 느끼고 쾌감을 느낄 수 있다는 사실은 인간의 판단, 특히 미감적 판단이 공통감이라는 것을 알 수 있게 만든다고 한다. 또한 아렌트는 칸트가 인간이 만약 무인도에 홀로 떨어져 있다면 자신의 모자나 인격을 가꾸지 않을 것이고 게임에서 남을 속였을 때 자기비하감은 있겠지만 만약 남에게 발각되지 않았다면 그렇게 부끄러워하지는 않았을 것이라고 한 사실을 지적한다.[43] 공통감은 이렇게 항상 다른 사람을 염두에 두는 것이고 다른 사람의 입장에서 생각해 보는 것이다. 그래서 이 공통감에 의해서 인간의 판단은 결코 사적이거나 주관적이지 않고 간주관적이고 한 시대와 장소에서 공공의 감각이 된다고 한다.[44] 아렌트는 "판단에서 에고이즘은 극복되고"(In taste egoism is overcome), "나는 인간이고 이 인간적 공동체를 떠나서는 살 수 없기 때문에 이 공통감이 필요하다."고 말한다.[45] 이와 더불어 "모든 사람의 입장에서 생각해보기"(to put ourself in thought in the place of everyone else)와 "자기 자신과 일치하는 일관성"(to be in agreement with oneself)이 판단력의 두 가지 핵심 규범(the maxims of the sensus communis)이 된다고 지적한다.[46]

우리는 이런 이야기를 듣고 있으면 유교 전통의 유명한 사단(四端, four beginnings of the virtue)에 대한 이야기가 생각난다. 여기서 모든 사람의 입장에서 생각해 보기란 다른 사람의 처지에 대해서 동정을 느끼는 '측은지심'(惻隱之心, the sense of commiseration)과 다른 사람에 대하여 부끄러움을 느끼는 '수오지심'(羞惡之心, the sense of shame), 또한 다른 사람에 대하여 자기 자신을 낮추는 '겸양지심'(謙讓之心, the senseof modesty), 그리고 무엇이 옳고 그른지를 분별할 수 있는 '시비지심'(是非之心, the sense of right and wrong)과 다르지 않다고 하겠는데, 이 네 가지 덕의 뿌리가 인간 누구에게나 있다고 보았고 그것을 양지나 양능으로 표현한 맹자와 양명이야말로 인간 공통감을 누구보다도 잘 이해하고 있었다고 하겠다. 양명은 지칠 줄 모르고 양지란 바로 하늘의 도리로서 인간 누구에게나 선천적으로(性, innate nature) 내재해 있는 선한 능력이라는 것을 강조했다. 그것은 마치 공자가 우리 모두의 마음속에 있는 것과 마찬가지라고 한다.[47]

우리의 판단력이 공통감이라는 사실은 우리의 판단은 반드시 다른 사람들과 이웃의 존재를 전제한다는 것이고, 그들의 존재가 아니고서는 우리의 판단력은 기능하지 않으며 따라서 판단력은 공동생활을 통해서 길러지고 나 홀로 얻을 수 있는 것이 아니라는 사실을 밝혀준다. 이러한 맥락에서 아렌트가 주목하는 또 하나의 인간 정신이 '상상력'(imagination)이다. 상상력으로서의 판단력은 우리로 하여금 한 대상을 우리가 그와 직접적으로 대면했을 때 받았던 이미지 안에서 내면화시키고 다시 재현할 수 있는 능력이다. 쾌/불쾌의 판단이란 대상의 현존에서 얻은 직관과 더불은 반성(reflection)인데, 그런 의미에서 그 활동은 더 이상 하나의 미각이 아니고 판단이며 우리들은 이 재현(representation) 안에서 대상의 현존으로부터 거리를 둠으로써 대상에 대한 평가를 "공평하게"(impartial) 할 수 있다는 것이다.[48] 상상력이란 인간의 판단에서 그 대상으로부터 거리를 두고서 생각할 수 있는 능력이다. 다른 사람의 입장에서 생각할 수 있는 능력이고, 그래서 결정을 내릴 수 있는 능력이다. 이것은 인간이 자신이 직접 겪지 않고서도 어떤 대상에 대해서는 판단을 내려야 할 때가 있다는 것을 규정하는 근거인데, 그렇지 않고서는 법 심판의 실행이나 역사 서술이 가능하지 않고 우리 공공의 삶은 이것으로써 크게 위협받는다고 한다.[49]

나치 정권의 아이히만은 그 끔직한 일을 하면서 결코 그 일을 당하는 유대인의 입장에서 생각해 볼 수 없었고 그는 결코 바보는 아니었지만 그의 마음은 기계처럼 굳어서 시키는 대로는 했지만(dich) 느끼진 못했고, 상상력과 공통감과 상식을 가지고 자신이 진정으로 다른 사람들에게 무엇을 하고 있는지를 생각해 볼 수 없었다.[50] 앞에서 우리가 이야기한 유교 전통의 측은지심이 아이가 우물에 빠지는 위험에 처했을 때 후에 얻어질 이익이나 명예에 대한 생각 없이 즉각적으로 뛰어드는 능력이고 나의 부모에게 효를 다하면서 다른 노인들의 처지를 생각하는 마음이며, 양명에 따르면 이 마음을 잘 확충하면 심지어는 길에 깨어져 뒹구는 기왓장이나 돌조각에도 측은지심을 갖게 되는 만물일체의 마음이 된다고 했다.[51] 유교의 사단칠정론이란 앞에서 상상력으로서의 판단력은 더 이상 하나의 감각(미감)만이 아니고 반성(판단)이라고 했듯이, 여기서 측은지심이나 수오지심 등을 과연 하나의 감정(七情, 氣)이라고 해야 할는지 아니면 사고(理)라고 해야 할지, 사단과 칠정이 어떻게 관계하는지 그들이 둘인지 아니면 하나인지를 탐구하는 논의들이다. 아렌트가 악의 평범성을 발견해서 근본악의 문제를 새롭게 보았고 양명이 양지란 우리의 도덕심이기도 하지만 칠정도 결코 양지 밖에서 이루어지는 것이 아니라고 했다면 아렌트와 양명은 유사하게 이 둘을 하나로 본 것이고, 인간 마음

안에서 모두 자연스러운 것이라고 보는 이기일원론(理氣一元論)적 입장을 취한 것이라고 할 수 있다.

한편 아렌트는 칸트가 인간의 판단력을 표현하면서 아주 특이하게도 가장 사적이고 즉각적인 미감(취미)으로, 그래서 어쩌면 가장 반대되는 것으로 표현한 것에 대해서 후회하지 않았는지를 묻지만 결코 그렇지 않았고, 오히려 거기에 확신을 가지고 있었다고 지적한다. 왜냐하면 미감이란 우리의 이차적인 반성이나 의도가 들어갈 여지가 없이 우리 자신을 잊고서 오직 그 대상의 현존에 의해서만 아주 직접적이고 즉각적으로 반응하는 것이기 때문에 우리의 판단을 말하기에 가장 적합한 모습이라고 한다. 따라서 칸트가 미(美)의 반대는 결코 추(醜, ugly)가 아니라 역겨움(disgust)라고 한 것은 매우 타당한 것이었다고 밝힌다.[52]

이렇게 '미'(美)란 세상의 대상과 만났을 때 가장 즉각적으로, 즉 어떤 사심이나 의도 없이 그 대상의 그러함에 의해서만 느끼는 것이고, 대상에서 내가 원하는 것을 보려는 것이 아니라 그 자체의 현현 그대로가 잘 드러날 때 느껴지는 것이다. 아렌트에 따르면 칸트는 "미(美)란 우리로 하여금 사심(self-interest) 없이 사랑할 수 있는 법을 가르쳐 준다."고 지적하였다.[53] 또한 "우리가 어떤 것을 아름답다고 부르는 것은 우리는 그의 현존 안에 기쁨을 가지고 있다."(pleasure in its existence)는 것을 말하는 것이며, 판단은 그렇게 우리가 미를 느끼듯이 취미가 어떤 목적이나 의도 없이 그저 그 대상이 좋아서 거기에 빠져드는 것인 것처럼 나를 잊고서 가장 사심 없이(disinterested), 그 대상의 입장에서 생각해 보면서(impartiality) 그때마다 결정을 내릴 수 있는 능력을 말하는 것이다. 또한 우리는 좋아할 때(사랑할 때) 가장 자연스럽게, 그리고 용이하게 그 존재를 위해서 우리 자신을 던질 수 있는 것처럼 그렇게 우리는 사랑 안에서 지(知)와 행(行)이 하나 됨을 보고서 판단력은 그런 의미에서 지(知)이기도

하면서 행(行)이기도 하다는 사실을 알게 된다고 강조한다.[54]

　유사한 맥락에서 양명도 성인(聖人)이란 "아름다운 색을 좋아하듯이 선을 좋아하고, 역한 냄새를 싫어하듯이 악을 싫어한다."(好善如好好色, 惡惡如惡惡臭)고 하였고,[55] "편파적인 것은 고착되어 있는 것"(偏倚是有所染着, To be partial is to be attached)이라고[56] 지적하면서 우리들의 칠정이 어떤 대상에 고착됨이 없는 것이 중(中)이고, 그 고착에서 해방된 것이 화(和)라고 설명하였다. 우리는 양명이 줄기차게 양지란 우리 마음에서 사사로움(私)과 욕망(欲)이 제거된 상태의 본체이고, 참된 공부란 바로 그 사적 욕망을 줄여 나가서 다시 우리 마음의 본체를 회복하는 일이고, '양지를 확충하는 일'(致良知)란 우리 마음의 편벽됨과 욕망을 버리고 본래적인 사랑과 인간다움(仁)을 되찾는 것이라고 한 것을 안다. 양지란 우리 마음의 "밝은 덕"(明德)이고, 그래서 양명은 양지를 "역"(易, the changes) 자체와 동일시하기도 했다.[57] 이렇게 해서 우리는 아렌트와 양명 모두에게서 판단력과 양지란 바로 인간 인식의 가장 기초적인 출발점이 되며, 그것이 지(知)가 되기도 하고 의지와 감정(意, 쾌/불쾌, love)이 되기도 하면서 거기서 행위(사랑하므로 너는 지금 여기 존재하라는 명령)가 나올 수 있는 최고선(至善)이 되는 것을 본다. 이제 문제는 어떻게 그것이 확장(enlarged)되고 확충(致知)될 수 있는 것이다.

4. 아렌트의 탄생성의 교육학과 양명의 치량지의 교육사상

　이상에서와 같이 우리는 아렌트와 양명이 인간 활동적 삶(vita activa, 行)의 난점을 치유하기 위해서 정신적 삶(vita contemplativa, 知)을 다시 돌아보고, 그 활동적 삶의 출발점과 기초를 발견함을 통해서 다시 그 활동이 온전해질 수 있는 가능성을 발견한 것을 보았다. 그것은 '감각'과 '감정'(공통감)과 '상상력'으로 표현되는 판단력과 양지의 발견이었으며, 이것으로써 이들은 지(知)와 행(行)이 하나 될 수 있는 가능성을 다시 보았고 우리가 사적 욕망과 과도한 목적의식에서 벗어나서 다시 세상과 이웃과 자연을 발견할 수 있는 길을 찾았다. 인간의 삶이란 정신적 삶이라고 해도 다양성과 객관과 공공의 영역이 없이는 이루어질 수 없는 것이라는 인간의 조건을 다시 발견한 것이다.

1) 판단력 확장(the enlargement of the mind)과 치량지(致良知)

여기서부터 이들은 판단력의 확장(the enlargement of the mind)과 양지의 확충(致良知)에 대해 강조한다. 아렌트는 그녀의 『정신의 삶』에서 판단력 부분을 전개시키지 못하고 갔기 때문에 어떻게 이 판단력 확장 문제가 그녀에게서 더 세밀히 탐구되었는가는 볼 수 없다. 하지만 그녀 스스로가 자신의 저서 중에서 가장 마음에 드는 저서라고 밝힌 『과거와 미래 사이에서(Between Past and Future)』에서 인간 판단력과 관련하여 – 직접적으로 또는 간접적으로 – 어떻게 인간 정신의 본유적인 능력을 잘 확장하고 키워서 이 세계를 보존하고 문화를 일구어 내고 진리를 담보하는 세상이 되게 할 수 있을까에 대해서 쓰고 있는 것을 볼 수 있다. 또한 그녀의 『정신의 삶』에서도 모든 부분에 걸쳐서 판단력에 대한 그녀의 이해들을 편린으로 볼 수 있다. 이 부분들에서 우리는 그녀의 교육적 사고들을 핵심적으로 알아 볼 수 있다.

아렌트에 따르면 우리의 확장된 의식(판단력)은 그 사심 없음으로 인해서 이 세상을 어떤 유용이나 개인의 이해관계, 조작, 또는 좁은 의미의 도덕적 분별도 넘어서서 그 자체의 현현의 미(美)로 판단할 수 있으므로 그것은 바로 이 세계를 있는 그대로 보존할 수 있는 힘이 되고 그래서 문화를 생산하고 보존하는 능력으로 작용할 수 있다.[58] 근대 이후로 들어와서 문화가 철저히 개인의 욕구를 위해 사용되고(the educated philistine) 20세기 대중 사회에 와서는 끊임없이 조작되고 소비되지만, 이러한 실리주의와 소비주의를 넘어서 우리가 사는 장소와 시간에 세계성을 주고 지속성을 주어서 살 만한 세상으로 만들어 주는 문화와 예술을 돌볼 줄 아는 사람들과 이들의 판단력은 참으로 귀하다. 이들에게는 세계가 우선이지 결코 인간이나 개인의 의도와 목적이 우선이 아니고, 자아가 중심이 아니라 다른 사람들을 항상 염두에 둔다. 그래서 이들이야말로 판단을 위해서 가장 자격이 있는 사람들이라고 하는데, 아렌트는 이렇게 사심이 없고 보는 것 그 자체만을 위해서 보고 판단하는 사람들이야말로 "모든 목적으로부터 자유로운 사람들"(the freest of all pursuits)이고, 이들의 모습은 문화와 마찬가지로 로마적 기원을 갖는 "휴머니스트"(humanist)의 참된 모습이라고 한다.[59] 그녀에 따르면 문화의 핵심적인 일이란 이 판단력(취미)을 분류하는 일이고, 이 취미란 한 개인의 자질(quality)을 나타내는 척도라고 한다. 이 휴머니스트들과 문화인들의 판단력에 의해서 세계는 보존되고 문화가 생산되므로 이들의 육성이야말로 참으로 중요한 인간의 정치적 과제가 된다는 것이다.

아렌트는 다른 논문 「진리와 정치(Truth and Politics)」에서 세상의 "사실적 진실"(factual truth)이라는 것도 결국에는 정치적으로 인간의 판단에 의해서 증명될 수밖에 없는 것이므로 이 진리의 확실성에 대한 증명을 사심 없이 자유롭게 해 줄 수 있는 사람들의 존재를 귀하게 여겼다. 정치란 이 진리의 담보 위에서만 온전히 기능한다고 보는데, 이러한 역할을 하는 철학자, 과학자, 예술가, 역사가, 법관, 저널리스트 등의 존재 중에서도 특히 사법부와 고등교육기관의 역사가, 철학자 등의 휴머니스트들을 요청한다. 이들이야말로 가장 사심 없이 자유롭게 정치 밖에서 진리를 지키는 사람들이라고 보고, 이것은

오늘 우리 사회에서 인문학의 죽음을 염려하는 시대의 목소리와 연결된다고 하겠다.[60]

한편 양명도 인간 정신력의 기초적 토대인 양지를 발견하고서 온 힘을 다해 그 양지의 확충을 주창한다. 그는 자신의 치량지란 당시의 일반적인 공부법처럼 그저 바깥의 사물에 대한 지식을 확충하려는 치지(致知)가 아니라 '치/량/지'(致/良/知)인데, 즉 그것이란 단순한 외부적인 지식의 축적보다는 그 뿌리를 다듬는 것이고, 이와 더불어 단순히 지적 공부에만 매달리는 것이 아니라 실천과 도덕과 행위에 몰두하는 것임을 강조한다. 양명은 그의 말년의 대표적 명문(名文)인 「발본색원론(拔本塞源論, Pulling up the Root and Stopping up the Source)」에서 어떻게 전통의 성인의 학문이 우리가 본래부터 가지고 있는 선한 본성을 키우는 공부가 아니라 표피적이고, 공허하며, 단편적인 지식들에 대한 엄청난 기억과 암송, 화려한 글쓰기와 주석 등의 지식을 늘리는 공부로 변해 버렸는지를 추적한다. 거기서 이기주의와 영달의 추구가 난무하고, 사람들은 누구도 자신이 하는 일에 만족을 하지 못하고 대신에 혼자서 모든 일을 하면서 온갖 세력을 가지겠다고 다투거나, 아무것도 할 일을 가지지 못하는 도탄으로 빠져 버리게 됨을 감동스러운 이야기로 서술해 내고 있다. 여기에 반해서 자신의 선한 본성(양지)을 기르는 치량지의 공부 방법은 오직 덕행을 이루기 위해 애쓰는 것이라고 한다. 또한 그 덕행이라는 것은 가장 가까운 주변의 사람들에 대한 인(仁)의 실행으로부터 시작해서 넓히는 것이므로, 효친(孝親)이 그에게도 인 실천의 기본이 된다고 밝힌다.[61]

양명에 따르면 효친과 붕우유신의 일과 인간관계를 바로잡는 것이 공부의 기본이고 이것은 누구나의 본성 속에 놓여있는 가르침이므로 그렇게 밖에서 배우기 위해 정신없이 쫓아 다닐 필요가 없다. 그래서 양명은 공부를 오히려

"축적"이 아닌 이기심을 "줄이는 것(只求日減 不求日增)"이라고 했고, 이러한 공부는 너무나 즐겁고, 자유로운 것이며, 단순하고 쉽다고 했다. 그래서 양명은 이렇게 (도덕적) 행위에 힘쓰고, 또한 그 행위를 가장 기초적으로 가능하게 하는 인간 마음의 출발점인 양지에 힘쓰는 치량지의 공부법이야말로 도탄에 빠진 나라와 사회를 구하기 위한 발본색원의 방법이 된다고 주창했다.

> 옳고 그름을 가리는 마음은 생각하지 않아도 알고, 배우지 않아도 능한 것으로 이른바 양지이다. 양지가 사람 마음에 있는 것은 성인과 어리석은 자의 차이가 없으며 천하고금이 모두 같다. 세상의 군자들이 오직 이 양지를 확충하는 데에만 힘쓴다면 스스로 옳고 그른 판단을 공평하게 할 수 있고, 좋아하고 싫어하는 것을 함께 할 수 있으며, 남을 자기처럼 여기고 나라를 자기 집안처럼 여기어 천지만물이 한 몸이 될 수 있다. 천하가 다스려지지 않기를 구할지라도 할 수 없을 것이다.[62]

> 나는 이제 양지를 믿게 되었다. 나에게서 옳은 것은 옳은 것이고, 그른 것은 그른 것이어서 다시는 약간이라도 덮어 감추려 들지 않게 되었다. 나는 이제 솔직하고 과감한 '광자'(狂者)와 같은 심경을 지니게 되었으니, 천하의 모든 사람들이 나의 행동과 말이 일치하지 않는다고 하더라도 상관하지 않는다.[63]

2) 아렌트와 양명의 아동 교육사상

그러나 이상과 같은 아렌트의 확장된 판단력이나 양지의 확충에 대한 이상은 단지 어른들만을 위한 것이 아니다. 아렌트는 "교육의 본질은 탄생성"

(the essence of education is natlaity)이라고 하면서 탄생으로 계속해서 이 세상에 새로운 존재가 오므로 교육은 인간 사회의 가장 기초적인 일 중 하나라고 지적하였다.[64] 교육문제가 정치문제가 될 정도로 점점 더 중요해지는 상황에서 그녀는 종종 그녀만의 독특한 교육에 대한 사고를 발표했다. 양명도 학자로, 행정가로, 군인으로 매우 분주한 삶을 살았지만 그 일들을 하면서 동시에 일의 임지에 초등 교육기관을 설치한다거나 향약을 만들어서 민생의 안정을 도모하고자 노력하였다. 『전습록』에도 실려 있는 글로서 그가 유백송 등의 선생들에게 학생들을 잘 가르치기 위한 지침으로 준 글들을 보면 아린아이들의 교육에서 무엇을 제일 중시했는가가 잘 나타난다. 그의 치량지의 교육사상을 말한다.

이렇게 아렌트와 양명이 인간 활동적 삶과 인식의 근저로 내려가서 그 출발점을 깊이 있게 탐색했다는 것은 인간 문화와 교육의 일을 위해서 매우 중요한 의미를 갖는다. 이것은 그들 사고의 핵심적인 관건인 정치적 사고 안에 사회문화적이고 장기간의 인간 개개인의 일인 교육의 일을 그들 고유의 정치적 일로 받아들였음을 의미한다. 즉 그들에게는 더 이상 정치와 문화, 정치와 교육, 또는 (종교적) 궁극성의 물음과 정치·교육·문화 등이 서로 나누어지지 않고, 대신에 매우 통합적으로 건강한 인간 공동 삶을 위해서 함께 다루어진다. 나는 이러한 특성이 그들 사상의 정점의 특성이라고 본다. 이들이 비록 좁은 의미의 아동교육가는 아니었지만 치열하게 인간 활동과 인식의 근저와 시작점을 물었다는 것은 바로 교육의 일, 그중에서도 한 인간의 성장과 삶에서 기초와 토대가 놓이는 어린 시절의 교육이 진정으로 정치적 혁명의 의미를 담고 있는 일로 보았다는 것을 말해준다. 이것은 두 사상가가 일생 동안 넘어서고자 씨름했던 정치적, 사회적, 지적 전체주의란 바로 시대의 교육적 전체주의와 실리주의를 넘어서는 일을 통해서 가능해지리라고 통찰한 것을 의미한다. 이 연구가 두 사상가의 이야기를 마지막으로 (아동) 교육의 관점에서 의미지우는 것도 바로 그러한 의미이다. 이렇게 매우 통합적이고, 인간 인식의 근저를 탐구하는 교육 방식과 인간 공공적 삶을 위한 교육사상이야말로 오늘 우리 시대의 문제가 된 교육적 전체주의와 속물주의를 치유할 수 있는 가르침이 될 수 있다고 생각한다. 이상과 같은 이유로 인해서 여기서부터 지금까지 아렌트나 양명이 밝힌 판단력 또는 양지의 특성을 크게 세 가지로 다시 정리해 보면서 그것들의 교육적 의미를 살펴보고자 한다. 즉 판단력(탄생성) 확장과 양지 확충의 아동 교육학적 의미를 밝혀보려는 것이다.

(1) 감각적 직관력(taste/intuition, 知)으로서의 판단력과 양지와 아동교육

먼저 미감적 감각(감수성, 직관력)으로서의 판단력과 양지 이해와 관련해서이다. 인간의 판단력을 특히 미감적 판단력으로 보았고, 어떠한 반성적 사고 대신에 직관적이고 직접적인 '감각' (sense)의 일로 보았다는 것은 인간 교육에서 아직 사고가 발달하기 이전의 신체나 감정, 느낌의 차원을 중시하라는 것과 같은 의미라고 할 수 있다. 어린 시절 혹독한 삶의 현실 속에서 신체나 감정의 필요물들을 온전히 배려 받지 못한 아이는 그 마음이 왜곡되기 쉽고, 자기 자신의 보존에 대한 본능이 강하고 두려움이 많기 때문에 자유롭게 세상과 만나지 못한다. 어린 시절 몸의 배려를 충분히 받지 못하고 가까움을 느끼지 못한 사람은 자기 안으로 빠져 버리기 쉽다(introspected). 또한 자신이 겪은 것을 밖으로 가지고 나와서 객관화시켜 보지 못하고 세계에 대해 벽을 쌓고서 자신 속에 침잠해 버리는 경향이 있다. 그런 사람의 판단력과 양지는 굳어서 잘 기능하지 못하고 심한 경우 더 이상 역할하지 못할 수 있다. 예루살렘의 아이히만이 자신의 지나온 삶에 대해서 서술한 것을 보면 그는 어린 시절 무척 혹독한 경험을 많이 한 것을 읽을 수 있고, 예를 들어 날씨가 무척 추웠는데도 장갑조차 없던 혹독한 일들의 경험을 말한다.[65] 아렌트의 분석에 의하면 아이히만의 부모는 19세기 말 제국주의 시대에 몰락한(declass) 부르주아들로서 큰아들인 아이히만을 학교도 잘 보내지 않았고, 매우 혹독하게 대했던 것으로 보인다.[66]

아렌트 자신의 삶도 비록 경제적인 이유는 아니었지만 어린 시절 그의 어머니가 한편으로는 육아일기를 쓸 정도로 교육적이었고 배려적이었지만 아버지의 발병과 이른 죽음, 그런 가운데서 종종 겪어야 했던 어머니의 긴 여행으로 인한 부재로 깊은 외로움을 겪었다. 그녀는 "우리는 슬픈 일에 대해서 너무 많이 생각하지 말아야 한다."고 어느 날 갑자기 말하면서 어린아이의 명랑성을 잃어버렸다고 한다. 청소년 시절 온갖 것에 대한 책을 읽었지만 결코 사교적이거나 정치적이지 않고 자기 안에 들어가 있는 모습이었다. 이러한 무세계적 폐쇄성이 나중에 같은 유대인 여성 라헬 반하겐(Rahel Varnhagen)을 만나서 그녀에게서 자신과 유사한 페리아(pariah)의 모습을 보고서 그 전기를 쓰면서, 그리고 첫째 남편과 헤어진 후 두번째 만난 남편 브리허(Brueher)와 스승 야스퍼스와의 만남 등으로 서서히 극복되었다고 그녀의 전기 작가 영-브릴(Young-Bruehl)은 해석해 낸다.[67] 아렌트는 항상 페리아(이방인)처럼 느꼈지만 나중에는 스스로 "의식적인 페리아"(conscious pariah)로 남기로 했다고 밝히고 있다.

우리의 판단이 사고보다는 먼저 감정과 직접적인 감각에 달려 있다는 아렌트와 양명의 관찰은 어린 시절 우리들의 감수성과 감정이 왜곡과 억눌림 없이 잘 표현되고 발휘될 수 있도록 하라고 가르친다. 폭압적인 외부의 환경으로 인해서, 또는 과도한 지적 공부의 무게로 인해서 자연스러운 감정의 발휘가 자주 억눌려지거나 왜곡될 때 그렇게 자란 아이들은 나중에 어른이 되어서 자신의 판단을 믿지 못하고, 그래서 판단을 자주 유보하거나 아예 판단력을 갖지 못하고 단지 수동적이고, 가식적이며, 엄격하고 차가운 기계처럼 굳어 버릴 수 있다고 한다. 아렌트가 지적한 아이히만이나 스위스의 여성 아동심리학자 알리스 밀러(Alice Miller)가 히틀러의 어린 시절을 살펴보면서 소개한 그의 폭군 같은 아버지의 모습,[68] 또는 양명이 줄기차게 비판했던 당시 주희식 건조한 공부 방식이 배출한 "혼동되고 어리석은", "미사여구로 탁상공론만 일삼고", "자기이익과 영달만을 추구하는" "세상 지식인들", 모두 어린 시절 그들의 신체와 감수성과 감정이, 즉 그들의 미감적 판단력(양지)이 잘 배려받지 못한 결과들이라고 할 수 있다.

탄생성을 교육의 본질로 본 아렌트는 그래서 교육은 보수적이어야 한다고 강조한다. 교육은 기성세대 간의 일인 정치와는 달리 세상에 자신만의 고유한 새로움(the newness)을 간직하고 새로 오는 아이들과 관계하는 일이기 때문에 그 새로움이 잘 간직되어서 좋은 열매로 펼쳐질 수 있을 때까지 배려하고 간직해 주어야 한다는 점에서 보수적이어야 한다고 보는 것이다.[69] 이런 의미에서 아렌트는 20세기에 들어와서 학교가 난장판 같은 놀이장이나, 직업훈련장, 또는 정치실험장처럼 변질되는 것을 비판하고, 가정적·사적 영역이 무너져서 아이들이 일찌감치 밖으로 내몰리는 것, 기성세대의 대변자로서의 교사들의 책임감과 권위가 무너져서 아이들이 보호받고 배려되지 못하고 그들만의 힘의 세계로 내몰리는 것 등은 모두 무엇인가를 '간직한다'(conserve)한다는 의미에서의 교육의 본래 모습에서 멀어진 것이라고 비판한다.[70]

그녀는 60년대 미국에서 흑백 통합 교육 논의가 뜨거웠을 때 평소 소수자의 권리와 인권을 위해서 싸웠던 그녀와는 달리 오히려 통합을 반대했다. 왜냐하면 어린 흑인아이들이 어린 시절 온전히 그들 자신의 세계에서 인정받고 받아들여지지 못하고, 어른들의 정치적 이념의 싸움장이 된 통합학교에서 교육받는 것을 원치 않았기 때문이다. 그들은 거기서 참된 권위에 대해서 배우지 못하면서 부모들의 허영심의 희생자가 될 뿐이라고 아렌트는 판단했다.[71] 이러한 아렌트의 교육 입장들에 대해서 논란이 많지만[72] 그러나 분명한 것은 그녀는 어린 시절일수록 좀 더 친밀하고 사적 영역의 모습을 띤 장소와 관계 속에서 책임 있는 기성세대의 보호와 배려를 받는 것이 매우 중요하다고 생각했다. 인간의 모든 행위는 특히 위대한 정치적인 행위는 이 시절의 기초가 흔들려서는 기대하기 어렵고 그 악영향이 매우 크고 오래 간다고 보았기 때문이다.

양명도 앞에서 지적한 대로 그의 초등교육의 대의를 나타내는 글에서 당시의 교육이 과도하게 지적 교육과 책공부로만 흐르고, 아이들의 감성과 의지, 예절을 몸으로 익히는 것 등을 통한 신체의 건강과 도덕적인 자발성을 기르는 교육과는 거리가 멀다고 비판하였다.[73] 양명에 따르면 아이들의 감정은 놀기를 좋아하고 구속받는 것을 싫어한다. 그러므로 마치 싹을 틔우기 시작하는 초목처럼 그들을 자유롭게 놓아 두면 잘 자라지만 억지로 비틀거나 방해하면 잘 자라지 못하고 말라죽는다. 그러므로 아이들을 가르치려면 반드시 그들이 나아가려는 방향을 따라서 격려해 주고, 마음속으로 기쁘고 즐겁게 해 주어서야 스스로도 멈출 수 없을 정도로 피어날 것이라고 한다.[74] 이 맥락에서 양명은 노래 부르기와 시 배우기 수업을 중시하는데, 그것은 단지 아이들의 의지를 돋우는 것뿐 아니라 그들이 고함치고 뛰노는 일을 노래하고 시 읊는 것을 통해서 발설케함으로써 속에 억눌려 있고 맺혀 있는 것을 풀어주고 자유롭게 해 주기 위한 것이라고 밝힌다.[75] 즉 아이들의 감정을 순화하는 일을 말하는데, 이 감정이 순화되지 못할 때 바른 의지와 인식, 자발적인 행동이 나올 수 없다는 것이다. 그래서 양명은 감정의 순화가 아이들 교육의 기초가 되어야 함을 말한다.

양명은 또한 몸으로 예절을 익히는 활동을 중시하는데, 그것은 단지 그들의 품행을 고상하게 해 줄 뿐 아니라 예의를 따라 나가고 물러가고 응대함으로써 그들의 혈액순환을 원활히 해 주고 절하고 일어나고 몸을 굽히고 펴고함으로써 그들의 근육과 뼈를 단련시킨다고 한다. 또한 그에 따르면 아이들에게 책 읽는 것을 가르치는 일은 단순히 그들의 지식만을 확장해 주는 일이아니다. 그것은 페이지와 문단을 반복하면서 집중력을 키워주는 일이고 그들의 의지를 길러주는 일이다. 이러한 모든 교육 프로그램들은 결국 아이들의 의지를 순조롭게 인도해 주고, 그들의 성정(性情)을 바로잡아 주며, 속에 있는 나쁜 생각들을 말없이 변화시켜 주고, 그리하여 그들로 하여금 어렵다는 생각 없이 저절로 예와 의(義)에 다가가고 중화(中和) 속에 자연스럽게 잠길 수있도록 만드는 것이라고 한다.[76] 이러한 지적에서야말로 어떻게 양명이 감성으로서의 판단력 교육을 중시했고 그것과 더불어 의지 교육을 중시했으며, 그것들이 지적 교육 이전에 어린이들 교육의 기초가 되어야 함을 강조한 것이 드러난다. 왜냐하면 그 능력들이란 바로 인간 활동의 기초이고, 자연스럽게 행위에로 이끌어주는 토대이기 때문이다.

우리는 자신이 좋아하는 것을 행할 때 가장 자연스럽게 힘 안 들이고 온전하게 행할 수 있다. 판단력(취미)과 양지를 확장시키는 일은 우리의 좋아할 수있는 능력, 아름다움을 느낄 수 있는 감수성을 기르는 일이다. 그러므로 행위를 잘 할 수 있는 인간을 키우기 위해서는 이 미적 감수성으로서의 판단력과양지를 기르고 감정에 맺힌 것들을 풀어주어서 그것을 순화시키고, 그래서대상이 그 앞에 왔을 때 그 자체로서 아름답게 현현될 수 있도록 해야 한다. 아렌트도 양명도 모두가 시를 썼으며 시인들을 무척 좋아했고, 시와 예술의정치적 속성과 기능을 잘 알고 있었다. 아렌트는 다시 지적하기를 시의 정치적 기능이란 아리스토텔레스가 가르쳐 주듯이 우리 마음의 감정을 순화

(catharsis)시켜서 판단을 비로소 가능케하고 거기서 행위가 나올 수 있도록 하는 것이다.[77] 사적 욕망에 사로잡힘이 없이 세상을 그 현현의 아름다움으로 전해주어서 우리로 하여금 세상과 다시 화해하게 하는 것을 말한다. 그래서 우리도 이 세상을 사랑하게 하고, 그런 의미에서 시인 · 역사가 · 소설가(storyteller). 이야기꾼들은 우리의 감정의 순화, 판단력과 양지의 확장과 확충을 위해 역할을 하는 사람들이다.[78]

이것은 유교적 맥락에서 우리의 일곱 가지 감정이 일어났을 때 그것들을 잘 관찰하고 살펴서 과하거나 부족함이 없게 하고, 사적 욕망으로 물들지 않게 하여서 우리 마음을 화(和)의 상태로 순화하는 일을 돕는 일과 다르지 않다. 양명은 우리 칠정의 감정도 포괄하는 양지의 강조를 통해서 이 칠정을 그냥 억누르거나 부인하려고 하지 말고 그것을 잘 길들여서 순한 것이 되게 하는 일이 치량지의 중요한 일임을 밝힌다. 그는 '생각에 사특함이 없다'(思無邪)라는 말이 『시경(詩經)』의 시 삼백 편의 정신을 어떻게 모두 드러낼 수 있겠느냐는 제자의 질문에 그 말은 『시경』의 시 삼백 편뿐 아니라 더 나아가서 육경의 모든 경서가 결국 이 말을 뜻하는 것이라는 의미를 밝혀준다고 답한다.[79] 결국 우리 마음의 감정을 닦는 일이야말로 공부에서 가장 기초가 되고 판단력과 양지가 우리 인식과 활동의 출발점이 되는 것을 밝힌 것이라고 하겠다. 이런 맥락에서 아렌트의 판단력 확장과 양명의 치량지의 교육은 우리 아이들 교육에 있어서 한편으로 시와 음악교육, 예술교육과 취미교육 등을 강화시키는 일을 가르쳐준다.

(2) 직관적 공감력(common sense, 惻隱之心/仁)으로서의 판단력과 양지와 아동교육

아렌트와 양명이 파악한 판단력과 양지의 두 번째 특성은 그것들의 "사심 없음"(disinteressness)과 "불편부당함"(impartiality) 등이다. 이것은 원래 우리 마음

의 순수한 상태로서 어떤 사적 욕망에 사로잡힘이 없는 것을 말하며, 자아가 중심이 아니라 세상이 중심이고 어떤 목적에 사로잡힘이 없이 여기·지금의 평안함(Gelassenheit, carelessness)으로 있는 것을 말한다. 그런데 사람의 마음이 어떻게 하면 이런 상태로 될 수 있을까? 그것은 어린 시절 아직 세상과 본격적으로 만나기 전에 온전하게 자기 자신으로 존재해본 경험으로 가능하고, 그 반대로 한 번도 자신이 세상의 중심이 되어 본 적이 없는 아이, 항상 혹독하게 미래의 과제와 목표에 휘둘려서 온전히 현재에 살아 보지 못한 아이는 그렇게 자연스럽게 사심 없음과 공평함의 평안함에 도달하기 힘들다는 것이다. 아렌트에 따르면 서구는 특히 19세기 이후 제국주의 시대 이래로부터 심한 목적주의에 사로잡혔다. 전(全) 대륙적으로, 전사회적으로, 그리고 가정적으로 부와 명예와 성공의 목적을 위해서 현재를 희생하고 미래를 위해서 살아왔으며, 그 목적의 달성을 위한 혹독한 과정에서 제일 피해를 입는 사람은 노약자, 이방인, 어린이들이었다. 이 시기에 살았던 히틀러의 아버지는 의심 많은 출생과 가난, 외로움을 겪고 고된 노력을 통해 자수성가해서 국가공무원이 된 사람으로서 가정에서 복종을 가장 중요한 생활수칙으로 삼았던 전제군주 같은 사람이었다고 한다. 이러한 아버지의 둘째 부인의 넷째 아들로 태어난 히틀러는 어린 시절 학업 성적과 훈육을 이유로 거의 죽일것 같이 때리는 아버지의 매질을 받고 자랐고, 그런 히틀러를 위해서 어머니는 아무것도 해 줄 수가 없었고, 그녀 역시 그 아버지 앞에서 철저히 약자였다고 한다.[80]

　　비슷한 시절에 나서 자란 스위스의 작가 헤르만 헤세의 자전적 소설『수레바퀴 아래서』는 어떻게 한 아이가 그 부모와 그를 배출한 마을과 또한 허영심에 가득 찬 교육자들의 목적주의로 인해서 마치 "수레바퀴 아래에" 끼인 것처럼 무섭게 학업만 강요당하다가 죽어갔는지를 잘 그려주고 있다. 오늘 우리 사회에서의 모습과 크게 다르지 않다. 루소는 그의 『에밀』에서 '자기애'와 '이기심'을 구별했다. 그러면서 온전히 자신만을 위해 존재하는 자연인인 유아 시절에 자기애가 충족되지 못한 아이는 나중에 남을 위해서도 존재할 수 없다고 한다. 그런 사람은 전 생애를 통해서 두 개의 힘과 싸우는데, 그 두 개의 힘 사이에서 방황하면서 자신과 일치하지 못하고 결국 자기를 위해서도 남을 위해서도 이바지하지 못하고 생을 마감할 뿐이라고 한다.[81]

의무와 과제와 미래의 목표에로 내몰리기 전에 아이들은 충분히 여기 지금 현재에서 살 수 있어야 하고, 현재에서 항상 여유를 가지고 힘이 남아서 주변을 돌아볼 여유가 있고 그래서 그 주변과 자연과 세상의 아름다움을 발견하고 기뻐하고 즐거워할 수 있어야 한다. 그때 발견한 세계와 자연을 그는 사랑하기 때문에 그 사랑하는 대상이 영원히 존재하기를 바라고, 그 사랑하는 존재를 위해서 그는 기꺼이 자신을 던질 수 있다. 여유를 가지고 있을 때 대상을 찬찬히 볼 수 있고, 다른 사람의 시각에서 볼 수 있으며 그의 상황을 상상해 볼 수 있다. 그래서 편파적이지 않을 수 있고 무엇이 아름답고 역겨운가, 무엇이 옳고 그른가를 판단할 수 있다. 그래서 교육의 본질은 기다림이라고 한 루소나 페스탈로치의 이해는 매우 타당하다. 『수레바퀴 아래서』의 한스는 그렇게 공부로 내몰리기 전에 풀을 말리던 일, 토끼하고 놀던 일, 낚시질을 가서 강가에 누워 있던 일, 불을 지펴 감자를 굽던 일들을 다시 해 볼 수 있기 위해서 여유가 생기기를 간절히 원했지만 그의 주변은 그를 더욱더 학습에로 몰아갔고, 결국 거기서 그는 신경병에 걸리게 되고, 아무것도 판단하지 못하는 우왕좌왕하는 아이로, 나중에는 어떤 것도 배울 수 없는 화석 같은 아이가 되어서 결국 죽음을 택했다.

양명은 당시 일반적인 어린이 교육이 날마다 오직 글귀를 읽고 과거시험

답안 쓰는 연습만을 시키고 있다고 비판한다. 그들에게 몸가짐을 잘 할 것을 요구하면서도 예절로써 인도할 줄 모르고, 총명할 것은 추구하면서도 선한 길을 가르쳐 줄 줄 모른다고 지적한다. 그들을 줄로 묶고 매질을 하여 마치 죄수처럼 다루니 학교 가는 것을 감옥 가는 것처럼 싫어하고, 선생이나 어른 보기를 마치 원수처럼 여긴다고 양명은 지적한다.[82] 이러한 싫은 감정을 감추고 더 놀고 즐기려고 거짓말하고 속이게 되어서 결국은 나쁜 아이들이 되고 만다고 하는데, 어떻게 그러한 강제와 억지, 주입식 교육에서 다른 아이들이 나오기를 기대하느냐고 반문한다.

그래서 양명은 강한 어조로 아이들 각자의 타고난 능력에 주의하라고 권고한다. 한 아이가 만약 200 단어를 배울 수 있는 능력이 있으면 100 단어만 가르쳐주어서 항상 에너지와 힘이 남아 있게 하는 것이 좋다고 한다. 그럴 때만이 그 아이가 즐겁고 쉬운 마음으로 공부에 임할 수 있고, 그래야만 나쁜 행동에 마음을 두지 않기 때문이다.[83] 즉, 양이 문제가 아니라 얼마나 온전히 배웠는가가 중요하다고 강조하는데, 그래서 아이들이 글을 소리 내어 읽을 적에도 단지 거기에 그치는 것이 아니라 마음을 오로지 하여 그 뜻을 반복해서 되새기며 리듬과 목소리도 잘 맞도록 하라고 권고한다. 양명은 "공부란 언제나 상쾌한 마음을 유지하는 것"(常快活, 便是工夫)이라고 했다. 또한 마음의 본체를 '희' (憙)와 '낙' (樂)으로 이해하면서 제자들과 함께 즐거운 시간을 보내도록 노력하였다.

이러한 모든 이야기들은 아이들의 교육에서 너무나 학교 공부에로만 몰아치며 미래의 과제와 의무로만 밀어 넣는 교육법에서 벗어날 것을 강하게 요청한다. 대신 아이들에게 여유를 돌려주고, 현재에 살게 하고, 그래서 기쁨과 힘을 회복하게 하면서 주변을 돌아볼 수 있게 할 때 아이들의 판단력과 양지의 사랑하고 동정하는 감정과 공감력이 살아난다는 것을 가르친다. 사심 없이 편벽되지 않고 자신들이 사랑하는 것을 선택할 수 있는 아이, 그것을 위해 행위할 수 있는 힘을 가지고 온전히 자신이 되어서 이웃과 자연과 더불어 살아갈 수 있는 인간 교육을 말하는 것이다. 따뜻한 마음의 공감력을 잘 전개시키도록 하고, 반성과 사고를 위해서 여유를 주는 것, 아이히만이나 히틀러와 같은 사람을 내지 않는 지름길이다.

(3) 공통감적 상상력(imagination, 勇)으로서의 판단력과 양지와 아동교육

아렌트는 줄기차게 판단력의 공통감각(상식)적 차원을 강조하였다. 이것은 우리가 앞에서도 지적했지만 결국 우리의 탄생성과 판단력이란 나 홀로 확장할 수 있는 것이 아니라 공동생활 속에서, 인간 간의 관계 안에서 타인의 존재가 전제되어야만 가능한 일임을 일깨워 준다. 교육은 무엇인가를 보호해 주어야 한다는 점에서 보수적이어야 한다고 말했던 아렌트는 오늘날의 현대 교육에서의 일반적인 추세와는 달리 교사와 전통과 종교의 권위를 중시한다. 이것은 다음 세대의 교육을 그저 그들 자신 그룹 속에 던져 두거나 기성세대의 인도함 없이 그 세대들 간의 일로 놓아두어서는 안 되고 반드시 책임 있는 기성세대의 인도가 따라야 한다고 보기 때문이다. 그녀에 따르면 자라나는 세대의 판단력은 과거와 전통에서 이미 실행되었던 판단력의 예들을 배우고서 거기에 비추어서 자신들의 새로운 가능성을 실험해 보는 방법을 통해서 확장된다. 따라서 교사들은 기성세대의 대표자로서 이미 있었던, 그리고 현존하는 세계를 소개해 주는 중요한 책임을 맡고 있다. 또한 그들은 그것을 통해서 "이 세계를 지속시키는 데 대한 책임"도 지고 있는 것이라고 한다.[84] 교사의 권위는 이 책임에서 나온다고 하는데, 아렌트는 오늘날 20세기 대중의 사회는 책임의식의 부재가 그 특징이라고 하는바 바로 어린이의 세기라고 하면서도 가정과 학교와 사회에서의 책임의식의 부재로 "교육에서의 위기"를 말하지 않을 수 없다고 밝힌다. 권위(authority) 없이 살고 전통없이 산다는 것은 삶의 어떠한 기준과 모델도 없이 현재에서 다시 완전히 새롭게 시작해야 하는 것이므로 인간 인식과 행위의 기초가 되는 판단력이 공통감이라는 데서도 드러나듯이 그것은 허구라는 것을 알 수 있다. 따라서 아렌트는 다시 종교, 전통, 권위의 로마적 삼중주를 말하고 그것이 정치적 삶뿐 아니라 새로운 세대의 교육을 위해서도 필수불가결한 요소임을 밝힌다.[85]

인간의 양지를 단순히 지적 감수성이나 감각만이 아니라 인간 공동 삶의 구체적인 덕목인 인의예지(仁義禮智) 또는 그것들의 뿌리(사단: 측은지심, 수오지심, 사양지심, 시비지심)로도 파악하는 양명은 자신의 치량지가 물론 경전 공부 등의 지적 공부를 무시하는 것은 아니지만 그 핵심은 바로 도덕적 실천, 구체적인 삶에서의 인간다움의 실행에 있다고 누누이 말한다. 이러한 관점에서 양명은 앞의 초등교육의 개선을 위한 제언에서 어떠한 교육 내용보다 도덕 실천의 교육을 강조한다. 그는 매일 아이들이 학교에 오면 그들이 집에서 얼마나 부모를 사랑하고 어른을 공경하는 마음을 진실하게 가졌는지, 예절과 말과 행동, 마음가짐에 있어서 거짓이 없었고 편벽되거나 독실하지 못하지는 않았는지를 묻는 일로 제일 먼저 학교생활을 시작하라고 권고한다. 그러면 학생들은 거기에 대해서 사실대로 대답하도록 힘써야 한다고 강조한다. 그의 대답에 따라서 교사는 간곡히 가르치고 아이들이 이 가르침을 깨우쳤을 때에야 조용히 물러가서 다른 공부를 할 수 있게 하라고 조언한다. 오늘날의 시각에서 보면 자칫 경직된 도덕교육이 아닌가 하는 의심도 갖게 하지만 그러나 양명에 따르면 부모를 섬기고 어른을 공경하여 사람 간의 관계를 성실히 하는 것을 배우는 도덕교육이야말로 모든 다른 공부에 비해 우선이 된다. 그래서 그는 아이들의 예의와 몸가짐을 점검하는 날에는 과거시험 글짓기 공부를 면제시켜 줄 것을 권고하고, 예의 공부를 위해서 규칙적으로 모든 학생들을 모아서 함께 모여 실행하라고 권한다.

양명은 자신의 치량지의 공부법을 맹자의 개념을 빌려서 '항산'(恒産, always doing something)으로 표현하기도 했다. 이것은 결코 지적 공부와 실천, 과거시험 공부와 사회적 책임, 책 읽는 것과 일상의 일들이 서로 나뉘는 것이 아니라 그와 같은 모든 일들 가운데서 24시간 자는 동안에도, 일생 동안 오직 우리의 양지가 그때 그때마다 대상과 일을 만나서 잘 발휘될 수 있도록 확충하는 공부라는 의미라고 설명한다.[86] 이것은 마치 18세기 유럽에서의 페스탈로치가 일생 동안의 자신의 교육적 탐구의 결론을 한마디로 "삶이 곧 교육이다."(Das Leben bildet)라고 한 것을 상기시키고,[87] 아프리카 속담에 '아이 하나를 키우려면 마을 전체가 필요하다.'(It takes a village to raise a child)라고 한 지혜를 생각나게 한다. 즉 진정한 교육이란 삶과 동떨어져서 일어나는 것이 아니라 삶의 한가운데서 그 삶에서 같이하는 다른 사람들과의 관계 안에서 일어나는 일이라는 사실을 밝혀준다.

한편 이와 유사한 지혜를 우리는 아렌트의 관객(spector, 관찰자)의 이해에서도 들을 수 있다. 그녀가 그렇게 행위와 행위자(actor)를 중시했음에도 불구하고 결국 우리 삶의 의미에 있어서 결정적인 열쇠는 '관객'(spector)이 가지고 있다고 보는 것이다.[88] 그녀에 따르면 천재(genius)와 행위자(actor or maker)가 위대한 것을 만들고 아름다운 것을 발견하여 그것을 전달할 만한 것(communicable)으로 만들어서 우리에게 보여주지만, 그러나 그것을 알아주고 판단하는 다수의 관객(spector)이 없이는 결코 그들의 위대성과 아름다움도 드러날 수가 없다고 한다. 따라서 인간 삶과 역사에서 결국 의미의 열쇠를 쥐고 있는 것은 판단자인 관람자라는 것이다. 그녀에 의하면 행위자는 사실 진정으로 자발적이지 않고 자유롭지 않다. 왜냐하면 그는 명성이나 자신의 행위를 판단하는 판단자들의 시선으로부터 완전하게 자유하기 어렵기 때문이다.[89] 또한 공론의 영역은 관객의 비판과 판단에 의해서 만들어지는 것이지 행위자나 창조자에 의해서 만들어지는 것이 아니라고 보는데,[90] 그런 의미에서 아렌트에게도 더 중요한 것은 행위자보다는 판단자인 '관객들'이고, 위대한 지식보다는 '상식'이며, 공동체의 삶에서 이루어지는 '공통감'이다. 아렌트는 여기서 확장된 의식, 공평무사하고 개인의 사적 이익이나 명예로부터 자유로워야 한다는 수칙을 가지고 있는 관객의 의식은 다시 "다른 관객들"의 판단을 염두에 두어야 한다고 지적한다.[91] 이렇게 함으로써 그녀는 공통감에서의 다수성의 조건을 강조하는데, 그녀에 따르면 칸트에게서의 관객은 다수(in the plural)이지만 헤겔에게서의 관객은 단수(in singular)로 나타나고, 그 단수도 절대정신의 철학자인 헤겔 자신이 된다고 지적한다. 그렇게 함으로써 다시 한 번 헤겔 철학의 독재성과 역사주의를 비판하고자 했다.[92]

관객으로서 판단력을 가지고 상식을 가지고 아름다움을 봐 주고, 무엇이 인간적인가하는 판단으로 이 세상에 계속 존재해야 할 것을 사심 없이 구별해 낼 수 있는 사람들, 이 사람들이야말로 비록 천재나 위대한 행위자는 아니지만 진정한 자유인으로서 세상을 유지하는 근간이 됨을 밝힌 것이다. 세계를 전체주의의 폭압으로부터 구할 수 있는 가장 확실한 길은 이러한 상식을 가지고 있고 온갖 실리주의로부터 자유로운 관객들을 많이 배출해 내는 일이다. 또한 거기서의 상식이란 인간 간의 관계가 아니고서는 길러질 수 없는 것인데, 그 인간 간의 관계에서 길러진 인간적 덕목이 바로 상식의 내용이고, 판단력의 내용인 것을 잘 드러내 준다. 이러한 성숙한 자유인과 판단력의 인간에로 자라날 수 있도록 아이들에게 여유를 주고 따뜻하게 대하고 공동체 안에서 잘 이끌어주는 것, 이것을 통해서 두 사상가 양명과 아렌트는 인간문명의 근본적인 치유방식을 제시한 것이다.

어떤 스페셜리스트도 아니므로 그들 존재의 유용성에 대한 시비는 항상 있어 왔지만 제너럴리스트로서 진정한 자유인이 되어서 세상을 판단해 주는 인문학자들, 철학자들, 이들의 공통감이 없이는 아름다움이 보존될 수 없고 세상이 그 자체로서 지속될 수 없으며 이 세계는 온통 실리주의의 잣대 앞에서 사라지게 되고 잉여물이 되어 버릴 것이다. 일상의 삶과 공동체의 삶에서 길러지는 상식, 인간 간의 관계맺음에서 기초적으로 길러져서 전 우주의 대상에 대한 사랑으로 확장될 수 있는 공통감, 이 공통감에 대한 희망과 신뢰로 아렌트와 양명은 인간의 또 다른 조건인 사멸성도 무심하게(careless) 받아들일 수 있었다. 그래서 양명의 임종 시 남긴 마지막 말은 "내 마음 광명하도다. 이제 무슨 말을 더 되풀이하겠는가?"(此心光明, 亦復何言)였고, 아렌트는 예루살렘의 아이히만에 관한 보고서로 큰 어려움에 처해있었을 때라도 그 시대의 위대한 판단자로 평가받는 로마 교황 요한 23세에 대한 글을 쓰면서 그가 임종 시 한 말 "Everyday is a good day to be born, everyday is a good day to die." (모든 날이 태어나기에 좋은 날이고, 모든 날이 죽기에 좋은 날이다)를 "그의 가장 위대한 말"로 삼을 수 있었다.[93]

5. 우리 시대의 교육적 전체주의에 맞서서

아렌트는 그녀의 『전체주의의 기원』에서 우리는 다시 언제나 새롭게 전체주의의 위협을 받을 수 있다고 경고하였다. 그녀의 말이 예언이라도 되듯이 21세기 오늘 세계는 다방면으로 다시 거대 세력들의 전체주의적 기도 앞에서 떨고 있으며 우리 주변의 일상적인 삶에서도 상황은 그렇게 다르지 않다. 이 중에서도 오늘날 한국 사회에서 목도되는 교육적 전체주의의 위협은 가공할 만하다. 교육이 온통 실리주의의 도구가 되어서 아이들이 모든 것을 할 수 있어야 하고, 모든 것이 되어야 하며 그래도 안 되면 그 교육자들에 의해서 "전체주의적 해결"(totalitarian solution)의 희생자가 되는 것이 현실이다. 기러기 아빠, 대입성적을 위한 자퇴, 초등학생의 어린 나이에도 불구하고 새벽이 되도록 불야성을 이루는 입시학원가를 배회해야 하는 현실, 이러한 모든 현실들이 바로 그 증거들이다.

대학도 온통 실리주의의 각축장이 되어서 누구라도 언제든지 잉여자가 되어서 뿌리 뽑힐 수 있다. 이러한 상황에서는 많은 사람들이 "최종적 해결"(final solution)에 대한 유혹을 떨쳐버리지 못하는데, 그것이 자살, 가출, 가족해체, 도박 등의 여러 가지로 나타지만 교육은 특히 인간의 자연과 관계하는 일이기 때문에 그 자연을 건드리려는 교육에서의 전체주의적 시도는 더욱 위험하다.[94] 아렌트는 지적하기를 자연은 "고쳐지는 것"(changing)이 아니라 "파괴될 뿐"(destroying)이라고 했다. 그래서 자연(性, nature)인 것이고, 그 '자연'(性)의 뜻풀이는 바로 '살려는' 또는 '살리는'(生) '마음'(心)으로서 여기에 반하는 모든 죽이는 전체주의는 따라서 자연에 반(?)하는 것이다. 이 자연의 조건을 겸허히 인정하는 것, 이 겸양의 덕목이 어느 때보다도 소중한 것 같다. 그래서 비관주의도 말고 낙관주의도 말고 매순간의 일(die Sache des jeden Augenblicks)로서 다시 우리의 책임을 다하라는 책임의 원리(das Prinzip der Verantwortung)가 생각난다. 아렌트와 양명이 전해주는 가르침도 이와 크게 다르지 않다.

· 제1장 ·
성(性)과 가족,
그리고 한국 교육의 미래

1. 전통 가족의 해체와 한국 교육

오늘 우리 시대에 몸과 가족이 문제가 되었다. 어른이나 아이 할 것 없이 여성과 남성의 구분을 떠나서, 사는 지역이나 계층에 상관 없이 오늘 모두에 게 성(性)과 몸, 가족과 가정이 크게 문제가 되었다. 이 주제와 관련하여 지금까지 과거로부터 전해져 오던 가치와 의미들이 크게 흔들리면서 우리 모두 가 우왕좌왕하고 있다.

지금까지 전통적으로 여성의 일, 사적 영역의 일, 개인적인 선택과 취향의 일로만 여겨지던 성(性)과 몸, 가족과 가정의 일이 이제 여남의 구분을 떠나서 모두의 일로 등장하였다. 또한 몸의 일이 단지 생물학적인 신체의 차원에만 관계되는 것이 아니라 우리 삶 전체와 관련되는 일임이 드러났다. 더불어 가 족과 가정의 일이 사적 영역이나 감정 영역의 일만이 아니라 국가 사회적으 로 정치와 관련되고 경제와도 크게 관련 된다는 것이 자세히 밝혀지고 있다. 그럼에도 불구하고 한국 교육에서 그러한 일들이 교육적 주제로 다루어지지

못하고 있다.[1]

산업사회에서 가정에만 묶여 있던 여성들이 다시 집 밖으로 나와서 공적 의무들을 수행하게 되면서 지금까지 나뉘어 있던 이 두 영역의 일을 조화시키려고 무척 고생하고 있다. 여성들은 여기서 아무런 사회적인 인도나 도움을 받지 못하고 혼자서 개인적으로 씨름하고 있다. 그렇다고 해서 남성들의 삶이 편안한가 하면 전혀 그렇지 못한 것을 우리들은 잘 알고 있다. 자신들의 감정과 몸, 가족과 가정의 삶과 더불어 인간적으로 교제하는 것을 배우지 못한 남성들은 오늘날 더 어려운 상황에 빠져 있는 것으로 보인다. 이러한 상황 속에서 가속도로 해체되어 가는 전통 가족의 삶과 이미 심각해진 저출산으로 앞으로 2–30년 후 한국의 국가 존립이 심하게 위협을 받을 것이라는 이야기가 들리고, 이러한 전통 가족의 해체 속에서 가장 타격을 입는 것은 아이들과 노인들인 것은 자명하다. 이렇게 성과 가족이 우리 삶에서 매우 중요한 주제인데도 오늘의 학교는 거기에 대해서 아무런 실질적인 가르침도 주지 못하고, 그러한 학교는 더 빠른 속도로 외면당하고 있다. 요즈음 대안학교의 '대안'이라는 말이 무색할 정도로 각 지역에서 다양한 형태로 생겨나고 있는 대안교육의 보편성은 성(性)과 몸, 가족과 가정의 주제가 우리 교육의 중심적 주제가 되어야 함을 또다른 측면에서 지시하고 있다.

근대 이후 인간적 삶의 전개를 의미있게 해석하고 있는 한나 아렌트는 근대 산업사회 이후 인간의 삶을 사적 영역에 대한 관심이 공적 영역에 대한 관심을 모두 삼켜 버려서 공공의 삶이 파괴된 모습으로 그리고 있다. 그런데 여기서 왜 이렇게 현대인들이 사적 영역의 일에만 몰두하게 되었는가를 생각해 보면 그것은 한편으로 바로 위에서 지적한 대로 우리 모두에게 중요하게 된 성(性)과 몸, 가정과 경제적 자립 등의 문제가 공적으로 논의 되지 못하고, 또한 우리 교육에서도 공적인 배움의 과정으로 자리 잡지 못하기 때문이라고 할 수 있다. 여기서 문제 파악과 해결이 모두 개인들에게 넘겨져서 사람들은 그것들과 씨름하느라고 힘들어하고 있는 상황을 말한다. 그러므로 한국 교육이 지금까지 여성의 일이었고 사적 영역의 일일 뿐이라고 터부시하며 다루지 않았던 성(性)과 몸과 가족의 일을 보다 진지하게 공공 담론의 일로 삼으면서 다루어 나가야 한다고 본다. 한나 아렌트도 나름의 사적 영역을 확보하지 못한 사람은 결코 공론의 영역에 등장할 수 없으며 공적 관심을 자신의 관심으로 가질 수 없다고 지적했다.[2]

본 연구는 이상과 같은 사고의 맥락에서 앞으로 한국 교육철학이 나아갈 방향과 과제를 우리 성과 몸, 그리고 가족과 관련하여 살펴보고자 한다. 오늘날 인간 공동의 삶이 근원에서부터 도전 받고 가장 자연스럽게 수고 없이 얻어진다고 생각했던 가족 공동의 삶이 급진적으로 해체되어 가고 있는데, 여기서 학교도 더 이상 안전하게 확보된 공동 삶의 장이 아니게 된 상황에서 어떻게 하면 자라나는 세대들에게 여전히 공동삶의 기회를 주고 거기서 공공적 삶에의 능력을 길러줄 수 있을까를 탐색하려는 것이다. 그래서 사적인 개인의 삶도 마침내는 훼손한다는 공공 영역의 해체를 막을 수 있을까를 모색해 보고자 하는 것이다.

이 일을 위해서 먼저 한국 교육철학학회가 그동안 어떻게, 어느 정도로 이 주제를 다루어 왔는지를 살펴볼 것이다. 다음으로 이 주제에 관한 논의가 오늘날 학문 분야에서 어느 정도로 전개되어 있는지를 볼 것이다. 마지막으로 그렇다면 오늘의 변화된 상황에서 특히 교육철학의 입장에서 왜 우리가 가정과 가족, 공동체적 가치를 끝까지 놓치 말아야 하는지를 탐색해 보고자 한다. 사실 이 주제는 매우 통합학문적이다. 또한 오늘날 상황 속에서 이 주제에 대한 논의는 합의보다는 해체가 오히려 더 많은 힘을 받고 있기 때문에 본 탐구가 자칫 관념적이고 허구적으로 보일 수 있다. 그럼에도 불구하고 이 주제야말로 우리 삶과 정치, 교육의 모든 일들 가운데 가장 기초적이고 근본이 되는 일이라고 생각하여 나름대로 진단과 제안을 시도해 보고자 한다.

2. 한국 교육철학 담론 안에서의 성(性)과 페미니즘, 그리고 가족(가정)

1977년 『교육사교육철학(教育史教育哲學)』이라는 이름의 창간호를 발행한 이래로 2004년까지 32집이 나와 있는 한국 교육철학회의 『교육철학(教育哲學)』 안에는 대략 15편 내외의 성(性)과 페미니즘 또는 가족과 가정교육과 관련한 주제의 논문들이 있다.[3] 이것은 그 주제의 범위를 매우 포괄적으로 넓혀서 셈한 것일 뿐 실제로 좁은 의미에서의 (여)성해방적인 의식에서 쓰인 논문을 찾는다면 그 수는 훨씬 적어진다. 70년대 교육철학에서 페미니즘적 의식의 자각은 거의 찾아볼 수 없다. 이 현상은 거의 80년 대 말까지 이어져서 이때 정도 되면 한국의 일반적 지적 풍토는 많이 달라져 있지만 교육철학계는 거기에 대해서 여전히 침묵에 가까운 반응이다. 손규복은 「한국 여성교육 사상에 관한 연구-유학자의 여성관을 중심으로」를 썼고, 전영배는 「한국 가정의 교육 이념 연구-가훈을 중심으로」와 「구한말의 가정교육관」을 썼지만 이 글들은 여전히 전통의 공사 구분적이고, 여남과 가정·사회 이분적인 사고와 가치의식 속에서 쓰인 것들이다.

암울했던 80년대를 지나고-이러한 정치 상황을 반영하듯 교육철학회는 82년의 5호 이후 88년에 가서야 제6호를 내게 된다- 90년대 들어서야 교육철학회에 성해방적인 여성의식이 반영된 글들이 보인다. 정선이는 90년 제8호의 「주역의 여성관과 교육관에 관한 고찰」이라는 글에서 지금까지 한국 교육이 여성들을 지적 교육에서 배제시켰다고 보고, 그 배제의 원인을 바로 『주역(周易)』의 여성 비판적인 음양 사상이라고 분석해 냈다. 그런데 한국 여성들이 자신들의 성억압적 상황을 인식하며 제일 먼저 비판하는 것이 바로 유교전통인데 정선이도 이러한 일반적인 모습과 다르지 않게 유교 세계관의 기초인 주역의 음양사상을 분석하며 거기서 비판점을 찾고 있다. 그녀는 특히역(易)의 지식관이 지(知)를 정치와 다스림과 관계 있는 것으로 보기 때문에 그다스림의 대상인 여성은 지식과 관계없어야 한다는 논리를 펼친 것이라고밝힌다.[4]

1992년 『교육철학』제11호에 조경원은 이러한 유교 세계관을 깨고 나온 대표적인 여성 선각자에 대한 연구인 「우월(又月) 김활란(金活蘭)의 교육사상 연구」를 싣는다. 이 글은 원래 한국 교육 사상가 연구의 특집 속에 포함된 글인데 여성 사상가로 유일하게 김활란이 다루어졌다. 당시 이 논문의 논평자이었던 본인은 기독교 여성교육가로서 뛰어나게 활동했던 우월 김활란의 삶과사상에 대해서 조 교수가 분석한 것에 대해서 깊게 동감했지만 한 가지 질문을 던졌다. 즉 우월 김활란의 종교가 우리 민족 전통과 연결된 것이 아니라온전히 서구 기독교의 영향으로 일색된 것이었기 때문에 거기에 바로 그녀의 민족적인 한계가 놓여 있는 것이 아닌가 하는 것이었다. 이 질문에서도 나타나듯이 나는 한국 유교 전통에 대해서도 그것이 여성 억압적이고 성 비하적이었다고 하더라도 그것을 모두 거부하고 버릴 것이 아니라 새롭게 관계맺는 방식을 찾아야 한다고 보는 입장이다. 그 유교 전통이 특히 가정과 가족을 중시하고 교육으로 그 사상의 핵심을 풀어낼 수 있는 것이라면 한국의 여성교육가들이 그렇게 간단히 처리할 수 없는 문제라고 본 것이다.[5]

1993년 교육철학회는 "포스트모더니즘과 교육철학적 대응"이라는 특집을마련했는데, 나는 여기서 「포스트모더니즘과 교육, 그리고 페미니즘」이라는글을 썼다. 그것은 페미니즘을 건설적 포스트모더니즘의 한 유형으로 보면서 앞으로 포스트모던 사회에서 "동양적이고, 여성적이며, 교육적인 사고"가 더욱 증진될 것이고, 또한 그렇게 되어야 함을 역설한 것이다. 교육에서의 여성적 사고의 증진이란 가정적인 요소와 모성적인 요소가 새롭게 부각되어야 함을 말하는 것으로서, 이것은 바로 우리 삶의 기초적인 가치들이 여기서 얻어질 수 있다고 보았기 때문이다.[6] 다음 해 김현우는 "교육과 관료주의"라는 또 다른 특집에서 「여성적 교육실천을 통한 관료주의의 극복」을 다루었다. 이것은 70년대 이후 미국 대학에서 여성학 교육 과정이 발전되어 가는 과정을 살펴본 것인데, 이 과정 자체가 대학에서의 남성적 관료주의를 부수는 과정이었고, 또한 전투적인 남성 가치 중심적 지식 체계에 도전하는 역할을 한 것임을 보여주었다. 그러면서 저자는 당시 우리나라 대학들도 여성학 과목을 단지 여성 학문이거나 여자 대학에서만의 관심거리로 여길 것이 아니라 인간학의 한 영역으로 통합적으로 폭넓게 수용해야 하며, 그럴 때 21세기 미래가 열릴 것이라고 지적하였다.[7] 여성주의적 사고를 증진시킬 수 있는 여성학이라는 하나의 교육과정에 대한 교육학적 성찰이라고 하겠다.

1997년 제18집에 조경원은 「한국 문화의 현대적 변용과 여성교육의 과제–양성평등한 문화 발전을 위한 여성교육의 방향」이라는 논문을 냈다. 앞에서 보았듯이 70년대까지도 여성교육이라고 하면 여전히 전통적인 여성 부덕 교육과 관련된 것을 생각했다. 하지만 그 후 상황은 변하여서 여기서의 여성교육의 초점은 어떻게 하면 교육에서의 성적 불평등을 해소하고 앞으로 21세기 사회 속에서 뚜렷한 주체의식을 가지고 직업 능력과 더불어 고유한 윤리의식을 갖춘 사회적 리더로 키워낼 수 있는가 하는 문제였다.[8] 이러한 주장은 무척 당연하게 들렸고, 오히려 90년대 중반이 되었는데도–90년대라고 하면 한국에서도 여성학이라는 학문 영역과 페미니즘 의식이 매우 진척된 상황이라고 할 수 있는데–매우 원론적인 주장에 그치는 것이 아닌가 하는 인상을 주었다. 이것은 한국 교육학과 교육철학이 여성주의 담론과 아직 본격적으로 씨름하지 못한 형편을 나타내 주는 것이라고 생각한다. 일찍이 90년대 초반 이러한 여성학적 반성의 시도를 했던 유현옥의 연구는『교육철학』지에서는 1999년 제22집에 가서야 「여성학적 교육이론 가능성과 그 의미」라는 글로 다시 만날 수 있다. 여기서 그녀는 여성학의 논의가 그동안 널리 퍼지게 되었음에도 불구하고 교육적 논의에서 잘 받아들여지지 않는 이유로서 여성학의 의식화라는 학문방법론을 들었다. 즉 보다 가치중립적이고 객관적인 학문방법론을 선호하는 교육철학자들에게 여성학의 의식화 방법론이 잘 받아들여지지 않았다고 분석하는 것이다.

그녀에 따르면 여성학의 학문적 접근이란 인간 인식과 삶의 상황적 조건에 더욱 주목하는 것이다. 따라서 교육학에서 여성학적 접근 방식을 받아들인다고 하는 것은 인간 인지와 인식에 있어서 성차에 의한 왜곡을 더욱 들추어내고 우리 교육적 논의나 이론이 삶의 구체적 경험 내용과 실천과 더욱 관련을 맺을 것을 강조하는 것이다.[9] 많은 교육학자들이 이구동성으로 한국 교육이론이 삶의 실제와 정황과 많이 유리되었다고 지적한다면 이제부터라도 그 극복의 한 방안으로 여성학 내지는 여성주의와의 더욱 긴밀한 조우를 말할 수 있겠다. 한국 교육이론이 현실과 실천과의 대화를 게을리 하고 있다는 것은 1996년에 행해진 교육철학회의 특집 "교육개혁의 방향과 성격에 관한 교육철학적 진단"에서도 볼 수 있다. 당시는 이미 페미니즘 담론이 21세기 대표적인 학문 담론으로 등장했음을 누구도 부인할 수 없는 상황이었는데도 한국 교육철학회가 교육개혁에 관한 특집을 마련하면서 이 시각을 항목으로 채택하지 않은 것은 바로 그 뚜렷한 증거라고 할 수 있다.[10] 한국 교육과 교육철학이 모두가 현실에서 가장 심각하게 씨름하고 있는 문제를 외면하고 있는 것을 말한다.

특히 2000년대에 들어와서 각종 매스컴을 통하여, 또는 주변의 구체적인 만남 속에서 가정과 가족이 얼마나 급격한 해체의 과정을 겪고 있는지를 듣고 있다. 또한 성(性)과 관련하여 이제 더 이상의 전통적 타부는 가능하지 않고 성생활의 자립적인 주체가 한없이 확장되고 있는 것을 안다. 그럼에도 불구하고 이 긴급한 주제들과 관련하여 쓰인 논문들이 그렇게 눈에 잘 띄지 않는다. 2003년 제 29집에 김상섭은 「루소에 있어서 사적 가정교육과 공적 시민교육의 통합 문제」를 다루었다. 그러나 이 논문은 위에서 지적한 한국 상황에서의 가정의 문제와 공론 영역의 사라짐에 대한 문제의식과 접목되지 못했고, 단지 교육사상가 루소 개인에게서의 사상적 전개에 초점이 맞추어져 있었다. 제30집에서 하나의 반가운 논문을 만나는데 그것은 김대용의 「한국 교육에서의 성교육 문제」이다. 평소 저자의 관심대로 매우 실천적인 접근 방식을 취하는데, 먼저 제7차 교육과정에서 성교육이 어떻게 다루어지는가를 살펴보고, 다음으로 도덕교과에서 다루고 있는 성교육의 실제를 살펴보며 그것의 한계를 지적하고, 마지막으로 나름의 바람직한 성교육 방향을 제시했다.[11]

남성학자로서 이러한 주제에 천착했다는 것 자체가 반가운 일이고, 또한 중고등학교에서 사용되고 있는 교육과정과 교과서를 분석함으로써 매우 현실적인 분석과 제안을 하고 있는 것이 돋보였다. 그러나 내가 보기에 성교육 문제에 관한 교육철학적 논의는 인간의 성(性)과 몸, 그리고 정신 등에 관한 보다 통합적이고 가치지향적인 전망을 해 주어야 한다. 성을 래디컬하게 물화해서 그 신체적 기반을 분명히 밝혀 주는 것도 중요하지만 거기에만 그치게 되는 경우 성교육은 단순히 안전(safety)의 문제가 되어 버리고, 성적 삶에 대한 인간적인 의미나 정신적인 힘으로서의 관계의 지속성, 또는 내면적인 친밀성의 주제가 모두 탈각되어 특히 청소년들에게는 대안이 되기 힘들다고 보기 때문이다.[12] 한편 가족과 가정, 가정교육 등이 문제가 되면서 이런 주제들과 관련하여 다시 전통을 되돌아보는 시도들이 보이는데, 일찍이 정대련은 「아동기 효 교육의 조명-전통 동몽교재와 초등교과서에 나타난 효행을 중심으로」(『教育哲學』제13호, 1995.12)를 써 냈고, 최근에 신동은은 「『소학(小學)』의 교육적 원리 연구」(『教育哲學』제31집, 2004.2)를 썼다. 이러한 시도들은 모두 우리 교육에서 기초를 돌아보려는 시도이고, 생물학적으로도 X의 여성 염색체 없이는 어떠한 인간 존재도 탄생될 수 없음이 시사하듯이 여성적인 가치, 가정과 가족, 성과 몸의 차원에 대한 배려와 숙고 없이는 우리 교육이 제대로 기능하지 못하고 온전할 수 없다는 것을 다시 지적해 주는 것들이다.

오늘날 이 주제와 관련하여 현실은 너무나 달라져 있다. 이 달라진 상황이 모두를 당황스럽게 하고 허둥대게 하지만 한국 교육철학이 지금부터라도 이 주제를 보다 진지하게 다루어 나간다면 상황은 나아지리라 본다. 우리 교육 실천을 여성주의 시각에서 보다 근본적으로 점검해 보는 작업을 좀 더 치열하게 밀고 나가는 것이 앞으로 교육철학계가 안고 있는 중요한 과제라고 하겠다. 사실 오늘날 한국 교육계에서 씨름하고 있는 많은 문제들, 영유아 교육, 성교육, 체육교육, 도덕교육, 공공성 교육, 생태교육 등을 생각해 볼 때 한국 교육이 보다 철저히 성과 가족, 가정 등의 변화된 상황과 씨름하고 여성주의적 사고와 여성학의 학문적 성과와 대화할 때 좋은 실마리를 얻을 수 있다고 생각한다. 다음 장에서는 이 변화된 상황을 더 구체적으로 살펴보려고 한다.

3. 급진적인 변화의 소용돌이 속에 있는 성(性)과 가족

1) 성과 몸담론과 더불어 변화된 상황

페미니즘 등장 초기에 여성들이 주목한 것은 젠더(사회적 性)로서의 성이었다. 그때까지 여성들은 자신들의 성이 단지 본능의 힘이고, 자연의 거친 산물이며, 생식기관인 줄만 알았다가 그 성(性)이라는 것이 한편으로 사회와 문화의 성이고, 단순히 사적인 것이 아니라 공적인 것이며, 역사적으로 오랫동안 정치사회적 담론의 산물임을 알게 되었다. 그래서 그 성과 몸이 사회적 연구의 한 토대가 됨을 본 것이다.

그러나 오늘날 이 성과 몸과 관련하여 상황은 또 다시 달라졌다. 여성들은 사회적 성 담론에서 간과되기 쉬웠던 자연적인 몸, 욕망과 쾌락의 주체로서의 성(욕)(Sexuality)에 주목하게 되었고, 이 자연적인 몸적 기반이야말로 사실 여성 정체성의 더 자연스러운 근거이고 자신의 힘의 원천과 토대가 됨을 깨닫게 된 것이다. 성적 주체란 욕망하는 인간으로서의 여성이며 한 인간을 성적 주체로 만드는 것은 자신의 성과 몸에 대한 자율적이고 능동적인 인식과 관계 맺음이다. 오늘날 우리 주변과 전(全) 문화는 지금까지 성적 주체로 인정받지 못했던 여러 주체들-여성, 청소년, 노년층, 장애인 등-이 새롭게 성적 주체로 등장하면서 커다란 변화를 겪고 있다. 오늘의 문화에서는 성적 주체의 자연스러운 기반이라고 여겨지는 신체적 몸이야말로 가장 큰 관심거리가 되었다. 즉 문화의 매개로서의 몸은 오늘날 성 정체성과 섹슈얼리티, 생산과 노동이 모두 복합적으로 구현되는 장소로 인식되고 있으며, 우리 주체성의 가장 기초적인 반성 준거로 여겨지고 있다.[13] 몸과 욕망은 더 이상 규정되는 대상이 아니라 우리 삶을 역동적으로 규정하는 핵심주체가 되었고, 그래서

몸이 우리이고 우리가 몸이 되었다고 선포된다.[14]

이렇게 몸과 성적 욕망이 우리 존재의 부인할 수 없는 기반으로 떠오른 것은 비단 여성학의 학문 담론에서만이 아니고 우리 일상의 모든 경험에서 증명되고 있다. 초중고교생 10명 중에 약 2명이 성관계의 경험이 있다는 조사결과나[15] 심각해지는 청소년 성매매와 미혼모 문제, 동거 커플의 확산, 혼외정사 및 이로 인한 가족 해체와 이혼의 증가, 동성애 문제, 노년의 성, 성매매와 각종 포르노 산업의 증가 등 우리 삶은 한시라도 성 담론과 떨어질 수 없게 되었다. 이러한 성에 대한 관심과 모든 성적인 것에 대한 관심은 "공공영역의 성애화"로도 지적된다. 지금까지 성과 몸, 성욕과 관련된 이야기들은 모두 사적 영역의 것으로 여겨졌다. 그것들이 이제 공적 담론의 장에 진입했을 뿐 아니라 한국의 경우는 아주 빠른 속도로 전 공공영역의 성(욕)화가 진행되고 있음을 시사하는 말이다.[16] 대량생산에 따른 풍요의 시대에 영화와 TV, 특히 인터넷의 대중적 보급으로 현재의 성문화는 성 이미지의 선택과 정체성이 실제의 성 보다 훨씬 중요해질 정도로까지 진행되었고,[17] 이러한 "문화의 성애화"(sexualization of culture)는 점점 더 다각도로 이루어지고 있다. 로맨스 문화의 대중화, 외모의 성애화, 포르노와 성매매에 대한 뜨거운 논쟁 등은 우리 시대 어느 연령, 어느 누구에게도 더 이상 성적 욕망과 몸의 문제가 남의 이야기가 아니게 되었음을 지시해 준다.

2) 가족 담론과 더불어 변화된 상황

이상과 같은 우리 시대의 성적 주체성의 자각과 특히 여성들에게서 일어나는 성 인식의 변화는 가장 직접적으로 우리의 가정생활과 가족관계를 근본적으로 변화시키고 있다. 신문이나 각종 매스컴에서 연일 보도되는 내용이 아니더라도 지금 우리의 전통적인 가족의 삶이 얼마나 급진적으로 변화하고 있는지는 잘 알고 있다. 해방 후 한국도 그 영향권 안에 들지 않을 수 없었던 인류 근대 가족의 형태는 핵가족이다. 18세기 후반 산업사회가 도래함으로써 등장한 시민계급의 핵가족상은 혼인관계의 정서적 집약화와 친밀화를 특징으로 그 기초로서 사랑이 결혼의 주요 모티브로 자리 잡은 것이다. 또한 직업 부분과 같은 사회적 공적 영역으로부터 가족이 내적으로 폐쇄되어서 가족은 외부세계의 영감을 차단하는 공간으로, 그리고 여성은 그 내부세계에 머무르게 되었다. 또 하나의 특징은 이 시기로부터 '아동기'(Kindheit)가 인간 생애주기의 특별하고 중요한 시기로 인정받게 되었다는 것이고, 여기서 자녀교육이 근대 가족의 중대한 과제로 등장하게 되었다.[18]

이러한 결혼과 연결된 로맨스의 대중화와 공사 영역의 철저한 구분과 생산과 소비 주체의 엄격한 이분화에 근거한 근대 핵가족은 그러나 오늘날 앞에서 우리가 지적한 여성들의 성적 자각과 산업 구조의 변동 등으로 다시 한번 크게 흔들리고 있다. 물론 1990년대 이후 한국 가족 연구의 동향을 파악한 연구서에 따르면 포스트모던 페미니즘의 시각에서 한국 가족을 연구한 결과들은 한국 가족의 변화가 서구의 경우처럼 그렇게 간단하지 않음을 지적해 주기도 한다.[19] 즉 한국 가족은 단순히 전통의 퇴조나 근대성의 확산으로 보기 어렵고 근대화되어 가는 과도기로도 보기 어렵다고 한다. 오늘날 도시 중산층 여성들이 경험하는 가족의 현실을 볼 때 여성들은 핵가족의 이념을 수용하면서도 직계가족(친정 또는 시집)의 범위에서 행동하면서 복잡한 방식으로 살아가고 있기 때문이다.[20]

이러한 한국 가족 구조의 변화에 대해서 그것을 다양화로 해석하든지 또는 핵가족 위기론으로 해석하든지 차이가 있을 수 있지만 이 두 해석이 모두 공통적으로 보는 것은 지금까지 우리가 경험해 온 근대 핵가족 형태만으로는 더 이상 우리 삶이 기능하지 못한다는 것이다. "한국 여성은 이미 진보적"이라고 지적된다. 결혼과 일에 대한 한국 여성의 가치관은 외국에 비해 더 이상 보수적이지 않다는 것이다. 2004년 7월 국내 성인 여성 736명을 대상으로 가족과 성역할에 대한 한 조사 결과를 소개하는 신문 기사에 따르면 여성 세 명 중 한 명 꼴(37.8%)로 '결혼할 의사가 있다면 먼저 함께 살아보는 것도 괜찮다.'고 밝혔다고 한다.[21] 국제사회조사연합(ISSP)이 2002년에 39개 회원국을 대상으로 동일한 조사를 한 바에 따르면 미국 여성은 44.8%, 일본은 31.6%로서 우리와 큰 차이가 없다고 한다. 또한 부부 사이에 문제를 해결할 수 없는 경우 이혼하는 것에 대한 견해에서도 한국 여성은 40.0%가 동의해서 미국(41.5%)이나 일본(33.3%)과 비슷한 수준이고, 여성 취업에 대한 의식은 오히려 앞선다고 한다. 즉 '남자나 여자 모두 돈을 벌어 가계소득에 기여해야 한다.'라는 질문에 그렇다고 대답한 한국 여성은 76.2%로 미국의 57.4%, 일본의 52.5%보다 훨씬 앞섰다는 것이다. 취업은 여성을 독립적으로 만드는 가장 최선의 길이라고 믿고, 또한 자녀 없이 맞벌이 부부로 살아가는 딩크족(DINK: Double Income No Kids)의 증가, 기혼 여성 가운데서도 절반 가까이(44.9%)가 '자녀를 가질 필요가 없다.'고 생각하는 것으로 나타났다는 연구 보고서(2003년 한국보건사회연구원 조사)는 모두 다 한국 여성들의 성과 가족에 대한 의식이 얼마나 급격하게 변하고 있는지를 잘 밝혀 주고 있다.[22]

이렇게 보면 한국에서도 근대 핵가족이 빠르게 해체되고 있으며 대신 개방성과 다양성을 특징으로 하는 '포스트모던한 유연한 가족'(postmodern permeable Family) 또는 '포스트가족의 가족'(postfamilial family)이 부상하고 있다고 진단할 수 있다.[23] 그 배경을 살펴보면 개인화와 그로 인한 결혼 연령의 상승, 새로운 출산 논리(한 자녀가족 또는 자발적 비혼모), 이혼을 새로운 가족 형성을 위한 전주곡으로 보는 등의 인식 변화와 부모-자녀 관계의 이완, 사랑·주거·

부모 됨의 새로운 관계 양식 출현 등을 들 수 있다. 이것은 개인화와 가족의 탈제도화, 그리고 여성의 탈가족화로 집약적으로 정리할 수 있겠다.[24]

프랑스 철학자 자크 데리다는 이제 세속민법에서 결혼이라는 단어를 없애고 '시민 결합'(Union Civil)이라는 말로 대체할 것을 제안했다고 한다. 그에 따르면 지금까지 출산과 영원한 절개에 대한 맹세를 동반하는 이성애적 결혼의 서약은 세속국가가 기독교 교회에 양보한 것이었다고 하면서, "결혼이라는 단어와 개념, 그리고 모호함이나 종교적 위선을 제거하고 섹스 파트너들 또는 강제되지 않은 여럿 사이에 보편화되고 정제된 유연한 계약인 '시민결합'으로 대체할 수 있다."고 말했다고 한다. 현행 일부일처제를 비판하고 동성애에 대한 차별 철폐를 주장하는 이와 같은 언술은 오늘날 세계에서 가족에 대한 개념이 얼마나 광범위하게 변화하고 있는가를 잘 지적해 주고 있다. 여기에 반해 이러한 상황의 변화에 대한 인식을 멀리하고 세계 어느 곳에서보다도 '가족주의'(familism)나 가족 이데올로기가 강하게 작용하고 있는 한국의 상황을 여성작가 권명아는 "가족의 경계 바깥에 어떠한 안전지대도 마련하지 않는 사회, 이 사회가 수많은 사람들을 무사회적 고립자, 거리의 사람들로 만든다."고 세차게 비판한다. 그래서 여기서는 "이러한 무사회적 고립자들의 원한이 그들로 하여금 따뜻한 가족의 품 외에는 어떠한 탈출구도 찾을 수 없게 만드는 현실, 바로 그 현실이 위험사회로 달려가는 지표"라고 경고한다.[25]

오늘날 성과 가족과 관련한 상황은 진정으로 변했고, 또 여전히 변화고 있지만 특히 남성들과 사회의 의식은 크게 달라진 게 없는 것이 현실이다. 여성들은 그 격차로 인한 갈등 때문에 점점 더 결혼과 출산을 기피하고 일이냐 결혼이냐의 갈림길에서 고민하고 있으며 그래서 이제 '누구와 함께 살 것인가'를 진지하고 묻고 있다. 여기서 여성들은 인간 공동의 삶인 가족이 제대로 된 가족이 되지 못하는 이유가 혈연주의이고 소유욕이며, 공적인 외부의 세계에 대한 피해의식이라고 보면서 그러한 모든 부정적인 것과 함께 가는 가족이라는 단어 대신에 새로이 '식구' 또는 '주거공동체'(domestic partnership, domestic community) 라는 용어를 생각해 볼 것을 제안하고 있다.[26]

이렇게 남성들과 사회의 의식이 변하지 않는 가장 큰 이유 중 하나는 앞에서 우리가 문제로 지적했듯이, 우리 교육이 그 변화들을 자신의 진지한 교육적 담론으로 삼지 않기 때문이다. 공공영역의 성애화와 문화의 성애화라는 단어가 지시하듯이 이제까지 우리가 사적 영역의 일이라고만 생각했던 성과 가족, 섹슈얼리티의 문제들이 공공의 영역으로 등장했음에도 불구하고 여전히 교육에서는 그것들을 담론화하지 못하고 그대로 전통적 공사 영역의 실체론적 이분법에 사로잡혀서 허구적인 노력만을 답습하고 있기 때문인 것으로 생각된다. 그래서 이러한 중요한 주제들이 모두 각자의 임의의 처분에 맡겨지고, 특히 사회적 인도를 필요로 하는 자라나는 세대들조차 무방비와 준비 없음의 상황으로 내몰리고 있다. '인간'(人)이 인간인 것의 이유와 존재론적 근거는 바로 '같이함'과 '공동성' '관계맺음'이고, 그것을 윤리 실천적으로 보면 인간성(仁, 측은지심, Humanity)인데, 교육이 바로 이 공동성과 인간성을 키우고 북돋는 작업이라면 우리는 결코 이 성과 가족의 문제를 간과할 수 없다는 것이다. 그 공동성의 가장 기초적인 표현인 가족과 그 가족을 구성할 수 있는 자연스러운 출발점인 성은 그러므로 끝까지 씨름해야 하는 주제가 된다. 다음 장에서 바로 그 성과 가족의 교육적인 의미를 살펴보고자 한다.

4. 인간성(측은지심, 仁, humanity)의 도야 장소로서의 가족, 그리고 학교

지금까지 우리들의 성과 몸, 그리고 가족에 대한 이해가 얼마나 크게 바뀌었고, 또한 계속해서 바뀌고 있는지를 살펴보았다. 자연적인 몸과 욕망하는 성적 주체성에 대한 자각이 크게 신장하면서 우리는 전 문화의 성애화 (sexualisation)와 전 연령의 성애화를 목도하고 있으며, 그 반대급부로 혈연적 가족과 모성은 한없이 비판되면서 특히 혈연적 공동의 삶은 더 이상 의미가 없거나 대체되어야 하는 것으로 주장되는 것을 보았다.

그러나 우리는 한편 오늘날 우리 몸과 섹슈얼리티가 얼마나 쉽게 오도되기 쉬우며 단순한 기계나 쾌락의 도구로 전락하기 쉽고, 근대주의가 추구하는 개인화가 우리로 하여금 성숙한 성찰적 주체로 거듭나게 하기보다는 많은 경우 더 이상 삶을 살아갈 수 없도록 하는 극단적 개인주의와 고립화, 의미 없음 속으로 끌고 가는 것을 본다. 철저한 관계 단절과 무관심, 불인(不仁), 병듦과 죽음의 상황을 말하는 것이다.

이제 우리는 주변의 어느 누구에게도 욕망하는 성적 주체성을 부인할 수 없고, 가족이라고 하는 것이 단지 혈연적 가족이나 지금까지와 같은 결혼 체제를 통해서만 이루어지는 것이 아님을 보게 되었다. 그러나 그럼에도 불구하고 몸이 단순히 물질덩어리가 아니고 우리가 몸이고 몸이 우리라면 그 몸이 다른 몸과 관계 맺는 방식에도 분명히 원리와 예(禮)가 있어야 하고, 거기에도 인간다운 관계맺음의 도가 있어야 함을 우리는 또한 안다. 또한 지금까지 우리의 가족적인 삶이 아무리 고통스러운 것이었다고 해도 인간이라는 존재가 서로의 공동 삶이라는 규정과 떼려야 뗄 수 없는 것이라면 우리는 어떠한 경우에도 같이 살아가는 것을 그만둘 수 없고, 그 같이 살아가는 일에는 어떠한 형태로든 예와 기술(仁, 禮)이 필요하다는 것을 부인할 수 없다.[27] 이와 더불어 그 예와 기술은 서로 같이 사는 삶을 통하지 않고는 결코 얻을 수 없는 것을 말하고자 한다.

이것은 우리가 인간인 한 어떠한 형태로든 가족이 필요하다는 것이고, 더

군다나 우리가 인간으로서 아주 섬세하고 세밀한 수준에서 공동 삶을 살아갈 수 있는 능력을 키우려면 그러한 같이 사는 삶이 아주 긴밀하고 친밀한 반경에서 지속적으로 이루어져야 함을 말한다. 유교 전통은 그것을 가(家)의 공동 삶으로 지적했고, 거기서 우리의 몸(身)과 감정(四端)이 자극받고 배려되고 훈련되어서 참된 인간성(측은지심, 수오지심, 사양지심, 시비지심: 仁, 義, 禮, 智)으로 길러진다고 밝히고 있다.

『논어』「학이(學而)」 편에는 다음과 같은 이야기가 있다;

> 유자가 말하기를, '그 사람됨이 효제(孝弟)하면서 윗사람을 범하기를 좋아하는 자가 적고, 윗사람을 범하기를 좋아하지 않으면서 난 일으키는 것을 좋아하는 자는 없다.'

> 군자는 근본에 힘쓸 것이니, 근본이 서면 도가 생길 것이다. 효제(孝弟)는 인(仁)을 행하는 근본인 것이다."(君子務本, 本立而道生, 孝弟也者, 其爲仁之本與.)

공자는 인간의 인간성(仁)이 가장 기초적으로 길러지는 곳을 가정이라고 보았다. 또한 그중에서도 특히 부모와 자식 간의 관계, 형제와 자매 간의 관계에서 이루어지는 것으로 파악했다. 이와 같은 사상은 유교의 일관된 사상으로서 맹자에게서뿐 아니라 『중용(中庸)』 20장에는 "인간성(仁)이란 인간(人)이니 그 인간성의 가장 위대한 실행은 가족간의 사랑(親親)에 있다."(仁者人也, 親親爲大, …)고 밝힌다.[28] 물론 이러한 유교의 가족 중시 사상은 시간 속에서 많이 타락하기도 했고, 남성 중심적이고 여성 억압적인 이데올로기로 변질되기도 했다. 그럼에도 불구하고 인간의 기본적인 성품을 이루는 인간적인 특징이 바로 이러한 가족적인 관계에서 이루어지는 것이라면 이 관계의 구성 방식과 형태는 시간의 변화와 함께 달라질 수 있는 것을 인정한다 하더라도 기본 정신을 보유하는 것은 우리에게도 긴요하다고 본다. 즉 더 이상 혈연에 의한 가족만을 집착하지 말고 동성에 의한 가족도 인정하고, 다수의 어른과 아이들이 모일 수도 있고, 또한 한 어른과 아이의 가족일 수도 있으며 세대도 다양할 수 있는 것을 인정하면서도 얼마든지 전통적 가족정신을 살아낼 수 있음을 말하는 것이다.

이러한 가족적 정신이 살아 있는 교육 방식을 더욱 고양한다는 것은 아이들의 공공 육아에 있어서도 어린 나이라면 되도록 가족적인 환경과 소수와의 긴밀한 관계 속에서 이루어지도록 노력하는 것이고, 국내입양제도도 미성년자의 복지 차원에서 인정하여 더욱 활성화시키고,[29] 이제 어쩌면 결혼과 더불어 이혼에 있어서도 그것이 만약 아이를 낳고 기르던 육아와 양육의 가정인 경우라면 시민법을 만들어서 자라는 아이가 일정한 나이가 될 때까지는 이혼을 허용하지 않는 것도 생각해 볼 수 있다. 물론 이러한 가칭 이혼제한법이 실행되기 위해서는 아이를 낳고 기르는 일을 더 이상 한 개인이나 가족의 일로만 보지 말고, 또한 여성의 희생을 담보로 해서 방치할 것이 아니라 시민사회 공동체 삶의 가장 중요한 과제로 보아서 충분한 공적 지원과 배려가 선행되어야만 할 것이다.

이것은 다른 말로 하면 우리의 모성 정책과 육아 정책을 출산에서 양육으로 옮기는 것을 말한다. 모성 정책이 생물학적인 성으로서의 여성의 역할을 강화하는 방향이 아니라 남성과 더불어 그들 모두의 삶의 환경을 보다 모성적이고 교육적으로 변화시키는 방향(양육)으로 나아가는것이다. 즉 이제 모성을 한쪽 성에만 고정시켜 보는 것이 아니라 체험으로서의 모성을 이야기하고, 그것이 인간의 기본적인 인간성(仁)인 돌봄과 배려의 표현으로서 여남 누구나 결혼의 여부와 관련 없이 어머니 됨을 실현하는 일이라고 보는 것이다.[30] 이러한 입장에서 오늘 우리 시대에 모성 정책이 새롭게 세워져야 한다는 것을 여성법학자도 설득력 있게 주장했다.[31]

유교 전통의 가정 중시 사상 속에 내포된 또 하나의 의미는 인간성(仁) 습득의 과정에서 효(孝)와 제(弟)라고 하는 아래에서 위로 향하는 실행을 매우 중시했다는 것이다. 효는 자식으로서 부모에게로 향하는 것이고 제는 아우로서 언니나 형에게 향하는 것이다. 이것은 부모가 자식을 사랑하는 것과 같이 자연스럽게 위에서 아래로 흐르는 것이 아니라 자신의 이기심을 제어하고 자기중심주의를 벗어나서 의무와 윤리의식과 함께 위로 거슬러 오르는 것을 말한다. 오늘날과 같은 개인성과 자기중심성과 주체성 강조의 시대에, 그래서 타자가 쉽게 무시되고 권위들이 서지 못하며 작은 의미에서라도 자아의 욕망과 요구가 제한되는 것을 참지 못하는 때에 우리가 어디에 가서 어떤 관계를 통해서 이 자아를 제한하고 욕구를 조절하는 법을 계속 배울 수 있겠는가? 그래도 마지막 남은 관계가 부모와의 관계이고 가족 간의 관계 속에서 맺어진 윗세대에 대한 공경과 의무를 통해서가 아니겠는가 생각한다. 이렇게 자기를 제어하고 자신의 즉각적인 욕구를 컨트롤하며 타자의 객관성 앞에서 스스로를 제한할 줄 아는 능력이야말로 우리 공공의 삶을 위해서 필수불가결한 요소임을 우리 모두는 잘 안다. 그것은 공동체가 지속되기를 원한다면 누구도 피할 수 없는 요청인 것이다. 그런데 이 능력이란 결코 자연스럽게 획득되는 것이 아니라 위로 향하는 덕의 반복적인 실천과 연습을 통해서 얻어지는 것이며, 그것이 하나의 인간적인 능력으로 자리 잡으려면 긴밀한 관계 속에서 지속적인 실행을 통해서 가능해지는 것임을 유교 전통은 지적한다. 그것을 효(孝)로 규정했고, 공경(恭敬)으로 불러서 인간성 획득의 으뜸 되는 지름길로 가르쳐 준 것이다.

유교 전통의 오래된 아동교육서인 『동몽선습(童蒙先習)』, 『소학(小學)』, 『격몽요결(擊蒙要訣)』, 『명심보감(明心寶鑑)』, 『사소절(士小節)』 등은 어떻게 부모를 존경하고 섬기며 어떠한 구체적인 방법으로 그 일을 실행해야 하는지를 잘 가르치고 있다. 그 구체적인 예를 한 가지 들어보면 다음과 같은 것이 있다;

새벽이됨에부모보담먼저일어나서소세를맞치고부모의침소에나아가안부를
무르되만일부모가임이일어나섯거든압해나아가먼저읍을하고예문안을일우
고맛침에인해읍을하고물러가며어더울때부모가장차주무시기를기다려서자
리와다못이불을펴고잠에나아가시기를기다려서장막을나리고지게를닷고물
러갈것이니라.[32]

여기서 나타난 것처럼 동몽의 하루 일과 중 시작과 끝은 모두 부모에 대한 문안 인사였다. 자식이 새벽에 첫 닭이 울면 일어나 먼저 자신의 용의부터 단정히 하고 부모가 계신 곳으로 찾아가 문안 인사를 하고, 음식과 의복과 침구를 살펴드리고 하루의 일과가 끝난 저녁에 다시 부모의 침소를 마련해 드리는 예법의 훈련을 담고 있다. 또한 부모에 대한 품행과 태도에서도 보면,

아버지가 명하여 부르시거든 (빠르면서도 공경하게) "예〔唯〕"하고, (느리면서도 무관심하게) "예〔諾〕"하지 않으며, 손에 일거리를 잡고 있을 때에는 그것을 던져 버리고, 식사 중일 때에는 음식을 뱉어 버리고 뛰어가야 한다.[33]

이러한 일들은 오늘 우리의 시각으로 보면 너무 과하고 받아들이기 힘든 것으로 보이기도 한다. 하지만 이 내용의 교육이 행해졌을 당시의 피교육자들의 상황을 상상해 보면 그들은 이러한 교육 내용의 반복적인 실습과 수행

으로 자신들을 제어하는 법을 배웠고, 자신 위에도 타자가 있을 수 있다는 것을 터득함으로써 개인주의적인 이기심과 유아독존적인 자기 자신으로의 함몰에 빠지지 않을 가능성을 더 많이 배웠을 것이다. 여기서 또한 중요한 것은 그들의 몸도 이 과정에서 실제적으로 같이 수행되었을 것이라는 사실이다. 오늘날 우리 세대에 그렇게 몸이 중시되고 섹슈얼리티의 몸적 표현이 확산되고 있지만 몸의 수행과 훈련은 완전히 없거나 사적 영역에 맡겨져 있다. 그 한 예로 몸과 관련한 실천인 체육 교육은 오늘 중등교육에서 잘못된 지적 교육의 횡포로 거의 명맥만을 이어 가는 수준이고, 그리하여 아이들의 몸은 어떠한 교육적인 인도도 받지 못하면서 물리적으로 그리고 도덕적으로 점점 타락해 간다.

공자는 우리가 잘 알다시피 인간성(仁)을 또 다른 곳에서는 "자기를 이기고 예로 돌아가는 것"(克己復禮)이라고 했고, 맹자는 다른 사람과 교제할 때 바람직한 태도는 "공경"(恭)이라고 했다.[34] 그런데 이 공경은 집안에서 특히 효제를 통해서 길러지는 것이고 자기보다 윗사람인 언니와 형을 올바르게 대우하면서 길러지는 것이라고 했다면 오늘날 우리 공동체의 삶을 유지시키고 살 만한 곳으로 만들려면 가족의 삶은 반드시 필요한 것임을 알 수 있다. 우리 아이들과 세대 속에서 공경의 마음을 찾아보기가 점점 힘들어져 간다. 자기 외에 특히 자기 위에 어떠한 권위도 두는 것을 참지 못하는 오늘의 세대는 그래서 점점 더 공동의 삶을 힘들어하고, 자기 속에 빠져 버리며 세계소외 속에서 살고 있는 것 같다. 그래서 "황야의 이리"처럼 되어서 깊은 고독과 좌절, 마침내는 자기혐오와 증오에 빠져서 어찌 할 줄을 모르게 된다. 일찍이 이러한 우리 세대의 병과 유사한 것을 잘 감지한 헤르만 헤세는 자아만을 쫓다가 모든 관계와 교제를 상실하고 어떠한 삶의 의미도 찾지 못해서 이제는 살 수도 죽을 수도 없이 방황하는 한 관계 단절의 사나이를 그려주었다. 그러한 그는 어쩌면 더 이상 인간이 아니고, 광인이고 황야의 이리인지도 모르겠다는 언술이다.

> 그는 목적을 이루었다. 그는 점점 더 자유로워졌고, 아무도 그에게 명령하지 않았으며, 그는 누구의 말도 따르지 않았다. 그는 자유롭게 혼자서 자신의 일체의 행동을 결정했다. 강한 자는 자신이 진정한 충동에서 추구하는 것을 반드시 이루어 내게 마련이다. 그렇게 손에 넣은 그 자유의 한가운데서 하리는 불현듯 깨달은 것이다. 그의 자유는 죽음이며, 그는 외톨이이고, 세상은 그를 끔찍스럽게 방치하고, 사람들은 더 이상 그와 관계를 맺지 않으며─더욱이 그 또한 자신과 관계를 맺지 못한다─그는 점점 더 희박해지는 관계상실과 고독의 광기 속에서 서서히 질식해 가고 있다는 것을 깨달은 것이다. 이제 고립과 자유는 더 이상 그의 소망이나 목적이 아니라 그의 운명이요, 그에게 내려진 형벌이었다.[35]

유교 전통의 『소학(小學)』은 특히 윗사람에 대한 아랫사람의 지극한 헌신을 요구하는 공경의 학습을 중시한다.[36] 이 공경을 배운 사람만이 가족과 가정을 떠나서도 공공의 영역에서 인간답게 함께 삶에 대한 책임의식을 가지고 공동 삶을 책임감 있게 살아갈 수 있다고 보기 때문이다. 즉 여기서는 사적 영역과 공적 영역이 참된 공동체적 삶에 대한 이상 아래 통합되어 있고, 결코 별개의 두 영역으로 나뉘어지지 않기 때문에 모든 영역이 그들 교육의 관심거리가 됨을 알 수가 있다.

그런데 우리는 이 공경심이 단지 도덕적인 의미에서만 중요한 것이 아니라는 것을 오늘의 교육학자 입을 통해서도 듣는다. 예를 들어 루돌프 슈타이너는 특히 어린 시절에 모든 것이 평등과 세속화와 합리의 가치로 해체되어서 공경심을 배우지 못하고 지식과 그 지식을 전달해 주는 사람에 대한 존경심을 잃게 되면 그 후의 학문적인 발전이나 독창적인 사고의 전개도 힘들다고 지적해 주고 있다. 그에 따르면 어린 시절에는 모방과 따라함이 중요한 학습 방법인데 이 모방할 대상에 대한 공경심을 잃고 공경심이 살아있는 환경이 사라진다면 인간 정신이 제대로 성장할 수 없기 때문이다.[37] 오늘 우리 시대에 어쩌면 지식이 이렇게 어린 시절부터 넘쳐나고 교육이라는 이름의 인간 실천이 이렇게 일찍부터 시작되어도 바로 이 공경심을 길러 주지 못하고 오히려 부수어 버리기 때문에 우리 사회의 함께 삶이 이렇게 힘들어지는지도 모르겠다. 그리고 우리 사회에서 근본까지 내려가는 학문연구의 치열함이 드문 이유인지도 모르겠다.

　'인간성', '측은지심', '인'(仁)의 가장 기초적인 도야 장소로서의 가족, 가정, 그리고 가정과 같은 배움 현장으로서의 학교는 그래서 우리들에게 여전히 요청되는 삶의 귀중한 방식이다.

5. 새로운 대안적 가족 공동체와 한국 교육의 미래

　앞에서 이야기한 황야의 이리 하리 할러가 왜 그렇게 자신만의 절대적인 자유를 갈구하게 되었고, 그러다가 모든 관계 능력을 잃어버리고 유머를 잊어버리면서 자신의 죽는 날짜까지 스스로 정해 놓고 사는 정도로 황폐하게 되었는가를 암시해 주는 구절이 책의 앞부분에 얼핏 보인다. 그것은 그가 어린 시절 받은 교육의 원칙이 "의지의 파괴"였다는 것이다. 하리 할러의 관찰자는 그러한 교육에 대해서 평가하기를,

이러한 개성의 부정과 의지의 파괴는 이 학생에게는 성공을 거두지 못했는데, 그도 그럴 것이 너무나 강인하고 굴하지 않는 성격을 지녔고, 너무나 자긍심이 강하고 정신적인 인물이었기 때문이다. 부모와 교사들은 그의 개성을 죽이지는 못하고, 다만 자신을 증오하도록 가르치는 데에만 성공한 셈이었다.[38]

우리가 지금까지 유교 전통의 효 교육과 공경 교육의 의미를 새롭게 살펴보았지만 사실 그 교육은 자칫 여기서 하리 할러가 경험했던 것과 같은 피교육자의 의지의 파괴 교육이 되기 쉬운 것을 안다. 때때로 그것은 가부장주의의 엄격주의가 되어서 공동체 안에서 구성원의 개성을 무시하고, 그래서 그 반발로서 오히려 권위와 관계성을 거부하면서 결국 자기증오에 빠지게 만드는 경우이다. 오늘날 여성주의자들이 전통의 가족을 해체하기를 원하고 위나 아래가 구분되는 위계적 사고나 질서보다는 평등적 체계를 원하는 이유가 바로 과거에 그들이 심하게 겪었던 개인 개성과 의지파괴의 부정적인 경험 때문이라는 것을 부인할 수 없다.

그러나 그럼에도 불구하고 우리가 살펴보았듯이 가정과 가족의 삶은 인간 삶에서, 특히 자라나는 세대들의 삶에서 제거할 수 없는 귀한 과정이다. 그래서 오늘날의 대안적인 사상가들은 새로운 대안적 가족 형태를 찾기 원한다. 자신을 한 페미니스트적 휴머니스트로 소개하는 남성 가족법학자는 오늘날 성역할 분업의 문제점을 지적하려면 결국 전통의 가족 단위주의를 버리지 않으면 안 된다고 보았다. 호주제 폐지 등 한국 가족법 개혁과 관련하여 그는 개인 단위제와 국가의 중립성이 개혁의 중심이 되어야 함을 말한다.[39] 이것은 이제 가족이라는 작은 단위 안에 그보다 작은 단위로서 개인이 존재한다는 것을 인정하고, 부(夫)와 처(妻)의 평등, 그리고 권리 주체로서의 자(子)의 존재를 부각시키는 것을 말한다.

　오늘의 가족법은 더 이상 개인의 존엄과 양성평등에 기초한 다양한 라이프 스타일 존중의 원칙을 거스를 수 없다는 주장인데, 그렇다고 해서 오늘도 우리 사회에 여전히 생생하게 살아 있고 또한 우리가 여전히 필요로 하는 가족 또는 가족 생활을 폐지하자는 것이 아니라고 강조한다.[40] 오히려 그것은 국가 가족법상의 가(家)제도, 특히 여남 불평등적인 국가법에 의해서 가족의 삶을 재단하는 것을 폐지하고 보다 다양한 형태의 가족 삶을 인정하자는 것이라고 한다. 그래서 실질적으로 가족적이고 모성적인 돌봄과 배려의 원리를 사회에 확산하려는 것임을 말한다. 사회적 제도로서 가족을 '비법화'(非法化)하는 것을 통해서 이 일을 좀 더 용이하게 할 수 있다고 보는 것이다.

　오늘의 복지국가 이념에 따르면 미성년자나 사회적 약자에 대한 보호감독 의무의 최종적 주체는 가(家)가 아니라 국가가 되어야 한다. 국가가 국민에 대한 부양의무나 보호의무를 '(남성)호주'를 대표로 하는 가(家) 제도를 고수해서 가(家) 또는 호주에게 떠넘길 것이 아니라 각 개인의 자유와 그것에 상응하는 책임이 구현되도록 해야 한다는 것이다.[41] 이것은 이제 국가가 단순히 처벌자나 제재자로서의 역할보다는 돌보고 배려하는 모성적 역할을 더욱 적극적으로 받아들이는 것을 의미한다. 지금까지 근대 국가로서의 한국이 전통을 법제화하는 방식(호주제)을 통해서 가족을 컨트롤해 왔다면, 이제는 전통의 비법화(非法化)를 통해서 개인의 존엄성과 양성평등의 원리를 훼손하지 않으면서 동시에 사회 전체에 가족적이고 모성적인 돌봄의 활동과 가치를 확산시켜야 함을 말하는 것이다. 앞에서 우리가 살핀 대로 특히 자라나는 세대의 인간다움과 새로 오는 세대의 새로움을 위해서 기성세대의 전통과 권위가 반드시 요청된다면 그 전통과 권위가 보다 모성주의적으로 변해야 함을 요구하는 것이다. 이 일을 위해서 지금까지 이러한 모성적 역할을 실질적으로 담당해 온 여성들의 활동을 국가가 여러 가지 가족우호적이고 모성우호적인 정책들을 통해서 우선적으로 도와주어야 함은 당연한 일이다.

여성학자이면서 오늘의 대안적 교육운동에 관심이 많은 김정희는 한편 오늘의 여성운동과 교육운동이 더욱 통합적으로 연계되어야 함을 강하게 주장한다. 그녀에 따르면 여성운동과 교육운동을 배타적으로 생각하는 현재 여성 운동계의 주류적 시각으로는 단지 학교 내의 양성평등 교육에 관한 연구들을 제외하고는 지구화라는 시대 변화에 조응하는 폭넓은 교육 논의들을 이끌어 낼 수 없다.[42] 오늘날 교육계에서 크게 주목받는 탈학교 변혁운동의 이념에는 사실 여성주의적인 요소들이 많이 담겨 있다. 예를 들어 홈스쿨링, 각종 대안학교, 주민자치의 삶과 교육이 하나 되는 마을학교론 등은 여성주의적으로 분석해 볼 것이 많이 있지만 여기서 여성들은 소외되고 남성들에 의해서 진행이 주도되고 있다고 비판한다.[43]

이렇게 여성학자의 입장에서 앞으로 여성운동이 한 걸음 더 나아가서 탈가부장적 인간을 길러 내는 교육운동에 좀 더 관심을 가질 것을 촉구했다면 교육학자의 입장에서는 우리 교육이 앞에서 살펴본 급격한 변화의 상황 앞에서 더욱 더 여성주의적 사고를 통합하여 새로운 모습으로 거듭날 것을 촉구한다. 창립 40주년을 맞이한 한국 교육철학계가 더욱 힘 쏟아야 할 과제가 있다면 우리 교육 속에 여성주의적 사고를 더욱 적극적으로 끌어들여 학교 제도뿐 아니라 교육과정, 방법, 행정과 건물 등 모두를 검토하는 일이다. 여기서 더 나아가서 탈학교의 논의도 적극적으로 검토하면서 미래 사회의 진정한 변혁 주체로 거듭나야 함을 말하고자 한다. 21세기 포스트모던의 시대, 탈근대의 시대는 '교육' 과 '여성' 과 '동양적 사고' 의 시대가 될 것이다. 이 변화된 상황에서 진지하게 숙고해야 할 대상 속에 우리의 성(性)과 가족이 있는 것은 매우 당연하다.

· 제2장 ·

세계화 시대 한국 교육의
무한경쟁주의 극복을 위한 인문학적 성찰

1. 세계화 시대의 경제환원주의와 무한경쟁주의

한국은 지난 20세기는 이웃나라의 식민지로 시작했고, 본격적인 근대 국가로의 진입은 동족 간의 이념 전쟁으로 시작했지만 지금은 세계 10대 무역 국가로 성장했다. 25~34세 청년층의 고교과정 이수율이 97%로 OECD 국가 중 가장 높고, 고등교육 이수율도 51%로 캐나다(54%)와 일본(53%)에 이어 세 번째로 높은 국가가 되었다(동아일보 2007.9.19). 그래서 한국은 이제 교육에서도 수출을 말하게 되면서 세계화 시대의 한국 교육은 국내 교육시장의 개방을 넘어서 어떻게 하면 지금까지의 경험을 하나의 교육 상품으로 만들어서 수출할 수 있을까를 논하고 싶어 한다.[1]

그러나 과연 한국 교육이 교육 수출을 말할 수 있는가? 오늘 한국 사회에서 매일 여러 가지 형태로 교육 경험을 하면서 살아가는 평범한 사람들에게 이 이야기가 얼마나 설득력 있게 들릴 수 있는가 하면 크게 그렇게 보이지 않는다. 우리의 상식(dommun sense)에 비추어 봐도 오늘 한국 사회에서 바로 교

197

197

육때문에 각 개인은 물론이려니와 거의 모든 가정과 공동체가 고통을 받고 있는데 그 교육을 수출한다는 말이 성립하겠는가 하는 의구심이다. 한국 사회의 공교육비 민간 부담이 OECD 평균의 4배라고 한다. 이것과 더불어 비교가 불가능한 사교육비의 짐과 함께 한국 교육을 피해서 2006년 조기유학을 떠난 초중고교생이 2만 9,511명으로 그 전년도에 비해 44.6% 증가했고, 특히 초등학생의 경우 1만 3,814명으로 69.5%의 증가를 보였다는 소식을 접하고 보면(동아일보 2007년 9월 26일) 교육 수출이라는 구상은 어불성설처럼 들린다.

한국 교육은 그러나 한편으로는 대한민국이 오늘날과 같이 세계에서 유례를 찾아볼 수 없을 정도로 빠른 시간 안에 고도의 근대화를 이루는 데 밑거름이 되어 왔고 세계 최고의 고등교육 이수율을 자랑하게 되었다. 그리고 보면 한국과 한국 교육이 그동안 이루어 왔던 괄목할 만한 성장은 감탄을 자아내기에 충분하다. 이렇게 한국 교육은 이율배반적 모습을 띠고 있다. 안에서는 자신의 아이들을 교육이라는 이름으로 살해하고, 그래서 모두들 떠나고 싶어 하지만 다른 한편으로는 그동안의 성취로 수출을 말하고 싶어 한다. 그렇다면 한국 교육이 무엇을 수출하고 어떤 것을 남에게 제공해 줄 수 있다고 생각하는가? 이러한 이율배반적 모습들을 들추어 내고 그것의 가능한 한도의 변화를 모색하는 것이야말로 한국 교육이 먼저 자신을 치유하고 나아가서 세계 교육에 봉사할 수 있는 길이 될 것이다.

모두가 주지하다시피 21세기 오늘날에 교육을 포함하여 전 지구적 인류 삶을 가장 강력하게 규정하는 요소는 경제가 되었다. '국제화 시대', '세계화', '신자유주의', '자유민주주의와 시장경제', '구조조정과 혁신', '평가' 등 매일 들으면서 거기에 맞추어서 우리의 전(全) 삶을 조준해야 하는 것처럼 압박해 오는 원리는 한마디로 경제환원주의이고, 거기서의 최대 가치와 방법은 무한경쟁주의이다. 이 원리는 국내외 정치는 물론이고 문화와 교육, 심지어는 종교나 가장 내밀한 사적 영역의 삶까지 관장하면서 무소불위의 힘으로 다가온다.

이러한 상황 앞에서 그러나 어떤 고등한 전문가적 분석을 빌리지 않더라도 이러한 무한경쟁주의의 마지막은 결국 모두의 종말과 파국이라는 것을 쉽게 예견할 수 있다. 한계를 인정하지 않고 서로 더 많은 이익(利)을 차지하기 위해서 무한적으로 힘을 겨루다 보면 결국 어느 때인가는 누군가 자신의 힘에 대한 환상에서 그렇게 하든 아니면 힘없음에 대한 절망에서 그렇게 하든 '마지막 해결'(the final solution)에 대한 유혹을 떨쳐 버릴 수 없을 것이기 때문이다. 그럼에도 불구하고 오늘날 세계는 바로 이 경제적 무한경쟁주의를 중심으로 돌고 있으며 교육도 마찬가지로 신자유주의적 시장경제와 무한경쟁주의를 의심할 수 없는 기본전제와 선(善)으로 놓고 있다.

그러나 과연 이러한 상황이 얼마나 지속가능하고 한국 교육이 그대로 용인될 수 있겠는가를 묻고자 한다. 일찍이 맹자는 오늘 우리 시대보다 덜 하지 않았을 당시 전국시대의 패권주의에 대해서 모든 사람들이 결국 자신의 이익만을 생각하면서 정치도 군사도, 교육도 행하게 되면 결국 모든 인간관계가 이해(利害)의 관계로 환원되어서 "공직자도 이익을 생각하며 나라를 섬기고, 자식된 자도 이익을 생각하며 부모를 섬기고, 아우된 자도 이익을 생각하여 그 형을 섬기게 되어서", 이렇게 부모자식 사이나 형제자매 사이도 이익의 관계가 된 경우는 "이렇게 하고서도 망하지 않는 자(者, 나라/집안/개인)는 없었다."(然而不亡者 未之有也)고 꼬집었다.[2] 오늘 우리가 이야기하는 산업으로서의 교육이나 교육 수출도 이러한 경제환원주의와 무한경쟁주의와 밀접하게 관련되어 있는 것들인데, 그렇다면 우리의 교육 수출은 그 실행으로 인해서 세계를 더욱 더 사실적 종말으로 밀어 넣는 일이 될 것이고 만약 그렇다면 오히려 교육 수출을 지양해야 하는 것이 아닌가 묻게 된다.

한국 교육이 오늘의 한국을 있게 하는 데 근본적인 힘이 되었다면, 그것을 밝혀서 세계 교육에 하나의 가르침이 되도록 하여야 한다. 그러나 그것이 오늘 다시 세계 교육을 더욱 더 경제환원주의와 무한경쟁주의로 내모는 것이라면 그 일은 해서는 안 되고, 오히려 이러한 계기를 통해서 어떻게 한국 교육이 근본적으로 인류의 공공선을 키우는 데 보탬이 될 수 있는지를 함께 고민하고 찾아나가야 할 것이다. 인류 모두에게 보편적으로 적용될 수 있는 교육의 기초와 방법, 과정과 목표가 무엇이 있는지를 한국 교육은 자신의 전통과 문화에서 찾아내어 제시할 수 있어야 한다. 이것이 오늘 한국 교육 자신도 깊이 빠져 있는 비인간적 무한경쟁주의로부터 치유되는 길이고, 그래서 참된 인간적인 경쟁력을 얻어서 초등학교 어린학생들까지도 삶의 자리에서 뿌리 뽑히는 조기교육의 광풍도 잠재울 수 있을 것이다.

2. 한국 교육의 저력은 어디서 오는가?
― 유교 전통과 기독교 전통의 창조적 만남

한국 교육을 이야기할 때 가장 빈번하게 등장하는 이야기 중 하나는 한국인의 교육열에 대한 것이다. 이 교육열에 관한 신화 같은 이야기들은 끝없이 이어져서 오늘날은 전 세계로 퍼져있고, 자식의 교육을 위해서 부부가 국내외로 서로 떨어져 사는 기러기 아빠의 이야기는 이제 평범한 일상 담론이 되었다. 다른 나라에서는 쉽게 찾아보기 힘든 이러한 일들이 다반사가 되다 보니 한국인 교육열에 대한 부정적인 이야기가 많이 들린다. 조선조 유교시대의 한국 교육을 우리 교육의 "황금시대"로 부르는 정순우도 한국인들의 교육열을 논하는 장에서는 그것을 "한국의 근대교육이 키워낸 심각한 종양"이라고 평가했다.[3] 물론 그는 한국의 교육열이 역사적이고 통시적인 성찰을 요구하며 한국의 유교 전통과 관계없는 것이 아니라고 보지만, 그것은 특별히 "한국 근대교육의 전개 과정에서 발생하는 특유의 사회현상"이고, 그 정신적 뿌리는 근대의 사회진화론인 바 하나의 병리현상이라는 부정적인 이해 톤을 유지한다.[4] 나는 그러나 오늘날의 한국 교육열이 보여주는 많은 병리적인 현상들에도 불구하고 이러한 부정적인 평가보다는 먼저 한국인들이 전통사회에서부터 학문과 교육에 대해 가져 왔던 열의와 소망에 대해서 언술하고자 한다.

한국이 동아시아 문명권의 한 구성원으로서 뛰어나게 전개시킨 유교 문화는 문(文)의 문화이다. 유교(儒敎)의 '유'(儒) 자는 원래 『설문(說問)』의 의미로 하면 '유약하다'(柔弱)는 뜻을 지니고 있고, 방어술에 능했던 무사 출신인 묵가(墨家)가 그의 입장에서 예(禮)를 실천하고 전통을 따르는 공자 그룹(孔門)을 비난하는 의미로 쓰였다고 한다. 이렇게 공자 그룹의 유가(儒家)라는 이름대로 유교는 원래 무(武)가 아닌 문(文)의 숭상을 통해서 인간 사회를 이루고자 한 그룹이었다.[5] 동아시아에서 과거 은(殷)나라 때에 성행하던 순장(殉葬)의 풍습이 주(朱)나라 때에 없어졌지만 공자는 무덤에 산 사람 대신에 나무로 사람 모양을 깎아서 넣는 것도 정죄했다고 한다. 그는 당시 도저히 어찌해 볼 수 없을 정도로 인간 사회가 빠져들던 패권주의에 대항해서 그럼에도 불구하고 그 인간 문화의 방향을 돌이켜 놓을 수 있는 근거를 찾기 원했다. 그러면서 그는 인간 내면에 하늘의 명령(天命)과 하늘의 씨앗(天性)으로 내재되어 있는 '인간성'(仁, humanity)의 단서를 보고서 그것을 인간다운 세상을 만들어 갈 초월적 근거와 출발점으로 제시한 것이다. 어떠한 다른 외적인 힘보다도 이 인간 내면의 도덕성의 확장과 교육이야말로 인간적 문화를 위한 확실하고 믿음직한 토대라고 보았고, 그래서 이 인간성의 신적인 뿌리를 키우고 신장시키는 일이야말로 유교가 지향하는 종교와 정치와 교육이 된 것이다. 따라서 유교는 때로는 종교로, 때로는 정치사상과 교육사상으로, 때로는 윤리와 도덕으로 불렸는데, 이렇게 유교는 그 뛰어난 인본주의적 전통으로 하나의 '세속적 종교'(a secular religion)로 여겨지기도 한다.[6]

한반도에 고려 시대 광종 때부터 도입되었다고 하는 유교적 과거제도에 대해서도 그것이 학문을 점점 관학화했으며, 출세와 입신양명의 도구로 전락시켰다는 비판을 받아 왔지만 사실 인류 문명사에게 '학'(學)을 바탕으로, 오늘의 의미대로 하면 어떤 생래적 태생이나 자연적 조건이 아닌 후천의 지적 능력을 기반으로 사회적 역할을 정해 왔다는 것은 매우 뛰어난 인간 문화였음을 부인할 수 없다. 이러한 인간 가능성에 대한 지칠 줄 모르는 신뢰와 염원이 한국 교육의 바탕이 되어 왔고, 오늘 우리가 교육 수출을 말하고자 한다면 '인간은 누구나 다 학(學)과 배움을 통해서 위대해질 수 있다'(사람은 누구나 다 요순과 같이 될 수 있다, 人皆可以爲堯舜)고 주창해 온 유교적 교육 인본주의야말로 그 근거가 되고 부인할 수 없는 기본 지혜라고 생각한다.[7]

한국과 일본의 과거와 현재를 '선비문화'와 '사무라이 문화'로 대비시켜 풀이하는 일본에서 한국으로 귀화한 호사카 유지 교수의 한국 문화 지적이 흥미롭다. 그는 한국인의 가장 큰 한(恨)은 배우지 못한 것에 있다는 통계 조사 결과를 지적하며 제대로 배우지 못한 사람이 평생 모은 재산을 대학교 장학금으로 아낌없이 내놓았다는 등의 교육 미담이 흔한 나라는 한국밖에 없다고 지적한다. 다른 나라에는 학교와 관련된 미담이 그렇게 많지 않다고 하는데, 학식이 있고 많이 배운 사람에게 가치를 두는 한국에서는 배움이 짧은 사람을 말할 때 무식한 사람이라는 비하의 말이 있지만, 일본에는 못 배운 사람이라도 전문기술 하나만 있으면 무시당하지 않으므로 무식한 사람이라는 욕 자체가 존재하지 않는다고 한다.[8] 그는 또한 역사에서 지적하기를, 조선의 임금 선조는 16세기 후반에 일본을 통일한 도요토미 히데요시가 시문은 커녕 한문조차 제대로 읽지 못한다는 보고를 듣고 "그는 정말로 사람인가?" 하고 물었다고 한다. 조선의 엘리트들은 모두 지식인이었기 때문이고, 일본에는 과거제도와 같은 인재를 고르는 장치가 없었기 때문에 힘만 있으면 천하를 통일하겠다고 나설 수 있었기 때문이라고 그 이유는 밝힌다. 이러한 모든 이야기들은 현실에서 한국과 일본 사회의 명암을 모두 밝혀 주는 것이지만, 여기서 우리가 부인하려야 할 수 없는 사실은 한국은 전통적으로 '문' (文)과 '배움' (學)을 추구해 온 사회이고 오늘의 부모도 여전히 자식들을 교육과 배움을 통해서 위대한 사람이 되도록 하는 데 최선을 다하고 있다는 사실이다. 유지 교수는 오늘날 세계로 퍼져 가는 한류 문화 물결의 핵심에도 바로 이처럼 오랜 기간 문과 학을 통한 인간적 문화를 추구해 온 한국인들의 인도주의가 녹아 있기 때문에 그것이 보편적으로 세계인들을 감동시키는 것이라고 지적한다.[9]

그러나 주지하다시피 조선의 유교 인문주의는 역사상에서 과도한 주지주의와 엘리트주의로 변질되었고, 신분과 성 차별을 넘지 못하고 급기야는 나라까지 잃는 상황을 초래했다. 이러한 와중에서 한국 사회는 19세기 말에 전혀 새로운 또 하나의 문명을 맞이하게 되었는데, 세계 어느 문명보다도 급진적으로 초월을 인간화하고 세계화(세속화)하는 서구 기독교 문명을 만난 것이다. 기독교는 아시아의 여러 종교 전통들과는 달리 초월의 모습을 신인동형론적이고 인격신적인 모습으로 전개시킨 토양에서 자라났다. 또한 예수라고 하는 역사상의 한 구체적 인물을 모든 사람이 따라야 하는 역사적인 '모형' (그리스도)으로 제시함으로써 보다 많은 사람들이 용이하게 그 신분과 성, 학식의 여부를 떠나서 자기 자신을 초월(최고 존재)과 관계시킬 수 있게 했다. 그리하여 한국에서도 서구 기독교 문명의 유입과 더불어 근대화가 본격적으로 추진되면서 그때까지 신분과 계급, 성에 억눌려 있던 많은 사람들의 인간화가 실현되었고, 그 일환으로 진행된 교육 인구의 폭발적인 증가는 한국 사회의 근대화와 선진화를 세계 문명사에서 유례가 없는 정도의 속도로 전개시켜서 오늘의 모습을 가능하게 했다.[10]

한국 유교의 인문주의가 근거가 되지 못했다면 기독교의 유입으로도 그와 같은 정도의 인간화와 교육실천이 가능하지 못했을 것이다. 반면에 기독교 문명의 급진적인 세속화와 민중화가 없었다면 유교 문명의 인본주의와 인문주의는 엘리트주의에서 벗어나지 못하였을 것이고, 교육과 윤리의 대중화를 이루는 데 성공하지 못했을 것이다. 세계 기독교사에서 유례를 찾아볼 수 없는 시작의 역사-이벽, 이가환, 정약용 등 개혁적인 소장 유교학자들의 자발적인 탐구 과정에서 시작된 한국 교회-가 잘 보여주듯이 한국 기독교는 한국 유교 문화의 식자력과 인문주의에 근거해서 그렇게 빠른 기간 안에 퍼질 수 있었다. 반면 유교의 인문주의는 자신의 좁은 가족주의, 엘리트주의, 권위주의, 세속주의 등을 넘을 수 있었다. 한국 교육이 오늘날 교육 수출을 말한다면 바로 이 두 문명의 창조적 만남에서 배태된 인간의 교육 가능성에 대한 믿음, 인간의 지적인 능력을 온전히 인간적인 힘으로 인정하는 건전한 인문주의와 그 가능성의 실현을 위해 가정과 부모가 온 힘을 쏟는 교육적 정성, 이러한 것들을 인류의 보편적인 가치로 제시해야 하고 그것을 인류 사회에 확산시키는 데 역할을 하여야 할 것이다.

지구상에서 이 두 문명의 만남이 한국 사회에서처럼 진한 농도로 실행되었고 오늘날에도 여전히 활발하게 이루어지고 있는 곳이 없다. 이것은 많은 의미를 지니며 또한 많은 과제도 안겨 준다. 미국의 힐러리 클린턴이 지난 70년대 남편 클린턴이 아칸사스 주지사로 있으면서 그곳의 교육개혁을 추진했을 때 한 경험에 따르면, 미국의 흑인 아동들이 그렇게 학교에서 저조한 학업 성취를 이루는 이유는 그들의 집안에서부터 부모들조차 그들에게 아무런 기대를 하지 않고 요구하지 않기 때문이라고 한다.[11] 아무도 그 아이가 큰 인물이 될 것이며, 삶에서 성취할 것이라고 기대하지 않고 요구하지 않는 집안, 사회, 문화에서는 교육이 일어나지 않으며, 인간적 성장이 이루어지지 않는다는 것이다. 오늘날 한국의 교육열이 사회적 병리현상으로 지적되면서 지탄받는 것도 사실이지만 그러나 또 다르게 생각해보면 한국 교육의 성취는 한국 땅에서 유교 문명과 기독교 문명이 창조적으로 만나서 인간 가능성에 대한 믿음을 한껏 실험한 데서 나온 것이며, 그것을 인간관계의 기초적인 장인 가정에서 핵심 과제로 삼았기 때문에 가능했던 것이다. 따라서 이 열정과 성의를 잘 순화시켜서 세계의 교육을 진흥시키는 기초적인 바람이 되도록 한다면 큰 기여가 될 것이다.

3. 한국 교육 목표설정의 문제점

1) 교육 공리주의와 경제환원주의

유교 문화의 토양에서 기독교 문화를 받아들이면서 한국 교육이 지난 1세기 동안 이룬 성과는 실로 놀라운 것이었다. 전문대학을 합쳐서 320개교가 넘는 고등교육기관을 가지게 되었고, 유치원 수도 8천여 개원이 넘으며 한국의 국내총생산(GDP) 대비 공교육비 비율은 7.2%로 OECD 평균 5.7%(정부부담률 4.4%, 민간부담률 2.8%)보다 높다.

한국의 교육은 그러나 오늘날 천문학적인 사교육비 지출이나 조기유학의 광풍에서도 나타나듯이 심각한 왜곡을 보이고 있다. 교육이 철저히 수단화된 입시교육이나 취업교육으로 변질되었고, 경제적 이익을 위한 무한경쟁주의의 도구가 되어서 그 열기가 천정부지로 달아오르고 있다. MB정부 대선정국때부터 흘러나온 "3불 정책과 평준화정책의 폐해"에 관한 논의도 오늘의 세계화시대 삶에서의 무한경쟁주의를 당연시하여 거기에 더욱 잘 대처하자는 것이고, 평준화정책은 한국 교육의 "경쟁력"을 살리기 위해서 폐지해야 하는 제도라고 주장한다. 이들은 "평준화를 떠받치는 잘못 이해된 '평등'"을 거론하며, 모든 인간이 평등하다고 할 때 그 말이 인간이 평등한 가치를 가지고 태어났다는 말이지 평등한 능력을 가지고 있다는 말은 아니라고 지적한다. 이러한 모든 주장의 밑에는 "이 글로벌 시대에 살아남기 위해서는 실력밖에 길이 없다."는 명제가 놓여 있다.[12]

이 명제는 우선 타당하고 옳은 것처럼 들린다. 하지만 이것은 일찍이 인류사에서 유례가 없는 정도로 강하게 전 지구적으로 불어닥치고 있는 약육강식의 무한경쟁주의를 대변하는 말이고, 인간을 철저히 이기적 경제동물의 수준으로 환원시키면서 교육의 수단 가치와 공리주의를 극대화시키는 말이다. 하기야 평준화 폐지를 반대하는 측에서도 조기유학을 떠나는 것이 공교육에 대한 불만보다는 오히려 영어나 외국어 학습을 위한 "전략적 선택"이었다고 강조하면서 에둘러 공교육을 두둔하려 하지만 여기서 양측 모두가 전제하고 있는 의심하지 않는 사고는 교육 공리주의와 경제환원주의다. 교육공리주의와 경제환원주의는 결국 사람 자체도 도구화하고 수단화하는 공리주의적 수단과 목적의 악마적 순환고리에서 벗어날 수 없는데, 이 고리를 어떻게 끊을 수 있겠는가 고민하는 것이야말로 오늘날 지식인들의 책임이고 교육자가 우선적으로 해야 하는 일이라고 본다.

케임브리지 대학에서 한국인 경제학 교수로 있으면서 신자유주의 경제 발전의 파괴성과 거짓됨을 계속 들추어 내는 장하준 교수는 『나쁜 사마리아인

(*Bad Samairtans*)』이라는 책을 냈다. 그는 자신의 책이 "(자유주의 무역의) 폐해는 의식하지 못하고 진짜 그게 좋다고 믿는 선의의 사람들까지 대상에 포함시켰다."고 밝힌다. 그는 신자유주의의 전도사 토마스 프리드먼의 세계는 평평하다거나 평평해야 한다거나 하는 소리는 헛소리라고 일갈하는데,[13] 그에 따르면 "경기장을 평평하게 해야" 공정한 경쟁이 이루어지고 그래야 선진국들처럼 될 수 있다는 설교는 "역사적 위선"에 무지하거나 그것을 감추는 사악한 태도라고 한다. 왜냐하면 이들이 벌이는 평평한 경기장에서 하는 축구 게임은 마치 브라질 국가 대표팀과 열한 살짜리 아이들이 짠 팀이 맞붙는 것과 같고, 권투경기로는 중량급 선수가 경량급의 선수와 싸우는 것이나 마찬가지이기 때문이다. 그러므로 급수가 전혀 다른 팀들을 동일한 룰 속에 싸우게 한다고 해서 그 게임이 결코 공정한 것이 아니라는 지적이다. 그에 의하면 오히려 "기울어진 경기장이 필요"한데 지금까지 역사상에서 정상에 오른 나라들은 스스로는 높은 관세와 광범위한 보조금, 민영화 대신에 국가가 강력하게 시장에 개입했고, 상표를 도용하고 짝퉁을 만드는 방식 등으로 온갖 이득을 취해서 강자의 자리에 오른 것이다. 그런 후 다른 사람들은 뒤따라 올 수 없도록 그러한 "사다리를 걷어차고", 다른 나라들한테는 자유무역을 권장하고 자유시장을 설교하면서 인간 역사가 자유무역과 자유경쟁 시장 덕에 발전해 왔다고 역사를 날조하며 약자들에게 따라오라고 강요하는 것이다. 그런 사람들은 '나쁜 사마리아인들'일 뿐이라고 장 교수는 비판한다.

그는 여기에서 교육을 위해서도 시사하는 바가 큰 비유를 드는데, 이런 나쁜 사마리아인들의 신자유주의 주장은 마치 여섯 살 난 아이를 하루 빨리 직업전선에 내보내는 것이 뛰어난 적응력을 가진 강자로 키우는 데 유리하다고 주장하는 것과 같다고 한다. 그렇게 하면 아이는 "약삭빠른 구두닦이 소년이 될 수도 있고, 돈 잘 버는 행상이 될 수도 있지만 뇌수술 전문의나 핵물리학자가 되는 일은 결코 없을 것"이며, 우리는 뇌 전문의나 핵물리학자 할 테니 너희는 구두닦이, 행상이나 하라는 이야기와 같은 것이라고 강자들의 불의함을 생생하게 지적한다.[14]

신자유주의는 부익부 빈익빈과 강익강 약익약의 무한경쟁주의를 주창하고 설교하는 것이다. 그것은 이미 좋은 조건을 가지고 현재의 조건들에 만족하는 팀에게는 옳지만 현재의 조건을 깨고 불리한 조건들을 개조하려는 팀에게는 헤어나기 어려운 족쇄이다. 그래서 게임이 조금이라도 더 공정해지려면 약자에겐 국가 보호와 보조금, 구제조처 같은 어드밴티지를 주는 핸디캡 제도를 적용해서 약자가 골을 더 잘 넣을 수 있도록 운동장을 강자 쪽으로 기울어지게 해야 한다고 한다. 우리가 잘 알다시피 그러나 현실에서는 오히려 약자 쪽으로 더 기울어져 있다. 오늘 우리 교육 현장에서 그나마 명목을 유지하고 있는 평준화제도를 폐지하자는 주장이 혹시 이러한 불의한 게임을 부추기는 것은 아닌지 잘 생각해 볼 일이다.

그런데 이렇게 교육에서 철저히 자유경쟁주의가 도입되어서 무한경쟁의 상황으로 가는 것이 부자와 강자를 위해서도 좋기만 한 것이냐 하면 결코 그렇지 않다. 세계화 시대 최고의 경쟁력 있는 교육을 받아서 다국적기업에서 높은 연봉을 받는 젊은이가 되어도 거의 점심 먹을 시간도 없을 정도로 눈코 뜰 새 없이 일로 휘둘려지고, 그들 인생의 최대 관심사인 주말의 일이 댄스파티와 섹스파트너를 찾는 일뿐이라고 지적된다. 또한 무한경쟁주의 덕분으로 평직원보다 수백 배의 연봉을 받는 회사 간부가 되어도 계속되는 경쟁은 조금도 줄어들지 않고, 점점 더 비싸지는 주택 값, 자녀들의 교육비 등을 감당하느라고 여전히 허리가 휘고 더욱 더 인색하게 변해가는 사람들의 모습이 신자유주의 세계화 시대의 경제와 교육이 배출해 내는 일반적인 인간군상의 모습이다. 이러한 단편적이고 즉물적인 서술을 뒤로 하고 한 단계만 깊이 내려가서 생각해 봐도 전 지구적으로 모든 지역과 대상과 시간을 대상으로 하여 무한경쟁적 이익 추구를 펼친다고 하는 것이 과연 지속가능하겠느냐 하면 결코 그렇지 않음을 잘 알 수 있다. 인간의 삶이 아무리 부자이고 강자로서의 삶이라 하더라도 한계와 조건이 없을 수 없기 때문이다. 모든 관계에서 이(利)를 따지다가 결국 부모자식 사이도 이(利)의 관계로 변해 버리는 인간관계와 이와 더불어 항상 마침내는 자신보다 더 강한 자를 맞이할 수밖에 없는 약육강식의 전쟁터에서 아무것도 목적으로 남아 있는 것이 없이 수단과 도구로 전락해 버리는 공리주의의 악순환이 그렇게 경쟁력을 외치며 많은 것을 쏟아 부어서 얻어낸 교육의 결과라면, 그 교육은 결코 선호되어서는 안 되고 그것의 수출을 이야기해서도 안 될 것이다.

2) 교육에서의 초월적 차원의 회복

20세기 여성철학자 한나 아렌트는 역사적으로 사적 소유의 관리가 사적인 관심에서 공적인 관심사로 변형된 근대 산업사회로 들어와서 모든 사람은 자신의 생계를 유지하기 위해 일하는 노동자가 되었다고 선언하였다. 그리하여 그녀는 근대 소비사회에서 어떻게 하면 이처럼 세상의 모든 것이 도구화되고 수단화되는 무의미성의 증가 고리를 멈추게 할 수 있을까를 고민하였다. 여기에 대한 대안으로서 그녀는 다시 플라톤을 말하는데, 왜냐하면 플라톤은 당시의 혹독한 공리주의자 프로타고라스에 대해서 오히려 "단순한 사용물조차도 그것의 척도는 신이다."라고 선포했기 때문이다.[15] 즉 아렌트에 따르면 플라톤은 만약 인간이 만물의 척도가 된다면 – 오늘 우리 탐구의 맥락에서 보면 이(利, 경제)의 추구를 위한 무한경쟁이 최고선이 된다면–, 세상의 만물은 수단으로 전락하고, 사적 소유의 증대를 위한 너나 없는 추구 앞에서 모든 공공적인 것이 무너지며, 마침내는 그러한 경쟁도 포함하여 인간 삶 자체가 유지되기 위한 마지막의 근거(자연, 건강, 생명, 건전한 정신 등)조차도 사라져 버리게 될 것임을 간파했기 때문이다. 이것은 결국 아무리 하찮은 존재라도 그 존재가 내재적 가치로 가지고 있는 초월적 차원에 대한 인정 없이는 모든 것은 무한히 평가절하되고, 단지 교환가치로만 환원될 뿐이며 모든 목적이 수단으로 전환되는 무의미성의 증가 고리를 끊을 수 없음을 인지한 것이다.

이러한 모습은 오늘 교육 현장과 직업 세계의 현장에서 신자유주의 무한경쟁의 시장에서 매일 목도되는 현상인데, 그래서 이러한 현대의 상황에서 시급한 책임의 원리를 주창하면서 그 책임의 원리를 키우는 교육을 강조한 한스 요나스도 어쩌면 이 일은 종교가 없이는 가능하지 않다고 언표하였다.[16] 결국 오늘의 신자유주의 시대 무한경쟁의 파국을 멈추게 하는 것은 인간은 물론이려니와 세상의 하찮은 미물과 단순한 사용물(제작된 물질)조차도 그 존재가 내재적으로 초월적 차원을 담지하고 있어서 그것의 최종적인 처분은 신의 영역이라는 것을 알아채도록 하는 일이라는 것이 드러난다. 그렇다면 과연 이 일을 어떻게 가능하게 할 수 있을까가 우리 교육의 가장 핵심적인 고민이 될 것임은 자명하다.

그런데 플라톤도 자신의 국가론을 다시 영혼불멸의 신화—죽은 지 12일 만에 다시 살아나서 자신이 보았던 저 세상의 심판을 생생하게 서술해 주면서 영혼불멸, 천당과 지옥, 정의로운 자의 보상 등을 증명해 준 판피리아 혈통의 아르메니오스 아들 에르의 이야기— 로 마무리하였고, 오늘 한국 사회에서 서구 기독교가 매우 번창해 있지만 그러나 그러한 서구적 신인동형의 신 이야기는 오늘날의 합리성과 세속화 시대에 점점 더 많은 한계를 드러내는 것도 사실이다. 이와 더불어 서구 기독교는 오늘 한국 사회에서의 교회와 기독교 문화에서 잘 드러나듯이, 또한 미국 기독교 근본주의자들의 극우적 세계 정치에서 잘 나타나듯이 오히려 그러한 초월적 신인동형적 신(神) 이야기를 근거로 자신들(인간, 남성, 기독교 등)을 신격화해서 한없는 욕망 추구의 도구로 사용하며 세계소외를 부추기고 경제환원주의를 극대화하고 있는 것을 볼 수 있다. 그러므로 그 기독교적 초월 이야기에서는 답을 찾기 어려운 것으로 보이는데 따라서 서구 기독교의 변종을 치유하고 보완할 다른 전통을 찾고자 한다. 나는 여기서 우리의 오랜 전통이었지만 20세기에 들어와서 배제되었던 유교 전통을 다시 생각해 본다. 왜냐하면 하나의 종교 전통으로 이해된 유교 전통은 서구 기독교 전통보다도 훨씬 더 보편적으로 합리성(合理性)에 호소하면서(性卽理 또는 心卽理) 만물의 내재적 초월성을 드러내주고 자아를 제어하게 하며, 그 자아를 넘어서 공동체를 배려하여 공공선(公共善)을 지향하도록 가르쳐 왔기 때문이다. 맹자는 세상 모든 사람들의 발 모양새가 모두 같기 때문에 신발을 만드는 사람이 수치는 정확히 모를지언정 삼태기를 만들지는 않을 것이라고 비유하면서 그렇게 인간 마음(心)에도 보편적으로 모든 사람들이 좋아하는 것이 있는데 그것이 리(理)와 의(義)라고 했다. 그에 따르면 '인'(仁, 理)은 "사람의 마음"(人心)이고, '의'는 "사람의 길"(人路)이다(『맹자』,「고자장(告子章)」上 7). 그의 유명한 양지(良知, 생각하지 않고도 아는 것)와 양능(良能, 배우지 않고도 능한 것)을 말하는 「진심장(盡心章)」에서는 이 인(仁)을 "친친"(親親, 어버이를 친애함)으로, 의를 "경장"(敬長, 웃어른을 공경함)으로 규정하면서 이것이야말로 세상 모든 사람들에게 "보편적인 것"(無他, 達之天下也)이라고 밝혔다.[17]

3) 유교적 친친(親親)과 경장(敬長)의 교육

플라톤은 국가론에서 한 국가를 지켜내는 방부제와 같은 역할을 하는 정의(正義)를 일인일사(一人一事)로 보았다.[18] 한 공동체의 삶에서 모두가 각자 자신이 할 일을 가지고 있고 자기 몫의 지분(땅이나 명예나 일이나 가족 등)을 가지고 있어서 그것을 강제로 힘으로 빼앗기지 않을 권리가 보장되어 있는 곳, 그곳이 정의로운 국가라는 것이다. 그런데 우리 현실의 삶에서 이 보장의 마지막 근거가 어디일 수 있겠는가 하는 물음이 강하게 제기된다. 앞에서 지적했듯이 서구적 외재적 초월신(神)은 보편성과 시의성에서 뒤떨어지고 오히려 왜곡될 소지가 많았다. 그리하여 이와는 달리 맹자가 모든 인간 마음속의 하늘의 씨앗으로 제시한 친친(親親)으로서의 인과 경장(敬長)으로서의 의를 생각해 보면 인간이 자기 몫이 아닌 것을 차지하고 빼앗고 싶은 욕망을 제어할 수 있는 마지막 보루가 친부모형제보다 더한 것이 어디 있겠으며, 나이(齒)라고 하는 것이 어떤 인위적인 제한보다 자연스럽고 보편적인 구별이라는 것을 생각해 볼 때 이러한 장유(長幼)를 지키는 일을 정의의 출발점으로 삼은 것은 의미가 크다고 하겠다.

인간도 한편으로 필연성의 동물이므로 남의 몫을 탐낸다. 또한 자아의 확장은 모든 생명체가 가지는 기본욕구이지만 인간 삶은 천래적으로 공동체적 삶이므로 이 욕구를 잘 조절하고 순화시키는 일이야말로 공동체적 삶이 지속되기 위한 기본 요건이다. 어린 시절부터 부모를 친애하고 윗사람을 공경해서 그것을 몸과 마음의 습관으로 삼는 일보다 더 지속적이고 믿을 만한 자기제어-정의 실현의 길-의 길과 방식이 어디 있겠는가 하고 나는 생각한다.

물론 역사상에서 이러한 유교적인 의 실현 방식이 잘못된 가족 이기주의와 권위주의, 개성 파괴의 폐해를 보였던 것도 사실이다. 그러나 오늘날 경제적 이익을 위한 무한경쟁주의와 자아의 무한정한 확장이 최고선으로 구가되는 상황에서 앞으로 이러한 기본적인 마지노선과 의의 토대도 갖추지 못한 자아들이 모여서 공동체를 이루어 나갈 것을 생각해 보면 동아시아 유교적인(親親)과 의(敬長)의 교육은 인간 교육의 기초로서 반드시 다시 회복되어야 하겠다. 여기서 소중하게 여겨야 할 오래된 것(長)의 그룹에는 인간 종보다 더 오래 이 지구상에 살아 온 식물과 동물의 자연도 포함되고, 현재 자신의 삶보다 더 오래된 전통과 종교, 문화, 역사도 모두 포함될 수 있다. 그리하여 이와 유사한 의미로 한나 아렌트도 건강한 공동체와 참된 교육을 위한 '종교'와 '권위', 그리고 '전통'의 로마적 삼중주(Roman trinity)에 대해서 말하면서 어떻게 이 세 요소가 서로 연관되어서 공동체를 지속시키고 교육을 가능하게 하는지를 잘 밝혀 주었다.[19]

맹자는 "천하에 늙은이를 잘 봉양하는 자가 있으면 '어진이'(仁人)들은 그곳을 자신의 돌아갈 곳으로 삼는다."(天下有善養老, 則仁人以爲己歸矣)고 했다(『맹자』 「진심장(盡心章)」上, 22). 이제 나이가 들어 쇠약해져서(물리적인) 힘이 없다고 해서 젊은이들과 후대들이 그들을 소홀히 하지 않는 나라, 동물 세계의 약육강식의 원리와는 다르게 오히려 힘이 없기 때문에 더 보살펴 주고 배려해 주는 세계, 이러한 경장(敬長)의 의가 살아 있는 곳이야말로 인간적인 문화가 꽃필 가능성이 있음을 보고 뜻을 가진 사람들이 모여든다는 것이다. 내리사랑은 배우지 않고도 잘 할 수 있다. 그러나 이렇게 힘없는 윗세대를 향한 배려와 사랑은 배우고 습관들이지 않으면 할 수 없고, 여기에서야말로 자신을 제어하는 방식을 가장 자연스럽게 습득할 수 있다는 것이다. 한국 교육이 세계에 교육을 수출하고자 한다면 바로 이러한 정의가 살아 있고 그것을 길러주는 교육을 수출해야 하지 않겠는가 생각한다. 인간 누구에게나 있는 보편적인 근거를 바탕으로 해서 보편적인 체험에 호소하며 실행되는 교육이기 때문이다. 한국 교육사를 탐색해 보면 전통의 한국 교육에서는 반드시 『논어』와 『효경』이 필수과목으로 지정되어 있었으며, 이것이 주변국들의 유학교육과 다른 점이었다고 한다.[20]

4. 친친(親親)과 경장(敬長)의 교육을 위한 입시제도 개혁

그렇다면 한국 교육이 이상적인 교육을 실현하기 위해서 구체적으로 어떤 모습으로 거듭나야 하는지를 살펴보고자 한다. 한국 교육이 무한경쟁주의와 경제환원론을 더욱 부추기는 교육이 아니라 각자가 이 시간과 공간에서 자신의 분(分)과 몫을 잘 찾아서 유일한 모습으로 꽃을 피우지만, 그러나 동시에 친친의 인(仁)과 경장의 의(義)를 실천하면서 자신을 제어하고 공공의 선을 이룰 수 있는 사람으로 키워내는 교육이 무엇인가를 고민하다 보면 제일 먼저 떠오르는 것이 대학입시이다. 한국의 교육 현실에서 대학입시는 단순히 대학 교육과정으로 들어가는 하나의 관문시험의 의미가 아니다. 그것은 우리 교육 전체를 좌지우지하며 여기서 더 나아가서 한국 사회 전체의 모습을 짜는 데 지대한 영향을 미치는 것이 현실이다. 일인일사의 정의로 이상국가를 실현하려고 했던 플라톤을 따라서 한나 아렌트는 인간의 정신을 세계와 대상을 진정으로 일인(一人)으로, 즉 자신의 이익이나 선호에 관계없이 그 자체의 존엄성과 미(美)를 가진 대상으로 판단할 수 있는 판단력(disinterested mind)으로 키우기를 원했다. 그러기 위해서는 그 정신에게 여유를 돌려주고 보호해 주며 그 정신이 가지고 태어난 새로움을 잘 간직할 수 있도록 배려해 주어야 한다고 역설했다. 즉 교육은 정치와는 달리 보수적(conservative)이어야 한다고 하는데, 그렇게 여유 속에서 배려 받고 보호받는 속에서 자라나는 아이들은 세상의 대상을 그 자체의 미 속에서 발견할 수 있고, 그래서 그 미의 대상을 온갖 실리주의를 넘어서 보존하고 싶어 하는 마음의 문화인과 교양인으로 자라날 수 있다고 했다.[21]

인간 사이의 덕목을 습득하는 과정도 이와 다르지 않다. 자라나는 세대들이 친친의 인과 경장의 의를 실천하여서 참된 공동선의 인간으로 자라날 수 있도록 하기 위해서는 그들에게 보다 많은 여유를 돌려주고, 그 속에서 이 덕목을 습득하는 일이야말로 가장 기초적이고 인간적인 공부임을 알 수 있도록 해야 한다. 오늘날 입시 위주의 경쟁 교육은 이 여지를 밑동부터 자르는 것이다. 적어도 대학 공부가 시작되기 전까지는 보다 많은 여유와 배려 속에서 보살펴야 하는데, 이 일을 가능하게 하기 위해서는 오늘날과 같이 대학과 초중등교육이 주종관계로 얽혀 있는 것을 완화해야 하며, 그러기 위해서 대학교육 체제의 개혁을 통한 입시제도의 개편이 긴요하다.

앞에서도 지적한 한국의 높은 교육열과 문(文)과 학(學)에 대한 숭상을 바탕으로 오늘날 사람들이 그렇게 들어가고 싶어 하는 서울대를 비롯한 세칭 일류대학들의 문호를 획기적으로 개방하는 방법은 없겠는가 생각해 본다. 되도록이면 보다 많은 사람들이 자신들을 양반이나 중산층으로 여기게 하는 것이야말로 건강한 공동체를 만드는 지름길이 되지 않을까 여긴다. 최근 학계에서 제안된 입시제도 개혁 방안에서 공형일(국립대 독립 채산제)이나 김동훈(국립대 독립법인화), 그리고 이주호(대학입시의 자율화)의 방식보다 이정규의 국립종합대학의 평준화와 연구중심 대학화와 경상대학교 정진상 교수팀이 제안한 국립대 통합네트워크 방안이 본인에게 의미 있게 다가온다.[22] 이것은 한국 교육 전체를 극심한 입시 경쟁의 파행으로 내몰고 소수의 그룹에 의해서 공공적 이(利)가 독점되는 폐해를 고치기 위한 것으로 서울대 등의 독점적 학벌형성과 대학 서열체제를 혁파하려는 것이다. 나는 이것으로써 기초학문과 같이 장기간 지속적으로 지원을 필요로 하는 학문 분야는 국가가 주도해야 한다고 보며, 각 도나 지역별로 국공립대학들이 분야를 나누어서 협동하는 연구 체제를 갖추어가면서 학생 선발과 졸업 등을 통합 네트워크 체제 안에서 공동으로 진행해 간다면 한국 교육의 폐해가 많이 사라지고 지역 간 격차, 기초학문의 소홀로 인한 장기적인 국가 학문력 약화 등이 해소될 수 있다고 여긴다.

한국 대학의 70% 이상을 차지하는 사립대의 경우 이 사립대를 대학 평준화의 대상에서 제외시키면 대학평준화의 효과를 얼마나 볼 수 있을까가 의심되기도 하지만, 법대나 의대, 경영대 등 전문직과 관련된 인기학과의 경우는 전문대학원 설치로 통합 네트워크 안에 두고, 다른 분야는 자율경쟁 체제에 맡기는 방식이 어떠한가 생각한다. 한국인의 경우 교육의 분야에서는 어떠한 경우라도 남에게 뒤지는 것을 참지 못하는 속성이 있고, 또한 앞으로 교육개방과 세계화가 더욱 본격화될 것이므로 대학교육의 수준에서 세계 유수 대학들과 겨루기 위해서는 범국가적으로 이러한 방식을 통해서 힘써야 할 것이다. 그런데 이때 더 높은 교육을 받고 더 좋은 그룹에 들어가려고 하는 현재 국민들의 열정과 노력을 귀한 것으로 여겨서 그 염원의 성취를 위한 물꼬를 터주는 일이야말로 기본적으로 해야 할 일이라고 보는 것이다. 국공립 대학들을 평준화하고 공동학위제를 고려하여 한 개의 서울대학이 아니라 다수의 서울대학을 만드는 일, 고등학교 졸업생들을 전국 단위로 서열화하는 대신에 자격고사화하고 졸업자격고사를 실시하는 일, 계층 간 불평등 해소를 위해서 저소득층 자녀들을 대상으로 하는 일정 규모의 할당제를 실시하는 일들이 모두 국민들의 높은 교육열에 찬 물을 끼얹지 않는 일이라고 생각한다.

중등교육까지는 국민 모두의 보통교육 기간으로 생각하여 여기서 보통교육을 완성시키는 수준으로 정착시키되[23] 어느 것보다도 교육에서의 차별을 싫어하는 한국 국민정서에 따라서 인문계 학교나 실업학교들로 나누지 말고, 오히려 지역별로 묶어서 모두 평준화된 종합학교화 하여서 한 학교 또는 한 지역의 학교에서 학생들의 능력과 소질과 선택에 따라 다양하게 교육받을 수 있는 기회를 제공해 주는 방식을 고려해 본다. 이것은 MB정부 대선에

즈음하여 회자되던 "평준화 손 볼 시점" 등의 이야기와는 다르게 오히려 평준화를 개선하여 더욱 전개시켜서 한 학교 내지는 한 지역 내부에서 능력별, 소질별 편성으로 경쟁하게 하되 전 국가적으로는 국민 모두가 선호하는 인문교육을 받을 수 있게 하는 방식이다.

일부에서는 수월성이 없는 평준화교육 때문에 사교육이 극성을 부리는 것이라는 논리를 펴지만, 오늘 우리 주변에 특목고나 자립형 사립학교가 확대되면서 이제 모두가 그곳에 들어가려고 하기 때문에 이미 초등학교까지 입시 사교육이 엄청나게 확대된 것을 보면 오히려 평준화를 흔들어 온 것이 사교육비 증가의 주 요인이라는 것을 부인할 수 없다. 최근 도시·농촌 간 가구별 소득격차가 없다고 가정해서 산출해도 평준화지역 고교 1학년 월사교육비가 비평준화지역보다 높다는 연구가 나왔다.[24] 그러나 아무리 도농간 가구별 소득격차와 학원 수 등을 동일하게 설정했다 하더라도 오늘날은 이것만으로 무마될 수 없는 도시·농촌 간의 골깊은 차이가 있으므로 범세계적 경쟁주의 교육 현실과 대입제도의 상황에서 도시 평준화 지역의 사교육비가 높은 것은 당연하다. 그러므로 이렇게 표피적이고 어떤 의도 속에서 다양한 변수를 제외시킨 것으로 보이는 연구로 그동안 다져진 중등교육 평준화의 근간까지 흔들어서는 안 된다고 본다. 앞에서 밝혔듯이 평준화를 잘 개선하여 오히려 한 학교 안에 민족사관고나 특목고와 같은 수준의 반도 있게 하고, 실업반도 있으며 보통 수준의 반도 있게 하여서 공교육자의 손에 의해서 다양한 교육들이 실행될 수 있도록 하면 되지 않을까 생각한다. 오늘날 대학 전임교원이 되려고 하는 자격 있는 사람들이 그렇게 많고 많은 비판에도 불구하고 공교육의 교사가 되고 싶어 하는 사람들이 엄청나게 많은데, 이미 기득권을 가진 사람도 여러 가지 형태로 자신의 것을 나누고 새로 오려고 하는 사람들도 기대수준을 낮추어서 보다 많은 사람들이 서로 같이 일과 자원을 나눈다면 공교육의 수준이 크게 향상될 것이라고 본다.

　이미 많은 형태로 흔들려진 중등교육에서의 평준화를 이제 그 근간부터 흔들어서 다시 예전의 입시 경쟁 체제로 간다면 그 비인간화의 모습이 어느 정도와 수준까지 내려갈 것인지는 불 보듯이 환하다. 초등학생도 되기 전부터 경쟁에 내몰리고 초중등학교에서 모두 극심한 입시경쟁에 시달린 아이들에게 어떻게 친친의 인과 경장의 의를 기대할 수 있겠는가? 이런 기본적인 인간 간의 덕목도 길러지지 않은 세대들의 공동적 삶이 어떠할는지는 잘 예견할 수 있고, 앞에서 장하진 교수도 지적했듯이 지적으로도 약삭빠른 구두닦이와 돈 잘 버는 행상은 될 수 있겠지만 뇌수술 전문가나 핵물리학자와 같이 세계의 기초를 밝혀 내는 학자의 배출을 기대하기는 어렵다고 하겠다.

　한 인간의 진정한 경쟁력은 기초가 잘 다져졌을 때 갖추어진다. 퇴계와 동시대인으로 살면서 퇴계의 공부론에 대해서도 "요즈음 학자들을 보니 손으로 청소하고 비질하는 것조차 알지 못하면서 입으로는 천리(天理)를 말하고 세상을 속이고 이름을 도둑질하려 한다."[25] 라고 비판한 남명 조식(曺植, 1501-1572)은 특히 출처(出處)–오늘의 의미로 말하면 직업과 직분의 선택과 수용 등-에 대한 예민한 의식을 가지고 있었다.[26] 그는 평생 처사로 살았지만 그 밑에는 수많은 제자가 따랐고, 특히 그의 문하에서 곽재우, 정인홍과 같은 뛰어난 임란 의병장들이 배출되었다고 한다. 위의 비판처럼 '상달'(上達) 공부 이전에 '하학'(下學) 공부를 특히 강조한 남명은 인간이 필연성의 동물이고 명예의 보상을 요구하는 존재이지만, 인간적인 존엄과 정신의 존재임을 분명히 하여 단순한 이익이나 욕망에 자신을 팔지 않고 인간적인 높은 덕성의 추구를 위해서 벼슬에 나가고 들어가는 일을 심사숙고할 것을 요청한 것이다.

　나는 이러한 출처에 대한 남명의 의식이 오늘날의 우리 교육에도 깊은 의미를 지닌다고 생각한다. 대학(大學, 큰 학문)을 공부한 후에도 오직 생계를 보장받는 일에만 몰두하여 취업을 최고선으로 여기고, 거기서의 인간적인 존엄이나 명분, 소질 등은 고려하지 않고 그저 팔려가듯이 성급하게 나아가서 붙잡는 직업 선택, 이러한 현실 앞에서 남명처럼 인간적 기초와 품격을 중시하는 출처 의식과 공부론은 시사하는 바가 크다고 보기 때문이다. 이러한 의미 부여를 현실을 모르는 배부른 소리라고 비난하기보다는 오늘의 교육이 나아가야 할 지향점과 지침으로 삼는다면 우리 교육의 현실은 훨씬 더 인간다워지고 진정으로 경쟁력을 갖추게 될 것이다. 오늘날은 더욱 심화된 신자유주의 세계경제로 조기유학이 영어학습이나 취업 등을 고려한 전략적 선택인 경우가 많아졌지만, 얼마 전까지만 해도 한국의 비인간적 입시 위주의 교육을 피해서 보다 안정되고 인간다운 환경에서 교육받고자 하는 목적이 주된 것이었다. 어린 시절의 교육일수록 그렇게 안정되고 경쟁에 내몰리지 않는 교육이 선진교육이라고 한다면 한국 교육이 수출을 말하기 위해서라도 그것을 다시 배워야 할 것이다. 과거 『논어』와 『효경』을 필수과목으로 했던 것이 우리의 남다른 전통이었다면 그러한 정신들을 다시 회복해야 함을 말한다.

유교 문명과 기독교 문명이 창조적으로 만나서 문(文)과 학(學), 인간의 교육 가능성에 대한 높은 기대감과 열정을 실천해 온 한국 문화, 인간의 문화는 물신과 무한경쟁이 아니라 친친의 인과 경장의 의가 기초적으로 살아 있어야 하는 문화라는 것, 그러기 위해서는 적어도 중등교육까지는 자라나는 세대들을 극심한 경쟁에 몰지 말고 평준화 제도의 묘를 살려서 교육의 공공성과 수월성을 동시에 확보할 수 있도록 해야 한다는 것, 21세기 지식 기반의 사회에서는 원하는 사람은 누구든지 어느 때라도 대학 공부를 할 수 있도록 하고 기초학문이나 전문 직업의 교육은 무조건 세계 신자유주의 경쟁주의에 맡기지 말고 각 지역과 국가의 관리와 조정 역할을 여전히 필요로 한다. 인간다운 삶을 살기 위해서 소위 근대 산업사회 교육이 주창하는 직업교육과 직장 생활이 모든 것이 아니라는 것, 이러한 교육 경험과 지혜들을 한국 교육이 수출할 수 있지 않을까 생각한다.

5. 우리 신뢰의 그루터기

맹자는 당시 패권주의 전국시대에 인과 의를 말하며, "목숨을 버릴지언정 불의를 행하기 않겠다."(捨生取義)는 결심으로 세상에 맞서면서 다음과 같은 의미심장한 말을 했다; "인(仁)이 불인(不仁)을 이기는 것은 물이 불을 이기는 것과 같다. (그러나) 오늘날 인을 행하는 사람들은 한 잔의 물로 한 수레에 가득 실은 섶의 불을 끄려는 것과 같다. 그러면서 불이 꺼지지 않으면 물이 불을 이기지 못한다고 말하니 이것은 오히려 불인을 심히 돕는 것이다."[27]

'시장경제의 무한 경쟁주의에 혼자 대항하는 것은 너무 비현실적이다.', '결코 정의가 불의를 이길 수 없다.', '강자의 힘이 결국 정의이다.', '평준화 교육으로는 세계시장에서 살아남을 수 없으므로 이제 포기해야 한다.' 이런 모든 이야기들은 한 번의 인으로 한 수레 섶의 불을 끄려는 것처럼 성급하고 인내가 없으며, 그래서 쉽게 패배주의에 빠져드는 모습이라고 할 수 있다. 물이 종국에는 불을 이긴다는 것을 우리 모두는 알지만 한 잔의 물로 한 수레 섶의 불을 끌 수는 없다는 것을 잘 생각하지 못한다. 그러한 어리석음과 인내 없음은 오히려 불인을 돕는 것이라는 이 이야기는 우리에게 경종을 울리고, 그러나 동시에 오늘 점점 더 크게 다가오는 우리 교육 현실의 어두움 앞에서 그럼에도 불구하고 우리를 이끄는 등불이 된다.

이명박 정부의 교육정책은 지금까지 본 연구에서 폐해를 지적한 경제환원주의와 무한경쟁주의를 더욱 더 세차게 밀어붙이고 있다. 한국의 교육은 점점 더 경쟁이 심한 입시교육으로 치달을 것이고 그나마 유지되던 중등교육에서의 평준화교육도 해체될 전망이다. 또한 본 연구에서 지적한 기독교 패권주의적 변종이 더욱 기승을 부리면서 전통적 유교 인문주의와 사고하는 신앙(합리적 초월관)의 앞날은 더욱 어둡기만 하다. 그러나 그럼에도 불구하고 우리가 소망을 버리지 않는 것은 그동안 많은 왜곡과 파행에도 불구하고 한국의 높은 교육열을 통해서 한국 문화와 사회에 일깨어진 인간성과 합리성과 자발성이 그 왜곡을 마냥 간과하지만은 않을 것이며, 인간의 동물적 이기성을 넘어서 이타적 인간의 출현을 또 다른 한 편에서는 열심히 탐색하고 있기 때문이다. 예전에 우리 선조들이 그렇게 했듯이 이 믿음을 저버리지 않는 것이야말로 우리 삶의 진실한 그루터기가 될 것이다.

· 제3장 ·

탈학교 사회와
한국 생물(生物)여성 영성의 교육

1. 신자유주의 생태위기와 한국 교육의 위기

지구 온난화와 세계 인구 폭발로 인한 이산화탄소 배출량 증가, 북극 빙하의 해빙 등 요즈음 지구 생태계 위기에 관한 경고가 점점 더 커지고 있다. 이와 더불어 신자유주의 경제 파탄으로 인한 세계 대공항의 우려와 한국 경제가 70년대 중남미 경제처럼 완전히 8자형 경제 혹은 눈사람형 경제로 갈지 모른다는 우려가 크게 제기되고 있다. 여기에 더하여 한국 언론을 통해서 연일 들리는 소식은 남북 관계의 경색과 함께 공영방송 매각과 교육 및 의료 부문에 대한 자유화와 시장화를 넘어서 이제는 물, 전기, 가스 등 국가의 가장 기본적인 공공부문까지 민영화 내지는 시장화를 추진한다는 것들이다.[1] 젊은이들의 끔찍한 취업난과 중고등 학생들의 비참, 그리고 초등학교와 유아원으로까지 번지는 사교육 열풍이 날로 심각해지는 가운데 이러한 모든 상황들을 몸으로 직접 맞이하고 있는 여성들은 점점 더 가난해지고 있다.

〈한겨레신문〉을 통해 눈에 띄게 알찬 한국 사회 분석과 대안을 제시하곤

하는 우석훈은 오늘 우리 사회의 경제공황 상황을 타개할 수 있는 좋은 처방이 바로 교육에 숨어 있다고 한다. 그에 따르면 한국의 중산층은 지난 10여 년 동안 너무 많은 비용을 사교육과 대학 교육비로 지출하였다. 그러다 보니 내수시장은 궁핍할 대로 궁핍해져 버렸고, 이 상황에서 내수를 기반으로 한 중소기업들이 말라 죽은 것이 오늘 한국 경제가 궁핍해진 이면의 구조라고 한다. 그래서 그는 과외금지를 위한 법을 국민투표에 부쳐서라도 실행하여 국민의 80%가 압박을 느끼고 30조원 이상으로 늘어날 전망인 사교육비를 줄여야 한다고 촉구한다.[2] 오늘 한국 사회 문제의 핵심을 교육에서 본 것이다.

생태운동 잡지 『녹색평론』의 김종철 교수에 따르면 『녹색평론』은 올해부터 아이들 대학 보내지 말자는 캠페인을 벌일 계획이라고 한다. 왜냐하면 농민들이 자식 도시 학교 보내고 대학 보내야 한다는 것 때문에 겸업하면서 뼈가 빠지게 작물을 심고 1년 내내 고달프기 짝이 없기 때문이다. 많은 수확을 내야 하니 유기농법은 생각할 수도 없고, 농약을 더 많이 쓰는 환경 위해적 농사법이 될 것임은 짐작할 수 있다. 이렇게 요즈음 자기 자식들 대안학교에 보내고 대학 안 보내는 사람들이 자식이 존경하는 사람들이라고 하는 그도 오늘의 가난 문제가 지구의 생태 문제와 긴밀하게 연결되어 있듯이 그렇게 생태문제가 교육과 긴밀히 연관되어 있는 사실을 통찰하였다.

이상의 지적들에서 나오듯이 오늘 우리 주변의 일상의 고통뿐 아니라 지금 한국 사회가 총체적으로 겪고 있는 신자유주의뿐 아니라 점점 더 실질적으로 다가오는 생태계 위기 문제가 우리의 교육과 배움, 학교 등과 매우 밀접하게 관련되어 있음을 알 수 있다. 본 연구는 이러한 연결고리에 깊이 주목하면서 어떻게 한국 교육이 지금까지처럼 신자유주의 경제 체제 아래서 무한 경쟁주의와 경제우선주의에 잠식당해 있는 모습에서 벗어나서 다시 참된 인간교육의 정도를 회복할 수 있을까를 탐색해 보려는 것이다. 굳이 이반 일리치가 40여 년 전부터 서구 자본주의 사회의 자기공멸적 폐해와 모순을 예언자적으로 지적해 온 『학교 없는 사회(Deschooling Society)』를 들지 않더라도 오늘 우리가 겪고 있는 많은 문제의 핵심에 교육이 관련된다는 사실을 잘 알기 때문이다. 위에서도 지적했지만 오늘 한국 사회의 모든 개인과 가정은 바로 이 교육으로 인해서 허리가 휠 지경이고, 나라 경제가 근간에서부터 흔들리며 얼마 전 치른 대입 수능고사의 진행 과정에서도 잘 드러났듯이 이 과정에 한국의 산하뿐 아니라 거의 전 국민들이 모두 함께하고 있다. 본 연구는 우리의 상황이 20세기 후반기 일리치가 간파했고 전망한 내용들과 잘 부합되는 것을 바탕으로 이미 서양 교육사에서 하나의 고전이 된 그의 탈학교 논쟁을 다시 검토해 보며 그것이 어떤 의미가 있는지, 그러나 거기에 머무르지 않고 한국적 생태주의와 여성주의가 어떠한 대안을 나름대로 제시할 수 있을지를 탐색해 보려고 한다.

2. 세계화와 신자유주의 경제 체제에서의 아이들의 보편적 출생과 성장

"아기 X는 미국 대도시 지역에 살고 있는 한 여자와 남자 사이에서 태어났다. 아기가 태어난 지 3개월 만에 엄마는 다시 직장으로 돌아가고 X는 공인된 보육원에 맡겨진다. 아빠는 X가 태어날 때 무급휴가를 받아서라도 직장을 쉴 만한 경제적 여유가 없었다. 그래서 아빠는 비록 아기를 무척 사랑하기는 했지만 X와는 그다지 강한 유대감이 없었고, 그 유대감을 이루기 위해 계속 노력해야 했다.

경제적 압박과 노동이 가져다주는 극도의 피로감은 이 신참 가족이 한 가족으로서 생활하고 활동하려는 결의를 서서히 침식해 들어오고 이런 저런 텔레비전 프로그램을 시청하는 일이 여가 활동의 전부가 되어 간다. X의 평일 스케줄은 오전 여덟 시쯤 아빠가 일하러 가는 길에 탁아소에 맡겨졌다가 오후 다섯 시 반쯤 엄마가 일터에서 돌아오는 길에 들러서 데려오는 식이다. 여섯 시 반이면 아빠가 와서 저녁을 먹은 후 아기 X는 자러 갈 시간인 8시 전까지 디즈니 채널에서 보여주는 프로그램을 시청한다. 주말이 되면 가끔씩 가족끼리 외출을 하는데 보통 가까운 교외의 쇼핑몰로 간다. 그 나머지 시간은 흔히 텔레비전과 비디오 영화를 장시간 보는 걸로 때운다. 이 가족이 살고 있는 대단위 아파트는 애완동물을 키우지 못하게 되어 있고, 안전한 놀이터도 없으며 엄마 역시 아이가 돌보는 사람 없이 문 밖에 나가는 것을 불안하게 여겨 허락하지 않는다. 엄마 아빠 둘 다 어린 시절에는 집안의 종교를 갖고 있었지만 지금은 어린아이를 데리고서 어떤 교회든 참석할 만한 에너지나 믿음을 어느 쪽도 가지고 있지 않다.

특히 가을철과 겨울철이 되면 아기 X는 자주 귓병을 앓는다. 그래서 가족이 소속된 HMO(종합건강관리기관)에 들르게 되는데 갈 때마다 진료해 주는 의사가 다른 사람으로 바뀌고 의사마다 간단하게 항생제를 처방해서 보통 삼사일 내에 문제를 없애준다. 어머니에게는 아픈 아기를 맡길 만한 사람이 없고, 따라서 아기가 아플 때마다 일을 못하게 되는 점은 가족의 경제적 곤란에 심각함을 더해 준다. 이럭저럭 하는 사이 엄마 아빠의 로맨틱한 출발은 먼 기억 저편으로 재빨리 사라진다. 부부싸움이 늘어감에 따라 각자는 각자만의 친구들-친구라 해 봐야 몇 안 되는 같이 일하는 사람들-에게 조언과 지지를 구하게 된다. 이 시점에 두 번째 아기가 태어나고 일시적으로 마찰을 완화시켜 준다. 그러나 불행히도 새로 태어난 아기를 돌봐야 한다는 가중된 스트레스는 불행의 끝으로 가족들을 데려가고 X가 다섯 살이 채 되기도 전에 아빠 엄마는 영영 갈라서고 일 년 후 이혼한다. 아기 X와 어린 동생은 엄마에게 남고 같은 지역에 살고 있는 아빠와는 주말을 같이 보낸다. … 다섯 살이 되는 해 가을에 X는 주거단지 안에 있는 공립학교에서 운영하는 유치원에 들어가는데, 그곳에서 한 교실에 교사 한 명과 스물여덟 명의 다섯 살배기들과 지내고 그 후 시간은 어머니가 돌아올 때까지 방과 후 프로그램에 다닌다. 처음 얼마 동안을 그런 대로 잘 되어 나간다. 그러나 일학년이 되어 학년 중간쯤에 이르자 담임교사는 X가 어떤 수업시간이든 주의집중력이 떨어지고 있다는 사실을 발견한다. 교사는 가정통신문의 행동발달란에 이 사실을 적어 보낸다. 그해가 끝나갈 무렵 X는 초기 천식 증세를 보이기 시작한다."3

이렇게 긴 인용문을 여기에 그대로 옮긴 이유는 저자가 오늘날 "미국에 살고 있는 판에 박힌 어린이의 삶을 보여주는 초상"이라고 소개한 아이의 모습이 바로 오늘 한국 사회에서의 보통 아이들의 성장 모습과 거의 다르지 않아서 매우 경악스럽기 때문이다. 이 글에는 많은 이야기들이 함축되어 있다. 먼저 오늘날 신자유주의 경제 체제에서 불안한 임금노동자로 살아가는 젊은 부부의 모습과 그들이 맞벌이로 나가서 열심히 일하지만 생활은 더 나아지지 않고 점점 더 대도시의 소비와 텔레비전과 의료제도에 종속되어 가는 모습이 잘 그려져 있다. 아이들을 돌보고 가르치는 일은 일찌감치 집과 부모의 손을 떠나서 익명적 공공의 손에 맡겨지고, 거기서 마음의 건강은 물론이려니와 몸의 건강도 서서히 상해서 중이염, 아토피, 천식 등이 아이들의 일상이 되어 가는 모습이다. 부부관계를 이루어 대도시에서 핵가족으로 살아가지만 노동 외에는 다른 인간적인 활동과 공동체적 삶을 경험하지 못하고 예전에 참여했던 종교생활도 그것을 지속할 만한 에너지와 의미도 발견할 수 없어서 점점 사라져 가는 것을 알 수 있다. 결국 그들이 지쳐 감에 따라 갈등과 비인간화는 오직 개인적이고 성적(性的) 문제이거나 경제적인 문제 등으로만 여겨지고, 마침내 그 핵가족까지도 포기하고 갈라서고 아이들 대부분은 가난한 여성들의 손에 남겨진다. 그때부터 다시 더욱 고립되어서 거기서 아이들이 관계 맺고 살아가는 세계는 폭력적이고 잔인한 또래집단이거나 가상세계의 주인공들, 아니면 공중매체의 추상화된 스타들뿐이다.

미국에서 공부한 후 유수한 증권회사에서 일하다가 9·11사태를 계기로 저널리스트가 되었다는 일본의 한 여성작가가 쓴 『르포 빈곤대국 아메리카』를 보면 신자유주의 세계화 시장 독재가 어떻게 국민들의 삶을 망가뜨려 가는지를 생생하게 볼 수 있다. 신자유주의 정책에 따른 극단적인 민영화와 국민의 생존권이 관련된 분야에까지 시장 원리가 도입되어서 미국의 중산층이 소실되어 가는 과정을 잘 그려 주었다. 대표적인 것이 미국에서 중류계급의 주택 소비율이 포화상태에 이르자 다음 시장으로 저소득층을 겨냥한 '서브프라임 모기지론'으로 옮겨가서 결국 위험에 무방비 상태인 저소득층을 겨냥해서 이제 그들의 희망뿐 아니라 인생도 망가뜨려 최소한의 생활마저도 불가능하게 만든 것이다. 불법이민자나 가난한 흑인 가정들이 그 주된 타깃이었는데, 이런 빈곤층 아이들이 공립학교의 급식이나 또는 노동으로 힘겨운 부모의 가정에서 주로 먹는 음식은 전자레인지에서 익혀진 열량 많은 정크 푸드들이다. 뉴욕 190만 명의 아동 중 4분의 1이 빈곤아동이며, 그 중 3분의 2가 학교의 무료할인급식제도에 등록되어 있다고 한다. 성인 중에서도 푸드 스탬프로 살아가는 사람들이 2006년에 전국적으로 2,700만 명이고, 2005년에 기아상태를 경험한 인구가 3,510만 명이라고 하는데, 이들은 주로 인공감미료와 방부제가 범벅이 된 육류 위주의 식사를 하여서 "빈곤이 만들어 낸 비만국민"에 대한 르포가 매우 생생하다.[4] 한편 월스트리트의 CEO들은 4,500만 달러가 넘는 보너스를 받고 석유 메이저 회사의 CEO는 3억6천 달러가 훌쩍 넘는 퇴직금을 받는다고 한다.

2005년 8월 미국과 멕시코 만 연안을 강타한 허리케인 카트리나는 자연재해가 아니라 인재였다는 주장은 우리가 익히 들은 이야기이다. 국가의 재난 방지 시스템까지도 민영화에 맡긴 결과이고, 재해로부터 2년이 지났지만 뉴올리언스의 빈곤지역은 재건이 아니라 철거되었고, 거리에는 "과대광고를 믿지 마라. 이것은 시 전체를 민영화하는 실험이다."(Don't Believe the Hype, This is an experiment in privatization of an entire city)라고 쓰인 티셔츠를 입은 사람들이 시위 행진을 했다고 한다.[5] 이 재해가 있은 직후 루이지애나 주 의회는 주 안의 128개 학교 중 107개교를 관리 하에 두고 차터 스쿨(Charter School)로 전환했는데, 차터 스쿨이란 자금은 국가에서 대고 운영은 민간에 의해 이루어지는 학교를 말한다. 단 정해진 기한 내에 학생 수나 정해진 목표 등의 할당량을 달성하지 못하면 폐교조치가 내려지고, 부채는 고스란히 운영자 측이 떠맡게 되기 때문에 경쟁이 매우 심할 것은 불 보듯 훤하다. 이러한 학교의 민영화에 대해서 한 교직원은 "차터 스쿨이라고 하면 교육에 자유가 있는 것 같아 듣기에는 좋지만 루이지애나 주와 같은 가난한 지역에서 차터 스쿨을 운영한다는 것은 의미가 전혀 다릅니다. 왜냐하면 그것은 교육 격차를 창출하는 결과를 낳으니까요."[6] 이러한 지적은 오늘 한국 사회에서도 국제중학교나 자립형 사립고 등의 설립으로 교육의 민영화가 가속화될 전망인 상황에서 시사하는 바가 크다. "자유가 주어지는 것 같아 듣기에는 좋지만" 중산층도 무너져 내리는 상황에서 80% 이상의 빈곤층이 교육으로 인해 더욱 가난해 지면서 계층 간의 격차가 심화되리라는 것은 불 보듯이 훤하다는 것이다.

이 르포에서 큰 충격으로 다가온 것은 "출구를 저지당한 젊은이들"이라는 제목에서 어떻게 '낙오학생 방지법'(No Child Left Behind Act)이 교육에서 경쟁을 도입하면서 교사들을 몰고 있고, 그 진정한 목적이 국가의 부당징병정책을 돕는 일이라는 사실이었다. 미군은 가난하고 전망이 어두운 학생들을 중심으로 목록을 만들어서 학비면제와 의료보험 가입 등을 조건으로 징병을 하고 있는데, 이런 일의 부도덕성은 불법이민자 자녀와 커뮤니티 칼리지 학생들에게 미친다. 민영화된 학자금 대출과 카드 지옥에 빠지는 학생들이 증가하고, "전 세계의 근로 빈곤층이 지탱하고 있는 '민영화된 전쟁' 이야기"는 어떻게 한 국가가 자신의 국민뿐 아니라 전 세계의 빈곤층을 보이지 않는 용병으로 삼아서 비즈니스라고 명명하는 전쟁으로 배불리고 있는지를 잘 지적해 준다. "사회 보장비를 줄이고 대기업을 우대하는 정부의 방침은 안전망이 없는 사회 안에서 교육과 고용의 장소를 빼앗긴 젊은이들의 장래에 대한 희망을 꺾고 있습니다. 지금 상담을 받으러 오는 귀환병의 대부분이 신자유주의 정책의 희생양이 된 젊은이들이죠."[7]라고 지적되었다.

일찍이 한나 아렌트가 그의 『전체주의의 기원』에서 두 차례의 세계 대전이란 그때까지 공적 주체라고 생각되던 국가들이 사적 개인의 욕망과 이익을 위해서 발벗고 나서면서 결국은 밖에서 충돌하여 일어난 전쟁으로 밝혔듯이(제국주의), 오늘날은 여기서 더 나아가서 국가가 이제는 안에서 자기 국민들까지도 사적 이익을 위해서 팔고 착취하는 권력이 된 것을 볼 수 있다(신자유주의 다국적 시장경제). 한국도 지난 번 광우병 파동에서 촛불집회를 무력으로 진압하고 잡아 가두는 정부의 모습을 보면서, 한국의 정부가 "국가권력을 이용해서 사람들의 건강과 생명을 위협할 수도 있는 상황에서 바로 국민들을 자기 나라에서 비국민으로 만드는" 권력을 행사하는 것을 보았다.[8] 그러한 모습은 "민영화에 의한 국내 난민과 자유화에 의한 경제 난민"을 대량으로 생산하는 영미식 신자유주의 자본주의의 모습 바로 그것이라는 지적에 부합한다.[9]

재영 경제학자 장하준 교수는 선진 강대국들의 신자유주의 세계화의 불의를 아주 실감나게 밝혀서(『나쁜 사마리아인Bad Samaritans』, 2007) 주목받았다. 이 책은 한국 국방부에 의해서 금서로 지정되었지만 그는 다시 새 책 『다시 발전을 요구한다(Reclaiming Development, 2008)』를 펴내서 신자유주의를 지탱해 온 경제 발전에 대한 대안으로 무역과 금융 규제, 공기업 민영화, 국제 자본 흐름 등에서 상생의 발전 전략을 제시한다.[10] 그러나 그의 메시지는 '다시 발전을 요구한다.'는 것이다. 그래서 나는 이반 일리치 같은 이가 이미 40여 년 전에 이보다 훨씬 더 급진적으로 "자율적 공생을 위한 도구"(Tools for Conviviality)를 주창하며 "성장을 멈추라"는 메시지를 보낸 것을 기억하고, 오늘 우리 상황이 지구의 사실적 종말이 더욱 설득력 있게 다가오는 때이므로 오히려 그러한 성장을 멈추라는 메시지를 탐색하고자 한다. 이반 일리치가 그러한 메시지를 발한 때로부터 40여 년을 지낸 오늘 우리의 집(oikos), 생태환경(ecology), 경제(economics)의 상황이 결코 더 나아지지 않았으므로 우리는 경제학자보다 더 근본으로 내려가서 지금의 상황과 대안을 더 큰 그림에서 살펴보려는 것이다.

3. 신자유주의 경제 원리와 '성장을 멈추라!'

2008년 10월 인류의 대부분이 전혀 예상하지 못한 가운데서 혹독하게 경험한 미국 금융시장의 위기는 이반 일리치가 이미 40여 년 전에 자신의 책에서 아주 생생하게 그리고 있어서 전율을 느끼게 한다. 그는 인류의 2/3가 산업시대를 거치는 것을 피할 수 없다고 인정함에도 불구하고 인류가 파국에 빠지지 않으려면 성장을 제한하는 탈산업사회의 생산양식을 택해야 한다고 역설하였다. 일리치에 따르면 모든 산업화와 산업 제도들의 등장과 성장에는 "두 가지 분수령"이 있다는 사실을 깨닫는 것이 중요하다.[11] 그 첫 번째 분수령은 새로운 지식과 산업이 뚜렷이 정해진 문제의 해결과 새로운 능률을 가져오는 시기를 말한다. 예를 들어 의학의 진보에 의해 현대 의학은 고대로부터 천벌이라 여겨졌던 많은 질병들을 새롭게 볼 수 있게 되었다. 그러나 그 후 제2차 세계대전 이후 지금까지 쓰이던 약물에 저항력을 가진 세균들과 임신 중 X선 검사로 생겨난 유전자 손상 등 새로운 병들이 나타나고 제도화되면서 의료에 의존하는 사람들이 점점 많아지게 되었고, 이것과 더불어 의료직의 독점이 더욱 확장되고 서비스의 값은 엄청나게 상승해서 모든 사람들이 치료받는 것이 불가능해져 버리는 등, 이 두 번째 분수령 이후 오히려 사람들은 점점 더 의료제도에 노예화되는 경우를 말한다. 여기서 예를 들어 모든 신생아는 소아과 의사에 의해서 건강상태가 양호하다는 증명을 받을 때까지 환자로 간주되도록 한다는 것 등이다. 이렇게 해서 사람들이 의료에 더 많이 의존하는 새로운 세대를 낳고 다시 무한대의 비용을 치르며 그들을 기를 것이다.[12] 이러한 의료 영역에서 드러나는 두 분수령 이야기는 현대 산업화 사회 속에서 단지 거기에만 적용되는 것이 아니라 교육·우편·수송·주택공급·사회복지 등 거의 모든 삶의 영역에 적용된다는 것이 일리치의 지적이고, 오늘 21세기에는 대부분이 모든 사람들이 이 사실을 일상에서 경험하고 있다.

일리치는 개인이 세계와 관계 맺는 방식을 "도구"(tools)라고 명명하였다. 그러나 그것을 단순히 좁은 물질적인 의미에서만이 아니라 교육·건강·지식·결정과 같은 무형의 상품을 생산하는 기관까지 포함시켜서 인공물·규칙·법 등 인간이 삶을 위해서 고안한 모든 장치를 의미하는 말로 쓴다.[13] 그런데 성장에 대한 광신에 사로잡힌 사회에서는 도구는 인간의 능력을 확장시켜 주는 것이 아니라 오히려 인간을 소외시키고 매일매일의 삶을 너무 복잡하게 만들어서 자신의 활동으로부터 소외시킨다.[14] 이것은 "공생적 도구"

와 "조작적 도구"의 차이를 말하는 것이다.

여기에 대한 대안으로서 일리치가 "공생"(conviviality)이라고 말하는 근본적인 치유책은 "사람들 사이의 그리고 사람과 환경 사이의 자율적이고 창조적인 상호작용"을 뜻한다. 그에 따르면 어떤 사회건 공생의 정도가 어떤 수준이하로 내려가면 산업생산성이 아무리 높더라도 구성원들에게 발생되는 필요를 효과적으로 충족할 수 없다.[15] 여기서 삶의 상황은 앞의 의료 영역의 예로도 보았듯이 질병의 치료는 점점 더 관료적 의료제도에 의해서 독점되고, 그래서 "부자는 의사들이 만들어 낸 병을 고치려고 더 많은 치료를 받고, 가난한 자는 단지 의사들이 만들어 낸 병을 속수무책으로 앓을 뿐이다."[16] 이렇게 인간을 점점 더 종속시키고 그가 생래적으로 가지고 있는 자발성을 모두 죽이면서 공룡처럼 거대해져 가는 조작적 도구에 대해서 한계를 두어야 한다는 것이 일리치의 주장이다. 앞으로의 인류 사회는 인간의 계속적인 존립과 각 존재자의 생존과 정의, 일의 자율성을 위해서는 공생적 생산양식을 받아들이고, 개인과 집단 모두 무제한적인 번식·풍요·권력을 포기하는 희생을 치러야 한다는 것이다.

정의로운 사회는 한 사람의 자유가 오직 다른 사람의 동등한 자유에 의해서만 제한받는 사회이다. 그러나 생산성(productivity)을 앞세우는 산업사회는 중앙집중화된 통제에 더 적합한 사회가 되어서, 예를 들어 산업화된 공장과 거기서 쓰이는 고도로 전문화된 도구는 평노동자는 고사하고 공학자들에게도 그것을 어떻게 쓸 것인가를 결정할 수 있는 권리를 주지 않을 정도로 집중화되어 있다. 일리치는 산업사회의 다국적 기업을 "전문직업의 제국을 확산시키는 수단"이라고 지적한다. 이것은 그가 책을 썼을 때보다도 오늘 21세기의 현실에 더욱 적용되는 지적인데, 그의 통찰에 따르면 "전문직업의 제국주의"는 정치적·경제적 지배가 끝난 곳에서도 승리를 거둔다.[17] 그 예로서 이제 세계의 모든 학교가 똑같은 교육학과 교육과정 설계에 관한 책을 읽는 사람들에 의해서 운영된다거나 모든 국가에서 보다 자본집약적이고 이윤과 비용이 더 높은 생산 과정이 선택되고 있으므로 세계 어디를 가나 기술에 의해서 발생되는 실업이 만연되어 있는 것 등을 들 수 있다.

이러한 조작적 기구에 대한 종속 대신에 사람과 사람, 사람과 자연, 사람과 기구·제도 사이의 공생 가능성은 산업 생산의 제국주의가 다음의 세 가지 수준에서 파괴성을 발휘하는 시기에 적극적으로 맞서 싸우는 것에 달려 있다고 한다. 그것이란 첫째로 유해성이 한 나라의 국경을 넘어 다른 나라로 퍼져 나갈 때, 둘째 다국적 기업이 모든 곳에서 영향을 미칠 때, 셋째 생산에 대한 전문직업인의 독점이 독버섯처럼 번져 나갈 때이다.[18] 어쩌면 21세기 오늘 우리는 이미 너무 늦어 버린 것 아닌가 하는 생각도 들지만 이 세 가지 수준의 제국주의, "전문직업주의의 형태를 띠는 제국주의"에 맞서지 않으면 인류의 미래에 기회가 없다는 것이 그의 확신이다. 가난한 나라들뿐 아니라 전 인류의 생존이 달린 문제이므로 그는 계속해서 "자율적 공생"으로 나가기 위한 시급하고 핵심적인 방법을 찾아 나선다.

여기서 그는 아주 중요한 지적을 한다. 그는 산업 시대에 인류의 생존을 위협하는 위기는 그 산업 문명이 기반으로 하고 있는 지배적인 근본 구조가 위협하는 것이라는 사실에 주목한다. 그러므로 여기서 다시 생산성과 효율성을 높여서, 예를 들어 어떤 정치가가 생산물을 늘리고 재화와 용역의 분배를 개선하겠다고 공약한다거나 어떤 인도주의적 자유주의자가 무기를 생산하는 대신에 곡물을 생산하고 효율성을 높여서 그들을 돕겠다고 하는 것은 '다른 사람들의 생존을 자신들의 효율성 증가에 의존하도록 만드는 것'일 뿐이다. 그것은 "그들의 죄의식은 감소하지만 권력은 증가한다."는 사실을 깨닫지 못하는 것이다.[19] 일리치에 따르면 그런 사람들은 여전히 진보의 환상에 사로잡혀 있는 사람들이고, 그렇게 여전히 소수가 가치를 독점하는 "가치의 제도화" 방식을 통해서는 오히려 지금 그런 곡물을 공급하고 있는 자들이 나중에 기아를 가속화시킬 것이라는 사실을 보지 못하는 것이다. "강박적인 효율성의 효과"는 오히려 사람들에게 득보다는 해를 더 많이 끼치고, 그런 산업의 확장을 포기하는 길만이 소위 후진국에 식량과 인구의 균형을 가져다 줄 것이라는 점을 그들의 오만은 보지 못한다고 한다. 그래서 일리치는 "자신의 에너지를 창조적으로 쓸 모든 사람들의 권리를 죽이고 무시하는 도구와 제도에 대한 공공의 통제"를 요청한다. 그에 따르면 현대 산업사회의 제도는 더욱 더 많은 제도적 생산물을 사람들에게 제공하기 위해서 기본적인 인간의 자유를 빼앗고 있는 형태이다. 또한 사람들은 미래를 그려내는 작업을 직업적 엘리트들에게 양도하고 있다. 이것에 반해서 그가 제안하는 공생의 사회는 "각 구성원들이 공동체의 도구에 대한 가장 폭넓고 자유로운 접근권을 보장하고, 이 자유가 오직 다른 구성원의 동등한 자유를 이유로 해서만 제한되는 사회질서의 결과로 출현하는 사회"이다.[20] 이렇게 자신이 제시하고자 하는 제도적인 틀 전복은 경제학자는 예견할 수도 없다고 하는데, 왜냐하면 경제학의 이론 틀은 여전히 가치의 제도화라는 이데올로기에 의해서 형성되어 왔기 때문이다.[21]

4. 생태계 위기와 탈학교 사회

1) 성장을 멈춰라

여기서 일리치가 제안하는 대안은 매우 급진적이고 근본적이다. 지금까지의 산업화와 생산성의 방식을 더 효율적으로 개선하자든가, 그가 말한 대로 지금까지 인간이 살아가기 위해 계발해 온 다차원의 삶의 도구들을 더 전문적으로 개선해서 효율을 높이고자 하는 것 등의 수준이 아니다. 오히려 앞으로 가던 길을 획 돌아서 뒤로 가자는 것이고, 성장과 진보를 멈추라는 것이고, 지금까지의 가치를 내려놓으라는 것이다. 그래서 그는 "혁명"이나 "전복"이라는 단어도 쓴다. 지금까지의 진화의 길은 존재의 다차원과 다원성을 무시하여 표준화하고, 중앙집권화하고, 독점하면서 인간과 지구와 자연의 사멸성(motality)을 인정하지 않은 것이었다. 그러나 이 자연스러운 조건을 무시한 진화는 더 이상 계속될 수 없다는 것이 그의 근본의식이다. 그래서 그는 이러한 자연적 조건을 가장 포괄적으로 표현한 용어라고 볼 수 있는 "공생"을 위해서 "다중균형"을 말하고, 생태계 위기도 포함하여 인류의 생존을 위협하는 제 요소들을 야기한 산업사회의 가치의 제도화에 대해서 가장 근본적인 전복을 가능케 하는 길로서 교육과 학교의 전복을 든다. 교육과 학교란 가장 많은 사람들과 관계하는 일이고, 가장 포괄적으로 보통사람들의 자율성과 자유를 가능하게 하는 곳이기 때문이다.

일리치는 "가치의 제도화"가 진행되면서 첫째 물질적인 환경오염의 생태 위기, 둘째 부자와 빈자로서의 사회의 계층화와 분극화, 셋째 사람들의 심리적 불능화가 우리 시대의 근본적인 세 가지 난점으로 서로 연결되어서 초래됨을 밝혀 낸다. 이 세 가지 현상은 그의 말대로 "지구의 파괴와 현대적인 의미에서의 불행을 가져오는 세 개의 기둥"이다.[22] 산업사회의 과잉 성장과 생산은 인간이 진화해 온 환경의 물리적 기본 구조에 대한 권리를 위협한다. 그러나 그는 지구 생태의 위기를 보다 다면적으로 인간 문화의 가치의 제도화라는 측면에서 보기 때문에 생태주의자들이 "환경 위기에 너무 정신을 빼앗긴 나머지" 도구에 위협당하는 다른 측면은 보지 못한다고 비판한다.[23] 그리하여 그는 과잉인구·풍요·잘못된 기술의 세 가지 측면을 말하는데, 생태주의적 노력이 다시 관료주의에 빠지지 않도록 하는 것을 무척 강조한다. 기술적 진보라든가 하는 산업주의 정신으로 무장된 해결책이 환경을 보존하는 유일한 길로 인정되면 그러한 생태 보존 운동은 그 자체가 "관료적 리바이어던이 존립할 수 있는 좋은 근거"만 제시하는 꼴이 된다고 한다. 즉 그것은 오늘날 가치의 제도화가 만연되어 있는 상황을 더 악화시킬 따름이라는 것이다. 생태 균형을 다시 구축하는 일은 사회가 얼마나 가치의 물질화에 대응할 수 있는 능력을 갖추고 있느냐에 달려 있다. 환경 위기의 유일한 해결책은 "함께 '일하고'(work) 서로를 '보살피는'(care) 사회에서 더 행복해질 것이라는 통찰을 사람들이 공유하는 길뿐"이라고 역설한다.[24] 이러한 일은 오직 개인들만이 그 목표를 가질 수 있고 개인만이 그 목표를 향해 일할 수 있다고 하는데, 여기에 그가 오늘의 지구 생태 위기에 대항하는 근본적인 시도로 '교육'과 '학교'라는 제도와 도구를 급진적으로 전복하는 일을 드는 이유가 보인다.

2) 탈학교 사회(deschooling society)

일리치에 따르면 생산성 향상과 소비욕의 재생산에 정향되어 있는 산업사회에서 학교는 그 소비욕을 재생산한다. 학교는 유순하고 조작 가능한 소비자를 교화하기 위한 관료화된 도구의 전형이다. 가정생활에 관해서도 그렇고 직업면에서도 학교는 소비자에게 그 표준을 정하게 하는 입문 의례이기 때문에 "의무제의 공교육이 필연적으로 소비사회를 재생산하는 것을 먼저 이해하지 않으면 소비자 사회를 극복할 수 없다."[25]고 일리치는 지적한다. 학교는 끝없는 소비라는 신화를 창조해 내는데, 이러한 신화는 무엇인가 하나의 과정이 있으면 그것은 꼭 무엇인가 가치 있는 것을 만들어 낸다는 믿음에 근거한다고 한다. 더 나은 건강, 더 빠른 속도, 더 많은 수확은 더 규율된 수혜자의 존재에 의존하는데, 학교는 교육이라는 이름으로 더 많은 사람들을 더 효율적으로 조건화하는 일을 한다는 것이다.[26] 학교는 그에 의하면 "점진적으로 소비를 늘려 간다는 신성한 경기에 신참자를 이끌어 넣는 입문 의례"이다. 또한 학교는 "그칠 줄 모르는 소비가 행해지고 있는 낙원을 지상에 실현시킨다는 신화를 축복하는 일"을 하는 하나의 "새로운 세계종교"가 되었다.[27] 그리하여 "학교가 소비량을 점점 더 증가시켜 가는 경제의 주요한 자원인 소비자를 육성하기 위해 사용되고 있는 의례를 인식하지 못하면 경제의 주문을 깨뜨리고 새로운 경제를 구축해 낼 수는 없는 것이다."라고 언명한다.[28]

이렇게 오늘날 소비사회의 버팀목이 되어 주는 학교가 우리의 전 삶을 지배하게 된 것에서 벗어나고자 하는 것이 그의 "탈학교화"(deschooling) 메시지이다. 오늘날 우리 삶은 단순히 교육뿐 아니라 사회 전체가 "학교화"(schooling)되고 있다. 이것은 근대에서의 제도와 도구인 학교가 배움을 독점하고 배움이 학교 교육으로 대체되고 재정의되는 것을 말한다. 이렇게 배움이 학교 교육으로 재정의되고 제도화되면 사람들은 학교 밖에서 배운 사람들을 공식적으로 "교육받지 않은 인간"으로 낙인 찍고, 독학이나 다른 곳에서 배우는 것은 신용할 수 없다고 한다.[29] 이러한 현상을 "가치의 산업적 제도화"(industrial institutionalization of value)라고 밝히는 그에 따르면 그것은 하나의 "근본적 독점"(radical Monopoly)이다. 여기서 근본적 독점이란 통상적 독점의 뜻을 훨씬 넘어서 예를 들어 음료수 시장에서 하나의 브랜드가 다른 브랜드에 비해서 좀더 우월한 정도가 아니라 오직 한 가지 유형의 음료수만이 지배하는 상황을 말한다.[30] 그래서 다시 예를 들어 자동차가 도보나 자전거·기차의 수단을 배제하여 수송을 독점하고, 학교가 배움을 독점하고, 장의사나 의사가 장례나 사망의 판단을 독점하고, 의사·병원·약국이 의료와 보건을 독점하는 것을 말한다. 이렇게 소수의 전문 직업에 의한 가치의 제도적 독점은 보통사람들이 독립적인 행동을 할 수 있는 능력을 감퇴시키고, 단순한 대안마저도 상상력이 미치는 범위 밖에 있는 것으로 보이게 하여 여기에서 사람들은 그 고유한 자발성과 자율성을 완전히 잃고서 무력해지며 가난해진다는 것이다.

이러한 독점이 그에 의하면 "빈곤의 근대화"를 가져오는 원흉이다. 예전에는 자기 집에서 태어나고 또 죽음을 맞이했지만 오늘날 출산이나 죽음은 의사나 장의사 손에 놓이게 되었다. 이러한 기본적인 요구가 사회에 의해 생산된 물질의 수요에 의해서 대치되면 빈곤은 전문가의 기준에 의해서 정의되고, 오늘날 이렇게 전 사회가 학교화한 상황에서는 예를 들어 빈곤자란 대학 교육을 받지 못한 사람이고, 조기유학을 가지 못하는 사람이며, 영어 교육을 받지 못하는 사람이다. 일리치는 여기서 근대화된 빈곤이라는 특이한 모습을 잘 지적해 주는데, 즉 그것은 "상황에 영향을 미칠 수 있는 힘의 결여"에 "개인으로서의 잠재적 능력의 상실이 결합된 것"이다.[31]

오늘날 부자건 가난한 사람이건 모두 학교나 병원에 더욱 의존하고 거기에 따라서 교육비가 천정부지로 높아진다. 여기서 특히 가난한 자는 이중으로 착취를 당하는데 그들은 학교가 무조건 좋은 것이라고 열광적으로 믿고 있기 때문에 소수 사람의 교육에 공공자금이 점점 더 할당되게 하는 것을 통해서이고, 다른 하나는 다수의 사람에게 사회적 통제를 점점 더 많이 받아들이게끔 할 수 있는 것을 통해서이다. 그에 따르면 근대의 학교는 교육을 위해 이용할 수 있는 자금·사람 그리고 선의를 독점하고 있고, 더 나아가서 학교 이외의 다른 사회제도가 교육에 관계하는 것을 단념하도록 만든다. 그것은 노동·여가활동·정치활동·도시생활·가정생활 등 모든 활동이 교육 수단이 되는 것을 단념하도록 하고, 그것에 필요한 관습이나 지식을 가르쳐 주는 것을 학교에 맡기고 만다.[32] 그러나 이렇게 교육에서 근본적 독점이 일어나면 의료나 복지·수송 등에서와 마찬가지로 그 교육도 점점 더욱 비싸지고 사람들을 점점 더 지적으로 무력하게 만들고, 사회의 양극화를 가져오며 예전 중세 시대에 교회가 그랬듯이 사람들이 학교를 통해서만 구제를 받는다는 하나의 교의에 귀의하게 만든다고 한다.[33]

일리치는 자신이 주창하는 산업화 시대의 극복을 위한 탈학교를 중세 가톨릭 교회로부터의 종교개혁이나 프랑스 혁명과 같은 구왕정으로부터의 시민혁명에 비유한다. 그에 따르면 현대의 학교는 중세의 교회와 같은 독점이고 미신이다. 그것은 근대화된 무산계급의 세계적 종교가 되었고, 그래서 과학기술 시대의 가난한 사람들에게 그들의 영혼을 구제해 줄 것을 약속하지만 이 약속이 실현되는 일은 결코 없을 것이라고 한다. 오히려 국가는 학교를 이용하여 전 국민을 각기 등급화된 면허장과 연결된 교육과정의 의무로 끌어들이지만 그것은 지난날 성인식의 의례나 성직자 계급을 승진시켜 나가는 것과 다름이 없다.[34] 그에 따르면 오늘날 학교는 교육과정을 팔고 있다. 그런 의미에서 학교는 근대에서 단지 새로운 종교가 된 것만이 아니라 "세계에서 가장 급속하게 성장하고 있는 시장"이기도 하다.[35] 학교는 한편으로는 학교 내부의 시장에 내놓는 상품이라고 생각되는 지식의 생산자이고, 동시에 지식의 소비자로서 존재하려고 하는 젊은이들을 소외시킨다. 그래서 학교가 비록 아무것도 가르치지 않더라도 학교를 확대하는 것은 좋은 일이라고 믿게 하고, 오늘날은 또한 미국식 학교와 지식이 기준이 되어서 미국적인 방식은 좋은 것이라고 가르친다.[36] 일리치에 의하면 학교는 모든 고용주 중에서 최대의 고용주이고, 또 그러한 사실이 가장 드러나지 않는 고용주이다. 그런 면에서 우리 모두는 생산의 측면에서나 소비의 측면에서 학교 교육에 말려

들고 있다고 한다. 그러나 그에 따르면 "우리들 각자가 의무제의 학교로부터 해방되어야만 스스로를 증가해 가는 소비로부터 벗어나게 할 수 있다.[37]

3) 배움과 문화의 탈학교화

일리치는 "끊임없이 수요가 증대되는 세계는 단순히 불행이라는 말로서는 다 표현할 수가 없다. 그것은 바로 지옥이라고 말할 수 있다."[38] 고 매우 급진적으로 비판했다. 그의 이 말은 바로 오늘 우리 사회에서 끝 모르고 높아져 가는 교육비의 증가와 경쟁이 모든 개인과 가정을 절망과 가난으로 몰고 가는 현실을 잘 입증해 주고 있다. 그는 현대 사회가 "과잉계획" 되고 있다고 지적한다. 그러면서 정신 나간 사람이 아니라면 말하고 걷고 애를 돌보는 일을 할 줄 아는 능력이 주로 교육의 결과라고 하지 않듯이, 우리의 배움은 일상적인 삶에서 배울 수 있는 것과 의도적인 가르침의 결과로 배워야 하는 것 사이의 균형이 있어야 한다고 강조한다.[39] 배움의 균형은 무한정 확장될 수 없고 자기 한계를 가지는데 그것은 인간의 수명에는 한계가 있기 때문이다. 이 균형이 무한대로 확장되려고 하는 것이 오늘 학교와 교육이라는 도구가 조작적으로 확장되는 것을 말하는데, 그렇게 될 경우 "사람들은 가르침을 받은 것을 알게 되지만 스스로 해 봄으로써 배우는 것은 거의 없게 된다. 그래서 사람들은 자신이 교육을 필요로 한다고 느끼게 된다." 여기서 배움은 하나의 상품이 되어 시장에서 판매되고 구매되는 상품처럼 희소해진다. 이것은 배움이 교육의 이름으로 오용된 것이고, 아동들은 점점 더 자기 자신의 일을 하는 데에 자신감을 잃게 된다. 그래서 요리, 예절, 섹스도 교육을 받아야만 하는 교과목이 되어 버렸다.[40]

일리치에 따르면 공생의 사회에서는 그렇게 끊임없이 인플레이션되는 교육이 정의를 위해서 배제되어야 한다. 그렇지 않을 경우 사람들은 복지의 노예가 되는데, 이 상황을 극복하기 위해서는 사람들이 가장 배우기를 원하는 것들은 "가르쳐지거나 교육할 수 없는 것들"이라는 사실을 자각하고, 조작적인 도구가 되어 버린 교육이 제어되어야 한다고 역설한다.[41] 여기서 일리치의 탈학교화는 단순히 제도로서의 학교를 모두 폐지하자거나 학습을 위한 제도를 없애자는 식이 아니라는 것을 알 수 있다. 오히려 진정으로 배움이 가능해지고 지식이나 전문가의 제국주의가 아닌 보통사람들의 상식과 기초적인 가능성이 통용되는 사회를 만드는 것을 말한다. 그래서 그는 교육만을 탈학교화하자는 것이 아니라 사회 아니면 우리 문화 전체를 탈학교화하자는 것이다. 그것은 앞에서도 보았듯이 우리 삶 전체가 배움의 과정과 장소가 될 수 있도록 하는 일이고, 배움은 누구에 의해서 독점되는 일이 아니라 사회 전체가 공유하는 일로 보려는 의도에서 나온 것이다.

일리치는 이상의 독점화가 우리의 상상력까지도 독점하는 상황에서 "공생성을 참을 수 없는 가난과 혼동하는 사람들"이 독점을 깨는 비용을 스스로 지불할 리 만무하다고 환기시킨다. "근본적 독점은 일할 능력을 마비시킬 정도로 풍요에 대한 요구를 강제한다." 또한 교육의 과잉계획은 "사람들을 끊임없이 가르치고, 사회화하며, 표준화하고, 시험을 치르게 하며, 재형성하는 틀 속에서 다루는 세계를 만든다." 이러한 지적은 오늘날 평생교육의 시대와 성인교육의 시대가 도래한 것을 성장과 발전으로만 이해해 온 교육학자들에게 근본적으로 그 교육과 배움을 다시 생각해 보게 하는 신랄한 지적이다. 또한 오늘날 경제지상주의의 세계화 시대에서 자신의 몸이 망가져서 더 이상 회복 불가능할 정도에 이르기까지 물질을 일구기 위해 일하는 우리 세대의 일중독을 지적한다. 이렇게 무한성장과 무한진보를 지향하는 현대의 소비문화는 필연적으로 생산물의 무한한 "노후화"를 수반한다. 이미 기존에 존재하거나 생산된 모든 것들이 끊임없이 새 것, "더 좋은 것"에 의해서 평가절하되거나 대체되어야 한다. 그래서 일리치는 이러한 사회에서는 "더 나은"(better)이라는 개념이 "좋은"(good)이라는 개념을 근본적인 규범으로 대체해 버린다고 지적한다.[42] "더 나은 것을 향한 경주에 갇힌 사회"에서 "무슨 비용을 들여서라도 더 나은 것을 생산하고 소유하고야 말겠다는 식의 태도"는 오늘날 한국 사회의 교육경쟁에서 이제는 어린 아이들의 생일 파티를 위해서도 수백만 원을 쓰고, 아이들의 유아교육을 위해서 가장 비싼 사교육비를 지출하도록 하는 것에서도 나타나듯이 어떤 비용을 퍼부어도 결코 충족되지 않는 욕구를 만들어 낸다는 것을 잘 보여준다. SKY 대학에 들어가지 못해서 겪는 격앙, 그러나 거기에 들어가서는 다시 더 좋은 과에 들어가지 못해서 갖는 불행, 거기에 가서는 또 다른 경쟁에서의 소외와 좌절, 이렇게 해서 현재 가지고 있는 것과 갖게 될 모든 것이 똑같이 사람들을 불행으로 몰고 가고, 그래서 그 상황은 일리치가 잘 지적한 대로 단순한 "불행"이 아니라 "지옥"인 것이다. 한 아이의 삶에서 끊임없이 '더 좋은' 학원과 주거와 입시 전략을 위해서 안정과 변화 사이의 견딜 만한 균형이 파괴될 때, 그 변화를 수용할 수 있는 기반 자체가 무너진다는 것을 보지 못하는 무지이다. 오늘날 우리 사회에 만연해 있는 소아정신병, 각종 중독과 폭력성, 세계 제1위의 자살률 등이 이러한 메커니즘을 잘 드러내 준다. 여기서 성장은 중독이 되어 버렸고, 모든 종류의 중독은 점점 감소하는 만족을 위해서 점점 '더 많은' 비용을 지불해야 하는 것처럼[43] 그렇게 오늘 우리의 교육비는 점점 더 비싸지고 이제 그것이 우리의 전통적 삶의 기반까지 위협하는 수준을 넘어섰으며, 결국에는 세계를 소멸시켜 간다. "제도는 사람들에게 만족을 가져다 준 것보다 훨씬 빨리 필요를 만들어 냈고, 또한 필요를 충족시키려는 과정에서 지구를 소모하고 만다. 이것은 농업과 공업에서나 의학과 교육에서도 마찬가지이다."

⁴⁴라는 것이 그의 엄한 메세지이다.

5. 한국 생물(生物) 여성 영성의 교육

그렇다면 이 모든 비판을 받아들여서 사람들을 그렇게 무력화시키고, 타인의 지식과 제도화된 전문화와 끊임없는 성장 추구에 매달리게 하는 교육이 아닌 참된 배움이 무엇이고, 자율과 공생이 가능하도록 하는 교육은 어떤 모습일까? 일리치가 탈학교 사회에서 대안적인 교육의 모습으로 학습망 안에서의 자연스럽고 자유스러운 배움을 제안한 것과 유사하게 뉴욕 주의 작은 수도 알바니의 빈민가에서 30여 년간 프리스쿨(free school, 자유학교)을 이끌어왔던 한 교육자의 다음과 같은 질문은 의미있게 들린다. 그것은 교육의 진정한 의미와 가치에 대해서 반성하는 말이다; "만약 우리가 교육이라 부르는 것이 우리가 이 지구 위에 있는 한정된 시간 동안 우리 자신을 가장 풍부하게 표현할 수 있게 해 주는 수단이 되지 못한다면 그 교육이 무슨 진정한 가치가 있겠는가?"⁴⁵ 라고 묻는다.

원래 이 프리스쿨은 1969년 메리 루(Mary Leuw)라는 여성이 미국 공립초등학교에 잘 적응하지 못하는 아들을 위해서 어렵게 당국의 허가를 얻고서 시작한 첫 번째 합법적 홈스쿨링이었다고 한다. 창시자인 어머니 메리 루는 이때 크게 두 가지의 교육 신념을 가지고 있었다고 하는데, 먼저 어떤 아이도 포기하지 않는다는 것이었고, 두번째는 학교를 시작할 때부터 학교 자체가 진정한 의미에서 공동체가 될 수 있도록 한다는 것이었다. 여기서 나타나는 두 가지 원칙은 지금까지 살펴본 대로 현대 산업 문명의 상황과 거기서의 하수인 격인 교육의 역할에 대한 비판으로서 본 연구가 나름대로 제시하고자 하는 한국 생물(生物)여성 영성의 교육을 위해서도 좋은 지지대가 된다. 이것을 크게 세 가지 측면과 요소로 나누어서 살펴보고자 한다.

1) 인간의 본성적 가능성과 근거에 주목하는 교육

먼저 아이들이 본래 가지고 있는 본성적 가능성과 근거에 주목하자는 것이다. 필자 스스로를 포함해서 오랫동안 학교 교육을 받은 사람들은 스스로가 무엇인가를 창조하고 생산해 낼 수 있다고 생각하기보다는 항상 먼저 밖을 기웃거리고 밖에서 이루어진 것에 대해서 더 많은 신뢰를 보낸다. 일찍이 마하트마 간디가 오랜 기간 영국의 식민지를 경험한 자신의 민족에게 모든 좋은 것은 서구로부터 오는 것이라고 생각지 말고 자신들 나름의 교육을 정초하라고 촉구하면서 외쳤던 '두려워하지 말라'는 독립적이고 자율적인 공생의 교육을 필요로 하는 우리에게도 그대로 적용된다.[46] 그 중에서도 교사 스스로가 두려움을 극복하고 아이들 자신 속에서 성장과 배움의 기초를 찾는 것이 첫 번째 관건이다.

오늘 이렇게 막대한 비용을 들여 가면서 모든 사람들이 죽을 것같이 노력하는 교육 현장을 보면서 어떻게 하면 이 지옥과도 같은 악순환의 고리에서 벗어날 수 있을까를 묻게 된다. 남은 길은 아이와 부모와 교사와 학교가 이미 가진 것에 주목하는 길밖에 없다. 좋은 것은 밖에서만 올 수 있다고 여기는 두려움의 교육은 그 교육을 점점 더 비싼 것으로 만들고 거기서의 당사자들을 무력하게 만든다. 그러한 교육은 아무리 많이 받아도 자율적이고 자발적이며 스스로의 힘으로부터 나와서 타인과 세계와 건강한 관계를 맺을 수 있는 인격을 배출해 내지 못한다.

여기서 이러한 작업이 결코 단순히 이성적 차원과 논리적 차원의 일만이 아니라는 것을 지적하고자 한다. 그것은 더 깊은, 아니면 더 높은 의미에서 영성과 종교의 차원과 연결되어 있고 또한 그래야만 한다고 본다. 즉 교육자 스스로도 자신의 내면 속에서 더 높은 궁극의 차원을 경험하고 두려움을 극복하면서 학생 안에서 배움과 성장의 초월적 단초를 보는 일과 관계된다. 그 것은 인간의 내면에서 초월의 씨앗을 보는 일이다. 앞에서 알바니 프리스쿨 교사가 교육의 역할에 대해서 반성한 물음에서도 드러나듯이 우리 삶이란 이 지구 위에 있는 한정된 시간 동안 우리 자신을 가장 풍부하게 표현하는 일 외의 다른 것이 아니라는 것과 그것을 위해서 각자는 모두 하늘의 근거를 가 지고 태어난다는 것을 인식하는 일이 요청됨을 말한다. 한나 아렌트는 이것 을 모든 아이들이 세상에 태어나면서 가져오는 새로움(newness)에 대한 인식 으로 표현하였다.

나는 한국의 유교 전통이 이러한 인간 실존의 초월적 차원을 아주 잘 표현 해 줄 수 있다고 여긴다. 그것은 서구 기독교적 신인동형론적인 초월 이해를 넘어서서 지극히 인간적이고 내면적인 방식에 의해 초월과 궁극의 차원을 내재적으로 지시해 주는데(天命, 性, 德, 誠, 中庸, 理 등), 그러한 방식은 오늘의 세 속화 시대 또는 탈세속화 시대(a postsecular age)에서 '가장 적게 종교적이면서 도 가장 풍성하게' 다시 세계의 초월적 차원을 지시해 주는 방식이다.[47] 『중 용』의 유명한 첫 세 구절인 '천명지위성, 솔성지위도, 수도지위교'(天命之謂性, 率性之謂道, 修道之謂教)에도 뚜렷이 나타나는 성(性)이란 글자는 원래 '마음'(忄) 과 '생' (生)의 두 글자가 결합된 것이라고 한다. 그럼으로써 그것은 살려는 마 음 또는 살려는 의지가 되어서 세상 모든 존재가 하늘로부터 가장 자연스럽 게 부여받은 것은 '살려는 마음' 이라는 것을 말해 준다. 그러므로 이 마음을 거스르는 것은 하늘의 명령을 거스르는 일이고 교육이란 바로 이 마음을 잘 경청하고 지지해 주는 일이라는 의미이다. 이 자연스러운 살려는 마음이 하늘이 부여해 준 마음이라는 것을 깨닫는 것이 교육의 초월적 차원을 회복하는 일이 되고 이 깨달음이 우리 교육의 가장 기초적인 출발점이 되어야 한다는 의미인 것이다.[48]

오늘 우리 시대에 얼마나 잔혹하게 이 자연스러운 살고 싶은 마음이 교육이라는 이름으로 억눌리고 짓밟히고 있는가? 잠이라고 하는 가장 기본적인 필요와 욕구가 한계상황까지 억눌려지고 있고, 사랑받고 인정받고 싶은 마음이 무시되고 무한의 경쟁에로 내몰려서 모두가 열등감과 자기말살에의 충동에 시달리고 있다. 또한 인간 인식의 기초가 바로 우리 자신 안에 있다는 것을 무수한 철학자와 과학자들이 반복해서 밝혀 내어도 여전히 이 출발점이 무시되고 오히려 밖으로부터의 우격다짐과 지식의 퍼붓기가 계속되고 있다.

일반적으로 교육은 종교나 영성의 물음과는 관계없는 것으로 여겨진다. 그러나 위에서 보았듯이 오늘날의 무한경쟁주의와 수단과 목적의 영원한 순환 고리 앞에서 인간의 문명을 근원에서부터 위협하는 교육 공리주의의 질주를 막기 위해서는 다시 각 존재의 본성적 차원을 인식하는 종교적 시각의 회복이 요청된다. 이 일이야말로 시급한 일이라는 것을 지적하고자 하는 것이다. 근대 서구의 교육사만 살펴보더라도 어머니나 교사와 교육자를 신의 중보자로 파악한 페스탈로치와 교회 안에 갇혀 있는 전통적인 기독교를 민중의 종교로 환원하며 그것을 자신의 교육 사상과 활동의 기반으로 삼았던 존 듀이 등 인간의 문명과 교육을 근본에서부터 변혁시킨 사상가들의 뿌리는 바로 종교와 영성이었다. 종교와 영성은 존재의 궁극적인 기원이란 형(形)과 눈에 보이는 것을 넘어서는데 있으며, 지식과 인식은 우리의 단순한 경험을 넘어서서 선험성과 관계되는 것임을 아는 감수성이다. 그래서 이러한 인식에 근거한 교육은 피교육자가 이미 가지고 있는 것과 가능성에 주목함으로써 목적과 수단의 영원한 순환에 빠지지 않고 순간과 오늘과 눈앞의 대상 존재와 의미에서 영원(eternity)을 발견한다.[49]

　"인(仁)은 인간의 마음(人心)이고, 의(義)는 인간의 길(人路)"이라고 한 맹자의 말에 대해서 정자(程子)는 우리의 마음이란 바로 "곡식의 씨앗"(穀種)과 같고, 거기서 "인(仁)은 그 곡식을 싹틔우는 원리, 그 씨앗을 작동하는 성질과 원리"(生之性/生之理)라고 설명했다.[50] 이것은 우리 모두는 이미 우리 안에 한 종자를 가지고 태어났고, 우리 삶이란 하나의 곡식이 그 싹을 틔워서 열매로 자라듯이 그렇게 우리 마음을 키우는 것이고 그 마음의 내적 원리가 바로 인(仁, 어짊)이라는 것을 밝혀준 것이다. 『중용』에서 다시 한 구절을 인용해 보면 21장에는 "성실함으로써 밝아지는 것을 성(性)이라 하고, 밝아짐으로써 성실해지는 것을 교(敎, 교육)라 한다."(自誠明謂之性, 自明誠謂之敎)라는 구절이 있는데 이것은 교육이 그렇게 이미 우리의 초월적 가능성으로 주어진 씨앗을 잘 기르고 다듬는 일이라는 것을 밝히 지적해 주고 있다. 우리 존재의 주체성이나 정체성, 성품(性)은 우리가 그것을 성실하게 갈고 닦음으로써 밝아지고 뚜렷해지고, 그것이 밝아지고 뚜렷해질수록 우리는 다시 더욱 성실하고 진실해질 수 있다는 것이다. 그렇게 만드는 일이 바로 교육이라는 것이다.

　앞에서 소개한 알바니 프리스쿨의 메르코글리아노는 프리스쿨의 교육을 위해서 우리 삶을 이루는 기본 요소를 "공격성, 성(性), 인종과 계급, 영성"의 네 가지로 본다고 소개한다. 그러면서 "인간의 삶이 밖에서 계획되고 정해지는 것이 아니라 내면의 힘에 이끌리거나 방향을 갖는 것이라고 믿는다면" 교육이라고 부르는 일에 어떤 특정한 공식이 있다고 생각하는 것은 우스운 일이 아니겠느냐고 반문한다.[51] 그는 또한 시인이며 체코 혁명의 정신적 지도자였던 초대 대통령 바슬라드 하벨(Vaclav Habel)의 말을 들어서 오늘 우리가

"모든 시대의 모든 인간 창조보다 훨씬 위대한 궁극적 의미의 근원이 있다는 사실에 대한 인식"을 되찾지 못한다면 인간 종족의 멸종은 피할 수 없을 것이라는 지적에 동의를 표한다.[52]

"두려움과 배움은 최악의 댄스파트너"라고 주창하는 그에 따르면, 같이 지내는 부모와 교사들이 그 아이의 배움은 무엇보다도 그 아이 자신에 속한 일이라는 믿음을 가지고 스스로의 두려움을 극복하면서 아이 자신이 지닌 내적 스케줄에 따라 스스로 발전할 기회를 줄 때 치유가 가능하다고 한다.[53] 그러므로 알바니 프리스쿨에서 아이들을 가르칠 때면 언제나 하는 일은 "아이들이 스스로의 완전성을 깨닫는 길을 발견할 수 있도록 자신만의 고유한 탐색으로 아이들을 인도하는 일"이었다고 밝힌다.[54]

이렇게 오늘날의 여러 과학적 언어와 진술로도 서술되는 인간 본성의 가능성과 영성적 차원에 대한 주목은 교사 스스로의 영적 삶에 대한 관심도 촉발시켜 이 프리스쿨의 공동체가 어느 정도 자리를 잡아 가자 자신들의 "영적 문제"에로 눈길을 돌렸다고 한다. 저마다 다양한 종교적 배경을 가지고 모였기 때문에 각자의 기도법이나 수행법, 축일 들을 함께 나누었고, 거기에는 유대교, 가톨릭, 프로테스탄트, 불교, 아메리카 원주민의 신앙과 고대 모계 사회의 다양한 의식도 포함되었다고 소개한다.[55] 여기 학교에서 영성과 관련되는 일은 하루하루 학교생활이 흘러가는 도중에 자연스럽게 연결되었는데, 예를 들어 누군가가 자기 가족 중-그들의 애완동물도 포함하여-죽었거나 병이 들었다는 소식을 가져오면 그들은 원을 이룬 중심에 하나의 촛불을 밝히고 침묵 속에서 치유와 위로의 염원과 기도, 이미지를 보내는 일을 같이 행했다고 한다. 한번은 교사의 어린 손자가 나무에서 떨어져서 심각한 상처를 입자 선생과 학생들은 아침 시간에 모여서 그 소년이 다시 뼈와 상처가 회복되고 건강한 모습으로 돌아오기를 마음속으로 그리는 일을 계속했는데, 담당

의사들도 이 아이의 회복 속도에 당황할 지경이었다는 경험을 들려준다. 그래서 "자기 자신보다 훨씬 더 큰 무엇인가와 연결되어 있다는 느낌을 갖는 일과 관련해 영적 정체성을 개발하는 일"의 중요성을 강조하고, 어린 아이일지라도 이렇게 의미를 찾으려는 개인적 탐색을 돕고 지원해 주기를 바라고 있다고 지적한다. 또한 존재의 초월적 차원을 표현하고 경험하는데 있어서 올바른 방법이 단 하나밖에 있는 것이 아니라는 생각을 북돋아 주고 싶다고 적고 있다.[56]

2) 교육 방법으로서의 공동체적 삶과 여성주의적 가치

다음 제안으로서 생활세계와 공동체적 삶, 여성주의적 가치의 발견과 실천을 배움의 좋은 길로 삼자는 것을 말하고자 한다. 앞의 일리치는 성장을 멈추고 다시 자율적 공생의 삶을 가능하게 할 수 있는 회복의 길로서 "과학의 비신화화", "언어의 재발견", "법적 절차의 회복"을 들었다. 시민 개개인의 지식이 전문적 과학의 지식보다 덜 가치 있다는 착각을 버리고, 또한 우리 일상 언어가 소유지향적이고 실체지향적인 것을 넘어서 삶과 진행형과 동사로서의 실존을 부각시키는 언어로 회복되어야만 미래의 성공을 위해서 현재를 희생시키고 무한대로 성장하려는 욕구를 멈추게 할 수 있다는 것이다. 그런 그가 전통적 제도로서의 학교 교육에 대비되는 개념으로 말하는 교육이 "자유교육"(liberal education)이다.

여기서 교사는 지식과 정보를 독점한 유일한 정보원으로 이해되기보다는 다양한 분야에서 다양한 지식과 능력을 가지고 학습을 가능하게 해 주는 주체와 단체들을 서로 연결해 주는 '장인'(master)의 역할을 수행한다. "한 사람 한 사람에게 현재 자기가 관심을 가지고 있는 일에 대해서 같은 관심과 그것에 관한 학습 의욕을 가지고 있는 다른 사람들과 공동으로 생각할 기회를 평등하게 주는 서비스망과 같은 것"이 그가 탈학교 사회의 대안으로 제시하는 "학습망" 배움 사회이다.[57] 오늘날 온라인 학습망이나 동호인 문화 활동 등을 통해서 부분적으로 이루어지고 있는 배움과 학습 공동체의 실현과 유사한 모습이다.

이러한 이야기를 듣고 있으면 16세기 중국 명나라의 왕양명이 언술한 발본색원론(拔本塞源論)이 생각난다. 그는 자기 시대의 악에 대한 근본적인 저항이라고 생각하며 저술한 그 글에서 어떻게 인류 문명의 처음에 단순하고 간결했던 배움과 공부가 엄청난 고통을 주는 공부가 되었으며, 이익과 영달을 위한 수단이 되었고, 엄청난 정보는 악을 행하고 경쟁적인 논쟁을 벌이기 위한 싸움의 수단이 되었는지를 감동스럽게 그려 주고 있다. 그가 당시 주희식 주지주의적 공부의 타락에 맞서서 진정으로 세상을 구할 방법론으로 제시한 "발본색원론"은 일종의 창세설화이고 거기서의 인류의 타락기이다. 그 이야기에 따르면 맨 처음 세상의 모든 사람들은 서로를 형제자매로 보며 자신의 천성에 맡겨진 일을 하면서 가장 가까운 사람들로부터 시작하여 덕을 행하면서 살았다. 그러나 여기서부터 도둑으로 변하고, 이기주의에 빠지며 기만과 출세, 권력에 급급하고 싸움을 벌이는 타락으로 빠지게 된 모든 이유는 바로 참된 인간이 되는 단순하고 간결한 공부가 복잡한 가르침으로 변했고, 덕과 행위의 완성만을 위해 가르치던 공부가 그 본래성으로부터 타락했기 때문이다.[58] 그처럼 공부가 변해 버리자 사람들은 자신이 하는 일에 만족하지 못하고 혼자서 모든 일을 하고 온갖 세력을 가지겠다고 다투었고, 많이 아는 것을 자신의 거짓을 감추는데 쓰면서 마침내 성공과 이익만을 추구하는 나쁜 버릇이 본성처럼 골수에 차게 되었다고 한다. 그에 따르면 옛 성왕들이 전해주었고, 공자와 맹자가 다시 회복하기를 힘쓴 공부는 오직 덕행을 이루기 위한 것뿐이었다. 또한 그 덕행이라는 것은 주변의 가장 가까운 사람들에 대한 사랑(仁)의 실천에서부터 길러지는 것으로 '효친'(孝親)이 그 기본이 된다. 맹자도 '친친'(親親, 어버이를 친애함)과 '경장'(敬長, 웃어른을 공경함)을 인간됨 공부의 기본으로 삼았듯이 효친과 붕우유신을 알고 인간관계를 바로 잡는 것이 공부의 기본이고, 이것은 인간 누구나의 본성 속에 놓여 있는 가르침이므로 그렇게 밖에서 배우기 위해 정신없이 쫓아다닐 필요가 없다고 했다.

나는 여기서 이러한 생활 세계와 가까운 삶의 반경 속에서 출발하고 그것과 끊임없이 연결되는 배움의 방식을 '여성주의적'(feminist) 방식이라는 또 다른 이름으로 부르고자 한다. 과거 인류 문명의 기원과 성장이 생활 세계에서의 배움과 전수로 가능해진 것임을 알 수 있듯이, 그 생활 세계를 일차적으로 책임지고 엮어 나가며 자아와 개인보다는 함께함과 공동체를 염려하는 일에 더 힘을 쏟아 온 여성들의 삶에서 얻어진 덕목이야말로 오늘 우리 배움이 다시 접목해야 하는 기초적인 가치라고 보기 때문이다. 여기서 더 나아가서 나는 오늘날 일반적인 여성주의자(페미니스트)들이 경원시하는 한국 유교 전통 여성들의 삶의 덕목을 오늘 우리 교육과 정치가 다시 받아들여야 하는 귀중한 가치로 강조하자 한다. 소설가 신경숙의 『엄마를 부탁해』라는 작품을 통해서도 깊은 공감을 얻은 바 있는 한국 전통 여성들의 배려심과 보살핌, 자기희생의 경지는 인간 마음의 곡종이 어느 정도로까지 섬세하게 꽃필 수 있는지를 잘 보여주었다. 그러한 '어머니 되어 주기'의 영성을 살림꾼으로서의 유교 전통의 여성들은 더욱 극진하게 실천하였고 일구어 내었다는 것이 나의 이해이다. 왜냐하면 유교 영성과 종교성의 핵심이란 바로 일상의 삶에서 그 일상적 살림의 삶을 거룩의 영역으로까지 성화(聖化)하고 예화(禮化)하려는 것이었기 때문이다.[59] 오늘날 삶의 각 방면에서 보살핌과 배려의 영성이 요청되는 때에 살림의 영성을, 다시 말한다면 봉제사와 접빈객을 삶의 가장 중요한 일로 여겼던 유교 여성들의 덕목이야말로 아주 뛰어난 예가 된다고 여긴다.[60]

물론 오늘날은 이 여성적 어머니 되어 주기의 영성을 더 이상 생물학적 성의 구분에 따라서 여성에게만 부과할 일이 아니다. 오히려 이제 체험으로서의 모성과 마음의 어머니가 이야기되면서 모성은 앞으로는 여남 모두의 덕목이 된다. 그리하여 여성시인 김혜순은 "시인은 무조건 어머니로서 시를 쓰는 것"이라고 하면서 시를 쓴다는 것은 그가 남성이든 여성이든 내 안의 어머니를 살려 내어서 자신은 죽고 타자와 만물에 다시 생명을 주고 살려 내는 대모신의 역할을 하는 것이라고 주장하였다.[61] 그녀는 남성작가 황석영도 그러했듯이 한국 전통의 설화 바리데기 이야기에 주목하면서 '바리'는 버린다의 뜻 이외에 '발'(없던 것이 새로이 일어난다)의 뜻으로 보아서 "생산적인 의미", "생명공주, 소생공주, 생산공주"가 된다고 지적한다.[62]

이렇게 생명을 살리고 만물을 살리는 여성적 영성을 『중용』의 표현으로 하면 다음과 같이 서술할 수 있다. 유교 종교성이 어느 경전보다도 풍부하게 담겨져 있는 『중용』26장에는 20장 후반부터 계속해서 "하늘의 도"(天之道)로서 "신과 같다"(至誠如神)고 설명되는 '성'(誠)에 대한 이야기를 하면서 "천지의 도는 한마디 말로 다할 수 있는데, 그 됨이 둘이 아니다. 즉 (만)물을 생성하는 것을 헤아릴 수 없다."(天地之道 可一言而盡也, 其爲物不貳, 則其生物不測.)라는 구절이 나온다. 여기서 '생물'(生物)이라는 표현이 보이고, 이것은 세상의 만물을 창조하고, 살려 내고, 보육하고, 화목케 하는 "하늘과 땅의 원리"(天地之道)를 서술하는 것이다. 또한 『중용』20장의 집주에서 주희는 "인(仁)은 천지가 물(物)을 낳는 마음이고, 인간이 그것을 얻어서 태어났다."(仁者 天地生物之心而人得以生者)라고 서술했다. 이것을 퇴계는 자신의 『성학십도(聖學十圖)』「인설도

(仁說圖)」에서 다시 받아들여서 인의예지의 네 가지 덕을 모두 포괄하는 사단(四端)과 사덕(四德)의 원리로 표현했다.[63]

나는 여성들이 세상을 살려 내고 보살피고 배려하는 어머니 마음이야말로 바로 이 천지가 만물을 살려내고 보살피는 도와 원리(天地生物之道/理)를 가장 잘 실천하고 있는 모습이라고 생각한다. 그것은 삶과 이론, 일상과 배움, 지식과 실천, 자아와 세계를 따로 나누어서 보는 것이 아니라 그 둘을 종합하고 통합하여서 바로 일상과 공동체와 일의 모든 과정이 공부 과정이 되도록 하는 실천이었다고 보고자 한다. 일찍이 페스탈로치가 자신의 교육 통찰을 한 마디로 종합하여서 "삶이 곧 교육이다."(Das Leben bildet)라고 한 것과 유사하게 아시아의 고전들은 이미 '큰 공부'(大學)라는 이름 아래에서도 "가르치는 모든 것은 지도자(人君)가 몸소 행하고 마음에서 얻은 것에서 근본하고, 사람들이 날마다 사용하고 따라야 하는 도리 밖에서 구하기를 기대지 않았다."고 설명하였다.[64] 천하의 큰 근본이 되는 것이 '중'(中)이라는 것을 알고서 그것이 '일상'(庸)이 되도록 하라는 가르침을 전하는 『중용』이 한마디로 그 공부 방법을 다시 '용'(庸), 즉 가장 가까운 삶으로부터 시작하라는 것과 '성'(誠), 즉 정성됨과 지극한 꾸준함으로 하라는 것을 가르쳐 주는 것은 당연하다. 즉 『중용』은 "도는 사람에게서 멀지 아니하니 사람이 도를 추구하면서 사람에게서 멀리하면 도는 추구될 수 없다."(『중용』13장), 위대한 지혜를 지녔던 순임금은 "묻기를 좋아하셨고 가까운 말을 살피기를 좋아하셨다."(『중용』6장), "부모님도 편안하실 것이다."(『중용』15장)라는 등의 말로써 도가 실현되는 가정과 사회와 국가의 일상의 모습을 그린다. 삶의 중심에서 벗어나 있는 힘없는 노인과 부모님들에게까지 평안함이 미쳐야지만 진정한 도가 실현된 것임을 가르쳐 주기도 한다.[65]

앞의 알바니 프리스쿨의 책을 추천하는 조셉 피어스는 알바니의 교사들은 "나날의 삶이 지닌 정서적 차원과 인간관계 차원"의 두 국면을 "삶의 초석이며 동시에 모든 앎의 초석"으로 인식했다고 강조한다. 그런 그들도 한국과 같이 교육 인플레가 심한 곳에서의 우리처럼 교육을 많이 받았지만 정작 삶의 자리에 들어서서는 무지하기 짝이 없다는 것을 아프게 고백한다. 즉 살아가는 데 진실로 문제가 되는 것들인 "다른 사람과의 관계, 내적 자아와의 관계, 두려움을 다루는 문제, 삶의 정수를 농축시키는 일, 자아상을 만들어 내고 삶의 일화들을 창조하고 메타포를 발견하는 일, 신에 관한 문제, 인종과 계급, 성과 그리고 저 희귀하기 짝이 없는 생활필수품인 공동체 등등"을 다루는 데는 무지한 상태라는 것을 직시했다는 것이다.[66] 프리스쿨은 이런 딜레마적 상황을 보면서 진정으로 삶에 도움이 되는 교육, "구성원 사이의 관계를 모든 실제적인 도움이 일어나는 중심"으로 보면서 시작된 배움 공동체라는 것을 강조한다. 전통적인 학교라기보다는 일종의 큰 가족과 같은 형태를 가지는 알바니 스쿨은 학교가 구세계의 동네에 자리 잡고 있어서 "문 앞에 나와 앉아 있는 이웃사람들을 방문하는데 충분한 시간을 들였고", 대안교육 잡지와 가족생활지(Journal of Family Life)를 출판했다고 한다. 이들은 자신들을 "치료의 학교"로 생각하고 "특수한 문제가 있는 아이들"이 다니는 특수학교의 일종으로 여겨지는 것을 개의치 않았다고 하는데, 왜냐하면 모든 아이들은 나름의 문제를 가지고 있으며 이들이 치료 받고 최상의 쉼터가 되는 학교가 되기를 원했기 때문이다.[67] "자율"(self-regulation)과 "일 속의 민주주의"(work democracy)를 그들 캠프의 원칙으로 삼고 있다고 밝히고, 앞에서 길게 소개한 20세기 말 깨어진 핵가족과 공공적 보육시절에서 어린 시절의 대부분을 보내는 미국 아이들의 보편적인 실존의 위기는 "공동체의 상실"이 가장 큰 원인이라고 밝힌다.[68] 그들은 "핵가족과 핵시대가 역사적으로 겹치게 된

것은 우연이 아니다."라고 한 자연분만 운동가이며 산부인과 의사인 미셸 오
당(Michel Oden)의 이야기를 심각하게 듣고서, 동네와 학교와 각 학생의 가족들
이 겹겹이 서로 연결되는 공동체가 되도록 힘을 썼다고한다. 그들은 오늘날
그 핵가족조차도 편부나 편모의 더 분화된 형태로 급격히 바뀌어가면서 과
거와 전통과 공동체로부터의 유대 상실로 점점 더 깊은 소외감 속에 빠져드
는 것을 염려하고, 거기서 어린이 천식, 십대자살, 마약과 폭력범죄 등에 노
출되어 가는 젊은 세대들의 삶을 깊이 염려한다.

  이 학교의 구성원들은 공동체란 "다른 사람의 상황을 자신의 상황으로 만
드는 행위"라고 받아들이고, 각자의 타고난 재능을 캐 내고 자기 것으로 삼
기 위해서는 "개인과 공동체 사이에서 끊임없이 주고받고 밀고 당기는 상호
작용"이 절실하다는 것을 잘 인지하고 있다.[69] 공동체는 전기나 사랑처럼 그
성질상 짧은 한 문장으로 정의 내릴 수 없는 것 중의 하나라는 것을 생각하
며, 그것이 무엇이라고 정의되든 어떤 일 속에서나 프리스쿨이 하는 모든 일
의 중심에 있다고 고백한다. 그래서 그들은 품위 있게 싸우는 법을 배우고,
아이들을 다시 가족의 삶으로 돌려주는 홈스쿨링을 지지한다. 앞에서 일리
치의 탈학교 분석에서 살펴보았듯이, 이들도 아이들이 어떤 단단한 소속감
이 없다면 어디에도 뿌리를 내리지 못하고 표류할 것이며, 소속감을 상실하
면 가족의 유대나 친구 간의 유대, 그리고 공동의 목적을 향한 시도 속에서
경험되는 즐거움과 충만감을 알지 못하고 "끊임없는 상품소비로 대신하려는
소외된 반쪽짜리 인간의 물결"에 휩쓸리게 될 것임을 알기 때문이다.[70] 이들
은 일리치가 도구화된 학교제도의 교육을 비판하듯이 "사회제도로서의 교
육"은 본질적으로 이 세계가 안고 있는 어떤 문제도 풀 수 없다고 믿는 입장
에 선다.[71]

일리치는 자신의 『탈학교 사회』와 『공생을 위한 도구』 이후에 『그림자 노동(Shadow Work)』을 펴내어서 가정과 가족, 임금노동과 여성의 문제를 다룸으로써 다시 한 번 근본적으로 산업 문명의 성장을 제어하기를 원했다. "그림자 노동"이란 산업사회에 들어와서 남성들의 임금노동을 통한 경제활동이 주가 되는 사회(생산 활동)와 그 남성들의 임금노동이 가능해질 수 있도록 뒤에서 보이지 않게 온갖 서비스 노동을 제공하며 가정에서 그림자 노동자로 일하는 여성들의 삶을 극명하게 대비시키면서 나온 의식이다. '임금'(wage)이라는 개념을 서구 중세 사회로부터 추적하는 그에 따르면 중세시대 '임금노동'(wage labor)이란 "비참함의 대명사"였고, 임금노동자는 가장 극단의 무능력자를 대표하는 말이었다고 한다. 즉 그것은 생산과 소비가 동시에 이루어지는 가정을 갖지 못하고, 구둣방이나 이발소 등 장인들의 직업 활동도 하지 못하며, 심지어는 구걸할 수 있는 힘과 권리도 없어서 사회가 거지의 만연을 피하기 위해서 일정한 액수의 생계비를 지불해 주는 것으로 사는 사람들을 지칭하는 말이었다고 한다.[72] 이렇게 철저히 자립 능력이 없으면서 스스로 생산 활동과는 관계가 없는 잉여 인물을 나타내는 용어였는데, 오늘날은 모든 사람들이 임금노동자가 되었다. 일리치에 의하면, 그러나 이렇게 임금노동자가 존재하기 위해서는 그 임금노동자의 노동이 밖에서 가능해질 수 있도록 집에서 그림자 노동자로서 봉사하고 소비하는 주부들과 여성들이 있기 때문이므로 오늘 우리 사회를 무능과 비자립으로부터 구해 내기 위해서는 여성들이 그 노동을 거부해야 한다고 촉구한다.[73]

현대의 페미니즘 운동은 지금까지 여성들에 의해서 그림자 노동으로서 임금이 지불되지 않고 행해진 일에 대한 불의를 주창하고, 그 노동의 임금화를 추진한다. 그러나 일리치에 따르면 이러한 방식은 오히려 더 상황을 나쁘게 할 뿐이다. 그것은 여성들과 복지와 보살핌의 일까지도 철저히 비생산적인 임금노동으로 환원시켜서 현대인을 더욱 더 제도의 노예가 되게 하고 총체적으로 무능하게 만드는 일이다. 그리하여 이런 방식보다는 오히려 현대 산업사회에서처럼 생산과 소비, 생산의 사회와 소비의 가정, 남성과 여성의 일이 철저히 나뉘어 있는 것을 지양하고 다시 통합하면서 더 이상 한 주체나 장소에 의해서 생산이 독점되지 않도록 하고, 가정이 다시 자립과 자존의 주체로 회복되어야 한다고 주장한다.[74] 남편이 임금노동의 대가로 벌어들인 돈으로 아이들 교육을 다시 밖의 임금노동자에게 맡기는 악순환을 끊고 스스로가 배움의 생산자로 거듭나고, 남성들도 그렇게 자신의 모든 생을 임금노동자 신분에 저당 잡히지 말라는 지적이다. 앞에서 자율적 공생의 삶에서 이야기했듯이 이것은 다만 교육에만 해당되는 이야기가 아니고 의료·복지·수송·종교 모든 분야에 해당되는 이야기이다. 이것은 오늘의 실업, 성문제, 가족 등에 대한 매우 래디컬하고 독자적인 대안을 제시하는 것인데 그 근본에 있어서는 가정과 가족을 다시 생산과 소비가 동시에 이루어지는 나름의 자립 장소로 복원하려는 사고가 자리 잡고 있다.

이렇게 탈산업 사회에서 가정과 가족이 삶의 기초 단위로 다시 중시된다면 전통적으로 가(家)를 중시하는 유교의 가족 윤리는 오늘날 가족의 형태와 구성에 있어서는 다양한 모습을 인정하는 입장에서 여전히 중요한 의미를 가지고 있음을 알 수 있다. 인간적 문명의 삶을 가장 기초적으로 가능하게 하는 공동체로서의 가정을 국가화하고 경제사회화할 것이 아니라 반대로 국가와 사회를 가정화하고 여성적 가치화하는 것이 우리의 삶을 더 자율적 공생의 자립과 자존으로 이끈다는 이상이다. '전통의 비법화'를 통해서 사회 전체에 가족적이고 모성적인 돌봄의 활동과 가치를 확산해야 함을 말하는 것이다.

3) 공적 감각으로의 교육

마지막으로 세계사랑(Amour Mundi)으로서의 교육과 공적 감각을 키우는 교육에 대한 의식을 확장하는 것을 말하고자 한다. 우리가 잘 아는 대로 근대 산업 문명의 인간관은 개인으로서의 닫힌 인간(human close)의 인간관이었고, 철저히 인간중심적인 인간 위주(anthropocentrism)의 세계관이었다. 여기에서의 교육과 배움은 그리하여 주로 개인의 심리적인 차원에로 환원되었고, 인간과 개인이 원래 그 한 구성원이었던 우주(das Universum)에 대한 감각이나 우주적 집인 생태(oikos)나 세계에 대한 감수성을 키워 주는 것과는 거리가 멀었다. 오늘 우리가 일상의 언어로도 듣게 되는 사실은 지구의 사실적 종말이 다가오고 있다는 것이고, 특히 임계점에 이른 기후변동으로 교육을 포함한 모든 인간적 활동이 근본적으로 재구성되어야 한다는 것이다.

미국의 여성신학자 샐리 맥헤이그는 그녀의 책 『기후변화와 신학의 재구성 (A New Climate for Theology)』에서 기후 변화의 위기에 대한 사실적 증거와 그 신학적 의미를 설득력 있게 제시하였다. 그녀는 2007년 2월 기후변화에 관한 정부간 협의체(IPCC)의 제4차 평가보고서가 21세기 동안 지구의 온도가 최하 4.5도가 상승할 것으로 예상한 이후-지난 번 빙하시대는 지구 온도가 지금보다 단지 5도가 내려간 상태였다고 한다-신학도 근본적으로 변해야 함을 역설하였다. 이제 이 기후 변화의 위기가 초래할 생지옥(dystopia)의 가능성이 점점 더 현실화되는 상황에서 신학자로서 두 가지의 핵심 사항, 즉 우리가 누구이고 신(神)은 누구이신가를 근본에서 다시 사고하고 해체하며 재구성하는 일에 초점을 맞추어야 한다고 강조한다.[75] 이제 기후는 예측할 수 없는 것이 되었으며, 온도가 급상승하고 있고, 빙하들이 통제할 수 없을 정도로 녹아내리며 우리의 미래에 여러 끔찍한 일들이 벌어질 가능성이 매우 높아졌다면

"우리가 이제까지 알아왔던 생활"에 더 이상 의지할 수 없음을 직시해야 한다고 강조하는 것이다.

상황이 이러하다는 것은 교육과 배움도 이제 전통적 인간중심적 사고에서 벗어나야 함을 말한다. 앞의 일리치는 무한정한 성장의 진행이 다중적인 파국에 이르고, 파국을 겪지 않고도 성장의 다중적 한계를 받아들일 가망성은 별로 없어 보인다고 말하면서도 "역사로부터 언어를 회복하는 일만이 재앙을 막을 수 있는 힘으로 남아 있다."고 역설하였다.[76] 이것은 어떠한 군사적 힘이나 관료주의적 강압보다도 전통과 역사로부터 배워서 다시 인간성을 회복하는 구체적인 개인들의 결단과 변화에 의해서 성장에 한계가 정해지고 공생성이 선택될 수 있다는 믿음을 표현한 것이다.[77] 오늘날 진정으로 가난과 생태가 한 가지의 문제가 되었고 '자연과의 평화 없이는 인간 간의 평화가 없다'는 명제가 더욱 설득력을 얻게 되었다면 우리가 기후 변화와 싸울 때 부자 세계의 석유회사들이나 항공사, 정부들과 싸워야 할 뿐 아니라 "우리 자신과도 싸워야 한다."는 것이고, "우리가 적"이라는 사실을 목도하고 있음을 말한다.[78]

이러한 교육에 대한 믿음과 희망에 힘을 보태면서 나는 여기에서 '생물'(生物) 여성영성의 교육을 말하고자 한다. 여기서 나는 의도적으로 '생물적'(生物的, 物을 창조하고 살리는)이라는 표현을 쓴다. 우리가 주로 중고등학교 때 학과목의 구분을 통해서 들어왔던 이 개념은 앞에서 보았듯이 중용적 개념으로서 단지 무생물에 대한 살아 있는 것을 지칭하는 개념만이 아니다. 오히려 여기서의 생(生)은 형용사가 아닌 동사가 되어서 '물(物)을 살리는'의 의미가 되고, 또한 여기서 물(物)은 단순한 물질이나 사물만이 아니라 인간과 사물, 생명과 무생물을 모두 포괄하는 만물(萬物)과 만사(萬事)가 되어서 요즈음 일반적으로 사용하는 생명(生命)이라는 개념보다도 훨씬 더 포괄적인 개념이 된다고 하겠다. 유교 전통에서의 명(命)이 기독교만큼은 아니라 하더라도 여전히 인간중심적인 사고의 표현이고, 생명과 무생명, 생물과 무생물, 정신과 물질 등을 이원론적으로 나누는 의식이기 때문에 생명 대신에 중용적 생물(生物)의 개념을 쓰고자 하는 것이며, 생물지심(天地生物之心) 또는 생물지도/리(天地)(生物之道/理)의 의미로 한국적 에코 페미니즘의 영성을 한국 생물(生物) 여성의 영성으로 표현하고자 하는 것이다.

오늘날 우리 교육의 차원에서는 잃어버린 우주에 관심하고 전(全) 생명에 관심하며 한없이 미약한 물질까지도 공경하는 '경물'(敬物)의 의식이 전통적 유교 교육에는 가득했다. 『중용』은 가장 평범한 일상의 일 가운데서 도를 보며 그 도를 지속적으로 키워 나가서 만물을 화육하게 하는 '지성'(至誠)의 인물을 성인(聖人)으로 그려 주면서 마지막 부분에서 이 성인에 대한 이야기를 여러 가지로 표현한다.

오직 천하의 지극한 정성스러움만이 자기의 성(性)을 다할 수 있게 된다. 자기의 성(性)을 다할 수 있으면 남의 성(性)을 다할 수 있고, 남의 성(性)을 다할 수 있으면 물(物)의 성(性)을 다할 수 있으며, 물(物)의 성(性)을 다할 수 있으면 이로써 천지(天地)의 화육(化育)을 도울 수 있다. 이로써 천지(天地)의 화육(化育)을 도울 수 있으면, 천지(天地)와 더불어 하나가 될 수 있다.(惟天下至誠 爲能盡其性 能盡其性則能盡人之性 能盡人之性則能盡物之性 能盡物之性則可以贊天地之化育 可以贊天地之化育則可以與天地參矣 『중용』22장)

오직 천하의 지극히 정성된 사람이어야 천하의 위대한 인류을 제대로 다스릴 수 있고, 천하의 위대한 근본을 세울 수 있으며, 하늘과 땅의 화육을 알 수 있는 것이다. 대저 무엇에 의지하겠는가?(唯天下至誠 爲能經綸天下之大經 立天下

之大本 知天地之化育 夫焉有所倚? 『중용』32장)

여기서 표현된 천지만물을 화육하는 성인의 모습은 오늘 우리 교육적 이상으로는 상상할 수 없는 정도로 웅장하다. 그는 "자신을 이룰 뿐 아니라"(成己) "(만)물을 이루는"(成物) 사람이다. 이렇게 만물에 대한 큰 뜻을 품은 사람만이 자신으로부터 벗어나서 온 세계와 우주에 대한 관심을 가지고 그 안녕과 화목을 위해서 일할 수 있다고 밝히고 있다. 그리하여 지금과 같이 모두가 자아와 인간적 범위의 세계에 갇혀서 이 세계를 위기로 몰아가고 있을 때 이러한 이상을 품은 성인의 도래가 더욱 기다려지고, 그런 의미에서 이러한 웅장한 교육의 이상은 오늘도 여전히 유효하다고 생각한다.

나는 우리의 교육과 배움이 바로 이러한 차원을 회복해야 한다고 본다. 그것은 생물(生物)과 경물(敬物)과 천지화육(天地化育)의 차원이고 그것이야말로 세계를 구하는 일이다. 공공성으로의 교육을 강조한 한나 아렌트도 교육이란 한편으로 "우리가 이 세계를 파멸로부터 구하기 위해서 책임을 질 정도로 사랑할 것인가를 결정하는 순간에 시작" 되는 것이라고 했다. 바로 '세계사랑'(Amour Mundi)으로서의 교육의 차원을 회복하는 일을 말한다.

'큰 배움'(大學問)을 추구하는 '큰 사람'(大人)이란 "하늘과 땅과 우주의 만물을 한몸으로, 이 세상 모두를 한가족으로, 이 땅 전체를 한나라로 파악하는 사람"이다. 그는 만물일체의 실현을 통해서 자신의 자아를 참되게 실현하도록 노력하는 사람으로서, "만약 자신의 아버지와의 관계에서 충분히 인을 실천하였다고 하여도 남과의 관계에서 아직 그것이 충분치 않다고 보면 자신의 인이 아직 충분히 확충되지 않은 것으로 여기고, … 또한 자기 가족은 배부르고 따뜻하지만 옆에서 삶의 필수품과 즐거움을 박탈당한 채 궁핍하게 사는 사람들을 본다면, 결코 그들에게서 인과 의를 요구하고 예의를 지키며 인간관계에서 성실할 것을 요구할 수 없다는 것을 안다. … 그래서 그는 다시 법과 정부를 세우고, 예와 음악과 교육을 정비하면서 그들에게 필요한 것을 공급해 주고, 자신과 남을 온전하게 하려고 노력하며 그 일들을 통해서 자신을 완성해 나가는 사람이다."[79] 이런 사람을 키워 내는 꿈을 가지고 우리 교육이 다시 진력해 보면 어떤가?

한국 생물 여성 영성의 교육이 지향하는 사회는 유교 전통의 오랜 이상인 대동(大同)사회의 이상과 크게 다르지 않다. 『예기(禮記)』「예운편」에 나오는 대동사회의 이상에 따르면 그곳에서는 사람들이 자신과 자기 가족의 울타리를 벗어나서 만물에 대한 관심을 가질 수 있고, 노인들이 평안하게 생을 마칠 수 있으며, 젊은이들이 쓰일 곳을 찾는 것이 어렵지 않고, 어린이는 편안하게 자라며, 약자들이 보호받는 사회로서 동서와 고금의 차이를 떠나서 모든 인간 삶과 활동이 지향하는 목표점이다. 이러한 모습의 공동체를 이루기 위해서 우리의 배움과 교육이 다시 기초적으로 존재의 초월적 뿌리에 근거하고, 공동체적인 가치와 여성주의적인 살림의 영성에 기반을 두며, 자신과 인간에 대한 집중을 넘어서 더 넓게 세계에 대한 관심을 지향해야 함을 말한다.

소설가 김훈의 어머니는 설화적인 가난의 멍에를 메고 가족들을 건사하면서도 제헌절이면 "법을 만든 날이다. 새 옷을 입어라."라고 하면서 아이들을 키웠다고 한다.[80] 이런 공공성에 대한 한국 여성의 의식과 더불어 박기호 신부의 「'꼬뮨 스쿨' – 이야기」에서 한국 교육의 변화 가능성을 본다. 박 신부의 공동체에서는 '공부해서 남 주자.', '나를 위해선 놀 수 있지만 이웃에게 도움을 주려면 공부하자.'라는 공동체 세계관과 소명의식을 강조한다고 한다. '어린지' 고액과외, 국제중, 외고, 특목고의 교육은 미래의 행복을 위해서 오늘을 희생하지만 자신들 공동체의 학생들은 오늘 이미 행복하다고 한다. 그것은 공동체 삶에서 서로 경쟁하지 않고도 함께 성공하고 행복할 수 있는 비결이 있기 때문이라고 하는데, 박 신부는 이야기의 마지막에, "멀리서 '잠 좀 자자! 밥 좀 먹자!' 라는 아이들이 절규가 들려온다."고 적고 있다.[81] 미래의 행복과 더 큰 성공을 위해서 생명의 가장 기본적인 소망인 잠자고 밥 먹는 것도 금지하는 오늘 한국 신자유주의 교육이 얼마나 해악적인가를 극명하게 드러내 준다.

· 제4장 ·
어떻게 행위하고 희락할 수 있는
인간을 기를 수 있을 것인가?

– 양명과 퇴계 그리고 루돌프 슈타이너

1. 과거와 미래 사이에서 현재 구하기

이 글은 오늘 우리 시대의 문제점을 한편으로는 행(行, 意)의 부재이고, 다른 한편으로는 오히려 그 행과 의지의 과용과 오용으로 인한 세계소외라고 보면서 인간 마음의 두 활동인 의지(意/情)와 사고(知·思·情)의 대가인 양명과 퇴계의 사상을 20세기 서구 인지학(人智學, Anthroposophie)의 창시자 루돌프 슈타이너(Rudolf Steiner, 1861-1925)의 사상과 비교 연구하려는 것이다.[1] 오늘 한국 사회가 드러내고 있는 여러 부분에서의 문제점과 고통을 특히 교육과 문화 부문에 집중하여 보면 '행위'(action)하는 인간을 길러 내지 못한다는 것이고, 현재와 더불어 깊이 '희락' 할 수 있는 정신을 길러 내지 못한다는 것이다. 물론 여기서 행위라고 하는 것은 주로 도덕과 윤리의 차원에서 하는 말이지만 꼭 그렇게 한정된 것만이 아닌 좀 더 일반적인 의미에서의 신체성과 감성의 차원도 포함한다.

오늘날 우리 주변에 스펙(specification) 쌓기에 대한 이야기가 널리 퍼져 있다. 사람들은 자기 자신을 보다 더 특화된 상품으로 만들기 위해서 각종 자격증으로 치장하고, 또한 무엇이든지 더 배울 수 있다는 것을 보여주기 위해서 돈과 시간, 에너지를 배움과 교육에 쏟아붓고 있다. 다시 말하면 우리 삶에서 먹고 살기 위해서 배우는 일과 교육이 점점 더 힘들어지고 있다는 것이다.[2] 그 힘든 정도가 모든 개인과 가정, 사회적 삶의 생명줄을 옥죄는 수준까지 와서 앞으로 언제까지, 또 얼마나 그 일이 더 진행될 수 있을지 예측하기 어렵다. 문제는 그렇게 배움과 인식·지식의 확장에 엄청난 에너지를 쏟아붓는다 해도 그 결과로 행위할 수 있고, 자신으로부터 나와서 이웃과 함께 할 수 있으며, 미래에 대한 소망을 가지고 활기차고 즐겁게 살아가는 사람들이 적다는 것이다. 대신에 아는 것은 많지만 행위가 없고, 이기주의와 욕심과 어떻게든 자기가 가진 것을 지키려는 보수주의에 빠지며 그러면서도 커다란 불안과 염려에 시달리면서 욕심꾸러기가 되어 가는 사람들이 많은 현실이다. 예전 양명의 이야기대로 하면 지(知)와 행(行)이 분리된 상황이고, 그가 밝힌 것처럼 오늘의 배움과 교육은 "널리 기억하고 암송하는 것은 오만함을 기르는 데 적합하고, 많은 지식은 악을 행하는 데 적합하며, 넓은 견문은 논변을 멋대로 하는 데 좋고, 풍부한 글재주는 거짓을 꾸미는 데 적합한" 것이 되어 버린 모습이다.[3]

오늘 지적하고 싶은 또 다른 오류는 퇴계 선생이 지적한 '인물위기' (認物爲己)의 위기로서 세계를 자기자신으로 환원시키는 일의 오류이다. 현대 정치철학자 한나 아렌트는 그와 유사한 20세기 서구의 비극과 한계를 '세계소외' (world alienation)로 그려 주었다. 즉 우리 세대의 과도한 자아 집중과 욕망과 신념의 난무를 말하는 것인데, 자아에 대한 배타적인 관심으로 그 자아의 한없이 부풀려진 욕망과 욕구를 가지고 세계를 온통 사유화하거나 또는 실재

(reality)를 자신의 감각과 의지와 소망의 경험으로 환원시켜 버리는 것을 말한다.[4] 여기서 모든 타인과 세계는 나의 경험에 의존해 있거나 내 욕망의 대상이고, 그런 자아의 의지와 추상은 시간과 공간의 끝없는 박탈을 통해서 세계의 실재를 무(無)로 돌리고 가상의 세계를 끝도 없이 만들어낸다.[5]

이상에서 서술한 오늘 우리 시대의 두 가지 문제 상황은 한편으로는 과도한 지적 작업의 편중이 가져오는 주지주의적 폐해를 말하는 것이고, 다른 한편에서는 주지주의가 중시하는 세계가 오히려 부재하면서 불러오는 세계소외의 심각성을 말해주는 것으로서 이것은 욕망하는 자아, 의지하는 자아의 문제점을 말한다. 유교 전통에서 보면 양명이 자신의 세계 의미 물음을 지와 행 사이의 분리의 문제로 보고, 주희와 자신 사이의 간극이란 인식의 토대와 출발점을 객관(理/세계)으로 보느냐 아니면 주관(心)으로 보느냐의 물음으로 정리한 것과 유사하고, 퇴계가 지적한 바로는 자아의 과도한 욕망 앞에 세계의 실재(理)가 한없이 위협받는 것의 문제로 파악한 것과 다르지 않다.

루돌프 슈타이너의 이야기로 하면 지식 교육이 관계하는 것은 세상에 대해서 이미 밝혀진 것들이며 과거에 경험된 것들의 축적물이다. 그런데 그 지식 교육뿐 아니라 사실 인간의 인식 활동과 사고 활동 자체도 엄밀히 말하면 모두 과거와 관계하는 일이다. 왜냐하면 그것은 이미 주어진 대상의 상(像)과 관계하는 일이기 때문이다.[6] 반면 욕구와 의지작용은 아직 이루어지지 않고 일어나지 않은 미래와 관계하는 일인데, 그런 의미에서 오늘 우리 세대와 또한 그 교육과 문화의 문제를 지(知)와 의(意), 세계와 자아, 지식 공부와 욕망하는 의지 사이의 문제로 보았다면 그것은 바로 '과거와 미래 사이'(Between Past and Future)에서 이러지도 저러지도 못하면서 현재(행위와 감정)를 박탈당하며 사는 모습과 다르지 않다.[7]

과거에 사로잡혀 있거나 미래에만 경도되어서 현재가 없는 삶은 기쁨과 즐거움(喜樂)을 모른다. 존재를 온통 대상화시키며 과거로 만드는 지적 사고에 몰두해 있거나 욕망의 범람 속에서 현실성을 잃고서 가상성에 살고 있는 세대는 하나 됨을 느끼고 경험할 수 있는 현재가 없음으로 해서 희락을 모르고 우울하다. 온갖 인위적이고 조작적인 쾌락이 넘침에도 불구하고 오늘 한국 사회가 보여주는 깊은 우울이 그것이다. 이것은 또한 우리 배움과 의지가 진정으로 어디를 향해야 하는지를 모르는 일과 긴밀히 연결되어 있다. 이 글은 퇴계와 양명으로 대변되는 사고(과거)와 의지(미래)의 관계, 거기서 감정(현재)은 어떤 역할을 하는지를 서구 인지학자 슈타이너의 인간관과 교육관과 연결시켜 살펴보고자 한다. 그는 양명과 퇴계에게서 보이는 것과 잘 대비되는 인간의 '혼'(Seele, 心)과 '정신'(Geist, 理), '몸'(Leib, 氣/身)에 대한 깊은 탐구를 기초로 20세기 과학문명의 한계를 넘어서 인류문명의 새로운 방향과 교육이상을 제시하고자 했다.[8] 그의 교육예술(paedagogische Kunst)은 거기서 나온 인간교육의 이상이다. 그에 따르면 "더 높은 세계의 인식"(Erkenntnisse der hoehern Welten)을 잃어버리고 자연 과학의 성취에 기반한 서구 현대 문명은 대상적 인식의 과거에 사로잡힌 문명이고, 그래서 종착점에 도달한 서구 문명이 갈 길을 몰라 한다는 것이다.

이러한 목적을 가진 이 글은 그러나 양명과 퇴계에 대한 세밀한 문헌학적 탐구는 아니다. 오히려 이미 축적된 그와 같은 연구들을 기반으로 해서 두 사상가를 특히 오늘 우리의 문제적 정황과 관련시켜 문제사적으로 살펴보려는 것이다. 즉 그들 사상 속에서 이루어진 사상의 문제사적 전개를 추적하면서 거기서 어떤 내적 관련성을 찾아볼 수 있고, 그것들이 어떠한 맥락에서 오늘 우리에게 의미가 되는지를 살펴보고자 한다. 이렇게 삶의 시간과 장소가 다른 동서의 세 사상가를 현대적인 맥락에서 같이 연결시켜 재해석하려는 것이므로 거기에 해석의 비약과 단순화가 보일 수 있다. 하지만 그럼에도 불구하고 오늘 우리의 정황이 그러한 연결 방식의 연구들을 더욱 필요로 한다고 생각하는데, 그래서 여러 맥락에서 서로의 관계점들을 제시하고자 했다. 나는 세 사상가는 서로 간의 지울 수 없는 차이에도 불구하고 모두 매우 통합적인 사고가들이었다는 점과, 이들에게는 참으로 행위(자유)할 줄 아는 인간을 기르는 일이야말로 제일의 관건이 되었다는 것, 또한 뚜렷한 삶의 지향점으로 더 높은 인식과 실천적 삶을 지향했지만 그 가운데서 이들은 하나같이 여기 · 지금에서 궁극과 영원(理/우주)을 감지하며 희락할 수 있는 정신들이었고 그러한 인격을 키우고자 했다는 점 등이 서로의 공통점이라고 생각한다. 다음 장부터는 그 과정을 좀 더 자세히 살펴보면서 어떻게 해서 이들을 통해서 오늘 우리 시대에 꼭 필요한 행위하고 희락할 수 있는 사람을 키우는 일을 성취할 수 있을까 탐구하고자 한다.

2. 인식(知)의 출발점으로서 의지(意)를 발견한 양명과 루돌프 슈타이너

1) 양명 인식의 출발점

일찍이 유년시절부터 삶에서 가장 위대한 일은 과거시험 합격이 아니라 참된 인간이 되는 길을 배우는 것이라고 생각한 양명은 우리가 잘 아는 대로 주희의 격물(格物)이해와 관련하여 의미 깊은 대나무 탐구의 에피소드를 들려준다. 거기서도 그는 "뭇 사람들은 격물은 주자에 의거해야 한다고 말하지만 일찍이 그의 말을 실행한 적이 있었던가? 나는 착실하게 실행해 보았다." 라고 하면서 자신의 인식의 출발점이 '왜 지(知)와 행(行)은 하나가 되지 못하고, 지는 행을 불러오지 못하는가?' 라는 지행합일(知行合一)의 물음인 것을 드러내준다.[9] 주희의 공부법을 아무리 열심히 따라가 보아도 출구가 보이지 않던 양명에게 용장대오(龍場大悟)의 깨달음은 큰 전환점이 되었다. 거기서 그는 인간 인식에서 중요한 일은 인식 주관의 주체성과 자발성을 확보하여 그것을 출발점으로 삼는 일이라는 것과 그 일이야말로 단순한 지(知)가 아닌 바로 행(行)이라는 것을 깨달았다. 양명의 유명한 '심즉리'(心卽理)의 언술을 말하는 것이다.

양명에 따르면 효도하는 심과 충성하는 심이 있어서 효(孝)의 원리가 있고 충(忠)의 원리가 있는 것이지 그 반대가 아니다. 효나 충의 원리가 내 마음 밖의 다른 곳에 실재하는 것이 아니라 내 마음이 부모님을 봉양하는 일에 접하게 되면 거기서 효의 원리가 나오고, 임금을 섬기는 일과 관계되면 거기서부터 충의 원리가 나온다.[10] 그러므로 우리 마음이야말로 만물과 만사의 근원이 되고, 뭇 이치가 갖추어져 있어서 온갖 일이 거기서 나온다는 것이 "마음 밖에 이치가 없고, 마음 밖에 일이 없다."라는 양명의 깨달음이었다.[11]

이렇게 인간 인식 활동에서의 심의 주체성과 주관성을 획득한 양명에게 있어서 공부는 이제 그 마음을 다듬는 일이 되었고, 그런 의미에서 그것은 전통적인 의미에서의 지적인 작업보다는 행과 실천에 주력하는 일이 되었다. 양명은 여기서부터 줄기차게 '지행합일'(知行合一)의 공부법을 말했고, 그러한 지와 행의 하나 됨이야말로 존재론적으로도 그 본래의 모습임을 강조한다. 유명한 예로서 양명은 맹자가 인간의 네 가지 선한 본성을 설명하는 자리에서 들었던 우물에 빠지려는 아이를 '보고서'(知) 지체 없이 '달려가는'(行) 측은지심의 행위를 제시한다. 그에 따르면, "아직까지 알면서도 행하지 않는 사람은 없었다. 안다고 하면서도 행하지 않으면 단순히 아직 모르는 것이다. … 가령 어떤 사람이 효(孝)를 알고 제(悌)를 안다고 말할 경우도 반드시 그 사람이 이미 효제를 행해야만 비로소 그가 효제를 안다고 말할 수 있는 것이지 단지 이 효제에 대해 말할 줄 안다고 해서 그것을 안다고 말할 수는 없다. …
이것이 바로 앎과 행위의 본체로서 일찍이 사사로운 뜻(私意)에 가로막힌 적
이 없는 것이다." 라고 양명은 강변한다.[12]

　이렇게 지와 행의 본래적인 관계에 대한 통찰로부터 시작하여 양명은 당
시 주희의 공부법이 지와 행, 공부와 실천, 학문적 탐구와 사회봉사 등을 둘
로 나누어서 행위로 이어지지 못하게 하는 병폐를 낳았다고 비판한다. 그에
따르면 당시의 극심한 지적·도덕적 타락이란 바로 지와 행을 나누어서 추구
해 온 데서 비롯한다. 그래서 사람들은 행위할 수 있을 때까지 더 배워야 한
다고 하면서 온갖 지적 공부에 몰두해 있지만, "결국 평생토록 행하지도 못
하고 또 알지도 못한다."고 한다. 양명은 말하기를, "내가 지금 '앎과 행위가
하나이다' 라고 말하는 것은 바로 병을 치료하기 위한 약이다. 이것은 또 내
가 근거없이 지어낸 것이 아니라 앎과 행위의 본체가 원래 이와 같은 것이
다."[13]라고 강변한다. 오늘 한국 사회에서도 교육이 점점 더 힘들어지고, 공
부의 과정이 길고 지난해지며, 점점 더 많은 사람들이 스펙 쌓기에 몰두하고
있지만 행위는 드물어지는 것을 보면 양명의 이러한 지적이 그 시대에만 적
용되는 것이 아님을 알 수 있다. 인간 정신에 대한 심화된 이해와 바른 교육
에의 적용이 더 요청되는 것은 그 때문이다.

2) 만물의 창조자로서의 심(心)의 의지(意)

　양명은 우리 마음의 본체에서처럼 현실에서 지에서 행으로의 전이가, 다
른 표현으로 하면 지행합일이 자연스럽게 일어나지 않는 이유를 가장 핵심
적으로 마음의 '의지' (意)의 문제로 보았다. 의지가 없거나 약하거나 또는 왜
곡되어서 사욕에 물들 경우 행위가 나올 수 없다고 본 것이다. 그는 지(知)보

다도 먼저 의(意)의 문제를 다루고자 했고, 그래서 자신의 공부 방법(格物)을 '성의'(誠意)와 '정심'(正心)으로 설명한다. 양명이 이해하는 우리 마음의 의(意)는 매우 다차원적이다. 그가 지와 행이 하나라는 것을 존재론적으로 설명할 때도 의(意)의 차원에 주목한 것인데, 의란 지이면서도 동시에 행이라고 보았고 그것의 증거를 다음의 예로 밝힌다;

> 무릇 사람은 반드시 먹고자 하는 마음이 있은 뒤에야 식사를 안다. 먹고자 하는 마음이 바로 의지(意)이고, 그것은 바로 행위의 시작이다. 음식의 맛이 좋은지는 반드시 입에 넣은 뒤에야 안다. 어떻게 입에 넣지도 않고 음식 맛이 좋은지 나쁜지를 먼저 알 수 있겠는가?[14]

여기서 양명은 의지를 우리 마음을 대상에로 방향지우는 심적 지향성/의향(intention)으로 이해하는 것을 알 수 있다. 이 의향과 의도의 힘이 작용하는 차원은 매우 다차원적이어서 맨 처음 인식 자체를 시발시키는 출발적 힘으로 이해하기도 하고(知是行之始), 다시 우리 사고가 파악한 것을 최종적으로 현실화시키는 행위의 힘(行是知之成)으로 이해하기도 한다.[15] 양명은 우리가 그렇게 많은 지식과 앎에도 불구하고 행위하는 인간이 되지 못하는 이유는 이 의지의 힘을 기르지 못해서라고 하는데, 그렇게 지를 발동시키고 지가 발동된 것이며(知之發動是意), 만물을 존재에로 부르는(意之所着爲物)[16] 마음의 의를 기르는 것은 공부의 출발점을 다시 인식하라는 요청이고, 그 출발점이 객관이 아니라 주관이고, 머리가 아니라 마음(心卽理)이며, 과거(格物)가 아니라 뜻(미래)을 지향하는 일(誠意)임을 밝힌 것이다.

그는 끊임없이 공부하는 "근원"(爲學須有本原)을 말하고, "배움의 기초"(頭腦處)를 강조한다.[17] 우리가 잘 아는 대로 그는 성의(誠意) 공부가 격물(格物) 앞에 있는 『대학』 구본(舊本)을 따르면서 '밝은 덕을 밝히는 일' (明明德)은 오직 성의 일 뿐이라고 답하는데, 그것은 뜻(意)이야말로 모든 일과 행위를 불러오는 시발점이고 두뇌처라고 보았기 때문이다. 그는 말하기를:

> 뜻(意)이 작용하는 곳에는 반드시 물(物)이 생기고, 그 물이 곧 일(事)이다. 만약 뜻이 부모님을 섬기는데 작용하면 부모를 섬기는 것이 하나의 물이 되고, 백성을 다스리는 데 작용하면 백성을 다스리는 것이 하나의 물이 된다. … 무릇 뜻이 작용하는 곳에 언제나 물이 있다. 이 뜻이 있으면 곧 이 물이 있고, 이 뜻이 없으면 곧 이 물이 있으니, 물은 의지의 작용(意之用)이 아닌가?[18]

3) 양명의 의지(意)와 루돌프 슈타이너의 공감(Sympathie)

여기서 20세기 서구 문명의 급진적인 비판자이면서 또 다른 차원에서 그 나아갈 방향을 제시하고 있는 루돌프 슈타이너를 접목시키고자 한다. 초감각적 세계에 대한 영성가이면서 철학자와 교육학자, 의학과 농업, 건축과 예술의 창조적 개혁자로서 그는 수많은 강연과 저술로 출구없는 방에 갇힌 것 같은 서구 근대문명을 새로운 차원으로 인도하기를 원했다. 그는 유년기 때부터 칸트의 인식론에 깊은 영향을 받았지만 칸트의 인식론이 인간의 정신을 단지 현상세계를 수동적으로 인식하는 이성의 일에 국한시켰다고 보고 그 경계를 넘어 "더 높은 세계의 인식"에 도달할 수 있다고 보았다. 특히 인도적 사고와 괴테의 영향을 통해서 인간 의식의 더 큰 가능성을 밝히고자 하였다.[19] 특히 그는 그 일을 이전의 전통적인 종교적 방식이나 비의적인 방식이 아닌 학문적인 방식으로, 즉 "객관적이고 학적인" (objektiv-wissenschaftlich) 방식으로 이룩하고자 했기 때문에 그의 합리적인(정신적인) 학으로서의 '인지학'

(人智學, 인간에 관한 신적 지식)이 동아시아의 성리학(性理學, 인간 본성과 정신에 관한 학)과 다양한 측면에서 통한다. 무엇보다도 성리학적 '성학'(聖學, to become a sage)이 "인간은 누구나 배움(學)을 통해서 참된 인간성에 도달할 수 있다."(學以至聖人)는 것을 그 핵심 가르침으로 삼기 때문이다.

슈타이너도 인간을 삼분절의 존재로 본다. 즉 '정신'(靈, Geist, 理)과 '마음'(魂, Seele, 心), 그리고 '몸'(Leib, 氣)의 세 차원을 말한다.[20] 현생에서의 삶뿐만 아니라 전생을 말하고 후생으로의 정신적(영적) 윤회 또는 진화를 말하는 그는 인간의 탄생을 정신(영)의 세계(理의 세계)로부터 혼과 몸의 세계(心과 氣의 세계)로의 이행으로 본다. 그리고 그 탄생의 임무(天命)란 영적 세계의 진실을 자신의 혼과 몸으로 이 땅에서 체현해 내고(天理體認), 이와 더불어 여기서 삶을 살면서 겪는 여러 가지 경험들로부터 다시 영적 진리들을 추출해 내어서 그것을 정신(理)의 세계로 옮겨 가는 일이라고 한다.[21] 슈타이너에 따르면 인간은 정신세계(理)의 전령자이다. 정신(Geist, 理/靈)이란 우리 몸을 통해서 실현되어야 하는 뜻(Absichten)의 모체이다. 그것은 마치 집을 짓던 건축가가 집을 더 잘 짓기 위해서 다시 자신의 사무실로 돌아가서 설계를 고치고 연구하는 것처럼 삶의 목표와 의도들을 인간은 정신의 세계로 가서 다시 배우고 다듬는 일이라고 한다.[22] 인간이 탄생한다고 하는 것은 이 정신세계로부터 혼과 몸의 세계로 나아감을 말한다. 그런데 슈타이너는 밝히기를 인간의 사고 활동이란 항상 이미 경험한 것이 상(像, Bilder)으로 만들어진 것과 더불어 관계하는 표상(Vorstellung/representation) 활동이고, 우리가 정신적인(靈的인 또는 理的인) 존재라는 것은 이미 태어나기 이전, 특히 수태 이전의 영적 세계에서의 존재를 증명하는 일이라고 지적한다.[23] 그리하여 태어난다는 것은 이 정신세계에서 혼과 몸의 세계로 나온 것이므로 탄생한 아이가 우선 할 일은 혼과 몸의 낯선 세계를 자신의 것으로 하는 일이다.[24] 즉 여기서 중요한 일은 몸과 의지와 감정의 일이며, 사고활동은 몸과 마음(혼)이 충실히 닦아진 이후의 일이라는 것이다. 그는 교육의 과제가 영적인 관점에서 보면 "영혼과 신체의 조화된 결합의 실현"이라고 말한다. 그리하여 교육에서 가장 먼저 의식해야 할 일은 "어린이의 신체 속에 영혼을 가져오는 일"이고, 다른 한 편에서는 "영혼 속에 신체의 작용을 가져오는 일"이라고 한다.[25]

지상에 태어난 어린이의 영적 혼 또는 혼적 영이 신체와 잘 결합하고 있지 않은 상황에서 호흡과 신진대사, 신경·감각계의 활동으로 점차 바른 관계로 맺어져 감과 동시에 슈타이너가 가장 중시하는 문제가 '의지'(Wille, 意)의 문제이다. 의지란 그에 의하면 우리의 현생 이후에 다음 생에서 현실이 될 정신이 발아상태로 있는 그 무엇이다. 사고 활동이 표상 활동으로서 이미 경험된 것을 개념화하는 작업이라면, 의지 활동은 미래를 위해 발아로 있는 꽃의 싹을 현실화하는 일이다.[26] 그런데 여기서 슈타이너는 인간의 혼 속에서 일어나는 이 두 가지 활동, 즉 의지작용과 표상(사고)작용을 주관하는 두 가지 근원적인 힘을 지적한다. 그것은 다름 아닌 '공감'(Sympathie)과 '반감'(Antipathie)의 힘이다. 공감은 말 그대로 자기 앞의 대상을 자신에게로 끌어당겨 하나가 되는 힘을 말하고, 반감은 그 대상을 토해내고 밀어서 표상화 하는 힘이다. 다르게 이야기하면 공감이란 의지를 주관하는 힘으로서 미래의 아직 아니의 싹을 끌어당겨서 현재와 여기에서 현실화시키는(하나가 되는) 일이고, 반감은 과거의 상을 가져오고(기억) 현재의 대상을 그 기억과 더불어 다시 표상화하는 기억과 사고의 일이라는 것이다.[27]

이러한 인간 혼의 일이 물질계에서 인간의 몸과도 결합되어 있는 것을 밝히는 슈타이너에 따르면, 반감/기억/개념의 사고 활동은 우리의 신경조직과 관계가 있고, 공감/판타지(Phantasie)/상상(Imagination)의 의지 활동은 혈액과 결합되어 있다. 그에 의하면 어린 시절부터 지적 교육을 과도하게 강조하여 개념을 위주로 시키는 교육은 어린이를 다시 탄생 이전의 방향으로 데려가는 일이고, 그 아이의 의지를 그 의지가 이미 졸업한 탄생 이전으로 다시 한 번 끌어넣는 일이다. 그것은 신체적으로는 아이의 혈액에 탄산가스를 늘리는 일이라고 하는데, 즉 "그를 죽이는 일, 육체를 경화시키는 일"이다.[28] 슈타이너만큼이나 인간의 정신적 삶에서 의지를 강조하는 양명의 이해로 보면, 그것은 행위의 출발점인 의지를 키워 주지 못하고 단지 머리만 키우는 일이다. 그래서 다른 대상과 공감할 줄 모르고 경쟁과 비판(반감)만을 일삼고, 행위가 사라진 차가운 사람을 키울 뿐이다. 양명도 유사하게 1518년 강서, 복건, 호남, 광동에 접하는 지역에서 초등학교나 향약을 만들어서 그러한 사상을 당시 아동교육에 적용하여 한 학생이 만약 200단어를 배울 수 있는 능력이 있으면 100단어만 가르쳐서 늘 힘과 에너지가 남아 있도록 하는 것이 좋다고 했고, 노래 부르기 수업과 몸으로 예절을 실습하는 활동을 중시했다. 그것은 그들의 감정을 기쁘고 즐겁게 해주고(공감을 길러주고), 예절을 몸으로 반복하고 실습하는 것을 통해서 피순환을 원활히 해주고 근육과 뼈를 튼튼히 해줌으로써 의지를 길러주는 일이라고 설명했다.[29]

슈타이너에 따르면 의지란 이 세상의 인생에서는 아직 덜 수행된 것의 씨앗과 관계되는 것이다. 이 세상의 삶만으로는 끝나지 않는 듯한 사후까지 계속해 가는 듯한 남아 있는 것과 관계한다고 한다. 즉 현재 인간의 경우 아직 발아로 있는 정신(靈, Geist, 理)을 현실화하는 일이 중요한데, 그에 따르면 우리 속에 (삶의) 의지가 살아 있는 이유는 사후에 처음으로 전면적인 발전을 이루게 되는 이 발아에 대해서 우리들이 공감하고 있기 때문이다.[30] 그러므로 이 공감을 잘 기르는 일이 어린이의 의지를 잘 기르는 일이고, 그것이야말로 지금 발아 상태로 있는 영(정신)의 일을 위한 기초를 세우는 일이다. 따라서 특히 어린이 시기에 이 의지의 교육에 주의해야 한다고 강조한다.

슈타이너에 의하면 우리가 오성과 표상의 사고 활동을 통해서 자연과 마주할 때는 거기서 우리가 아무리 아름다운 자연법칙을 발견한다 하더라도 그것은 이미 자연 속에서 "죽은 것"(was in ihr tot ist)의 법칙이며,[31] 여기서 관계하는 것은 "죽어가는 것"(fortwaehrendes Sterben/ was in der Natur abstirbt)에 해당하는 것이다.[32] 그러나 여기에 반해서 생생한 의지, 즉 발아로서 존재하는 의지가 자연과 마주할 때에는 이 죽은 부분을 뛰어넘어서 세계의 미래를 준비하려는 자연을 파악할 수 있다고 밝힌다. 이것은 그에 의하면 우리 인식의 아주 중요한 법칙으로서 여기에 대해서 분명히 알고 있어야 하는데, 그것은 "인간 의지(감각) 작용의 능동성"(die Aktivitaet des Willens-Sinneslebens)을 말하는 것이고,[33] "인간의 진정한 본성은 그에 의해서 (우주에) 끊임없이 새로운 힘(에너지)을 창출해 내는 데 있다."[34] 즉 공감을 바탕으로 한 의지를 인간의 본성으로 보면서 인간의 인식 활동이 단지 수동적인 지각에만 그치는 것이 아니라 적극적으로 세계의 창조에 기여하는 창발성을 지시한 것이다.

여기서 슈타이너는 인간을 포함한 우주적 삶("지구의 진화")에서 아주 독특한 이해를 보여주는데, 그는 소위 우주에 존재하는 모든 에너지 또는 모든 힘의 총체는 변하지 않는다는 '에너지 항존의 법칙'을 비판한다. 그에 따르면 그 법칙은 인간 이외의 다른 자연의 영역(광물계, 식물계, 동물계)만을 생각하면 옳다고 할 수 있지만 인간에게도 적용하면 그것은 인간 의지의 힘, 즉 그 힘을 통해서 우주 속에 "새로운 힘뿐만 아니라, 새로운 소재조차도 창출"해 내는 일을 부정하는 일이 된다는 것이다. 그러므로 그것은 인간에 대한 참된 인식을 방해하는 일이라고 역설한다.[35] 그는 예를 들어 우리가 눈과 귀를 통해서 사물과 마주 대할 때 그것이 "수동적이지 않다는 것"이 늘 중요하다고 강조하는데, 이렇게 "감각에까지 작용하는 의지" 작용의 능동성을 통해서 인간은 "죽은 부분을 뛰어넘어서 세계의 미래를 준비하려는 자연을 파악하고," 그렇게 인간이 살아가는 동안 의지의 창조성을 통해서 자신의 몸에 새로운 정신을 체현하고, 그 몸이 죽어서 지구에 묻히면 "인간은 육체를 통해서 지구의 진화를 위한, 말하자면 효모를 제공하고 있는 것"이라고 한다.[36] 그리하여 슈타이너는 요즈음의 많은 생태학자들의 경우와는 달리 만약 지구상에 인간 존재가 사라진다면 그 외의 자연도 더 이상 진화를 계속해 나갈 수 없다고 지적한다. 왜냐하면 오늘 지구의 모습이 지금의 모습이 된 데에는 "인간이 죽음을 통해 초감각적인 곳으로부터 자신 안에 물방울처럼 떨어져 온 것을 지구에 건네주는 일"을 했기 때문이다. 그에 의하면 "인간이 탄생과 함께 받아들여 죽음과 함께 다시 포기하는 이 영적인 비의 물방울은 초감각적인 힘이며, 지구의 풍요함의 근본"이다.[37] 그리하여 "인간의 사체 없이는 지구는 벌써 사멸해 버렸을 것이다."라는 것이 그의 확신이고, "지구의 생명을 지키는 것은 우리들 인간인 것이며",[38] "인간의 혼은 우주의 사건이 연출되는 무대이지 결코 단순한 인간적인 사건만을 연출하는 장소가 아니다."라고 밝힌다.[39] 그만큼 그는 인간 정신과 의지의 창발성과 창조성을 주시하는 것이다.

여기서 다시 양명과 연결해 보면 양명도 또한 정명도를 따라서 꽃이나 풀도 인간과 마찬가지로 가지고 있는 "천지생의"(天地生意)에 대해서도 말하고, 마음의 본체를 "성"(誠)으로도 말한 것을 들고자 한다.[40] 여기서 성(誠)이란 글자 그대로 보면 '뜻한 것을 이루는 것'이다. 즉 의지이고 행위이다. 이렇게 양명이 마음의 본체를 성으로 보고, 자신의 격물공부를 성의(誠意)로 파악했다는 것은 그가 미래를 창조하고 실현해 내는 의지를 강조한 것이고, 우리 삶과 공부의 의미가 행위와 실천을 통해서 이루어져야 하는 일임을 강조한 것이다. 슈타이너가 인간 교육의 토대로서 진정한 창발성의 인간을 키우기 위해서는 감정과 의지, 즉 반감(Antipathie)보다는 공감(Sympathie)을 키우고, 지각력보다는 의지의 교육이 중요하다고 강조한 것처럼 양명도 성의의 공부와 "심체상의 공부"(須於心體上用功)를 말했다. 슈타이너는 우리가 삶과 공부에서 취해야 하는 태도는 다음과 같은 것이라고 밝힌다;

> 우리들의 노력이 이기적이지 않으려면 이미 해 버린 행위를 '더 잘했으면 좋았다'고 생각할 것이 아니라, '다음에는 더 잘해야지'라고 생각해야 합니다. 그렇게 해서 굳게 한 의도, 다음에는 더 잘해야지 하는 노력, 그것이 최상의 태도입니다. 후회 따위는 아닌 것입니다.[41]

여기에 대한 양명의 다음 말은 그 유사한 뜻을 전해 준다;

> 지금 사람들의 학문은 오직 지와 행을 두 가지로 나누기 때문에 일념(一念)이 발동했을 때 그것이 불선(不善)이라 할지라도 아직 행이 아니라고 해서 그것을 금지하려 하지 않는다. 내가 지금 지행합일을 말하는 것은 일념(一念)의 발동이 바로 행이라는 것을 알고 그 발동이 불선(不善)이 있었다면 바로 그 불선의 염(念)을 극복하여 이러한 불선의 염(念)을 철저하게 흉중에서 잠복시키지 않으려고 하는 것이 나의 입언종지(立言宗旨)이다.[42]

3. 사고(思)를 통해서 의지(意)의 오류성과 무세계성을 밝혀 내는 퇴계와 루돌프 슈타이너

1) 퇴계 사고의 출발점

이상에서처럼 양명의 실존에 있어서는 행과 의(意)가 문제였다면 조선조사화기(士禍期)의 퇴계(1501-1570)에게는 그 행이란 무모한 것이기 쉽고, 우리의 의란 쉽게 사리사욕에 물들어서 더 큰 재앙을 불러올 수 있다는 통찰이 그의 학문의 출발점이었다. 그래서 그는 "어떻게 우리가 보다 더 신중하게 사고하여서 행위의 바른 방향을 잡을 수 있겠는가?"라고 물었고, "무엇으로 사사로운 감정(情)에 휘둘리지 않고 바른 판단을 내릴 수 있겠는가?"라고 숙고하였다. 즉 그에게는 '사고'(思)와 '감정'(情)이 문제였다.

퇴계는 조광조(1482-1519)의 개혁정치가 실패한 근본 요인이 그 뜻의 아름다움에도 불구하고 학문적 역량이 부족한 데 있다고 보았고,[43] 「성학십도(聖學十圖)」를 올리는 글에서도 맹자의 "마음이 맡은 일은 생각이다. 생각하면 얻고, 생각하지 않으면 얻지 못한다."(心之官卽思, 思則得之, 不思則不得也, 『맹자』 「고자」上 15)로 서언을 삼았으며, 그 전의 「무진육조소(戊辰六條疏)」에서도 성학치지(聖學致知)의 네 조목 박학·심사·신사·명변(博學·審問·愼思·明辯)을 들면서 그중에서도 신중하게 생각하는 '신사'(愼思)가 제일 중요하다고 밝혔다.[44] 『서경(書經)』의 "성인이라도 생각하지 않으면 광인(狂人)이 되고, 광인이라도 잘 생각하면 성인이 된다."(惟聖罔念作狂, 惟狂克念作聖)는 말씀도 선조에게 드리는 소(疏)의 언어로 삼았다.[45]

"생각이란 무엇인가?"(思者何也)라는 물음에 대해서 퇴계는 「무진육조소」에서 "마음에서 구하여 증험함으로써 얻음을 말합니다."라고 했다. "능히 마음에서 증험하여 이치를 밝게 분별하고, 선악의 기미나 의리·시비의 판단을 정밀히 하고 조금도 차질이 없게 하는 것"(求諸心而有驗有得之謂也. 能驗於心, 而明辨其理, 欲善惡之幾, 義利是非之判, 無不研精, 無少差謬)[46]에 대해서 말하는데, 그것은 우리의 본성(性)은 원래 무엇이 옳고 그른지를 알 수 있지만(性卽理) 세계와의 관계에 들어가면 그 영향으로 판단이 흐려질 수 있고, 따라서 무엇을 선택해야 할지 모를 수 있기 때문에 바른 행위를 하기 힘들기 때문으로 이해한다.

우리가 행위를 하지 못하는 이유는 단순히 의지만의 문제가 아니라 한편으로는 그 의지 자체가 먼저 일깨워져야 하는 감각과 감성의 문제도 있고, 다른 한편으로는 잘못된 의지, 즉 사욕(私慾) 또는 과욕(過慾)의 문제도 있으므로 그것을 신중히 생각함으로써 판단해야 한다는 것이다. 양명과는 달리 그래서 퇴계는 의지 이전의 의지 촉발의 문제와 판단의 문제, 즉 감각과 감정(情), 인식과 사고, 세계와 악(惡), 객관성과 다양성의 문제를 크게 염려한 것이다.[47]

앞에서 슈타이너가 지(知)와 사고는 과거와 관계하는 일이라고 지적한 것을 상기해 보면 그러한 지와 사고를 중시하는 퇴계가 오류를 범할 수 있는 인간과 주관(意)의 공부를 위해서 '전통'과 '경'(敬)공부와 '리'(理)를 중시한 것을 잘 이해할 수 있다. 다시 「무진육조소」를 보면 그는 여섯 가지의 소 중 가장 중요한 첫 번째로 "계통(繼統)을 중히 여겨 인(仁)과 효(孝)를 온전히 하는 일"을 들었다. 군왕의 가장 큰 일이란 선왕(先王)의 명(命)을 이어 받고 대통(大統)을 계승하는 일이라는 가르침인데, 이것은 인간 삶에서 가장 중요하고 선행되어야 할 일이란 한 나라에서도 그렇고 가정에서도 기원을 기억하고 거기서 실현된 뜻을 계승해 나가면서 판단과 행위의 기준을 세우는 일이라는 의미이다. 『주역계사전(周易繫辭傳)』도 이 "계승의 일이야말로 선한 일이고 우리가 할 일"(繼之者善也, 成之者性也)이라고 했고, 『중용』은 이 일이야말로 "큰 효도"(武王周公 其達孝矣乎. 夫孝子 善繼人之志 善述人之事者也)라고 했는데, 이렇게 퇴계는 당시 기묘사화와 을사사화의 혼란한 정치·사회적 현실에서 인간과 주관의 끝없는 욕망과 사사로움을 염려한 것이다. 더 나아가서 그는 또한 이 판단과 행위의 근거를 존재론적으로 더욱 확실하게 세우는 일이야말로 제1의 관건이라고 보고서 그의 성학(聖學)에 대한 가르침을 우주론인 「태극도(太極圖)」에 근거해서 정립하기를 원했다. 그래서 「태극도」로 시작한 것이다.[48]

서구 정신사에서 근대의 문제를 바로 자유(freedom)가 한 개인의 의지의 문제로 환원되는 것에서 인식한 한나 아렌트는 세기적인 유대인 학살과 관련된 아이히만의 범죄를 보면서 의지의 문제와는 다른 감각과 감정, 사고 차원의 문제를 깨닫게 되었다. 그런 의미에서 그녀는 오히려 인간의 행위를 일으키는 "원리들"(principles)에 대해서 말하고, 의지가 의도하는 목표의 내용을 감지하고 생각하는 '사고'(thinking)를 다시 탐구하며 그 사고가 관계하는 사실(fact)과 소여(realness)의 세계를 중시했다.[49] 그러한 맥락에서 그녀는 인간 배움에서의 중요한 세 가지 요소인 권위·전통·종교의 "삼중주"(trinity)에 대해서 말했는데, 이러한 아렌트의 시각은 과거와 경전과 천리(天理, 自然)의 존재 앞에서 끊임없이 경외와 존경의 염을 가졌던 퇴계와 많은 연결점을 가짐을 알 수 있다. 퇴계는 제자들에게 가르치길, "글을 읽을 때는 구태여 특이한 뜻(異意)을 찾고자 하지 말고, 오직 본문 위에서 뜻을 찾고자 해야 한다."(只就本文上求見在之義而已)고 강조했다.[50] "본분(本分) 외에는 티끌만큼도 더하지 않고, 사실만을 가지고 말하는 것이 바로 도리이다."(本分之外, 不加毫末, 見成說底, 使是道理)라는 말을 퇴계는 모든 학자들에게 늘 일러 주었다고 한다.[51] 그래서 퇴계는 양명의 심즉리의 학문 방식과 그 파격적인 전통 해체의 시도가 못마땅했던 것이다.

2) 퇴계의 양명 비판: 「전습록논변(傳習錄論辯)」을 중심으로

한국 사상사의 양명학 전개에 결정적으로 영향력을 끼친 퇴계의 양명학 비판은 양명 사상 전반에 대한 깊이 있는 고찰이라기보다는 "이념적 비판"의 성격이 강하다고 지적된다.[52] 다른 한편에서는 퇴계의 양명 비판에 나타난 "퇴계 심학"은 중국의 성리학과는 다른 한국 성리학의 독창성을 드러내주는 것이라는 평가가 있다.[53] 하지만 본 연구는 여기서 그러한 논의들을 더 따라

가기보다는 퇴계가 지적한 양명의 학문 방식에 대한 비판을 우선 살펴보고, 그 비판의 핵심 논리를 주로 해서 의미를 살펴보고자 한다. 퇴계는 양명이 『대학』의 두 번째 강령을 주회가 '신민'(新民)이라고 주석한 데서 '친민'(親民)으로 바꿀 것을 제안한 것에 관해서 비판하기를, 첫째 강령(明明德)과 둘째 강령 모두는 학(學)자의 뜻을 담고 있기 때문에 '백성을 새롭게 하는' 의 신민이 더 맞다고 하면서 "양명은 마침내 감히 방자하게 선유(先儒)의 정론을 배척하고 여러 학설의 방불한 것들을 망령되이 인용하여 견강부회하고 조금도 기탄함이 없으니 학문의 오류와 마음의 병통을 볼 수 있다."[54]고 강한 어조로 지적했다. 그는 뒤이어서 양명의 심즉리에 입각한 지선(至善)을 구하는 방식과 지행합일의 공부법을 비판하는데, 여기서 퇴계는 양명에 대해 "외물이 마음에 누가 되는 것을 염려하여"(患外物之爲心累),[55] 또는 "오로지 본심에 있어 털끝만치라도 밖으로 사물에 관여할까 두려워하여"(陽明之見全柱本心怕有一毫外涉於事物)[56]라는 표현을 쓰면서 양명 오류의 핵심이 그의 자아에의 집중, 세계와 사실과 현실(外物)로부터의 소외(세계소외)에 있다고 지적한다. 퇴계에 따르면 양명은 불교를 비판했지만 그 스스로가 불교 선학(禪學)에 빠져 있다는 것이다.

퇴계는 양명이 『대학』의 "아름다운 여색을 좋아하듯이, 나쁜 냄새를 싫어하듯이"(如好好色, 如惡惡臭)라는 구절을 들어서 아름다운 여색을 보자마자(知) 자연스럽게 좋아하고(行), 나쁜 냄새를 맡자마자(知) 본능적으로 싫어하는(行) 것이 지행합일의 증거라고 한 것에 대해서 그것은 "형기"(形氣)와 "의리"(義理)를 혼동한 일이라고 비판한다. 거기에 대한 반대의 증거로 『논어』의 "나는 아직 덕(德)을 좋아하기를 아름다운 여인을 좋아함과 같이 하는 사람을 보지 못하였다."(「子罕」)와 "나는 아직 불인(不仁)을 미워하는 사람을 보지 못하였다."(「里仁」)고 한 것을 들어서 의리의 영역에서는 "배우지 않으면 알 수 없고,

힘쓰지 않으면 능할 수 없으므로"(不學則不知, 不勉則不能, 其行於外者, 未必誠於內) 인간에게 있어서 "지와 행이 항상 병행해야 하는 것이지만 합하여 하나라고 할 수는 없다."(相須並行而不可缺一… 豈可合而爲一乎)는 것이 그의 입장임을 밝힌다.[57] 그러면서 퇴계는 양명의 지행합일설은 고자(告子)의 "타고난 것을 성이라 한다"(生之謂性)는 설과 유사하고, 인심(人心)과 도심(道心)을 혼동하는 것이고, 길 가는 사람과 걸인(乞人) 또는 금수(禽獸)도 아파할 줄 알고, 배고파하고, 추워하는데, 그렇게 하는 것을 지와 행이라고 한다면 "학문을 소중히 여길 필요가 무엇이겠는가?"(何貴於學文爲哉)고 묻게 만든다고 비판한다.[58]

퇴계의 「연보」에 의하면 이 「전습록논변」은 그가 66세이던 1566년에 쓴 「심경후론(心經後論)」보다 약간 앞선 시기에 쓴 글이라고 하니 그가 기대승과 사단칠정변론을 하던 시절의 글임을 알 수 있다.[59] 짧은 글이고, 논리가 정치하지 않으며 깊은 형이상학적 탐구의 글은 아니지만 양명과 다른 퇴계의 세계 의미 물음과 그 해결의 방식이 무엇인지를 핵심적으로 볼 수 있게 한다고 여겨진다. 사실 우리가 알고 있는 양명의 유명한 '금'(金)을 통한 비유의 인간론에서 알 수 있듯이, 양명은 성인(聖人)과 길 가는 사람의 차이란 금과 주석·아연 등의 질의 차이가 아니라 단지 그 금의 무게의 차이라고 보았고,[60] 이것은 의도적으로 그들의 '같음'에 무게를 둔 것이다. 퇴계가 자신의 논변이 옳다는 것을 입증하기 위해서 양명이 그렇다면 성인과 길 가는 사람을 같이 보는 것이냐고 반박했지만, 양명은 사실 바로 그 같음을 선언하고자 한 것이다 (滿街聖人論).

그러나 과거와 성현의 권위를 깊이 경외하였고, 현실의 참혹함을 보는 퇴계로서는 도저히 그러한 양명의 입장과 답변을 수긍할 수 없었다. 그야말로 누구보다도 인간의 선함을 굳건히 믿었지만(性卽理) 동시에 현실의 악도 이해해야 했고, 그 해결책도 찾고자 했으므로 퇴계로서는 양명의 사민평등론(四民

平等論)은 무모해 보였다. 그리하여 퇴계는 현실의 악의 문제를 과거의 권위에 기대어서 '기'(氣)라는 정리된 존재론적 원리로 표현하고자 했고, 그와 더불어 왜 현실의 인간은 선한 본성에도 불구하고 욕망과 감정(情)에 휘둘리는지 그 휘둘린 감정을 잘 다스린다는 일은 어떤 것인지, 어떻게 하면 이 소여된 사실과 세계와 더불어 잘 지낼 수 있는지를 깊이 궁리하고자 했다. 그의 지난한 '사단칠정'(四端七情) 논의와 '경'(敬)의 심학 전개가 그것이라고 생각한다.

퇴계는 형기와 의리의 세계는 다르다고 강조한다. 의리의 세계는 밖으로 사물에 관여하지 않으면 모를까 아름다운 색을 좋아하고 악취를 싫어하듯이 그렇게 자연스럽게 이루어지는 것(所以然)도 아니고, 우리 마음의 의지의 힘으로도 쉽게 확보될 수 없는 그보다는 더욱 더 우리의 마음을 간섭하는 근원적인 권위가 요청되는 일이라고 보았다. 그는 그것을 우리 마음속에 우주론적인 태극(太極)이 정신(理)으로 들어와 있는 것으로 보았고(各具一太極), 그래서 리(理)와 기(氣)의 '불상잡'(不相雜)이 그의 인간론의 포기할 수 없는 기초가 되었다. 퇴계가 60세에 즈음하여 시작한 기대승과의 8여 년에 걸친 사단칠정논쟁의 핵심은 어떠한 경우에도 리(理)의 절대성을 확보하려는 것이었다. 슈타이너의 언어로 이야기하면 인간은 그 몸적, 혼적 존재를 넘어서 더 높은, 또는 더 깊은 차원의 영적 존재이고, 인간의 규정이란 바로 그 영적 차원을 실현해내는 일이라는 것을 굽히지 않고 주장한 것이다. 퇴계는 1553년에 「천명도(天命圖)」의 해설과 관련하여서 "사단은 리의 발동이요, 칠정은 기의 발동이다."(四端理之發, 七情氣之發)로 했다가 1558년 고봉의 지적을 받은 후 "사단의 발동은 순수한 리이므로 선하지 않음이 없고, 칠정의 발동은 기를 겸하므로 선도 있고 악도 있다."(四端之發純理, 故無不善, 七情之發兼氣, 故有善有惡)로 바꾸지만 리와 기의 부잡(不雜)과 사단과 칠정의 다름을 밝히기 위해서 일관되게 노력했다. 사실 심적 차원에서 보면 사단과 칠정이 모두 감정으로 표현되는 것이므로 그것을 리와 기라고 하는 형이상학적 차이로 나누는 것은 무리가 있고, 또한 세상의 만물이 기를 통해서 존재에로 불려지는 것이니 리와 기를 그렇게 나누는 것은 논리적으로 취약하다. 그런 의미에서 보면 한편에서 어떻게든 둘의 관계성을 더 주장하는 기대승이 더 현실적이고 근대적이며, 과학적으로 보인다.

하지만 퇴계는 그러한 관점에 대해서 "무릇 자사와 맹자가 도체의 온전함을 밝게 보고 이와 같이 말한 것은 하나만 알고 둘을 몰라서가 아닙니다. 진실로 기(氣)를 섞어서 성(性)을 말한다면 성의 본래 선함을 볼 수 없다고 여겼기 때문입니다."[61]라고 하면서 과거 성현들이 사단과 칠정을 말했고, 리(理)와 기(氣), 성(性)과 정(情) 등을 나누어서 말했으며, 그리하여 그들 사이에 서로 모순이 있는 것처럼 보이지만 그들이 "나아가 말한 바"(所就以言之者)와 어디에 주안점을 두고서 골라냈는가(剔撥), 또한 "근원지"(所從來)의 차이를 말하고자 한 것 등의 깊은 의도를 잘 생각하면 이 둘의 "분개"(分開)를 말할 수 있다고 강조한다. 퇴계는 "같은 것을 기뻐하고 분리되기를 싫어하며, 하나로 뭉뚱그리기를 좋아하고 분석하기를 싫어하고, 사단과 칠정을 따지지 않고서 대개리와 기를 겸하고 선과 악이 있다고 하여 분별할 수 없다고 하는" 학문풍토를 비판했다.[62] 그러한 태도를 옛사람은 "대추를 씹지 않고 그냥 삼키는 것"의 병통이라고 했다고 하면서, 그러한 태도를 일관한다면 "알지 못하고 깨닫지 못하는 사이에 차츰 기로써 성을 논하는 폐단에 들어가고, 인욕을 오인하여 천리로 여기는 걱정거리에 떨어지게" 되므로 옳다고 할 수 없다는 자신의 입장을 분명히 밝힌다.[63]

이어서 이어지는 긴 논변의 전개에서 "대체로 의리의 학문은 지극히 정밀하고 자세한 것이니, 반드시 마음을 크게 가지고 안목을 높게 가져 일체 먼저한 가지 설로써 주장을 삼지 말고, 마음을 비우고 기운을 화평하게 하여 서서히 그 뜻을 관찰해야 한다."고 퇴계는 탐구 자세를 먼저 밝힌다. 결국 그의 노력은 어떻게 하면 사단과 칠정, 리와 기, 성과 정 등이 여러 차원에서 "혼륜"과 "분개"를 병행하고 공존함으로써 고봉의 혼륜설에도 불구하고 그 구분(분개)함이 가(可)한지를 밝히는 것이다.[64] 그의 유명한 '호발설'(互發說), "사단은 리가 발동하나 기가 따르고 있으며, 칠정은 기가 발동하나 리가 타고 있다." (但四則理發而氣隨之, 七則氣發而理乘之耳)가 거기서부터 나왔다고 여겨진다.[65] 퇴계는 "(참으로) 아는 자는 같은 데 나아가 다른 것을 알고, 또한 다름으로 인하여 같은 것을 알 수 있다."(知者就同而知異, 亦能因異而知同)고 했다.[66] 또한 성현들이 다른 '명칭'(異名)을 사용해 말했다면 그 다름은 단지 이름뿐 아니라 "다른 것"(所異)이 분명히 있는 것이고, 그래서 그 말의 "주된 뜻"(所指 또는 所主)에 따라서, "근본 내력"(所從來)에 따라서 다른 것을 볼 수 있어야 한다고 강조한다.[67] 결국 "같은 것 속에서 다름이 있음을 아는 것"(同中知其有異)이 핵심이므로 "성현의 말씀을 끌어다가 자기 생각에 맞추는 폐단에 빠지지 않는 것"(無乃或至於驅率聖賢之言以從己意之弊)이 중요하고,[68] "감히 자신을 믿지 말고 스승을 믿는 것"(不敢自信而信其師)[69]이 공부의 귀한 방식임을 강조하면서 논변을 마무리한다.

3) 퇴계의 사고(思)와 루돌프 슈타이너의 반감(Antipathie)

양명은 우리 마음의 의지의 힘을 믿으면서 심즉리와 지행합일을 말했다. 퇴계는 그러나 우리 마음에 감정이 일면 의지도 잘 작동하지 않고 우리 행이 어디로 가야 하는지도 몰라서 행위할 수 없다고 했다. 그래서 그는 어떻게든 사단(知/情)을 놓치지 않고 밝혀서 지(知)와 사고(思)를 통해서 우리 감정(七情)을 잘 다스리기를 원한 것이다. 그는 우리의 감정을 잘 다스리기 위해서는 기준이 필요하고 권위가 요청된다고 보았다. 이러한 퇴계의 사상을 여기서 슈타이너와 연결시켜 보면 그 의미가 더 잘 드러날 수 있다.

앞에서 살펴본 대로 슈타이너는 '영'(정신)의 세계에 있다가 탄생과 더불어 현생이 시작된 아이의 교육은 대략 이갈이를 하는 7세까지는 발아 상태로 가지고 있는–미래에서 실현될–정신(영)의 세계를 일깨우기 위해서 모방을 통한 의지 교육이 주가 되어야 한다고 주장했다. 그러나 그 다음은 사춘기가 들어서기까지 사고와 의지의 중간 작용으로서의 '감정'을 위주로 하는 교육이 되어야 한다고 하는데, 감정은 한편으로는 의지의 작용이고, 다른 한편으로는 사고의 작용으로서 감정 속에서 의지와 사고가 융합되어 존재하기 때문이다. 한편 슈타이너에 따르면 의지란 감정과 매우 유사한 것으로서 바로 "수행된 감정"(ausgefuehrte Wille)이고, 감정이란 "억눌려진 의지"(zurueckgehaltene Wille)이다.[70] 다시 말하면 여기서는 의지의 시발을 감정으로 보는 것이다. 그에 따르면 이 감정 위주의 교육 기간에는 아이를 잘 인도해 줄 존경할 수 있는 "권위"가 필요하다. 지금까지 미래의 될 것과 관계하는 의지의 발달을 위해서는 끊임없이 반복하고 모방할 "모델"이 필요한 반면,[71] 감정교육이 위주가 되는 7세에서 사춘기까지의 초등 교육에서는 "어린이는 마음 밑바닥에서부터 권위를 구하고 있다는 것을 항상 잊지 말아야 한다."고 강조한다.[72] 슈타이너에 따르면 어린아이 속에서 참된 권위의 경험을 통한 "존경"(Verehrung 또는 Devotion)의 감정을 경험하도록 하는 일이야말로 앞으로의 지적 공부를 위해서 초석을 놓는 일이라고 하는데,[73] 퇴계가 성학의 공부에서 전통과 성현과 경전 등의 권위의 중요성을 강조한 것과 그런 입장에서 양명의 심즉리의 공부법을 비판한 것을 생각나게 한다.

슈타이너는 그러나 사고, 감정, 의지라는 우리 마음의 세 가지 능력은 단순하게 병렬적으로 논해질 수 없다고 반복해서 강조한다. 살아 있는 마음(혼)의 작용에서는 한쪽이 항상 다른 쪽으로 이동하고 있기 때문인데, 이것은 서로 속에 서로의 다른 모습을 가지고 있음을 말한다. 퇴계가 사단과 칠정의 혼륜 과 분개를 여러 차원으로 설명한 것과 유사하게 슈타이너도 예를 들어 감정 은 의지이면서 사고이기도 하고, 사고 또한 의지와 감정 모두를 포괄하고 있 으며 의지도 사고와 감정의 두 측면을 동시에 갖는다고 지적한다. 이러한 맥 락에서 지금까지 의지의 작용을 행위의 출발점으로 말해왔던 슈타이너는 그 러나 표상활동, 즉 인식활동을 하지 않으면 그 의지도 불가능하다고 말한다. 그에 의하면 우리의 의지 활동에 표상 활동을 침투시키지 않으면 그 의지는 모두 "어두운 본능"이 되어 버린다.[74] 여기서 슈타이너가 인간의 의지를 몸 에서부터 혼과 영(정신)의 영역에 이르기까지 모두 7가지의 다층적이고 다면 적인 작용으로 파악한 것을 밝히고자 한다. 즉 그는 우리의 의지가 모두 7가 지 종류로서 몸의 영역에서 본능(Instinkt)·충동(Trieb)·욕망(Begierde), 혼의 영역 에서 동기(Motiv), 그리고 정신(영)의 영역에서 소망(Wunsch)·의도(Vorsatz)·결단 (Entschluss)의 단계가 있다고 지적한다.[75]

슈타이너에 따르면 이러한 심의 활동에서의 "상호이행"(das Ineinanderfliessen) – 퇴계의 언어로 하면 "혼륜과 분개" – 은 우리 몸의 작용에서도 확실하게 나타 나 예를 들어 신경조직과 혈관이 함께 있는 우리 눈을 통한 시각 활동을 보 면, 신경이 눈 속에 작용하는 것을 통해 인식의 작용이 눈을 통해 나타나고 혈관이 눈을 통과함으로써 의지의 작용이 눈에도 미친다.[76] 그런데 여기서 동시에 알아야 하는 것은 만약 눈 속에 신경활동밖에 없다면, 즉 반감 (Antipathie)이 지배하는 표상 활동만 있다면 우리가 눈으로 보는 모든 대상은 우리에게 "구토"(Ekel)를 일으킨다고 한다. 그러나 시각기관 속에 혈관이 달 리고 있으므로, 즉 공감(Sympathie)이 지배하는 의지작용을 통해서 그 대상과 하나가 되고자 하는 균형이 작용하기 때문에 객관적인 시각 활동이 가능하다는 것이다.[77] 이러한 설명을 통해서 우리의 인식 활동에서 감정이 의지와 사고를 모두 포괄하지만 그럼에도 불구하고 거기서의 차이가 소멸되지 않는 것을 밝혀 준다.

슈타이너는 그러나 여기서 만약 인간이 동물과 같은 정도로밖에 환경에 대한 반감을 갖고 있지 않았다면 주위로부터 충분히 독립된 생활을 할 수 없었을 것이라고 지적했다. 즉 지금까지의 의지(공감)의 강조에도 불구하고 인식 활동으로 넘어가는(die Schwelle des Bewusstseins) 경계에 자리 잡고 있는 반감의 사고 활동이 아니고서는 개인적인 인격의식을 형성하지 못했을 것이고, 그와 더불어 환경에서 독립할 수도 없었음을 밝히는 것이다.[78] 인간이 다른 동물에 비해서 인식 능력이 발달한 것은 다른 동물에 비해 더 많은 반감을 갖고 있기 때문이라고 하는데, 즉 인간의 인간됨의 출발점을 바로 이 반감이 기초가 된 '사고 활동'(표상활동, Vorstellung)으로 보는 것이다. 우리가 무엇인가를 바랄 때 그 안에 공감을 품고 있지만 만약 그 의지의 공감에 반감을 보내지 않으면 우리 자신을 행위나 욕구의 대상에서 분리해 낼 수가 없고, 그러면 그 의지는 완전히 본능적인 것이 되고 만다는 설명이다. 그래서 슈타이너는 "사고하면서 의지를 관철시키는"(das Wollen denkend durchdringen)[79] 일이 인간적인 일로서의 "도덕적 이상들"(die moralischen Ideale)을 따르는 일이고, 그 사고가 반감의 일에 기초한다는 점에서 도덕적인 성장이란 항상 "어떤 금욕적인 것"(Etwas Asketisches)과 관계있다고 밝힌다.[80] 퇴계가 깊은 사고와 궁행(躬行)으로 자중과 물러섬과 경(敬)의 삶을 살았던 것이 생각난다.

슈타이너는 "탄생에서 죽음까지 본능에 반감을 흘려 넣는 일"을 말하고, 그것은 우리를 "전체인류성"(Gesamtmenschleit)으로, "우주 전체의 경과"(Weltprozess) 속으로 편입시키는 일이라고 하는데, 즉 좁은 자아의 주관적인 본능을 극복하고 우주적이고 보편적인 정신의 세계로의 편입을 말하는 것이다.[81] 여기서 슈타이너가 말하는 "본능에 반감을 흘려 넣는 일"(Antipathie in die Instinkte hineingiessen)을 퇴계의 언어로 다시 이해해 보면 먼저 그것은 칠정(공감의 본능)을 사단(반감적 사고)으로 잘 조절하는 일이라고도 할 수 있고, 아니면 칠정이라는 현실과 마주하여 그 현실을 잘 궁리하고 성찰하여(반감의 지적 일) 사단의 공감적 감정이 사덕(四德)의 행위(지적 의지)로 실현될 수 있도록 하는 일이라고도 할 수 있으며, 이와 더불어 칠정만을 놓고 보면 거기에는 공감의 감정(愛)도 있지만 반감의 감정(怒)도 있어서 반감의 감정을 잘 다스리는 일(반감의 지적 작용)을 통해서 칠정의 공감이 더욱 승화되어서 덕이 되고 행위가 되도록 하는 일 등으로 해석할 수 있다.

　슈타이너에 의하면 판단의 내용은 객관적이어야 하지만 객관적으로 바른 상황이라고 해도 그것이 감정의 작용으로 혼속에 의식화되지 않으면 알 수 없고 의지할 수 없고 그래서 행할 수 없다. 의식화의 작용은 감정의 작용 없이는 결코 이루어지지 않는다는 것이다.[82] 그래서 감정으로서의 사단과 칠정에 대한 성찰이 그렇게 중요하고, 또 다르게 표현하면 지(知, 사고)와 의지로서 존재하는 사단에도 불구하고 칠정의 감정 공부가 그렇게 중요하고, 초등학교 시절 감정의 배려를 잘 받은 사람이 도덕적으로도 큰 사람으로 자랄 수 있는 것을 말해준다. 감정은 아직 만들어지지 않은 생성 과정에 있는 의지이고, 여기서의 의지는 혼과 영의 단계에서의 의지를 말한다. 즉 본능과 충동, 욕망이 아닌 동기, 소망, 의도, 결단의 의지이고, 퇴계의 개념으로 하면 사단이다. "의지 안에서만이 완전한 인간이 살고 있기" 때문이라는 것이 슈타이너의 가르침이고,[83] 감정적으로 잘 배려 받지 못하면 신체적인 성장은 물론 지적으로도 잘 자라지 못한다고 그는 지적한다.

4. 희락(情) 속에서 직관(知)하고 행(行)하고 소망(意)하는
정신을 기르는 교육

1) 양명의 치량지(致良知)

양명의 삶과 사상의 문제사적 전개에 대한 연구에 따르면 양명은 그의 사고의 출발점인 심즉리와 지행합일에 대한 큰 믿음에도 불구하고 곧 현실에서의 인욕(人慾)과 대면한다. 여기에 대한 대처로서 그는 다시 전통의 언어로 '존천리거인욕'(存天理去人慾)의 중요성을 강조하지만 거기에 대한 깊은 무력감을 느낀다.[84] 이러한 상황에서 그가 "백번의 죽음과 천 번의 고난"(百死千難)을 통해서 드디어 그 이름을 얻었다고 고백하는 '양지'(良知)에 대한 깨달음을 얻게 되었고, 그때부터 그는 자신의 공부법이 이 마음속의 선한 직관력인 '양지를 기르는 것'(致良知) 외에 다른 일이 아니라고 역설한다.

우리가 잘 아는 대로 양지는 원래 맹자의 개념이다. 앞에서 살펴본 대로 맹자가 우물에 빠지는 아이를 구하려고 지체없이 달려가는 사람들의 선한 양심과 행위를 표현하기 위해서 사용했던 양지와 양능(良能)의 개념이 양명에게 마치 다시 계시처럼 떠올라[85] 그는 지금까지 마음을 의지(意)의 힘으로만 표현해서는 풀 수 없던 딜레마를 풀 수 있게 해주었다. 즉 앞에서 퇴계의 양명 비판에서도 언급되었듯이 그때까지의 자신의 정리가 빠질 수 있는 무세계성과 주관주의의 위험을 보고서 세계와 더욱 관계하는 인간 마음(心)의 '사고 능력'(知/思)에 다시 주목한 것이다. 이것은 다르게 이야기하면 인간의 의지를 촉발시키는 더 근원적인 계기를 본 것이며, 주관의 의지에 좌우되지 않는 세계의 실재를 더욱 분명하게 인식한 것이다. 특히 그 양지를 우리 마음의 직관하는 '감정'으로도 더욱 뚜렷하게 인식했다는 점에서 현재와 더 화해한 것이

라고도 할 수 있다. 그도 이제 "앎이 마음의 본체"(知是心之本體)이고 의지의 "시작"(體)이라고 말한다;

> 마음(心)은 몸의 주재이다. 그리고 그 마음의 텅 비어 있으면서도 밝게 깨닫
> 는 것이 본연의 양지이다. 그 텅 비어 있으면서도 밝게 깨달은 양지가 감응
> 하여 움직이는 것이 뜻(意)이다. 앎(知)이 있은 연후에야 뜻이 있는 것이다.
> 앎이 없으면 뜻도 없는 것이다. (그러니) 앎이란 뜻의 본체가 아니겠는가?[86]

양명은 그러나 자신이 새롭게 발견한 이 마음의 양지는 전통적인 의미에서 파악되던 인간 사고력과 여러 차원에서 다른 것임을 강조한다. 그래서 그는 『대학』이나 주희의 치지(致知) 대신에 치/량/지(致/良/知)를 강조한 것이고, 여기서 '양'(良, 좋은) 자를 가운데 넣었다는 것은 여러 차원의 의미가 있다.

첫째, 지(知)가 아닌 양지(良知)를 기르라는 것은 우리의 알고자 하는 노력이 단지 외물에 대한 잡다한 지식을 쌓는 것이 아니라 오히려 모든 인식 자체를 근원적으로 가능하게 하는 힘, 주관의 '선험적인'(良/innate) 인식력을 키우라는 것이고, 그것은 이미 우리 자신이 가지고 있는 좋은 '기반'(心卽理)에 근거해서 세계와의 관계로 나가야 함을 말하는 것이라고 하겠다. 오늘 지식공부의 의미로 이야기하면 단지 낱개의 지식들을 주어모으는 주입식 지식 공부가 아니라 이미 아이들이 가지고 있는 선천적인 지적 능력과 흥미를 기반으로 그들이 능동적이고 주체적인 인식의 주체가 되도록 하는 교육을 말한다. 퇴계나 아렌트의 의미로 하면 사고(思)와 성찰의 정신적 삶을 말하는 것이다.

둘째, 양(良)의 의미가 '선한'(good)으로 이해되어 우리의 공부에 있어서 단순한 지적 수준의 공부가 아니라 도덕과 양심의 힘을 키우는 교육, 실천력을 키우는 교육, 행위가 함께 하는 교육, 또는 행위를 통한 교육을 말하는 것이

다. 서애는 그것을 격물은 성의(誠意)로, 명선(明善)은 성신(誠身)으로, 궁리(窮理)는 진성(盡性)으로, 도문학(道門學)은 존덕성(尊德性)으로, 박문(博文)은 약례(約禮)로, 유정(惟精)은 유일(惟一)로 이해한 공부라고 밝히고, 이 공부를 오래 하니 "나도 모르게 손발이 덩실덩실 춤을 추게 되었다"고 고백한다.[87] 즉 양명에게 있어서 지식의 참된 의미는 선(善)을 아는 것이고 행위를 위한 것이기 때문에 그 습득의 방식도 덕의 실천 교육과 같이 가고, 우리의 감정과 의지를 함께 기르는 전인적 방법으로 얻어져야 한다는 것이다. 양명은 "하늘이 주시는 총명"(天聰明)에 대해서 말한다.[88]

셋째, 특히 양지의 의미가 인간론적으로뿐 아니라 우주론적으로 매우 확장되고 통합적인 차원을 가지는 것으로 이해하고자 한다. 양명은 인간 심의 본체로서의 양지란 지(天理自然明覺)이기도 하지만 감정(眞誠惻怛/好惡)으로도 표현하고, 그 본체를 "기쁨"(樂)과 "즐거움"(喜)으로 밝히기도 했다. 또한 그것은 행위를 위한 지(知)와 의(意)의 두 성격을 동시에 가지는 판단력과 결단력이 되기도 한다. 마치 "고양이가 쥐를 잡을 때와 같은"(常如猫之捕鼠) 직관력이 되어서 마음속의 사욕을 찾아내는[89] 양지는 우리 마음의 천리(天理)로서 항해자들에게 방향을 알려주는 "지남침"과 "시금석"이 되고, 상황에 따라서 무엇이 옳고 그른지를 알려주는 "역"(易)과 같은 것이 된다. 그래서 양명은 그것을 종종 도교의 개념으로 우리 마음의 "영단"(靈丹)이나 "심인"(心印)이라고 밝혀 주었다. 이렇게 양지는 우리 생명의 근원적 힘으로서 모든 인간적인 인식과 의지, 감정과 행위의 근원이면서 "저절로 쉬지 않고 자라나는(自生生不息)" "하늘이 심어준 영적 뿌리"(天植靈根)라고 하는데,[90] 이것은 단지 객관적인 사실지 차원의 지각력이 아니라 깊은 영적 직관력이고, 창조적이고 실천적인 영적 비전과 상상력의 힘을 말하는 것이다.[91] 그래서 그 양지는 우리로 하여금 오늘 여기에서 아직 아니의 현실이지만 '만물일체'(萬物一體)의 비전을 직관하

게 하고서 그 비전을 실천하도록 한다.[92]

양명의 양지 이해는 생의 마지막으로 갈수록 점점 더 우주적이고 영적인 모습을 띠어서, 다시 그 "양지본체"(良知本體)를 말하면서 그것이 단지 인간적 차원의 지적·도덕적 원리만이 아니라 전 우주적 생성과 존재의 원리로서 파악된다. 앞에서 보았던 슈타이너의 정신(Geist) 이해와 유사하게 양명은 그리하여 양지를 우주의 몸적 원리인 기(氣)로도 파악하고, 그것을 몸적으로 우리가 천지와 하나됨(萬物一如)의 근거로 보기도 한다. 우리 마음의 양지와 깨어져 길거리에 나뒹구는 기와조각의 그것됨과 매가 하늘을 날고 물고기가 뛰는 것이 다 같은 이치라는 것이다.[93] 이렇게 좁은 의미의 인간 지(知)와 심리의 차원을 넘어서 깊은 영적 직관력과 영감의 차원을 지시하고, 더 나아가서 우주적 궁극과 초월을 지시해 주는 양명의 양지 이해는 우리 교육과 공부가 바로 그러한 차원의 사고력과 감정과 실천력으로 고양되어야 함을 지시해 준다. 양명은 "상쾌하고, 유감이 없고, 스스로 만족한"(快然無復餘憾而自謙)마음을 치량지의 큰 학문(大學)을 수행하는 "대인"(大人)의 마음이라고 했다.[94] 그리고 그렇게 "천지를 자리 잡게 하고 만물을 기르는 데 도달하는 성인"(聖人到位天地育萬物)의 공부도 "희노애락의 마음(감정)이 아직 발하지 않은 중을 잘 살펴서 되는 일"(也只從喜怒哀樂未發之中上養來)로 이해했다면,[95] 이것은 다시 퇴계 『성학십도(聖學十圖)』의 「심통성정도(心統性情圖)」의 중도(中圖)에 대한 설명(요컨대 理氣를 겸하고 性情을 통섭하는 것은 마음이요, 性이 발하여 情이 되는 그 경계는 바로 마음의 幾微요, 온갖 변화의 요체이며 선과 악이 여기서부터 갈라집니다.)을 생각나게 한다.

2) 퇴계의 경(敬)의 심학과 성학십도(聖學十圖)

앞에서 살펴본 기대승과의 사단칠정 논의를 다시 고려해 보면 퇴계는 성현들이 사단과 칠정이라는 다른 이름을 사용하고 리(理)와 기(氣)라는 서로 다른 명칭을 쓴 것은 그 같음 가운데서도 다른 것을 말하려는 "뜻"(意思)이 있는 것임을 알아채야 한다고 충고하였다. 즉 성현들이 말한 바의 "원래 뜻"(所從來)에 대한 집중을 요청한 것이다. 그런데 앞에서 양명을 "털끝만치라도 밖으로 사물에 관여할까 두려워했다."고 비판한 퇴계 자신이 여기서 그 세계의 오류를 바로잡기 위해 성현들이 말한 바의 '의도'(所指, 所主, 所從來)를 강조하였다는 것은 퇴계가 스스로도 모르는 사이에 바로 그러한 양명에게 다가간 것을 시사한다고 할 수 있다.[96] 왜냐하면 의도와 지향점과 의지(信)야말로 곧 양명이 핵심적으로 관여한 것들이기 때문이다. 이렇게 두 사람 모두에게 있어서 심의 지향점과 목표, 믿음(信)은 중요했다. 다만 양명이 마음의 쌀농사를 짓는데 있어서 '벼'(Sympathie)를 튼튼히 하는 일에 더 주력하자고 한 반면, 퇴계에게는 벼를 튼튼히 하는 일과 더불어 '피'(antipathie)를 뽑는 일도 놓칠 수 없는 일이었으므로 믿음의 대상을 우선 성현의 마음에서 찾고자 했고, 그래서 성현의 마음을 공부하는 일이 양명에게서보다 더욱 강조되었지만 모두는 그런 의미에서 나름대로 '심학'(心學)의 대가들이었다고 하겠다.

퇴계로 하여금 심학의 연원(淵源)과 심법(心法)의 정미(精微)함을 알게 해주어서 "평생 신명과도 같이 믿었고, 엄부(嚴父)와도 같이 공경했다."고 하는 『심경(心經)』과 관련한 「심경후론(心經後論)」(1566)의 글은 그의 미묘한 감정을 잘 드러내준다. 여기서 그는 정민정의 『심경부주(心經附註)』는 그 저자에 대한 여러 도덕적인 논란에도 불구하고 믿지 않을 수 없지만 「주륙조화론(朱陸調和論)」과 「주륙조이만동설(朱陸早異晚同說)」은 온당치 못하다고 비판한다. 퇴계의 양명에 대한 세찬 비판도 같은 맥락에서 이루어진 것이다.[97] 하지만 퇴계는 양명이 양지를 발견하여 자신의 심학을 심화시켜나간 것과 대비해서 '경'(敬)에 집중하는 것으로 유사한 일을 수행했다고 할 수 있다. 사실 양명은 우리의 『대학』 공부에서 경(敬)자를 넣는 것은 사족을 그려 넣은 것과 다름없다고 했다(未免畵蛇添足). 성의(誠意)를 중심으로 양지를 키워 나가는 공부로 충분하고 그것이 오히려 공자의 뜻에 더 합당한 것이라고 주장한다.[98] 퇴계는 그러나 그의 「초의려선생집부백사양명초후복서기말(抄醫閭先生集附白沙陽明抄後復書其末)」이라는 긴 제목의 글에서 경(敬) 자란 원래 정이천 선생이 석씨(釋氏)의 정(靜)과 구분하기 위해서 유가적 공부 방식으로 구별하여 쓴 말이라고 소개하면서[99] 주자의 전통을 따라서 경을 중심으로 해서 자신만의 독자적인 경의 심학을 구성해 나갔다.

퇴계 경(敬) 심학의 결정판이라고 할 수 있는 『성학십도』는 인간의 마음이 "가슴 속 사방 한 치"(方寸)밖에 안되는 곳에 갖추어져 있지만 "지극히 허령한"(至虛至靈) "정신"(思)이 그 본성으로서, 특히 임금의 마음에서는 "모든 일이 말미암는 바이고"(萬機所由), "모든 책임이 모이는 곳"(百責所萃)이므로 그 마음을 경을 주재로 하여 닦아야 함을 밝힌 것이다. 그의 10개의 도표 중 특히 제4도인 「대학도(大學圖)」는 이제 정신(思)을 길러 천하를 다스릴 수 있는(平天下) 사람을 키우는 큰 배움(大學)이니만큼 "마음의 주재"(一心之主宰)요 "만사의 근본"(萬事之根本)인 경을 주된 방법으로 하여 공부하라는 가르침이다.

퇴계는 먼저 '경을 지키는 것'(持敬)의 방법이란 "반드시 마음을 맑고 엄숙하고 한결같이 간직하고, 또한 학문(學問)과 사변(思辨) 속에서 이치를 궁구하고, 남이 보거나 듣지 않는 곳에서도 더욱 엄숙하고 더욱 경건하게 경계하고 두려워하며, 또한 은미하게 깊이 혼자 있는 경우에도 더욱 정밀하게 성찰하는 바가 있어야 한다."고 밝힌다.[100] 이어서 이어지는 10개의 도표는 자신이 만들었다기 보다는 주로 앞선 성현들의 가르침을 서술한 것이라고 하는데, 이 10개의 그림들 속에 퇴계 심학의 통전성과 그가 무엇을 더 중시하는가가 잘 드러난다. 제1도인 「태극도(太極圖)」는 그가 인간의 마음을 제어할 보다 더 확실한 근거를 원했음을 보여준다. 그래서 그는 우주론에 인간을 연결시켜 어떻게 천지가 창조되고 인간의 생명이 우주 안에서 탄생된 것인가를 밝힌다. 제2도인 「서명도(西銘圖)」는 천지만물의 하나됨이 원래의 본모습임을 구체적으로 설명하는 웅대한 비전이고, 제3도인 「소학도(小學圖)」는 그런 정신의 사람이 길러지기 위해서 어떻게 몸을 통한 습관의 공부(敬身)가 우선되어야 하는지를 밝히는 것이다. 제4도인 「대학도(大學圖)」는 이제 정신(思)을 길러 천하를 다스릴 수 있는(平天下) 사람을 키우는 큰 배움이니 만큼 "마음의 주재"(一心之主宰)요 "만사의 근본"(萬事之根本)인 경을 주된 방법으로 하여 공부하라는 가르침이다. 퇴계는 주자 『대학혹문』의 "경(敬) 한 글자가 어찌 성학에 있어서 처음과 끝을 이루는 요체가 아니겠는가?"(然則敬之一字, 豈非聖學始終之要也哉)라는 말로 대학 공부가 경(敬) 위주가 되어야 함을 지시하고 있다.[101] 이어서 이어지는 제5도인 「백록동규도(白鹿洞規圖)」는 주자가 백록동서원의 학자들을 위해서 만든 학규를 소개하는 그림인데 여기서도 퇴계는 모든 가르침이 결국 "심법의 핵심"(心法切要)을 배워서 "인륜을 밝혀 덕업에 힘쓰게 하는데 있다"고 밝히지만 대학공부가 어떻게 심도깊은 사고 공부와 책 공부와 더불어 이루어지는지를 드러낸다.

퇴계는 앎 그 자체를 문제 삼은 것이 아니라 실천과 관련된 앎이 관심의 대상이었다. 그래서 그는 치지(致知)의 관건을 경(敬)에 두었고,[102] 오랫동안의 지경(持敬)의 공부 속에서 마침내는 "내가 격(格)하고 내가 래(到)하는 것"이 아니라 "리가 (스스로) 이른다(理到設)"는 사실을 깨닫게 되었다고 고백한다. 퇴계는 그것을 "리의 지극히 신묘한 작용"(此理至神之用也)이라고 표현한다.[103]

이어서 이어지는 제6도인 「심통성정도(心統性情圖)」와 제7도인 「인설도(仁說圖)」, 그리고 제8도인 「심학도(心學圖)」는 앞에서 살펴본 기대승과의 사칠 논의에서 확실하게 드러난 퇴계 심성론의 핵심판이라고 할 수 있다. 여기서 퇴계는 리귀기천(理貴氣賤)의 리기호발설(理氣互發說)을 잘 드러내주고, 어떻게 그가 리(理)의 발(發)이라고 하는 논리상의 역설을 뛰어넘어서 리를 "만물을 창조하고, 살리고, 기르는 마음"(天地物生之心/道)으로 직관하는지를 잘 보여준다.[104] 우리의 마음의 본체가 인(仁)으로서 결국 만물일체를 지향하지만 거기에 도달하는 길로서 책공부와 도덕적 실천, 사고와 의지, 정(情)의 공부들이 모두 같이 가야함을 다시 강조하는 것이다. 퇴계는 특히 인설도에 대해서는 긴 말을 하지 않는다. 단지 "앞의 인설은 주자가 저술한 것이며, 도표도 스스로 만든 것인데, 인도(仁道)를 발명하였고, 더 이상 온축될 바가 없습니다."(右仁說, 朱子所述, 並自作圖, 發明仁道, 無復餘蘊)라고 할 뿐이었다.[105] 퇴계의 천지생물지리(天地生物之理)로서의 인(仁)에 대한 깊은 존숭의 마음을 보는 것 같다. 주자는 그의 인설(仁說)에서 천지의 리를 "만물을 낳고 살리고 기르는 인(仁)의 마음(心)"(天地生物之心)으로 이해했고, 그 인이란 단순히 사덕 중의 하나가 아니라 다른 모든 덕을 포괄하는 근본덕(原)으로서 "생명의 본체"(生之性)가 되며, 그것이 감정으로 발해서 측은과 사랑(愛)의 정(情)이 됨을 밝혔다. 여기에서도 리(理, 性)와 정(情), 체(體)와 용(用)의 분개를 말하려는 주자나 퇴계의 의도가 잘 드러난다. 하지만 이번에는 그 (천)리가 인(仁)이 되어서 천지의 마음으로, 또한 그 뜻을 대표적으로 수행하는 인간의 사랑(愛)과 지각의 마음으로 표현된 것을 볼 수 있다. 바로 만물일여(萬物一如)가 인(仁)이라는 것이고, 그래서 퇴계의 사상은 그가 앞서서 「서명도(西銘圖)」에서 뚜렷이 밝힌 대로 "구인성성"(求仁成聖, 仁을 구해서 초월을 완성하는)의 깊은 영성의 일이 되는 것이다;[106]

대개 성학(聖學)은 인(仁)을 구하는 데 있습니다. 모름지기 이 뜻을 깊이 체득하여야 바야흐로 천지만물과 더불어 일체가 되는 것이 참으로 여기서 말한 경지와 같다는 것을 알 수 있게 됩니다. 그래야 인(仁)을 행하는 공부가 비로

소 친절하고 맛이 있어서 허황되고 아득하게 자신과 상관없게 될 염려가 없고, 또 세상을 자기로 여기는 병통도 없게 되어서 마음의 덕이 온전해질 것입니다. 그러므로 정자는 이르기를, '『서명』의 뜻은 극히 완전하니 이것은 인(仁)의 체(體)이다.' 라고 했고, 또 이르기를, '다 채워서 확충한 때에 성인이 된다.' 고 하였습니다.[107]

마지막의 두 그림, 즉 제9도의 「경재잠도(敬齋箴圖)」와 제10도의 「숙흥야매잠도(夙興夜寐箴圖)」가 바로 "마음을 몸 전체의 주재"(心者一身之主宰)로 보고, "경을 그 마음의 주재"(敬又一心之主宰)으로 보아서 구인성성(求仁成聖)하는 경(敬) 공부의 실재를 설명한 것이다. 여기에서야말로 퇴계는 경을 우리의 공부와 실천에 모두 적용되는, 양명과 더불어 볼 때 양지와 같은 역할을 하는 것으로 말하고 있음을 알 수 있다. 고양이가 쥐를 잡을 때와 같은 집중력(mindfulness)으로 양지가 이해된 것처럼 그런 인간 심의 지적 집중력, 직관력, 감정, 실천력의 의지 등 모두를 포괄한다.[108] 퇴계는 우리 삶과 학문의 길에서 경을 지키는 자세를 "상제를 마주 모신 듯이 하고 마음을 가라앉히고"(潛心以居, 對越上帝), 행동할 때는 "땅을 골라 밟기를 말을 달릴 때 개미 둑을 피하듯이 하며"(擇地而蹈, 折旋蟻封), "문을 나설 때는 큰 손님을 뵙는 듯이 하고"(出門如賓), "일을 할 때는 제사를 지내는 것같이 하라."(承事如祭) 하였다. 또한 "입 다물기를 병마게 막듯이 하고"(守口如甁), "성을 지키듯이 뜻을 지키라"(防意如城)고 했다. 그는 여러 가지 일로 마음을 나누지 말고 "마음을 오로지 하나로 하여 만 가지 변화를 살펴보라."고 하는데, "주일무적"(主一無適, 전일로 하여 옮기지 않는 것)을 강조하는 것이다.[109]

여기서 드러난 퇴계의 마음은 오늘 우리 주관성의 시대에서는 상상도 할 수 없을 정도로 세계(物)의 초월성을 인정하는 것이고, 타자에 대한 경외를 바로 하늘의 상제를 섬기듯이 하는 것을 말한다. 또 다른 의미로 보면 바로 현재에 대한 더할 수 없는 집중 속에서 지금 여기에서 영원(eternity)을 보는 일과 다름없는 것을 알 수 있다. 초월의 내재화가 이와 같은 정도로 표현된 경우가 드물고, 특히 그 내재화의 소재가 먼저 가족과 이웃이고, 공(公)의 영역이며, 그의 수많은 자연을 읊은 시에서 보듯이 자연 속에서 체험하고 표현한 것이라면 퇴계의 경(敬)의 심학은 특별히 오늘 우리의 시대에 큰 의미를 지진다.[110] 오늘 우리 시대는 주관과 인간에 의한 타자와 세계, 자연에 대한 침탈이 매우 심각한 수준이기 때문이다.

3) 루돌프 슈타이너의 교육예술(Paedagogik als eine Kunst)

지금까지 살펴본 양명과 퇴계의 심학을 슈타이너의 "정신(영)의 관점에서" 본 인간 이해와 더불어 보면 우리 시대에서의 의미가 더욱 부각된다. 앞에서 살펴본 대로 슈타이너는 양명의 양지 이해에서처럼 우리의 의지가 사고에 의해서 고양되어야 한다고 했고, 퇴계의 「심통성정도(心統性情圖)」에서 처럼 감지하는 감정의 작용이 아니고서는 무엇이 옳고 그른지에 대한 의식화가 불가능하고, 그래서 행위에로 나가기 어렵다고 지적했다. 이제부터 슈타이너는 정신(영)의 관점에서도 의지와 감정과 사고를 다시 살펴서 어떻게 정신(Geist, 양지/理)이 우리 존재의 궁극인가를 밝히고, 또한 인간의 사고(思)가 어떻게 의지(意)와 감정(情)과의 상호관계 속에서 정신(理)으로 승화되어 갈 수 있는지를 밝힌다.

슈타이너에 따르면 우리 자아는 정신(영)의 관점에서 보면 의지 활동은 영적 직관 속에서 "무의식적으로 잠자고 있는 것"이고, 감정 생활은 "무의식의 영적 표상 속에서 꿈꾸면서 깨어 있는 것"이며, 사고란 "상(像) 속에서 완전히 깨어 있는 것"이다.[111] 의지하는 존재인 한 우리는 자고 있는 것이고, 감정에 있어서는 꿈꾸고 있는 것이며, 사고는 깨어있는 것이지만 그러나 이 혼에서의 사고는 단지 세계의 상(像)을 보는 것이고 아직 그 세계(物 자체) 속에서 사는 것이 아니라고 한다.[112] 양명이나 퇴계의 개념으로 보면 우리의 참된 성(性)이나 리(理)를 우리의 의지 속에서는 무의식적으로 추구하고, 감정에서는 꿈꾸듯이 느끼고 있으며, 보통의 인식(知)에서는 단지 그 겉껍데기만 파악할 뿐이어서 이러한 우리 심을 잘 길러서 자아와 세계의 참된 본성인 리(理)의 세계에 도달할 수 있도록 해야 함을 말하는 것이다. 여기서 슈타이너가 그의 『초감각적 세계인식』에서 말하는 "더 높은 세계의 인식에 도달하기 위한" 공부는 양명의 '치량지'와 퇴계의 '경'(敬)을 중심으로 한 공부와 많은 점에서 닮아 있는 것을 알 수 있다. 또한 슈타이너가 우리 교육이 바로 그러한 정신(양지/理)과 세계의 본질을 알아보고, 단지 알아볼 뿐 아니라 세계를 계속적으로 창조해 나가는 심적 능력을 키우기 위한 공부로 보았다면, 그것은 양명이 말한 역(易)이나 도(道) 또는 기(氣)로서의 우주적 양지(理)를 일깨우기 위한 공부나 퇴계가 말한 이도설(理到說)의 창조적 리(理)를 체현하기 위한 공부와 맞닿아 있다고 할 수 있다.

슈타이너는 칸트 인식론의 한계가 바로 우리 인식의 힘을 단지 주어져 있는 세계를 수동적으로 인식하고 물자체에는 들어갈 수 없다고 한 것이라고 하면서 칸트의 견해와는 달리 우리 정신은 그러한 수동성을 넘어서 스스로가 세계를 창조해 간다고 하였다. "인간은 처음부터 실제 전체를 소유하고 있지 않고 점차로 자기 자신에게 전개시켜 나가는 것"이고, 그렇게 함으로써 "아직 실제적이지 않았던 것이 점차로 사고와 직관의 결합을 통해서 진짜 실제로 되어간다."고 칸트를 비판했다.[113] 여기서 양명이 1527년 그의 생애의 마지막 길을 떠나기 전에 밝힌 「대학문」에서 "대인(大人)이란 천지 만물을 한

몸으로 여기는 사람"(大人者, 以天地萬物爲一體者也)이고, 대학의 큰 공부란 바로 그 "천지 만물 일체의 본체를 세우는 일"(明明德者, 立其天地萬物一體之體也)이며, 그 일이 바로 "백성을 사랑하는 일"(親民者, 達其天地萬物一體之用也) 안에 있음을 강설한 것을 생각하게 한다. 양명은 여기서 큰 학문을 통해서 여기·지금에서 만물일체를 직관하는 큰마음을 지시해준 것이다. 또한 퇴계가 그의 『성학십도(聖學十圖)』 '인설도'(仁設圖)에서 인(仁)이란 "하늘과 땅이 만물을 창조하는 마음"(仁者天地生物之心)이고, "인간은 바로 그것을 받아서 마음으로 삼은 것"(而人之所得以爲心)임을 지적하면서 우리가 사욕(私慾)을 버리고 이 본성을 잘 가꾸어나갈 때 만물을 창조하고 기르는 창조자의 마음이 될 수 있다는 것을 강조하는 것과 유사하다.

슈타이너에 따르면 머리는 마치 마차 안에 타고 있는 마부처럼 몸에 붙어서 본래의 의지(아직 발아로 가지고 있는 정신)를 실행시키는데, 인간의 일생에서 감정이 의지와 먼저 결합하고, 점차로 의지에서 떨어져 나와서 사고와 결합해 나간다. 감정과 결합한 어린이의 의지가 감정과 결합한 노인의 사고로까지 발달해 갈 때 인간의 혼의 작용은 하나의 목표에 도달한 것이라고 한다.[114] 그러므로 노인이 되면 정신적(영적) 능력이 약해진다고 하는 것은 유물론적 사고라고 마르크스와 다윈의 영향을 유물론적으로 받고 있던 당시 시대를 세차게 비판했다. 양명의 대인(大人)의 마음이나 퇴계가 「심학도(心學圖)」에서 경(敬)을 주재로 한 공부에서 이상적 목표로 삼은 공자 70세 때의 마음처럼 슈타이너는 인간의 사고와 감정과 의지가 처음의 감각기관의 작용을 통한 지각력의 상태에서 계속 성장하여 영적 인식력으로 전개되는 것을 밝혀준 것이다. 몸과 영(정신)의 관계에 대한 이해에서 양명이나 퇴계가 마음이 주재하는 몸공부를 탐구하였듯이-양명의 도교에 관한 관심과 퇴계의 활인심법(活人心法)에 대한 탐구- 슈타이너는 우리 몸의 감각을 모두 12가지로 구분하고 그것들을 다시 의지감각, 감정감각, 인식감각으로 중분류하면서 어떻게 그 몸적 감각들이 정신 또는 영(理/양지)의 각성과 관계되는지를 밝힌다. 그에 따르면 인간의 머리부분은 주로 머리이지만 원래 인간의 모든 것이 머리이고, 가슴 부분은 주로 가슴이지만 원래 인간의 모든 것이 가슴이며, 지체도 마찬가지로 인간 전체가 지체라고 한다.[115] 이것은 우리 몸 전체가 정신(理)으로 되어 가는 도중의 지체(氣)라는 것을 지시해주는데, 그런 의미에서 어린이들에게 사고로 이미 만들어진 결론을 강요한다거나 정의내리기를 하는 교육은 어린이의 의지과 감정을 쓰지 못하게 하는 죽이는 교육이라고 비판한다. 그것은 우리의 인식이 참된 정신(영)으로 깨어날 수 있는 길을 차단하는 일이라고 경고한다.

참된 지식은 사실의 경험에 뿌리내린 현실적인 것이어야 하고, 그런 의미에서 추상적인 개념교육이 아니라 "상"(形象, Bildem)을 주면서 구체적인 형상에 근거한 교육이어야 한다는 것인데, 그때만이 그 지식이 인간 전체를 공명시킬 수 있기 때문이라고 강조한다.[116] 앞에서도 지적했듯이 양명도 유사하게 아동교육에서 당시 일반적으로 학교에서 주로 행해졌던 암기나 암송, 조작적인 글쓰기 대신에 본성적으로 놀기를 좋아하고 구속하는 것을 싫어하는 아이들의 특성에 따라서 그들을 기쁘고 즐겁게 해주어 스스로 할 수 있도록 도와주어야 한다고 강조하였다.[117] 이와 맥을 같이하는 의미로 슈타이너는 특히 강조하기를, "어린이 내부의 어떤 것도 죽여서는 안 된다는 것입니다. 어린이가 발랄하게 있을 수 있도록, 생기없이 메말라 버리지 않도록 수업하는 것입니다. 그를 위해서는 어린이에게 주는 살아 있는 개념과 거기에 반해서 언제까지라도 변화하지 않는 죽은 개념을 주의 깊게 구별해야 합니다."라고 했다.[118] 양명과 퇴계의 개념으로 하면 '지행합일' 과 '심득궁행'(心得躬行)의 공부로서의 성학이야말로 참된 리를 깨닫고 실천하게 하는 공부가 된다는 지적이겠는데, 그런 의미에서 슈타이너는 "교육은 과학(Wissenschaft)이 되어서는 안 됩니다. 그것은 예술(Kunst)이어야 한다."고 강조한다. 즉 의지의 교육을 출발로 해서 끊임없이 감정 속에 살아 있는 교육이어야 한다는 "교육예술"(Paedagogik als eine Kunst)로서의 인지학을 말하는 것이다.[119]

슈타이너에 따르면 수업은 하나의 예술 체험이 되도록 해야 한다. 수업이 하나의 기쁨과 즐거움의 원천이 되어야 한다는 것인데, 그렇게 해서 '세상은 아름답다.'라고 하는 아이들의 무의식의 전제가 확인되면서 그들의 의식은 더 높은 세계를 지향하게 된다고 한다.[120] 양명은 주희의 주지주의적 격물 공부는 감정의 조화를 유지하는 일을 너무 복잡하게 만들고 고요함의 역할을 너무 강조한다고 비판했다. 그는 말하기를 양지가 기쁨과 노여움, 두려움과 염려 등의 감정에 막히지는 않지만 그 감정들도 결코 양지 밖에 있는 것이 아니라고 했으며,[121] 정(定, 靜)과 동(動)이 그렇게 나뉘어져 있는 것이 아님을 기회가 있을 때마다 강조했다. 그는 제자들을 위해서 주연을 베풀기도 하면서 밤에 노래를 부르거나 투호놀이, 뱃놀이를 즐기며 제자들이 흥겹게 노는 것을 보면서 위대함으로 태어난 한 번의 인생을 낭비하지 말라는 시를 지어 격려하기도 했다.[122] 퇴계가 자연을 깊이 완락하고 산수를 즐겼으며 그가 그토록 중시한 경(敬)이란 결국 현재의 마음(느낌)으로 가장 잘 표현되는 것임을 생각할 때 동서의 세 사상가들이 모두 어떻게 참된 공부의 토대로서 현재의 마음을 중시했는지를 잘 알 수 있다.

그런데 슈타이너는 예술 속에서 살려야 하는 감정은 "대우주를 고찰하고 대우주와 인간과의 관련을 고찰할 때만 불타오를 수 있다."고 강조한다. 그것은 바로 우리의 교육이 더 높은 정신의 세계를 지향할 때만 그러한 생생한 감정을 계속 살아 있게 할 수 있다는 의미이다. 즉 교육의 진정한 의미란 "어린이의 가슴의 인간 일부분과 지체의 인간을 발달시켜, 그들에게 머리의 인간과 나머지의 가슴의 인간을 깨어나게 하는 것"이라고 지적한다.[123] 그에 따르면 이러한 일에 있어서 모유는 "잠자는 영을 일깨우는 유일한 성분"이고, 자연이 "어린이 속에서 인간의 영을 각성시키는 최초의 수단"이며, 이러한 모든 노력들은 몸과 의지와 감정의 교육을 통해서 머리 속의 잠자는 영을 눈뜨게 하는 일이라고 의미지운다.[124] 그는 영구치가 나기 이전의 교육이 지적 성격을 갖는 것이 얼마나 폐해인가를 지적하고, 어린 시절에 외경이나 존경의 개념, 기도하는 마음을 배우지 못한 어른은 진정으로 다른 사람을 축복할 수가 없다고 말한다.[125] 이른 시기부터 과도하게 지적 교육을 받은 아이들이 나중에 더욱 물질주의적인 어른으로 성장한다고 하는데, 오늘 우리 시대에 만연되어 있는 실천적인 유물론을 생각나게 한다. 또한 그는 어린 시절의 비만을 "우주의 진행을 방해하는 것"이라고 했다.[126] 이에 반해서 '오이리드미'(Eurythmie)라고 하는 서양 알파벳(인간의 언어, 정신)의 글자체를 몸으로 그려내는 독특한 체조법을 발명해서 아이들에게 규칙적으로 연습하게 했는데, 그것은 육체노동의 정신화로서 "지적인 체육 교육"을 통해서 지적 작업에서의 혈액순환을 좋게 하는 것으로 소개한다. 이와 더불어 시험공부와 같은 강제적인 암기를 시행하지 않는 "체육적인 지적 교육"을 말하는데, 그렇게 어린이의 의지 생활, 감정 생활, 지적 생활이 잘 고려되어서 그들 속에서 살아서 작용하는 생명이 잘 인도되어 어린아이 안에 있는 "우주"(정신 또는 영)를 일깨우는 것이 교육의 진정한 의미임을 밝힌 것이다.[127] 양명에게서의 양지, 퇴계에게서의 인(仁)의 리를 일깨우는 교육과 다르지 않다.

슈타이너가 사춘기가 지나고 14세에서 20세 정도까지의 지적 교육에서 특히 주목하는 것은 "상상력"(Imagination)이다. 이 상상력과 관련한 슈타이너의 언급은 매우 중요한데,[128] 상상력을 통해서 진정으로 세계의 본질을 볼 수 있는 영적(정신적) 힘으로서의 인간 정신력이 길러질 수 있다고 보았기 때문이다. 앞에서 공감과 반감이라는 인간 혼의 두 가지 근본 힘에 대해서 말했는데, 상상력(Phantasie/Imagination)이란 특히 대상과 하나 됨을 지향하는 공감과 관련한 의지 교육에서 길러지는 것이라고 보았다. 슈타이너는 청소년 시기의 지적 교육에서도 구체적인 현실과 관련 없는 추상적인 개념만을 배우는 교육이 아니라 역사나 지리 공부를 할 때도, 또는 기하나 수학 공부에 있어서도 학생들의 구체적인 몸과 삶 안에서의 현실 경험에 근거해서 상상력을 발휘할 수 있도록 가르치기를 호소하면서[129] 거기서부터 진정으로 "형상적 상상력"(bildliche Imagination)이 길러지고, "직관"(Intuition)과 "영감"(Inspiration) 등과 더불어 나중에 우리가 죽음 이후의 세계에서나 경험하게 되는 세계의 본질 자체인 "이름의 세계"(ewige Namen)를 인식할 수 있게 된다고 한다.[130] 플라톤의 '이데아'의 세계나 칸트의 '물자체'의 세계를 연상시키는 이 이름의 세계는 리(理)의 세계로도 이해할 수 있겠는데,[131] 추상에 근거한 것이 아닌 실제 경험에 근거한 인간 의식의 올바른 성장은 이러한 더 높은 세계의 인식으로 인도된다는 것이 그의 확신이다.

이러한 슈타이너의 정신 이해는 양명이 주희의 성즉리에 근거한 주지주의적 격물 공부 대신에 자신의 심즉리에 입각한 지행합일 공부를 역설한 이유나 퇴계가 경을 위주로 하는 공부 방식을 주창하며 지적 공부가 몸과 마음의 실천과 연결되어 수행되어야 함을 주장한 것과 관계된다. 예를 들어 효나 충의 리를 진정으로 인식할 수 있기 위해서는 책이나 이론만의 추상적인 배움 대신에 그것을 몸으로 직접 체험하고 실천하면서 거기서 함께 작동하는 판타지를 통해서, 그리고 형상적 상상력과 함께 그 리(理)의 본질을 더욱 더 잘 깨달을 수 있다는 것이다. 슈타이너는 형상적 상상력(bildliche Imagination)으로서의 정신(영, Geist)을 기르기 위해서는 "판타지(Phantasie)라는 돌아가는 길"을 통하라고 충고한다.[132] 아직 완전히 성인이 되기 이전의 지적 교육과정에서 여전히 의지나 감정과 연결된 상상력이 지적인 힘으로서 중요함을 말하는 것인데, 그래서 그는 교사 스스로의 "상상할 수 있는 힘", "진리에의 용기", "책임감"을 세 가지 "교육의 근간신경"으로 들었다.[133]

슈타이너가 말하는 형상적 상상력, 정신의 힘은 양명의 개념으로 하면 만물일체를 직관할 수 있는 양지, 퇴계의 의미로 하면 현재의 사물에서 리(理)가 다가오는 것을 알아볼 수 있는 경(敬)의 마음이라고 하겠는데, 어른의 경우에 그러한 정신의 능력을 구체적으로 키우는 과정을 그는 자신의 책『어떻게 하면 더 높은 인식의 세계에 도달할 수 있을까(고차 세계의 인식으로 가는 길)』에서 "신비학교"(die Geheimschulung)라는 이름으로 보다 상세하게 설명하고 있다. 사실 그의 "신비학"(Geheimwissenschaft)의 내용이 지금까지 우리가 살펴본 일반 아동 교육학의 내용보다 더 직접적으로 양명·퇴계와 맞닿아 있다. 슈타이너는 이 고차세계로 가는 길이 누구에게나 열려 있다는 것을 강조한다. 그러나 동시에 거기서의 출발점은 "진리와 인식에 대한 겸손의 길", 그가 "경외심의 오솔길"(der Pfad der Verehrung)이라고 부르는 깊은 공경의 마음임을 강조한다.[134] 그는 존경·경외·겸손은 영혼을 건강하고 힘차게 만드는 영양소로 무엇보다도 인식 활동에 활력을 불어넣는다고 한다.[135] 이러한 마음의 정서를 기본바탕으로 해서 어떻게 여러 차원의 수행을 통해서 정신의 세계에 입문할 수 있는지를 밝혀 나간다. "감정 및 사고 생활을 아주 특정한 방식으로 육성하기 위해서" 꽃봉우리의 만개 과정을 정확하게 관찰하는 일, 무생물이나 동물, 인간의 소리를 깊이 "경청"하면서 "자연 전체에 대해서 느끼는 법"을 배우는 일, 일체의 오성적 판단이나 불만의 감정, 거부 또는 찬성 등에 우선 침묵하면서 "다른 이의 존재와 완전히 혼용 일체되는 법", 또는 "말을 통과해 다른 사람의 영혼 속으로 들어가 듣는 법"을 배워서 영혼 속에 "진정한 상상력"(wahre Phantasie)과 "새로운 청각"(ein nerer Hoersinn)을 성장시키는 일 등에 대해서 말한다.[136] 또한 마치 자연의 힘들이 유기물을 소재로 육체적인 눈과 귀를 만들듯이 이러한 훈련을 통해서 만들어지는 "투시기관"(die Hellseherorgane)에 대해서 말하고,[137] "모든 사람 속에서 잠자고 있지만 깨어나야 하는 그 어떤 감정과 사고를 계발하는 일"과 그러한 방식으로 형성된 "정신적인 눈"(Geistesaugen)에 대해서 말한다.[138] 그는 결코 이러한 모든 수행과 명상의 길에 일상의 임무가 무시되어서는 안 된다고 강조하는데, 이와 더불어 좋은 정신적 책들이 신비학교의 수행자들에게 정신적 가이드가 된다고 밝힌다.[139]

이렇게 해서 "나에게 이루어져야 할 일은 내가 그러기에 적합하게 성숙해 있다면 언젠가는 된다."는 생각을 가슴속 깊이 새기면서 자신의 길을 가다 보면 신비의 오솔길에서 "대해를 항해하는 행운"을 얻어서 "그의 주위에 갑자기 정신의 빛이 생겨나며, 벽들은 사라지고 영혼으로 투시할 수 있게 된다. 하나의 새로운 세계가 투시력을 얻은 그의 눈(sehend gewordene Auge)앞에 펼쳐지거나, 들을 수 있게 된 그의 정신적 귀(hoerend gewordene Geistesohre)에 울려 퍼진다."고 말한다.[140] 퇴계가 리(理)가 자신에게로 다가오는 경험을 말하고, 양명이 "내 안에 빛이 있는데 내가 무슨 말을 더 하랴."고 한 경험과 다르지 않다고 하겠다. 지금까지 서술한 슈타이너의 신비학교의 길은 양명이 치양지의 일을 태어나면서부터 죽을 때까지, 깨어 있을 때나 잠을 잘 때도, 무슨 일을 하든지(事上鍊磨) 항상 창조하는 일(恒產)이라고 표현했고, 퇴계가 "이른 새벽에 일어나면서부터 밤이 깊어 잠잘 때까지"(夙興夜寐), 밤에 잠을 자면서도, 모든 순간과 기미 속에서, 독서를 하든 일에 응하든, 밤낮으로 꾸준히 경(敬)을 닦는 일로 말한 것과 크게 다르지 않다. 또한 양명과 퇴계가 진정으로 지행합일과 심득궁행(心得躬行)의 길을 가서 성학의 공부를 통해 참된 자유와 희락의 정신에 도달했듯이 슈타이너가 인지학에 기반한 교육 예술을 통해서 키우고자 하는 정신은 바로 그런 정신인 것이다. 오늘 우리 교육이 시급히 시

행해야 하는 일은 바로 교육에서 이러한 차원을 회복하는 일이다.

5. 우리 시대를 위한 양명과 퇴계 그리고 루돌프 슈타이너

지금까지 양명과 퇴계의 사상을 그들 사상의 내적 전개에 따라 나타나는 문제사를 중심으로 서로 연결하여 살펴보면서 그것을 20세기 서구 인지학자 루돌프 슈타이너의 언어로 의미화하고자 했다. 이제 결론적으로 이러한 문제사적 연결에서 드러난 그들 사상의 특징들이 오늘 우리 시대에 특히 한국 교육철학적으로 어떤 의미를 줄 수 있는지를 크게 세 가지의 관점에서 다시 부각시키고자 한다.

첫째, 이들 사상의 통전적이고 '크게 종합하는' (a great synthesis) 성격이 주는 의미이다. 앞에서 살펴본 대로 양명은 당시 인간 지성의 행위 없음의 문제 상황에 직면하여 그 행위를 가능하게 할 마음의 힘으로서의 의지(意)를 발견하였다. 그러나 그는 이어지는 사상의 전개 가운데서 그 마음의 의지와 더욱 현실적으로 관계하는 지(知)와 세계(物)의 실제를 보고서 자신의 사상을 양지(良知)와 치양지(致良知)로 다듬고서 더욱 더 주관과 객관, 마음의 의도와 명철한 객관적 인식, 몸적 수행과 지적 탐구, 공부와 사회봉사, 현재와 미래, 나와 만물의 연결과 하나 됨을 직관하고 그 진실에 따라 자신의 삶과 학문을 일구어 나갔다. 양명의 이러한 다층적이고 통전적인 삶과 사상을 줄리아 칭은 "형이상학(體)과 도덕(用)", "초월과 내재", "권위와 자아", "깨달음(悟)과 수행(修)" 등의 종합으로 표현해 주었다.[141]

퇴계의 경우에도 이러한 통합과 종합을 말할 수 있다. 양명의 심즉리와 지행합일설을 한편에서는 본체(性)의 관점에서, 다른 한 편에서는 의리의 현실의 측면에서 비판했던 퇴계는 그러나 기대승과의 사단칠정 논의에서 기대승이 사단과 칠정을 완전히 다른 두 가지 존재로 보는 것의 "병폐"(病)와 비논리성을 지적하자 그 비판을 일단 수긍하고 다시 자신의 정리를 찾아 나섰다. 거기서 나온 이기호발설(理氣互發說)은 어떠한 경우도 리(理)의 절대성을 포기하지 않으려는 퇴계의 심중으로도 이해할 수 있지만, 다른 한 편으로는 '리(理)도 발한다'는 것을 인정함으로써 이번에는 존재의 기적(氣的) 측면을 수용한 것으로 이해할 수 있다. 즉 퇴계 나름의 통합인 것이다. 이렇게 퇴계는 양명과는 다르게 리에서 먼저 시작하여 기를 인정한 측면이고, 양명은 기(心)에서 시작해서 리(良知)를 받아들인 입장이지만 결과적으로 모두 그들 나름의 심학(心學)으로 종합되었다고 볼 수 있다. 즉 양명의 '양지적 심학' 과 퇴계의 '경(敬)의 심학' 을 말한다.

양지와 경(敬)의 마음은 매우 통전적이다. 그것은 우리 마음의 지적 능력과 의지적 능력, 감정의 차원을 모두 포괄하는 것이고, 또한 깊은 영적 직관력과 상상력이 되어서 우리로 하여금 행위에로 이끌고 현재에서 희락할 수 있게 하며, 만물일체의 우주적 근거로도 파악된다. 오늘 우리 시대의 세계 인식이 너무 한쪽으로만 치우쳐서 특히 근대 과학의 시대에 양명과 퇴계가 보여주는 것과 같은 내재적 초월(immanent transcendence, 理 또는 良知)에 대한 감각을 잃고서 온통 물질주의자가 되든지 아니면 반대로 극단적인 영지주의자가 되어서 교육에 있어서도 목표부재와 방향감각을 상실하고 고통받고 있는데, 이 두 사상가의 통전과 더 높은 세계에 대한 비젼은 우리 시대에 좋은 귀감이 된다. 그들은 우리 인식과 삶이 어디를 지향해야 하는지를 잘 가르쳐주었다. 그것은 "더 높은 세계의 인식" 이며, 성학(聖學)의 체현이고, 만물일체의 실현이며, 그 세계에의 도달을 위해서는 우리 몸(氣)과 정신(理), 혼(心)과 영(理), 가정(家)과 사회(國) 등이 동시에 배려되고 인정되어야 함을 말한 것이다.

둘째, 그러면 이러한 통전적인 정신과 영(靈)의 교육을 위해서 어디에서부터 시작해야 하는지를 알려주는 의미에서이다. 양명은 지(知)가 행위에로 연결되지 못하는 이유는 의지에 있다고 보았고, 또한 그 지가 현실과 실천에 입각하지 않고 단순히 외부에서 주입된 이론만의 지였기 때문에 그 대신에 선천적인 선한 지식을 길러주는 양지의 확충을 주창하였다. 이것은 여러 차원의 의미를 가진다. 의지를 기르지 못해서라는 것은 루돌프 슈타이너의 이해대로 하면 우리 마음의 공감(Sympathie)를 길러주지 못해서라는 것인데, 즉 어린 시절부터 아이의 현재인 몸과 감정이 잘 배려 받지 못하고 반감(Antipathie)을 주로 쓰는 지적 공부에만 몰아붙여졌거나, 대상과의 하나됨을 추구하는 공감의 느낌을 통해서 건강한 상상력이 길러지지 못한 것을 말한다. 그래서 아이의 정서는 신뢰와 공경심, 소망과 비전 대신에 어린 나이에도 불구하고 불신과 불만, 비난과 냉소가 자리 잡고 급기야는 그러한 악한 감정이 우세해져서 몸도 차가워지고, 뼈도 굳어지며, 너무 말랐거나 뚱뚱해져서 정신은 점점 더 물질적이 되어가는 것을 말한다. 오늘 우리 시대 어린이와 청소년을 보는 것 같다. 신념과 용기와 건강한 상상력 대신에 우울하고 산만하며, 현실과 전혀 동떨어진 컴퓨터 게임 속에 빠져 지내거나 성적 자극에 일찌감치 노출되어서 예술적 감동이나 진리와 학문 세계에 대한 관심은 저 멀리 날아가 버린 모습이다. '세계가 선하고', '세계가 아름다우며', '세계가 진실 되다' 는 것을 더욱 느끼고 깨달아서[142] 더욱 선하고, 더 아름답고, 더 진실된 사람이 되고자 하는 의지와 목표를 가진 청소년들로 키우지 못하는 것을 말하는데, 이런 병폐를 치유하려면 바로 의지의 교육에서 시작하고, 공감과 선함을 길러주는 교육에서 출발하며, 자발성과 실천력에 근거한 지적 상상력을 길러주는 교육이 되어야 함을 말하는 것이다. 선함과 도덕과 행위를 길러주려는 교육은 바로 그렇게 의지와 공감과 선한 상상력을 길러주는 교육을 통해서 가능할 수 있다는 가르침이다.

이 공감의 주제와 관련하여서 퇴계의 경(敬) 이해도 또 다른 차원의 지혜를 준다. 앞에서 살펴보았듯이 퇴계는 우리 공부가 어떤 경우에도 경 위주로 이루어져야 하고, 대상과 세계에 대한 그러한 존숭의 마음과 집중이 우리로 하여금 그 대상과 하나 됨을 가능케 하고 오류에 빠질 수 있는 자아의 한계와 부족함을 알게 해준다고 했다. 그의 언행록에 보면 그가 어떻게 어린 시절부터 스승과 웃어른에 대한 존숭의 마음을 깊이 가졌는지를 잘 보여주는데, 그러한 공감과 경(敬)의 마음이 잘 길러진 것이 밑받침이 되어서 그의 학문과 인격이 크게 도야된 것이라고 할 수 있다. 그의 일생은 한 마디로 "노겸군자"(勞謙君子)의 삶이었다는 지적은 그 삶이 공감과 따뜻함과 겸손함과 관련해서 어떠했는지를 잘 말해준다.[143] 그의 제자들에 따르면 퇴계는 "온화롭고 선량하셨고, 공손하면서 근엄하셨고, 단정하면서 자상하셨고 조용하면서도 근엄하셨다. 일찍이 사납고 거만한 표정이나 노하고 성낸 기색을 나타내신 일이 없으셨다. 선생을 우러러 보면 엄연하고 경건한 의용이 넘치나, 가까이 모시면 온화롭고 인애로운 모습과 덕성을 느끼게 되었다."고 한다.[144]

그는 선생으로서 제자들을 맞이할 때는 귀한 손님을 맞듯이 하셨고, 가르치실 때 화기가 풍겼고, 정성껏 가르치고 깨우쳐 주셨으며, 처음부터 끝까지 환하게 의심스러운 점이 없도록 해주셨다고 한다.[145] 이렇듯 자애롭고 따뜻했던 퇴계는 매우 관대하셨고, 그래서 아주 큰 잘못이 없는 한 절교하신 일이 없으셨으며, 누구에게나 관용하여 깨우쳐 주고 잘못을 고치어 스스로 새사람이 되기를 바라셨다고 한다.[146] 한편에서는 박학과 심문과 신사와 명변으로 치열한 글공부와 사고를 요청하였지만, 그의 경(敬)의 심학은 그것과 더불어 자애로움(仁/愛)을 우리 마음의 본체로 파악하고 실천하여 제자들에게 동시에 말하기를, "'미처 이 책을 읽지 못해도 역시 그 사람이요, 이미 이 책을 읽고 나도 역시 그 사람이다'라고 한 두 글귀는 마땅히 깊이 경계해야 한다."라고 인용하셨다고 한다.[147] 오늘 우리 시대에 과도한 지적 교육과 학벌주의에 대한 경계이기도 하고, 참된 배움이란 이렇게 배우는 사람들의 인격과 마음과 공감력의 배려를 통해서 선에의 의지를 길러주는 것이라는 메시지이기도 하다. 양명과 퇴계 모두가 소학(小學)의 정신을 중히 여겼고, 입지(立志)를 강조하였으며, 효의 실천을 모든 공부의 출발점으로 본 것 등이 그들 마음과 공부가 얼마나 공감에 의해 인도되고 실천력있는 의지를 기르려는 것이었는지를 잘 드러내준다. 그런 의미에서 인간이 한 편으로 "지능의 시중을 받는 의지"라면[148] 이 의지와 공감(敬)과 그에 근거한 직관(상상력)의 교육이야말로 인간을 행위에로 이끄는 참된 가르침이 될 수 있다는 메시지이다.

셋째, 양명은 "뜻을 품는다는 것은 마음에 아픔을 가지는 것과 같다"(持志如心痛)[149]고 했고, 또한 "오호라! 요즘 사람들이 비록 나를 미쳐서 정신을 잃어버린 사람이라고 말할지라도 상관없습니다. 천하 사람들의 마음은 모두 나의 마음입니다. 천하 사람들 가운데 오히려 미친 사람이 있는데, 내가 어찌 미치지 않을 수 있겠습니까?"[150]라고 하였다. 이렇듯 "도(道)는 누구에게나 속한 것이고, 배움은 이 세상 모두에게 주어진 것"(夫道天下之公道也, 學天下之公學也)이라는 것을 알리기 위해서 자신의 애통하는 마음을 표현하였지만 양명은 "즐거움이 마음의 본체"(樂是心之本體)라고 하였고,[151] 치량지의 공부와 다름없는 대학 공부의 지극한 실현으로 "나의 마음은 기쁘고, 행복하고, 뉘우침이 없을 것이며, …자기기만이 없을 것이고, 성실함(誠)이 실현되었다고 할 것이다."라고 하면서[152] '기쁨'(喜)과 '즐거움'(樂)을 공부의 지선(至善)으로 표현하였다.

퇴계의 경우에도 이런 마음의 깊은 희락의 차원이 잘 표현되었는데, 이 순간 자신의 마음에서 악의 뿌리를 보며 항상 조심하고 경계하고, 현재의 대상과 세계 속에서 "초월과 대면해 있음"(對越上帝)을 주시하기 때문에 그러한 자신을 낮추는 겸허함과 삼감을 통해서 더욱 더 깊은 현재의 희락을 체현한 경우이다. 그의 수많은 시들이 그 표현들이다.

퇴계선생은 선한 행위를 위해서 의지를 길러주는 것보다 우리 마음의 감정을 잘 다스려주는 것이 더 관건이라고 본 것 같다. 우리 마음이 여러 군데로 흩어지지 않고 집중할 수 있게 해주고, 항상 온화한 가운데 지나치게 좋아하거나 미워하는 따위의 사사로운 마음이 없어서 대상을 나의 의도로 왜곡함이 없이 있는 그대로 대면하는 것의 중요성을 말한 것이다. 제자들이 그린 그의 모습을 보면,

> "선생께서는 마음을 존양하는 수양이 충분히 되어 어떠한 일을 맞이해도 여유 있게 처리하셨으며, 아무리 황급한 때라도 정신을 한가롭게 갖고 생각을 안정시키셨으며, 허겁지겁 서두르는 기색이 없으셨다."[153]

> "선생께서 학문을 논변하실 때에는 기색이 부드럽고 말씀이 화창하셨고, 이치가 분명하고 뜻이 옳았으며, … 말씀하실 때는 반드시 상대방의 말이 다 끝난 뒤에야 천천히 한 마디로 조리있게 풀으셨으나 그런 때에도 반드시 자기의 말을 옳다고 단정하지 않으시고, 오직 '내 견해가 이러한데 어떠할까?' 하셨다."[154]

그런 퇴계에 대해서 제자들은 다음과 같이 서술했다;

> "선생의 학덕은 사욕이 말끔히 가시고 천리가 해처럼 밝으며 物과 나 사이

에 피차의 구별이 없었다. 선생의 마음은 바로 천지만물과 더불어 아래위로 같이 흘러 저마다의 미묘한 경지를 얻은 바가 있다."(先生之學, 私慾淨盡, 天理日月, 物我之間, 未見有彼此町畦, 其心直與天地萬物上下同流, 有各得其所之妙).[155]

이렇듯 경(敬)을 통한 깊은 공부를 통해서 마음속으로부터의 화평과 친절로 주변 사람들과 하나 됨을 이루었던 퇴계는 자연과 산수를 무척 좋아하였던 것으로 그에 대한 많은 기록들이 있다. 그가 산수를 좋아하여 부임하게 된 시골 단양과 풍기에서도 공무의 여가에 책을 즐기다가 초연히 혼자 나가 산이나 물가를 거니셨는데, 농부들은 그런 모습을 "마치 신선(神僊)같다"고 보았고,[156] 50이 넘어서 도산에 터를 정하고 집을 지어 책을 간직하셨는데 겨울에 너무 추워서 지낼 수 없었지만 봄, 여름에는 항상 그곳에서 거처하셨고, 혹시 꽃피는 아침이나 달 밝은 저녁에는 혼자 조그마한 배를 타고 오르내리기도 했다고 한다. "이렇듯 퇴계의 산수에 흥을 붙이시어 마치 세상에 대한 생각이 없으신 듯하다."고 그려졌고,[157] 퇴계 스스로 고백하기를, "내가 혼자 완락재(玩樂齋)에서 잠을 자다가 한밤중에 일어나 창을 열고 앉아 있자니, 달이 밝고 별들이 총총하고 강산이 텅 비었으며, 온통 고요하여 천지가 갈라지기 전의 세계인 듯한 느낌이 있었다."고[158] 서술하면서 자신의 자연과의 하나 됨을 통한 깊은 희락의 경지를 드러낸다.

과욕(寡慾)의 시인 소동파를 무척 좋아하였고 '절우사'(節友社)를 지어서 매·죽·송·국과 더불어 친구가 되셨던 퇴계선생은 인간 함께함의 문제는 의지나 상상력이 부재하기 때문이 아니라 오히려 그것이 너무 강해서, 또는 그 주관적 상상력의 과함이 불러오는 현실의 왜곡이 너무 심해서라고 본 것 같다. 그런 의미에서 예를 들어 서구 현대에서 이반 일리치(Ivan Illich, 1926-2002)가

서구의 역사를 믿음(의지)으로 구원을 가능하게 열어준 예수의 복음이 다시 제도화되고 고정되어서 그 역동성을 잃어버린 역사로 보면서 "최선이 타락하면 최악이 된다." 비판했듯이[159] 그렇게 우리의 자유로운 선택(의지 또는 믿음)은 항상 이데올로기와 이상주의로 바뀔 수 있으므로 마치 "땅을 밟을 때 개미집도 피하여 돌아갈" 정도의 조심성(敬)을 가지고 숙고하고, "큰 손님을 뵙듯이", "제사를 지내듯이" 그렇게 자신을 살피면서 현재의 상황을 배려하면서 나가야 한다고 가르친 것이다. 이것은 퇴계 경(敬)의 심학이 갖는 깊은 종교성을 말하고, 이것이 중국 성리학에 대한 한국 심학의 고유성이라는 지적이 계속 있어 왔다.[160] 양명에게서는 심의 주체성과 자발성을 부정하는 것이 악이라면, 퇴계에서는 악(세계)의 신비 자체를 부정하는 것이 오히려 악이 된다는 의미로도 해석해 볼 수 있겠다.[161] 앞의 이반 일리치가 "단념의 습관은 자유를 실천하기 위해서는 필수적으로 익숙해져야 하는 것"이라고[162] 한 데서도 드러나듯이 현재의 희락은 한 편으로 자발적인 단념과 덜어냄과 청빈이 아니면 얻을 수 없음을 퇴계선생은 잘 보여주셨다.

그러나 한편 자신의 마음 속에서 초월을 만나고 거기에 근거하여 현재(知)와 미래(意)의 화해를 경험한 양명도 타자와 물(物) 속에서 초월을 경험하여 과거(思)와 현재(情)의 하나 됨을 이룬 퇴계처럼 그렇게 덜어냄과 겸손과 기쁨을 말했다. 그런 그들에게 있어서 공부는 "'축적'이 아닌 이기심을 '줄이는 것'"(只求日減, 不求日增)이었다. 양명은 자신의 말이 기록으로 남겨지는 것을 꺼려했으며, 제자들에게 "그들이 말한 것이 틀렸고 우리가 옳다는 확신이 된다면 우리는 더욱 더 확신하는 바를 실행에 옮겨야 하며, 더욱 더 겸손해야 한다"고 강조했다.[163] 퇴계는 50살에도 아직 집이 없었고, 끼니마다 세 가지 반찬을 넘지 않았고, 받은 선물을 한 번도 집에 쌓아두는 일이 없었으며, 스스로 농사를 돌보며 무척 검약하게 살았다고 한다. 그런 선생은 말하기를, "군자의 학문은 자기를 위할 따름이다. 이른바 자기를 위한다는 것은 장경부가 말한바 '위하는 것이 없다' 는 뜻이다. 우거진 숲속에 있는 한 포기 난초가 온종일 향기를 피우지만 스스로는 그 향기로움을 모르고 있거늘, 이러한 것이 바로 군자가 자기를 위해 학문을 한다는 뜻에 일치하는 것이다"라고 하였다.[164] 오늘 우리 교육이 일찍이 유아교육으로부터도 온통 공리주의적 속물주의에 빠져있는 것을 볼 때 깊이 생각할 부분이다.

> "선생께서는 겸허를 덕으로 삼고 털끝만큼도 오만한 마음이 없으셨다. 도를 이미 밝게 터득하시고도 마치 보지 못한 듯이 우러러 높이셨고, 덕이 이미 높았는데도 얻지 못한 듯이 부족하게 여기셨다. 이렇듯 향상(向上)하려는 마음이 돌아가실 때까지 하루같이 변함이 없으셨다."[165]

양명 선생에게도 그대로 적용될 수 있는 이러한 서술을 보면서 깊은 존숭과 자기비움으로 현실과 세계를 만나고, 그런 가운데서 온갖 것에도 불구하고 희락할 수 있는 인격을 기르는 일은, 행위할 수 있고, 의지할 수 있으며, 시작할 수 있는 인격을 키우는 일만큼이나 소중하고, 둘 모두 우리 교육의 간과할 수 없는 두 지평인 것을 명심해야 할 것이다. 임종의 시간에서도 자기 방의 매화의 고통을 생각했다는 퇴계의 마음이 너무 그립고 부럽다. 또한 "모든 사람들이 아무 문제없이 즐겁게 지내고 있을 때 나 홀로 울고 슬퍼하고, 온 세상이 행복하게 좇을 때 나 홀로 매어지는 가슴과 꺾인 무릎으로 염려합니다."라는 말로 세상에 대한 깊은 우환의식과 책임감을 표현했던 양명의 마음이 오늘 우리 시대에 더욱 귀하게 여겨지고 그리워진다. 어떻게 우리 속에, 우리 시대에, 우리 교육에 그러한 마음들을 다시 살려내고 길러낼 수 있을까를 깊이 고민하고 또 고민할 일이다.

· 제5장 ·
어떻게 우리의 대동(大同)사회를
이룰 수 있을 것인가?

– 2013체제와 한국 사회개혁의 여러 문제들

1. 2013체제 구상

지난 2012년 한국 사회 진보진영의 대표적 학자인 백낙청 선생이 제시한 2013체제 구상에서 가장 핵심적인 사항은 1953년 휴전과 더불어 시작된 남북 분단체제를 마무리하자는 것이었다. 그에 의하면 87년 6월 항쟁과 더불어 시작된 87년 체제도 군사정권과 개발독재의 61년 체제를 대체했지만 단지 남한만의 구상이었고, 그런 의미에서 1953년 체제의 연장이다. 그래서 그는 이제 우리가 2012년 총선과 대선 이후에 시작될 2013체제를 위해서 전태일 열사가 말한 '희망함이 적음'의 누를 범하지 말고 분단 60년을 뒤로 하고 남북 공유의 한반도 평화체제를 구상해 보자고 한다. 남북 모두는 지금 1953년 분단 체제의 말기에 놓여 있어서 그 폐해와 고통이 너무 심하다는 것이다.

2010여 년부터 본격화된 이러한 2013체제 구상은 그때 100%의 확신은 아니었지만 2012년 총선에서의 야권 승리를 거의 필요조건으로 하면서 행해진 것이었다. 그러나 우리가 잘 아는 대로 2012년 4월 총선에서 야권은 패배하였고, 그 이후 남북연합 평화체제 구상에 대한 희망과 열의는 크게 감소되었으며, 오히려 그 반대로 한국 사회는 세찬 종북 논쟁에 휘말렸었다. 2011년 10월의 서울시장 보궐선거나 안철수 현상 등을 통해서 더욱 큰 가능성으로 떠올랐던 2013체제 구상은 거기서의 희망과는 달리 MB 정부 말기에 '여소야대' 국회가 이루어지지 않았고, 대선마저도 불투명한 상황이 되어서 백낙청 선생도 상상한 대로 야권 분열로 총선 승리를 놓쳤을 때 차라리 박근혜 후보를 택하는 것이 낫다는 심리가 확산되고 있는 상황이다.[1]

이러한 현실이 도래된 것에 대해 여러 가지 요인들을 들 수 있지만 한국 기독교회도 거기에 밀접하게 연관되어 있는 것을 부인할 수 없다. 2012년 총선 강남3구의 투표 결과에서도 보았듯이 한국의 대형 교회들은 주로 수구 새누리당에 지지를 보냈다. 그것은 한국 교회가 한반도 남북연합 2013체제의 실현에 그렇게 긍정적이지 않다는 것을 말한다. 이러한 상황은 백낙청 선생에 따르면 그러나 박근혜 후보가 대통령이 된다고 해도 그것은 여전히 53년 분단 체제, 87년 체제 말기 국면의 연장에 불과한 것이므로 정국의 혼란과 국민의 불행은 말할 수 없을 것이며, 또한 민주 야권이 총선에는 졌지만 대선에서 이긴다 하더라도 그것은 과거 노무현 정부와 같이 정국을 주도할 힘을 가지고 있지 못한 것이기 때문에 또 하나의 실패가 될 우려가 크다고 한다.[2]

이렇게 비록 원래 2013체제 구상이 바랐던 대로 야권이 총선에서 승리하지 못했지만, 이처럼 확실히 예견되는 두 가지의 혼란 때문에라도 2013체제에 대해서 성찰을 계속하는 것은 긴요하다고 본다. 또한 원래 이 체제를 구상할 때 백낙청 선생을 비롯한 한국 진보진영은 그 구상이 진정으로 "무서운 기획"이 되는 이유는 "선거 승리 이후를 책임져야 하기 때문"이라고 지시했다. 즉 2013년 체제 구상이 한반도 평화 체제, 양극화 해소의 복지국가, 더욱더 공정·공평한 민주주의 등, 이제까지와는 아주 다른 새 시대를 기약하면서 그것을 구체적으로 추진할 집행 능력을 갖추는 일이어야 한다고 했다면[3] 2013년은 어떻게든 도래하고 그 이후 시간의 집행은 피할 수가 없기 때문에 어떻게든 나름의 답을 가져야 한다는 것이다. 본 글은 이러한 상황을 숙지하고 종교와 정치·교육을 하나로 통섭하고자 하는 시각에서 백낙청 선생이 핵심적으로 구상한 2013년 체제의 세 가지 주제, "평화체제, 복지국가, 공정·공평사회"에 대해서 나름대로 응답하고자 한 것이다.

2. 한반도 평화 체제 도래를 위한 종교인과 문화인의 역할
– 천안함 사건 앞에서

백낙청 선생의 구상 「2013체제 만들기」의 마지막 구절은 "천안함 사건의 진실 규명이 2013체제의 핵심에 자리 잡아야 할 이유"에 대해 언급하는 것이었다. 이렇듯 그는 남북이 함께하는 한반도 평화 체제 구축이야말로 2013체제 구상의 출발점이고 그 핵심 관건임을 밝히고, 거기서 천안함 사건의 규명을 참으로 중요한 일로 지시했다. 그는 우리 시대의 "후천성 분단 인식 결핍 증후군"에 대해서 말하면서 "분단 현실에 대한 냉철한 인식이 결여된 복지국가론"으로는 결코 승산이 없다고 잘라 말했다.[4]

이것은 87년 민주 체제조차도 53년 분단 체제를 극복하지 못했고, 그래서 지금 천안함 사건과 같이 "철학적 진리"(philosophical truth)가 아닌 대대적인 "사실적 진리"(factual truth)가 이렇게까지 논란이 되어서 '사실'(fact)과 '정치'(politics) 사이의 갈등이 첨예하게 노정되고 있는 현실에 대해서 심각하게 지적한 것이라고 하겠다.[5] 그는 지난 2008년 MB정권 이후의 우리의 삶에 대해서 "통일도 않고 통일문제에 관한 진지한 고민도 없이 살려고 할 때 우리가 어

떤 삶을 살게 되는지를 확실하게 보여준 것"이라고 언급하였다.[6]

이러한 상황 속에서 바로 2012년 6월 14일자 신문에도 "이명박 대통령의 위험한 천안함 왜곡 발언"이라는 제목 하에 두 명의 재미 과학자가 제기한 천안함 사건과 관련한 이의문이 실리게 되었다. 거기서 두 과학자는 이명박 대통령이 천안함 사건을 "명확한 과학적 증거가 나(온)" 북한의 폭침으로 규정하면서 "이들(북한)의 주장을 그대로 반복하는 우리 내부의 종북세력"에 대해서 발언한 것은 "사실과 전혀 맞지 않는 주장"이라고 반박하였다. 그러면서 두 과학자는 다시 여러 과학적 논의들을 제시하면서 그러한 천안함 사건 논의의 정점이 "종북세력이라는 색깔론"이라고 지적하며 이것은 "과학을 부정하고 데이터를 조작하는 것으로도 부족해, 이제는 과학과 합리적 이성에 빨간 색칠을 하는 중세 유럽식 종교재판을 벌이고 있는 것"이라고 강하게 비판하였다.[7]

일찍이 20세기 서구 여성정치철학자 한나 아렌트는 그녀의 「진리와 정치 (Truth and Politics)」에서 어떻게 나치 독일과 같은 전체주의 국가에서 진리와 정치가 서로 극단적으로 불편한 관계에 서게 되는지를 잘 밝혀 주었다. 전통적인 구분에서 수학적 · 과학적 · 철학적 진리의 이성적 진리(rational truth)보다 우리 정치 영역의 얼개를 구성해 주기 때문에 더욱 관심을 끄는 사실적 진리 (factual truth)는, 그녀에 따르면 권력의 공격을 받게 되면 거기서 살아남을 수 있는 기회는 사실상 매우 드물다. 환영받지 못하는 '사실적 진리'는 종종 의식적 또는 무의식적 '의견'(opinion)으로 둔갑되어서 진리 대(對) 의견의 대립이라는 문제 정황에 내몰린다. 그녀에 의하면 "애석하게도" 인간의 모든 진리는 사실 독사이(δόξα, 즉 의견과 해석과 독립해서 존재할 수 없으므로 의견의 보유자들이 사실적 진리에 대해서 적대감을 가질 경우 사실적 진리도 이성적 진리와 마찬가지로 "취약하다"는 것이다.[8] 오늘 한국의 정치 현실에서 보이는 많은 정치 논란들, 사법적 판결문들, 언론의 보도들이 아렌트의 이러한 지적으로부터 자유롭지 않다. 하지만 그녀는 이 사실적 진리는 그러한 현실에서의 취약성에도 불구하고 바로 그 실재가 과거이기 때문에, 즉 이미 "이루어진 일"이기 때문에 그 실존의 완고성(stubbornness)에 있어서 어떠한 정치권력보다도 우월하다고 지시한다. 거기서 사실적 진리가 일관된 거짓말로 교체되고 진리가 거짓으로 폄하되는 것이 아니라 오히려 파괴되는 것은 실재 세계에서 의미를 읽어 내는 우리들의 감각이라고 한다. 즉 우리가 삶에서 방향감각과 실재감을 얻기 위해서 의존하는 모든 사물의 소름끼치는 동요라는 것이다.[9] "사실과 사건이 갖는 사실성의 분명한 신호는 바로 이 완고한 맥락성(this stubborn thereness)이며, 이것의 내적인 우연성은 최종적인 설명을 위한 모든 시도들을 궁극적으로 거부한다."[10]고 그녀는 지적한다.

아렌트는 우리가 진리의 비정치적이고, 반정치적인 속성을 깨닫게 되는 것은 오직 갈등을 통해서라고 하는데, 그러한 상황에서 우리의 공동체적 삶을 이어나가기 위해서 그 갈등 상황 속에서 정치 영역의 바깥에서 사실적 진리를 규명하고 수호하는 일에 대해서 말한다. 즉 철학자, 과학자와 예술가, 역사가와 판사, 사실 발견자와 증인, 언론 기자, 사법부와 대학 등의 존재와 역할을 말하고, 만약 이들 중 한 개인의 삶이나 역할이라도 충실하게 지속적으로 이루어진다면 정치는 결코 거짓되게 자신의 요구나 신념을 관철시킬 수 없다고 한다.[11] 왜냐하면 그 개인이나 기관은 정치의 바깥에서 "독립적이고"(independent), "중립적이고, 불편부당하고, 자신의 사적 이익으로부터 자유로운"(non-commitment and impartiality, freedom from self-interest) 행위와 판단의 수행자가 되어서 정치 행위도 포함해서 우리 인간 행위가 가능하기 위해서 기초적으로 필요한 토대를 드러내주기 때문이다. 그것은 우리가 딛고 서 있는 땅이자 머리에 이고 있는 하늘이고, 개념적으로 우리가 "변화시킬 수 없는 것"의

이름으로 부르는 진리를 드러내 주기 때문이라고 강설한다.[12]

나는 여기에 종교인의 역할도 있다고 생각한다. 아니 여기서 더 나아가서 어떤 인문학자나 과학자, 예술가, 판사, 기자나 개인적 사실 담보자보다도 오히려 더 지속적으로, 불편부당하게, 지공무사(至公無私)한 마음과 행위로 진실의 수호자가 되어야 하는 것이 종교인이라고 보면, 오늘 한국 사회의 현실에서는 그렇지 못하고 오히려 더 편당에 사로잡혀 있거나, 정치에 함몰되어 있고, 사적 이익의 추구에 힘을 쏟고 있는 모습이고, 그래서 다시 그 본래의 모습과 역할을 찾는 것이 종교와 교회의 가장 우선한 과제라고 보는 것이다. 이것을 오늘 논의의 주제가 되는 2013체제와 연결하여 생각해 보면, 한국 교회가 2013년 이후의 한반도의 삶을 위해서 남북 분단 체제를 청산하는 일을 자신의 핵심 과제로 보아야 하고, 그 발걸음을 내딛기 위해서 천안함 사건의 진실 규명에 큰 힘을 쏟아야 한다는 것을 말한다. 최근 〈한겨레신문〉은 "이 땅의 '종북 몰이'는 누가 멈출까"라는 제호 아래서 오늘의 종북몰이 정치 현황을 매우 우려하였다. 거기서의 뉴스 분석은 1950년대 초 미국에서의 매카시즘 색깔론 광풍을 잠재우는데 첫 발을 내디딘 공화당 여성 상원의원 마거릿 체이스 스미스의 양심선언에 대한 기사를 내보냈다. 거기서 그녀는 "정치적 통합이나 지적 정직성이 부족한 철학을 가진 공화당으로 정권이 교체된다면, 똑같이 이 나라에 재앙이 될 것이다."라고 선언하며 자신의 소속당이지만 매카시즘을 배태한 공화당을 비판했다고 한다.[13]

이 기사를 보면서 나는 이러한 1950년대 미국에서의 매카시즘 색깔론보다 훨씬 무섭고 두려운 이 땅의 종북 몰이는 누가 멈출 수 있을까를 반문해 보았다. 그러면서 우리 사회에서 일찍이 함석헌 선생이 집중적으로 소개한 인도 독립운동에서의 간디의 '진리 파지'(satyagraha) 운동, 그의 비폭력 독립운동 행진 같은 것을 기억해 냈다. 그것은 잠깐 동안의 편당의 이익을 위해서 진실을 덮는 수준의 종북 몰이 멈춤이 아니라 이제 진정으로 한반도에서 인간다운 삶의 시작을 위해 2013년 남북 연합 평화체제를 구축하는 운동을 말하고, 거기서 종교인들이 중심이 되어서 간디의 무저항 비폭력 운동과 같은 범시민 운동으로서의 평화운동 같은 것을 시작하는 것을 말한다. 2008년의 촛불 시위의 경험을 한 우리로서는 진리파지 운동으로서의 비폭력 시민운동이 낯설지 않고, 그래서 기독교 진보 시민운동으로서 이 주제를 굳게 잡아서 시민 행진 운동으로 전개해 볼 만하지 않은가 생각했다.

이렇게 말하지만 언제든 다시 종북 몰이의 광풍이 몰아닥칠 수 있는 상황에서 천안함 사건과 같은 분단체제 말기의 사건과 더불어 '진리 대 정치'의 대립에 서는 일은 정말 두려운 일이다. 그래서 그런 일은 간디와 같은 뛰어난 영적 지도자가 있어야 하는 일이라고 다시 물러서 본다. 그런데 오늘 그러한 종교 지도자가 쉽게 등장하지 않는 상황에서 최인훈과 같은 우리 시대의 문학가는 최근 발표한 『바다의 편지』에서 억겁의 윤회와 부활을 거치고서라도 반드시 이루고자 하는 우주적 생명의 일로서 "밀림에서 나왔을망정 다시는 밀림의 법칙으로 돌아가지 않겠다는 성깔이 있는 사람에게서만 문제가 되는 그런 문제"를 풀고야 말겠다는 강한 의지를 표현하였다.[14] 1936년 일제 식민 체제에서 탄생한 사람으로서, 그리고 남북 분단 체제 아래서의 실향민으로서 20세기 인류 문명이 한반도와 자신의 삶에 제기한 문제들을 푸는 일로 일생의 화두를 삼고 살아온 그는 '통일이 못 된다 하더라도 전쟁을 해서는 안 된다는' 것을 인류 문명사적 관점에서 남북 하나됨의 원칙으로 삼자고 강조한다. 그에 따르면 "통일을 위해 전쟁을 택해서는 안 된다."는 것이 남북이 합의한 "7.4성명의 대원칙"이고,[15] 그런 의미에서 7.4공동성명은 우리가 문명 감각을 회복했다는 증거이고, 유럽사에서 비견하면 그것은 "유럽 근대에서 종교개혁에 견줄 만한 사건"이라고 평가한다.[16] 인류 20세기의 이데올로기 문제는 "유감스럽게도" "우리 민족의 발명품이 아니"라는 것을 강조하는 최인훈은 그리하여 현실적인 대안으로서 분단 문제를 다루는 데 있어서 통일 문제와 정권 문제를 분리시켜서 논할 수 있는 상황을 조성하는 일을 먼저 제안한다. 그러면서 지금의 분단 시기를 "민족의 입장에서의 정치적 분업"의 시기로 보면 어떤가 하는데, 즉 차선의 사고방식으로서 남과 북이 서로 분리되어 있는 시간 동안 각자가 연결된 세계의 부분에서 가장 좋은 것을 배워서 그 좋은 것을 훌륭한 형태로 발전시켜 통일이 될 때 그것을 모두의 것이 되게 하자는, 보다 긴 문명 축적의 과정으로서의 통일과 학문과 예술 및 언론에서 자유로운 환경을 조성하는 일의 중요성을 강조한다.[17]

여기 문학을 "세속사회의 종교"로 보는 최인훈이 제안하는 통일 방안 구상에서도 뚜렷이 드러나는 것은 '생명'과 '평화'의 원칙이며, 이데올로기보다는 '민족'의 관점에서 "인류가 이룬 가장 문명한 방법, 즉 분쟁의 평화적 해결"이라는 방법으로 이루어야 마땅함을 강조한 것이다.[18] 그는 또한 "국민자치의 원리"를 말하고, "죽음은 인간이 아직도 정복할 수 없는 절대의 불행"이기 때문에 그 앞에서 "'절대'라는 우상을 섬기지 말아야 하는 일"을 강조한다.[19] 나는 이 지점에서 함석헌 선생이 지난 70년대 초 인도를 방문하고 돌아온 후 당시 인도가 캘커타와 케랄라 같은 공산주의 주정부도 포함한 연방국가로 통일을 이루고 있는 것에 주목하여 우리도 중립주의를 고려해 보자고 조심스럽게 제안했다는 것을 기억해냈다. 이와 더불어 그때 그가 구상한 중립국가로서의 남북 통일안은 남한의 정치사에서 가장 폭압적이었던 군사독재정권 시절에 행해진 것이었다는 지적을 읽고서[20] 그의 용기와 선구자적 정신에 다시 한 번 감탄한다. 그야말로 우리 현대사에서 진리와 정치의 대립에서, 정치의 바깥에 서서, 불편부당한 마음으로, 자신의 사적 이익에 사로잡힘 없이(disinterested mind) 온갖 희생을 감수하며 진리의 현현을 위해 싸워온 참된 종교인과 자유인의 모습이었던 것을 잊을 수 없다. 그것을 통해 그는 다시 우리 정치의 공공성을 살려 내고, 온 국민의 씨알됨(聖)의 의미(민주)를 밝혀낸 것이다.

백낙청 선생도 그의 '포용정책 2.0버전'의 희망 체제 구상에서 현재 스위스와 같은 나라의 강력한 지방자치에 근거한 국가연합에 대해서 언급했다.[21] 이러한 맥락에서 나는 2013년 평화 체제 구현을 위해서 한국 기독인과 교회에 요청되는 가장 긴요한 자세와 역할은 "허위를 마치 자신의 헌법상의 권리를 주장하는 '의견'인 양 가장"하는[22] 우리 시대의 온갖 거짓말에 맞서서, 사실이 권력의 손에서 안전하지 못한 것은 분명하지만 그러나 그 권력은 결코 사실적 실재가 우리 삶에서 확보하는 안정성을 대신할 대체물을 만들어 내지 못한다는 사실을 잊지 않으면서,[23] 우리 시대로 하여금 사실과의 화해를 이루어 내도록 하는 일이라고 생각한다. 과거 남북한이 하나로서 공동으로 이루어 내었던 '(한)민족'은 '사실'이며, 오늘 북녘의 북한 사람들도 마찬가지로 '사실'이다. 슐리얼리스트 신학자 이신(李信, 1927-1981)은 일찍이 그러한 우리 삶의 진실을 "사실"(事實)이라는 시의 연재로 잘 표현해 주었다.[24]

아무리 부정하고 또 부정해도
그것이 사실이라면
어떻게 하겠습니까.

아무리 알리바이가 서서
그 자리를 피할 수 있다손 치더라도
그것이 사실이라면
어떻게 하겠습니까.

모든 사람이 알고도

그것을 눈감아 준다손 치더라도

그것이 사실이라면

어떻게 하겠습니까.

....

모든 사람이 다 모른다손 치더라도

그것이 사실이라면

또

어떻게 하겠습니까.

...

모든 사람이 모르고

나도 모른다고 하더라도

그것이 사실이라면

정말 어떻게 하겠습니까.

...

사실이 그렇게 강인한 것이라면

나도 그와 반대되는 사실을

만들어서

싸움을 붙여 전취하는 길밖에

어디 있겠습니까.

...

묵은 사실을

새사실로

모르는 사실을 아는 사실로

아는 사실을

모르게 하는 사실로

만들어서 말입니다.

3. 2013년 희망체제를 위한 대안적 복지사회 구상
– 쓸모 있는 미고용(useful unemployment)과 탈학교 사회 대하여

플라톤의 『이상국가론』 제3권에 보면 의사와 법률가가 시대의 직업으로 선호되는 사회는 정의로운 사회가 아니라고 했다. 그는 정의로운 사회를 일인일사(一人一事)의 덕이 실현된 사회로 보았는데, 즉 한 공동체의 삶에서 각자가 자신의 할 일을 가지고 있고 자기 몫의 지분(땅이나 명예, 일이나 가족 등)이 있어서 그것을 강제로 힘으로 빼앗기지 않을 권리가 보장된 곳이 정의로운 국가라고 보면서 그렇게 각자가 자신의 소질과 흥미에 따라서 할 일을 가지고 있다면 싸울 일도 아플 일도 별로 없어서 의사나 재판관이 그렇게 필요 없는 사회가 될 것이라고 밝혔다. 한국 유교 전통의 율곡도 자신의 세계 이상과 정치 이상을 집약적으로 펼친 『성학집요(聖學輯要)』에 보면 유교의 경전 『예기(禮記)』의 글을 인용하면서 자신의 이상을 동아시아의 오래된 문명 전망인 '대동사회'(大同社會, 모두가 크게 하나 되는 사회)로 지시하였다.[25]

대도(大道)가 행해질 때에는 천하를 공통의 것(公有)으로 생각하여 어진 이와

능한 이를 선발하여 나라를 전수했다. 신의를 강명하고 화목하는 길을 닦았다. 그러므로 사람들은 자기 어버이만 어버이로 여기지 않고 자기 자신만 자식으로 여기지 않았으며, 노인은 여생을 잘 마칠 수 있었고, 젊은이는 쓰일 수 있으며, 어린이는 자랄 수 있고, 홀아비와 과부와 자식 없는 늙은이와 병든 자, 불구자가 모두 보살핌을 받았다. 그러므로 모략이 일어나지 않으며, 도적이 생기지 않으니 문을 열어놓고 닫지 않았다. 이것을 대동(大同)이라 한다.

이러한 이상들과 버금가는 예수의 이상을 나는 요한복음 14장에서 찾아볼 수 있다고 생각했다. 거기서 그는 "너희는 마음에 근심하지 말아라. 하나님을 믿고 또 나를 믿어라. 내 아버지 집에는 있을 곳이 많이 있다."(요14:1-2)라고 하였다. 이렇듯 동서의 모든 이상사회 구상들은 사회 구성원들 각자에게 공평하게 나누어지는 일과 삶의 자리에 대해서 이야기하고, 그렇게 되지 않을 때 그 사회는 공정하지 않으며, 거기서 사람들은 매우 고통 받게 됨을 말하였다. 오늘 우리 사회 초국가적 신자유주의 경제 원리가 휘몰아치고 있는 상황에서 삶의 고통은 매우 크며, 그래서 희망 2013년 체제 구상은 복지국가의 구현이라는 이상을 그 두 번째의 과제로 제안한 것이다. 우리가 알다시피 지난 4월의 총선과 대선을 치르면서 수구 여당이나 진보 야당은 모두 구별 없이 자신들의 미래 구상에 복지를 핵심 관건으로 제시하면서 국민들로 하여금 지금까지의 부와 재화의 불평등한 분배로 인해 겪었던 고통을 한꺼번에 날려버릴 것 같은 환상을 심어주었다.

오늘 교회 개혁을 말하는 자리에서도 이 복지문제는 빠지지 않고 등장하고 있다. 2012년 2월 한국기독교교회협의회 선교훈련원이 주최한 "한국교회의 변화는 가능한가"라는 심포지움에서 오늘의 한국 사회 양극화 현실에 대한 교회의 복지 방향으로 세 가지가 이야기되었다. 즉 첫째는 교회가 국가의 복지를 강화하는 방향으로 간다는 것, 둘째는 교회의 재정 중 1/10 이상을 사회 복지에 쓴다는 것, 셋째로 국가와의 역할 분담으로 교회는 복지 사각지대에 대한 책임을 맡는다는 것 등이다.[26] 한국 교회가 이렇게 뒤늦게나마 사회의 복지에 관심을 가지고 적극적으로 참여한다는 선언과 방향에 박수를 보내지 않을 수 없다. 하지만 나는 여기서 그보다 더 근본적인 물음을 제기하고자 한다. 이미 지난 80년대 초반부터 세계의 지성들은 본격적으로 지구 자연의 생태적 한계와 '자연이 파괴될 수 있다'(die Verletzbarkeit der Natur)는 사실을 지적하면서 근대 산업사회 무한경쟁주의와 경제주의를 경계하며 그 위험성과 폭력성에 대해서 여러 가지로 경고하였다. 이중에서 특히 지난 2002년에 타계한 신학자이자 교육가·문명비평가·저술가였던 이반 일리치(Ivan Illich, 1926-2002)가 의미 있게 다가오는데, 그는 벌써 70년대부터 서구적 산업문명이 어떤 방향으로 흘러갈 것인가를 예측하면서 오늘 우리가 복지라는 말에서 논하는 거의 모든 의제들, 즉 학교와 교육·교통·의료·소비문화·노동 등에 대한 근본적인 성찰을 해 주었기 때문이다. 가난한 남미에서 신부와 교육자로서 일했던 경험에서 그는 이미 70년대에 20세기 제도화된 학교와 교육이 어떻게 가난한 사람들을 더욱 옥죄면서 교육과 학교로 인한 가난으로 몰고 갈 것인가를 예견했으며, 그래서 "탈학교 사회"(Deschooling society, 1971)의 방식을 제안했는데 거기서 그는 "빈곤의 근대화"에 대해서 말한다.

그에 따르면 근대화된 빈곤(modernized poverty)은 인류 문명의 근대에 들어와서 "가치의 제도화"와 더불어 심화된 가난과 빈곤을 말한다. 여기서 일리치가 이해하는 가치의 제도화는 우리 삶의 진행을 위해서 필요로 하는 모든 유형·무형의 도구와 가치들이 인위적인 제도의 틀을 통해서만 가치평가되는 것을 말한다. 예를 들어 의술은 국가 의학고시를 통해서만 가치평가되고, 배움은 반드시 제도적인 학교교육을 통해서만 얻어질 수 있다고 생각하는 것

등이다. 그렇게 되면 전통적으로 사람들이 자신들의 삶 속에서 자연스럽고 일반적인 방식으로 얻을 수 있던 모든 가치들은 평가절하되고, 대신 소수에 의해서 독점된 제도 속에서의 가치를 사기 위해서 그들은 더욱 가난해진다는 것이다. 일리치에 따르면 모든 산업화와 산업제도의 등장과 성장에 "두 가지 분수령"이 있다는 사실을 깨닫는 것이 중요하다.[27] 그 첫 번째 분수령이란 새로운 지식과 산업이 뚜렷이 정해진 문제에 대해서 해결과 새로운 능률을 가져오는 시기를 말한다. 즉, 예로서 의학의 진보를 통해 현대 의학은 고대로부터 천벌이라 여겨졌던 많은 질병들을 새롭게 볼 수 있게 하였다. 그러나 제2차 세계대전 이후 지금까지 쓰이던 약물에 저항력을 가진 세균들과 새로운 병이 나타나고 제도화되면서 의료에 의존하는 사람들이 점점 많아지게 되었고, 이 두 번째 분수령 이후 사람들은 오히려 의료제도에 노예화 되어 가서 예를 들어 모든 신생아는 소아과 의사에 의해서 건강 상태가 양호하다는 증명을 받을 때까지 환자로 간주되는 등의 이야기이다. 그에 따르면 이러한 의료 영역에서 드러난 두 분수령 이야기는 현대 산업사회 속에서 단지 의료에만 적용되는 것이 아니라 교육·우편·수송·주택공급·사회복지 등 거의 모든 삶의 영역에 적용되고 오늘 우리 모두는 이 사실을 일상에서 잘 경험하고 있다.

일리치에 의하면 이렇게 소수의 전문 직업에 가치가 제도적으로 독점되는 것이 "빈곤의 근대화"를 가져오는 원흉이다. 그것은 보통사람들이 독립적인 행동을 할 수 있는 능력을 감퇴시키고, 여기에서 사람들은 철저히 고유한 자발성과 자율성을 잃고서 무력해지며 가난해진다는 것이다. 그래서 그는 근대 산업사회의 성장주의가 가지고 있는 "강박적인 효율성의 효과"에 대한 맹신을 포기할 것을 요청하고, "자신의 에너지를 창조적으로 쓸 모든 사람들의 권리를 죽이고 무시하는 도구와 제도에 대한 공공의 통제"를 가할 것을 요구한다.[28] 현대 산업사회의 제도는 더욱 더 많은 제도적 생산물을 사람들에게 제공하기 위해서 기본적인 인간의 자유를 빼앗고 있는 형태이다. 그러한 가치의 제도화 속에서 첫째, 물질적인 환경오염의 생태 위기, 둘째, 부자와 빈자로서의 사회의 계층화와 분극화, 셋째, 사람들의 심리적 불능화 라는 우리 시대의 근본적인 세 가지 난점이 서로 연결되어 나타나고, 이 세 가지 현상은 "지구의 파괴와 현대적인 의미에서의 불행을 가져오는 세 개의 기둥"이라고 한다.[29]

그래서 그는 우리 시대를 향하여 "성장을 멈추라"(Tools for conviviality)고 말하고, "탈학교 사회"를 설득하고, "유용한 실업"(useful unemployment)을 제안한다. 그는 "사람들 사이의 그리고 사람과 환경 사이의 자율적이고 창조적인 상호작용"을 뜻하는 "공생/공락"(conviviality)을 제안한다. 앞으로의 인류 사회는 계속적인 존립과 각 존재자의 "생존"과 "정의"와 "일의 자율성"을 위해서는 공생적 생산양식을 받아들이고 개인과 집단 모두 무제한적인 번식·풍요·권력을 포기하는 희생을 치러야 한다는 것이다.[30] 여기서 그는 학교를 생산성 향상과 소비욕의 재생산에 정향되어 있는 산업사회에서 그 소비욕을 재생산시키는 주범으로 본다. 학교는 그에 의하면 "점진적으로 소비를 늘려 간다는 신성한 경기에 신참자를 이끌어 넣는 입문 의례"이다.[31] 또한 학교는 "그칠 줄 모르는 소비가 행해지고 있는 낙원을 지상에 실현시킨다는 신화를 축복하는 일"을 하는 하나의 "새로운 세계종교"가 되었다.[32] 그리하여 그는 가정 생활에 관해서도 그렇고 직업 면에서도 학교는 소비자에게 그 표준을 정하게 하는 입문 의례이기 때문에 "의무제의 공교육이 필연적으로 소비사회를 재생산하는 것을 먼저 이해하지 않으면 소비자 사회를 극복할 수 없다."[33]며 매우 급진적으로 제도화된 교육 체제를 비판한다.

이렇게 인류 근대 사회에서 하나의 새로운 종교가 된 학교와 교육을 위해서 한국 사회는 세계 어느 곳보다도 치열하게 올인한다. 그래서 오늘 한국 가정 중에서 이 교육의 문제로 고통을 받지 않는 가정이 없을 정도이고, 따라서 한국 교회가 이제 이 교육의 문제에 관심을 갖고 돌파구를 마련하기 위해 노력하는 것은 당연하다. 하지만 현실에서는 오늘 대부분의 교회들이 대입 수험생들을 위한 기도회를 열고, 더 많은 스펙과 학벌을 하나님의 축복으로 가르치는 방식으로 교육과 관계하고 있는데, 그러한 방식은 오히려 앞에서 일리치가 지적하는 문제를 가중시키는 것임을 알아야 한다. 이런 가운데서 몇 년 전 『녹색평론』의 김종철 교수는 『녹색평론』이 아이들 대학 보내지 않기 운동을 벌이겠다고 하였다. 그렇게 되면 농촌의 농민들이 자식 대학 등록금 마련을 위해서 더 많은 소출을 내려고 농약을 뿌리는 일을 그만둘 수가 있고, 그것은 자연스럽게 생태농법과 환경 살리기에 연결이 된다는 것이다. 나는 한국 교회가 우리 사회의 복지 증진을 위해서 관심을 갖기 시작했다면 오히려 이렇게 학력 철폐 운동이나 이력서에 학력 쓰지 않기 운동, 사교육, 또는 일제고사 반대 운동 등 제도화된 교육의 폐해로부터 학생들을 보호하는 운동에 몰두하기를 바란다. 지금 한국 사회에서 교육 때문에 이렇게 많은 사람들이 고통 받고 있고, 젊은이와 아이들이 죽어 가고 있다면 이 일을 외면하는 것은 결코 종교인, 교회가 해서는 안 되는 일이라고 여긴다. 오늘 우리 시대에 교육으로 인해서 고통받고 있는 이들이야말로 긴급히 도움을 요청하는 강도 만난 사마리아인, 민중이기 때문이다. 그런데 하물며 교회가 이제 사회의 복지에 관심한다는 명목 하에서 살인적인 성장 위주 교육주의를 부추긴다면 그것은 매우 반(反)복음적인 일이 될 것이다.

2002년 세상을 뜨기 전 한 언론인과 더불어 행한 대담을 보면 일리치는 오늘날 기독교회의 그리스도론이 하나의 행위 없는 배타성의 실체론으로 굳어진 것을 매우 급진적으로 비판하는 것을 알 수 있다.[34] 한 번의 배타적 역사적 실체로 굳어진 부활이 아니라, 끊임없는 "갱생"과 "명멸"로서의 부활을 이야기하는 그는 오늘날 우리 사회에서도 복지의 핵심 관건이 되는 일자리와 실업에 대한 이야기에서도 참으로 다른 이야기를 해 주고 있다. 그의 『공생공락의 도구(성장을 멈춰라 Tools for Conviviality, 1973)』의 후속 편으로 쓰였다고 하는 『쓸모있는 실업을 할 권리-그것을 방해하는 전문가라는 적들(The Right to useful Unemployment and its professional ememies, 1978)』에 보면 오늘날 우리 사회에서 복지를 자기 정치의 핵심으로 삼으려고 하는 정당이나 복지에 대한 나름의 대안적 답을 내놓으려고 하는 한국 교회가 반드시 숙지해야 할 지혜들이 무수히 담겨 있다. 그 몇몇을 그의 언어로 직접 소개해 보면 다음과 같다;[35]

지금 통용되는 방식으로 위기를 이해하면, 위기는 언제나 행정가들과 정치가들에게 좋을 수밖에 없다. 특히 성장에서 떨어지는 부산물로 연명하는 인물들에게만 좋을 뿐이다. 그들이 누구냐 하면 사회에 소외현상이 있기 때문에 살아가는 교육자들, 건강을 해치는 노동과 여가가 있기 때문에 번창하는 의사들, 가난한 이들에게 복지를 실현한다고 하면서 막강해지는 정치인들이다.

그렇게 하여 삶의 커다란 영역들은 변질되어 삶 자체가 오로지 세계 시장에서 팔리는 상품 소비에 의존하게 되었다.

직장이 없는 가난한 사람들이 할 수 있는 의미 있는 실업(useful unemployment)은 노동시장이 확대되면서 희생되었다. 스스로 선택한 행위로서 '집을 짓는 행위'는 직장 밖에서 의미 있는 실업을 할 자유와 마찬가지로 사회 이탈자나 한가한 부자만이 할 수 있는 특권이 되었다.

나는 20세기 중반이 인간을 불구로 만드는 전문가가 지배하는 시대라 부르고자 한다. … 전문가의 권력에 대해 말하는 것은 그 희생자들이 스스로 부끄럽게 생각하고, 또 무엇이 자신을 평생 학생으로, 산부인과 환자로, 소비자로 전락시키는지 그 음모를 깨닫게 한다.

모든 세대가 한결같이 자신을 빈곤하게 만드는 부를 추구하느라 모든 자유를 소외시킨 시대, 정치를 한낱 불만 가득한 복지 수령자를 조직하는 것으로 전락시키고 전문가 독재를 탄생시켜 정치를 아예 멸종시킨 시대로 기억할 것이다.

… 종교를 통한 구원에 기댔던 희망은 이제 전문가들의 서비스를 총괄하는 국가에 대한 기대로 모인다.

전문가들은 고층빌딩 창밖으로 군중이 마치 성지순례나 하듯 병원이라는 성에서 학교라는 성으로, 복지라는 성으로 왔다 갔다 하는 모습을 내려 본다. … 서비스를 받기 위해 고안된 이 세계는 복지 수령자로 변한 시민들의 유토피아가 되었다.

그런데 왜 산업사회가 통합하여 인간을 불구로 만드는 이 거대한 서비스 전달 체제(service delivery system)을 반대하는 봉기가 일어나지 않을까?

일리히는 훗날 역사는 이러한 오늘의 시장집중과 성장지상주의 시대를 전문가들을 통해서 사람을 불구로 만들어 버리는 시대, 교수들에 이끌려서 유권자들이 자신의 권한을 기술자들에게 위임한 "정치가 소멸한 시대", "학교의 시대"로 기억할 것이라고 일갈했다. 그래서 그렇게 무기력하고 수동적인 소비자가 되어 버린 인간은 심지어는 "삶과 생존을 구별하는 능력"도 잃어버리게 되었다고 경고하였다. 오늘 나 자신을 포함해서 한국 사회에서의 많은 사람들의 삶의 모습을 잘 대변해 주는 것으로 보인다. 그리하여 나는 이러한 지적에 경청하면서 2013년 희망체제를 논하는 진보 야당의 복지 논의는 단순히 시민들을 무기력하게 복지 수혜자로 만드는 것이 아니라 보다 더 근본적인 시대와 인간 이해에 기초해서 세워진 것이기를 바란다. 무엇이 인간으로 하여금 진정으로 자유하게 하는지, 무엇이 그들을 진정으로 기쁘게 하는지 등의 근본적인 인간과 세계 이해에 근거한 것을 말한다.[36] 또한 한국 교회가 이제 복지를 이야기한다면 그저 교회 예산의 얼마를 사회 복지를 위해서 쓴다는 등의 이야기를 넘어서 진정으로 인간의 창조성과 능동성을 다시 살리고, 우리 시대의 문명 방향을 의미 있게 전환시키는 복지 구상이기를 바란다.

4. 공정과 공평이 상식과 교양이 되는 민주 사회
– 가족과 여성적인 가치의 회복과 유교적 인의에 대하여

백낙청 선생의 2013년 희망체제 구상은 마지막으로 이상에서 논한 모든 평화 체제, 복지체제의 구상보다도 더 기본적이고 기초적인 것은 공정·공평의 문제이고, 다시 민주의 문제이며, "상식과 교양 및 인간적 염치의 회복이라는 문제로 돌아온다."고 지시한다.[37] 그래서 그는 이 공정·공평(민주)를 희망 체제의 세 번째 의제로 들면서 대통령을 포함해서 고위공직자와 정치 지도자들이 "너무 터무니없는 거짓말을 하지 말아야 하는 것", 상상을 초월하는 반칙과 사익 추구를 하지 않는 것, 노무현 대통령이 그렇게 강조했던 '원칙과 상식이 통하는 사회', '특권과 반칙이 통하지 않는 사회', 진보진영의 '노동이 있는 복지' 등을 말한다. 이렇게 2013년 희망체제가 세 번째, 아니 첫 번째로 공정·공평과 민주의 구상을 든 것은 참으로 적절하다. 그것은 마치 이 자연과 지구가 모든 인간적인 삶의 기본과 기초가 되듯이 '공정'(true and just)과 '공평'(fair)은 인간 정치와 공동체적 삶에서 뼈대와 토대가 됨을 잘 지시해 준 것이라 하겠다. 우리가 요즈음 잘 경험하듯이 소수 특권층의 더 빠른 성장과 더 많은 이익을 위해서 이 공정과 공평의 원리가 무너지면 앞에서 일리치가 지적한 대로 우리 삶은 삶이 아니라 단순한 생존을 위한 투쟁이 되는 것을 잘 보았다. 그래서 상식과 교양, 원칙과 보편, 정직과 신용 등은 한 사회의 근간을 이루는 뼈대와 같은 것이 되기 때문에 맹자는 일찍이 한 나라의 재화가 적은 것이 문제가 아니라 그것이 공평하게 나누어지지 못하는 것이 문제라고 하였다.

이렇게 인간 공동체적 삶의 근간으로서 상식(common sense)과 보편, 교양 등을 이야기한다는 것은 이제 그 공동체를 이루는 개별자들의 갖가지 사적 특수성, 즉 종교 소속이라든가, 출신 배경, 학력의 유무, 성별 등의 차이를 내려놓고 더욱 보편적으로 그들을 묶을 수 있는 공통 원리를 찾는 일이라고 하겠다. 이것은 종교에 대해서 정치를 말하는 것이고, 가장 보편적으로는 인간성(humanity, 仁)을 기억해 내는 일이라고 할 수 있는데, 그래서 서구적 삶에서 일찍이 스피노자는 정치는 종교와는 달리 보다 더 다양한 다중(multitude)과 관계하는 일이기 때문에 종교의 일에서 사고와 의견의 자유를 보장하는 조건이라면 그 종교적인 법에 대해서도 정치적인 공공의 법이 수호자와 해석자가 되어야 한다고 하였다.[38] 그러면서 동시에 그는 인간 공동 삶을 최선으로 이끌 종교로서 신과 인간에 대한 사랑을 가장 보편적인 가르침으로 삼는 '보편 종교'(religio catholic)를 제안하였다.

나는 여기서의 관건은 결국 어떻게 우리 사회 속에서 그 건강한 유지와 성숙을 위해서 소금과 방부제의 역할을 하는 공정과 공평의 덕을 생겨나게 하고, 그것이 향상되도록 배려하겠는가 하는 문제라고 생각한다. 이것은 다시 '교육'과 '문화'의 문제이기도 하며 결코 정치나 종교 한 쪽만으로는 이루어질 수 없다는 것을 지시한다. 그래서 스피노자도 온갖 분쟁과 부패에도 불구하고 정치에 대해서 종교를 유지하기를 원했고, 그 현실적인 답이 '보편종교'였다고 생각한다. 즉 어떻게 '현실적(실천적)으로', '보편적으로', '세속적으로' 공정과 공평의 근거와 토대를 마련하는가 하는 일이다.

　이 지점에서 나는 한국 정치(희망 2013체제)와 기독교회가 공통으로 오래된 유교 전통으로부터 배울 수 있다고 생각한다. 왜냐하면 유교는 함석헌 선생도 "유교야말로 현실에 잘 이용된 종교다."라는 말로 잘 지적한 것처럼[39] 지극한 일상과 정치와 교육(문화)의 삶 속에서 궁극의 도를 실현해 내려는 구도이고(下學而上達, 極高明而道中庸), 그리하여 일종의 '세속종교'(a secular religion)로서 그 안에 종교와 정치, 초월과 세속, 정치와 교육(문화) 등의 두 차원을 모두 포괄하고 있기 때문이다.[40] 나는 오늘 서구 근대의 성장 위주의 경제제일주의가 실행하고 있는 공정과 공평의 정의 원리가 자칫 인간의 삶을 만인 대 만인의 투쟁의 일로 환원시키는 '외부적인 능력 평등주의'로 실행될 수 있는 위험을 본다. 여기에 대해서 한국인의 전통적 사상과 심정을 가장 잘 대변해 주는 사상가로 여겨지는 맹자(B.C.372-B.C.289)는 참으로 다른 이야기를 해 주고 있다. 즉 그는 인(仁)을 "인간의 마음"(人心)이고 의(義)를 "인간의 길"(人路)이라고 하면서 그 인과 의의 구체적인 내용을 "친친"(親親, 어버이와 친족을 친애함)과 "경장"(警長, 윗사람/노인/오래된 것을 공경함)으로 밝혀주었는데, 이렇게 그가 천하의 모든 사람들에게 보편적으로 적용되는 법과 도(親親 仁也, 警長 義也. 無他, 達之天下也. 『孟子』 「盡心上」15)라고 강조하는 인과 의는 오늘날 우리가 보통 이해하는 공정과 공평과는 다른 차원을 지시한다.

　물론 여기서 '윗사람을 공경함'(경장)으로서의 의(義)는 한국인을 포함한 유교문화권의 사람들에게는 오히려 나이와 관련한 차별을 많이 경험한 터이므로 자칫 의(義)가 아닌 불의(不義)와 연결될 수 있고, 또한 현실에서 여전히 그러한 측면이 있는 것도 사실이다. 하지만 오늘날 범세계적으로 삶의 각 분야에서 범람하는 능력 평등주의에서 그 능력이 신체와 젊음, 건강 등과 많이 연결되어서 이해되는 것을 보면 나이 든 것과 늙은 것, 오래된 것, 그래서 약한 것을 공경하라는 맹자의 이 지혜는 그 반대를 말하는 것이라고 할 수 있다. 즉 참된 인간적인 의란 능력과 젊음과 건강에 있어서는 약자이지만 오히려 그 약한 것을 보듬어 주고 보살펴 주는 것, 많은 경우 그 약자가 된 소이가 먼저 난 자로서 자신의 것을 지금 세대가 가지고 향유하는 모든 것을 위해서 내주었기 때문이라는 사실을 알아 주고, 그 오래된 것(長)에 마땅한 공경을 보내는 것, 이렇게 이해된 의라야 오늘날 전 세계를 휩쓸고 있는 무한으로 치닫는 스펙 쌓기 경쟁과 경제제일주의, 실리주의와 교육 공리주의를 잠재울 수 있다고 본다. 어떤 형태의 것이든 오늘이 있기 위한 토대가 된 것에 경의를 표하고, 그래서 그것이 지금은 비록 낡고 약해 보이지만 바로 그 약하고 오래된 것이 우리 삶의 토대가 되었음을 인정하고, 동시에 그 오래된 것과 약한 것을 인간적으로 돌보는 것이 진정한 인간적 의라는 것이다. 그것이 자연과 동물의 세계와는 다른 인간적 세계의 의이고, 그럴 때만이 인간의 문화와 삶이 지속된다는 지혜라고 하겠다.

　맹자는 당시 극심한 약육강식의 전국(戰國)시대에 크게 유행하던 양주(楊朱)와 묵적(墨翟)의 사상을 반박하며 공자에게서 연원하는 인의(仁義)의 도를 자신의 대안으로 제시했다. 그에 따르면 "내 몸의 터럭 하나를 뽑아 천하를 이롭게 할 수 있어도 나는 그렇게 하지 않는다."는 양주의 위아(爲我) 사상이나 "(부모나 형제, 친척을 타인과 구별하지 않고) 겸하여 사랑할 것"을 주장하는 묵적의 겸애(兼愛) 사상은 결국 사람들도 서로를 잡아먹는 비인간의 세상을 불러온다.[41] 왜냐하면 우선 양주의 위아사상은 무군(無君), 즉 군주(국가)를 인정하지 않는 사상으로 오늘 우리의 언어로 하면 공적 영역의 일을 인정하지 않는 것, 자신을 포함하여 인간의 삶을 철저히 사적 영역의 일과 그 이익 추구의 일로 환원시켜서 결국 공론영역의 붕괴를 가져오기 때문이다. 이어서 무부(無父), 즉 부모가 없는 것으로 묘사되는 묵적의 겸애사상은 결국 가족과 가정의 해체를 불러와서 인간으로 하여금 가장 직접적이고 체험적으로 인간의 기초적인 덕의 능력인 인(仁)과 의(義)의 능력을 배우고 습득할 수 있는 기회를 차단하는 것이기 때문이다.

종종 이 묵자의 겸애사상은 유교의 좁다란 가족주의를 넘어선 기독교적 범애(汎愛)사상과 잘 유비되는 것으로 평가받기도 한다. 하지만 나는 오늘날 인류의 삶이 이 지혜를 놓치는 데서 오는 위기에 직면해 있다고 생각한다. 오늘날 급속도로 해체되어 가는 가족적 삶을 대신할 다른 특별한 대안적 공동체가 제시되고 있지 않는 상황에서 지금까지와 같은 가족적 삶의 친밀성과 책임성 밖의 어느 곳에서 인간적 삶을 계속해 나가는데 필수적인 인과 의의 의식을 배울 수 있겠는가 하는 성찰이다. 물론 성년이 되어서는 그 가족주의의 울타리를 넘어서는 것이 필요하지만 인간적 삶의 기초로서, 특히 유아기와 어린 시절에 그와 같이 자연스럽고 보편적인 방식으로 인간 정신에서 인의가 키워지지 않는다면 나중에라도 그처럼 지속적이고 보편적인 방식에서, 그리고 평이하게, 즉 평화로운 방식으로 인간 정서를 다듬기가 용이하지 않다고 보는 것이다. 만약 그렇게 되면 맹자가 예언한 것과 같이 사람들이 서로를 잡아먹는 시대가 오지 않으리라는 기대를 하기 어렵고, 오늘 우리들은 주변에서 그 증거들을 많이 본다. 중학생 아들이 어머니를 죽이고, 아버지가 자신의 친딸을 성폭행하는 시대, 자살 등의 목숨으로 항의해도 자신의 이익을 더 불리기 위해 노동자들을 계속 죽음에로 몰아 넣은 악덕 기업인들, 이렇게 인간이 인간을 잡아먹은 세계의 뒤편에는 바로 무부모(無父母), 즉 가족의 해체가 핵심적으로 놓여 있다고 본다.

그래서 우리의 2013체제가 우리 사회의 가정과 가족적 삶을 살리는 데 역점을 두어야 한다고 본다. 그것은 곧 이제 우리 정치에서 '교육'과 '여성적인 가치'와 '문화적인 맥락'을 중시하는 것을 말한다.[42] 백낙청 선생도 그의 2013체제에서 이기정의 『교육을 잡는 자가 대권을 잡는다』(인물과 사상사, 2011)를 인용하면서 "2013체제에서 가장 달라져야 할 것 중에 하나가 교육이 아닌가"라고 지적하였다.[43] 물론 여기서 나는 여성적인 가치를 반드시 전통적인 생물학적인 구분에서의 몸적 여성에게만 한정하는 것은 아니다. 또한 가족의 형태도 전래의 부모-자녀 핵가족 형식만을 주장하는 것이 아니다. 오늘날은 가족의 형태도 여러 가지로 다양하게 전개될 수 있지만 그러나 맹자가 말한 무부로서의 가족 해체는 지양되어야 함을 말하는 것이다.

그런 의미에서 요즘 우리 사회에서 특히 영아와 유아의 양육과 보육이 복지라는 이름 아래서 급속도로 공공단체에 의해서 대행되고 있는 현상은 매우 안타깝고 위험한 일이다.(육아의 문제만이 아니라 부모와 노인 돌봄의 일도 유사한 경우이다) 공공 육아시설에 맡기면 정부의 혜택을 받을 수 있고, 집에서 키우고자 하면 그 비용이 양육자에게 부가되는 제도는 결국 가족을 해체시키고, 인간 성장에 꼭 필요한 친밀한 인간관계를 맺을 수 있는 기회를 기초적으로 차단하는 격이 되는 것이다. 그래서 나는 이렇게 특히 영아의 육아를 공공단체에 맡기는 일은 마치 우리가 더 편하게 살기 위해서 핵 에너지를 쓰기 시작한 것처럼 한 번 그렇게 되면 다시 돌리기 어려운 일이라고 보는기 때문에 매우 신중해야 한다고 생각한다. 아이를 스스로의 인간적 몸으로 낳아서 어느 시절까지 24시간 모든 것을 전적으로 책임지면서 길러내는 일이란 그렇게 힘들고, 거의 기적과 같은 일이기 때문이다. 하지만 이러한 과정을 경험하지 못하고 자란 아이는 결국 자신을 삼가고 제어할 수 있는 가장 자연스럽고, 그래서 가장 강력한 마음의 장치를 갖지 못하고 어른의 시절을 맞는 격이 되므로 그럴 경우 이들이 만나서 이루는 공동체와 사회가 어떠하리라는 것은 잘 상상해 볼 수 있다. 그래서 오늘 서구 선진국들은 앞다투어 다시 가족적 삶을 회복시키는 일과 육아와 교육을 다시 가족적인 모형으로 다듬는 일에 힘을 쏟고 있는 것이다. 나는 스위스에서 두 아이를 낳아서 기르면서 많은 것을 느끼고 볼 수 있었다.

여기서 다시 교회의 역할에 대해서 생각해 보고자 한다. 나는 오늘 국가 공동체에 대해서 세금을 내지 않는 한국 교회가 그럼에도 불구하고 받고 있는 많은 공공적 혜택에 대한 보상의 차원에서라도 우리 사회의 가족을 살리는 일에 역할을 해야 한다고 본다. 아니 자신이 하나의 큰 가족이 되어서 그 안에서의 아이들을 모두 자신의 아이들로 생각해서 구체적이고 실제적으로 인간답게 자라날 수 있도록 돌보아 주고, 거기서의 노인은 '죽어 가는 자의 고독' 과는 거리가 멀도록 자신의 부모처럼 끝까지 보살피고 배웅해 주어야 한다고 여긴다. 또한 거기서 세대들을 서로 연결시켜 주고, 그러면서 교회가 인간 삶에서 능력 평등주의가 지양될 수 있는 마지막 보루가 되어서 다시 인간성을 회복시키고, 인간의 언어와 기억이 보존되는 곳이기를 바란다. 그러려면 지금 교회 재정의 많은 부분이 시설물을 확장하거나 독점적 성직자의 생활 유지비로 쓰이는 대신에 다중 구성원의 삶을 실질적으로 개선하고 보살피는데 쓰이고, 우리 시대에 무엇이 보존되어야 하는 가치인가를 밝혀 주는 일에 쓰여야 할 것이다. 교회 구성원의 가족에서 아이가 태어나면 그 아이가 되도록 가족적인 환경에서 자라날 수 있도록 같이 배려하고, 그들의 성장을 함께 살필 일이다. 또한 외로운 노인들을 보살피는 일을 가장 중요한 일로 삼아야 한다. 이러한 일이야말로 우리 사회에 공정과 공평을 튼튼히 심고 뿌리내리게 하는데 토대가 되는 일이다. 그래서 나는 오늘날 세계 어느 곳에서보다도 더 생생하게, 규칙적이고 지속적으로, 큰 규모에서 교회 공동체가 살아 움직이는 곳 한국, 그 공동체가 이러한 일들을 통해서 자신의 역할을 다하고, 그리하여 단지 남한만이 아닌 한반도, 한반도만이 아닌 동아시아, 그리고 거기서 더 나아가서 21세기 인류 문명 전체를 위한 토대를 놓는 일에 매진하기를 바란다. 그 일을 위해서 한국 교회가 오랜 유교 전통 속에서 성장한 것이라고 생각한다.

5. 인류 문명의 미래와 한국의 역할

백낙청 선생은 세계 체제를 말하든 분단 체제를 말하든 "'나'를 그 진단에서 면제한다면 또 하나의 중대한 '뿌리'를 외면하는 일이 된다."고 했다. 그러면서 이렇게 87년 체제를 비판하고 넘어서자는 대안조차도 그 안에 현재의 분단 체제에 대한 치열한 성찰이 부족하여서 오히려 섣부른 통일지상주의로 분단구조의 재생산에 이바지하는 것은 아닌지 생각해 보자고 했다.[44] 나를 진단하는 일은 전통적으로 오래된 종교의 방식이었다. 하지만 오늘 한국의 교회는 그러한 자신의 방식을 잃어버리고 사회의 대표적인 수구가 되어서 분단 체제 속에서 자신을 안정시키고 확장하는 데 몰두하고 있다.

그러한 교회가 변하기 위해서는 더욱 더 진지하게 사실과 역사에 정직하고, 타자의 현존과 현실이 오히려 구원의 관건임을 보아야 한다고 생각한다.

최인훈 선생은 오늘 우리 시대의 사람들에게 "우리가 수익하고자 하는 문명의 뿌리에 종교적 · 윤리적, 그리고 미적 노력의 방대한 축적"이 있다는 것을 잊지 말라고 했다.[45] 이것을 한국 기독교와 교회에 적용해 보면 오늘 우리가 누리는 모든 좋은 것의 바탕에 지금까지 우리 민족이 수고하면서 쌓아온 뿌리를 생각하는 것이라고 이해하고자 한다. 즉 지금 우리가 타자로 구분하여 배척하는 불교 · 유교 · 가톨릭 등 전통의 종교가 했던 수고와 역할을 기억하라는 것이고, 또한 좁게는 한국 개신교가 처음 수용되고 성장하는 과정에서 분단 전 하나의 민족으로서 북한이 했던 역할과 고생에 대해서 생각해 보라는 것이다. 만약 그렇게 하지 않는다면 그것은 과거에 대한 배은망덕이고 타자경시인데, 인류 역사에서 "그런 함정에 빠진 민족은 모두 실패"하는 것을 생각하라는 것이다.

지금 우리가 놓여있는 시점은 국내외 정치적으로나 종교적으로 매우 중차대한 시점이다. 지금 인류는 서구 문명의 대표격인 미국과 그 대척점의 중국이 서로 세계 헤게모니를 위한 대치하고 있는 형국인데, 그 가운데 위치하여 두 문명의 핵심적 가치를 체화하고 있는 한민족이 어떤 역할을 하느냐에 따라서 인류문명의 앞날이 크게 달라지는 것을 의미한다. 백낙청 선생도 아주 현실적으로 세계 문명질서에서 패권국가의 역할이 없이는 실제로 세계 질서가 유지될 수 없음을 인정하는데, 그리하여 그의 2013년 희망체제는 지금 그 패권국가의 승계가 바뀌려는 순간에 한민족이 "이제까지 경험하지 못한 지구적 질서 유지 방식(을) 창안"해 낼 것을 주문한 것이라고 이해할 수 있다.[46] 이 일을 위해서 일본과의 협력은 물론이지만 우리의 한식구 북한과의 연합과 전쟁 없는 통일은 바로 그 방안과 길임을 밝힌 것이다.

교회적으로도 아주 중요한 시점임은 말할 것도 없다. 당장 올해 부산에서의 제10차 WCC 총회는 제3차 인도 뉴델리에서의 회의에 이어서 두 번째로 아시아에서 열리는 것이지만 바로 21세기 세계 패권의 각축이 벌어지고 있는 유교 문명권의 한국에서 열린다는 것은 인류 문명을 위해서 중요한 의미를 지닌다.[47] 이런 맥락에서 최근 한국 교회개혁 논의에서 "새로운 공교회운동"이 이야기되고 있고,[48] 매우 큰 전망에서 "종교개혁 500주년을 맞는 한국 교회의 '2017년 의제'"가 제안되었다.[49] 여기서 또한 2019년 100주년의 기념을 맞이하는 삼일운동 33인을 기억하면서 우리 시대를 위한 각 지역의 범종교인 33인 모임이 제안되었다.[50] 이러한 모든 이야기들은 일찍이 백범 김구 선생님이 소원하던 우리나라, 함석헌 선생님이 그 뜻을 찾았던 세계사를 위한 우리 역사의 의미, 탄허 스님이 그 혜안으로 밝혀 주었던 한민족의 미래,[51] 최인훈 선생이 백골이 진토가 되어서라도 다시 부활해서 이루고자 하는 우리 문명과 인류 문명의 화두 등과 맥을 같이한다고 본다. 그것은 또한 가장 근본적으로는 이 땅의 무수한 민중과 특히 여성민중들이 자신들의 삶을 내어주고 희생하면서 한 걸음씩 "여성 그리스도의 도래"를 이루어 가며 품었던 모든 염원과 기도와도 같이하는 것이다.[52] 그리하여 나는 이제 한국 기독교와 교회는 그러한 오래되고 방대한 축적에 기대고 감사하면서, 지금까지의 다툼과 분열과 이기주의와 죄를 고백하면서, 다시 '한국 그리스도의 교회'로 하나 되어서 그 연합된 힘으로 우리 사회와 나라와 민족의, 인류 세계의 부름과 요청에 답해야 한다고 촉구한다.

• 참고문헌 •

『남명집』　　　　『논어』　　　　『대학』　　　　『맹자』
『율곡전서』　　　『전습록』　　　『중용』　　　『퇴계선생문집』

강수돌, 「대학 강사를 교원으로 인정해야 할 10가지 이유」, 『교수신문』, 2008.8.26.

강정인, 『서구중심주의를 넘어서』, 서울: 아카넷, 2004.

강태중, 「고교평준화 정책이 사교육비 지출에 미치는 영향」, 제3회 한국 교육고용패널학술대
　　　회, 한국직업능력개발원, 『동아일보』, 2007.10.9.

강희원, 「여성문제로서 가(家)와 가족법-한국 가족법 개정을 위한 어느 페미니스트적 휴머니
　　　스트의 조언」, 『법철학연구』5(2), 2002.

강희복, 「退溪 心學에서의 敬과 즐거움(樂)」, 『한국철학논집』제21집, 2007.

고미숙, 「우리의 삶을 이야기하는 서사적 접근의 도덕교육」, 『教育哲學』24, 2000.

고요한, 『몸과 배움의 철학』, 서울: 학지사, 2008.

권명아, 『가족이야기는 어떻게 만들어지고 있는가』, 서울: 책세상 문고, 2000.

금장태, 『퇴계의 삶과 철학』, 서울대학교출판부, 2001.

김기주, 「이진상의 심즉리설의 심학적 좌표-왕수인에 대한 비판을 중심으로」, 『오늘의 동양
　　　사상』, 제12호 2005 봄/여름, 2005.

김대용, 「한국 교육에서의 성교육문제」, 『教育哲學』30, 2002.

김상봉, 『학벌사회』, 경기: 한길사, 2006.

김선욱 역, 『칸트 정치철학강의』, 서울: 푸른숲, 2002.

김성희, 「한나 아렌트의 공적 영역에 대한 고찰: 정치적인 것의 회복을 중심으로」, 서강대학
　　　교박사학위논문, 1997.

김세정, 「양명 심학과 퇴계 심학 비교의 새로운 지평」, 『陽明學』13, 2005.

김승혜, 『유교의 뿌리를 찾아서』, 서울: 지식의 풍경, 2001.

김영래, 『칸트의 교육이론』, 서울: 학지사, 2003.

김옥환, 『大學論』, 서울: 교육과학사, 1994.

김은실, 「세계화, 국민국가, 생명정치: 촛불, 국민, 여성들」, 한국여성학회·비판사회학회 공
　　　동심포지엄, 중앙대학교 법학과 대강당, 2008.9.26 발표문, 2008.

김정희, 「지구화 시대의 교육 변혁론과 여성주의」, 『한국여성학』17(2), 2001.

김종석, 「퇴계철학과 『心經附註』」, 『퇴계학의 이해』, 서울: 일송미디어, 2001.

김현우, 「여성적 교육실천을 통한 관료주의의 극복」, 『教育哲學』12(2), 1994.

김혜순, 『여성이 글을 쓴다는 것은』, 경기: 문학동네, 2002.

김형효·최진덕·정순우·손문호·심경호, 『退溪의 사상과 그 현대적 의미』, 한국정신문화
　　　연구원, 1997.

남재영, 「새로운 공교회운동·성직자운동·성직자영성운동」, 전국목회자정의평화협의회 교
　　　회개혁 심포지엄 및 제28차 정기총회 자료집, 2012.

노혜경, 「노무현은 불안하지 않다」, 『여성신문』, 2003.6.6.

도널드 케네디, 『학문의 의무』, 전남대학교 교육발전연구원, 도서출판 학어당, 2006.

데이비드 케일리(대담·엮음), 이한·서범석 옮김, 『이반 일리치의 유언』, 서울: 이파르, 2010.

또 하나의 문화, 「누구와 함께 살 것인가-새로 쓰는 가족 이야기」, 서울: 도서출판 『또 하나의
　　　문화』26, 2003.

로렌 포프, 김현대 옮김, 『내 인생을 바꾸는 대학』, 서울: 한겨레출판, 2006.

루돌프 슈타이너, 김성숙 옮김, 『교육의 기초로서의 일반인간학』, 서울: 물병자리, 2007.

──────, 김경식 옮김, 『고차세계의 인식으로 가는 길』, 서울: 밝은 누리, 2003.

──────, 양억관·타카하시 이와오 옮김, 『신지학』, 서울: 물병자리, 2003.

루소, 정붕구 옮김, 『에밀』, 서울: 범우사, 2000.

류승국, 「한국근대사상사에 있어서 양명학의 역할」, 『동양철학연구』, 서울: 동방학술연구원,
　　　1988.

──────, 『한국사상과 현대』, 서울: 동방학술연구원, 1988.

류점숙, 「전통사회 아동의 가족관계 교육」, 『退溪學報』114.

매기 잭슨, 왕수민 옮김, 『집중력의 탄생Distracted』, 서울: 다산초당, 2010.

문소정, 「1990년대 이후 한국가족 연구의 동향-페미니즘/포스트모던 페미니즘의 쟁점을 중
　　　심으로」, 『여성학연구』13(1), 2003.

박지향, 「평준화 떠받치는 잘못 이해된 '평등'」, 『동아일보』, 2007.9.18.

베네딕트 데 스피노자, 김호경 옮김, 『신학-정치론』, 서울: 책세상, 2006.

백범 김구, 도진순 주해, 『백범일지』, 서울: 돌베개, 2002.

벨 훅스, 윤은진 옮김, 『경계넘기를 가르치기』, 서울: 모티브북, 2008.

샐리 맥페이그, 김준우 옮김, 『기후 변화와 신학의 재구성』, 경기: 한국기독교연구소, 2008.

서수경, 「새로운 포스트모던 가족연구에 대한 고찰」, 『한국가족관계학회지』7(1), 2002.

서형숙, 『엄마학교』, 서울: 큰솔, 2011.

손승남, 「민주시민의식 고양을 위한 새로운 교육방법의 모색」, 『한독교육학연구』5(1), 2000.

송순재·교육사랑방 편저, 『대학입시와 교육제도의 스펙트럼』, 서울: 학지사, 2007.

시몬느 베이유, 윤진 옮김, 『중력과 은총』, 서울: 사회평론, 1999.

신동은, 「'小學'의 교육적 원리 연구」, 『敎育哲學』31, 2004.

신창호, 『대학(大學)의 교육론 산책』, 인천: 내일을 여는 책, 2001.

아리스토텔레스, 최명관 옮김, 『니코마코스 윤리학』, 서울: 서광사, 1984.

안영상, 「최근의 퇴계 논의에 대한 몇 가지 생각」, 『오늘의 동양사상』제12호, 2005봄/여름, 2005.

알로이스 프린츠, 김경연 옮김, 『한나 아렌트』, 서울: 여성신문사, 2000.

양현아, 「모성정책의 철학(시평)」, 『한겨레신문』.

우석훈, 「야, 한국사회- '대학등록금' 도 국민투표에 부친다면」, 『한겨레신문』, 2008.11.13.

――――, 「야, 한국사회- 과외금지, 국민투표에 부치자」, 『한겨레신문』, 2008.10.23.

유재봉, 「교육철학의 새로운 패러다임:사회적 실제에의 입문으로서의 교육」, 『교육학연구』 38(3), 2000.

――――, 「허스트의 '사회적 실제에 기반을 둔 교육' : 교육내용관을 중심으로」, 교육철학회, 『敎育哲學』25, 2001.

유현옥, 「교육철학의 성 중립성과 교육에서의 여성소외」, 『교육학 연구』30(1), 1992.

――――, 「여성학적 교육이론 가능성과 그 의미」, 『敎育哲學』22, 1999.

윤성근, 『심야책방』, 서울: 이매진, 2011.

이동원 외(옮김), 『변화하는 가족-새로운 가족 유대와 불균형』, 서울: 이화여대출판부, 1999.

이동준, 『유교의 인도주의와 한국사상』, 서울: 한울아카데미, 1997.

――――, 「인류의 성숙과 열린사회-동방사상의 현대적 성찰」, 한국철학연구소 학술문화발표 44, 2008.10.4. 성균관대학교, 2008.

이반 일리치, 박홍규 옮김, 『그림자 노동 Shadow Work』, 서울: 미토, 2005.

――――, 심성보 옮김, 『학교 없는 사회』, 서울: 미토, 2004.

이반 일리치, 이한 옮김, 『성장을 멈춰라-자율적 공생을 위한 도구 Tools for Conviviality』, 서울: 미토, 2004.

이상익, 「율곡의 공공론과 그 현대적 의의」, 동양철학교수연찬회, 2002.12.15, 경기도 이천 설봉호텔, 2002.

이상호, 「유교의 悅樂에 관한 硏究」, 『동양철학연구』49, 2007.

이수자, 「몸의 여성주의적 의미 확정」, 『한국 여성학』15(2), 1999.

이승환, 「누가 감히 전통을 욕되게 하는가?」, 『전통과 현대』여름, 전통과 현대사, 1997.

이신, 이경 엮음, 「사실(事實)L」, 『李信 詩集 돌의 소리』, 서울: 동연, 2012.

이은선, 『한국 교육철학의 새지평-聖, 性, 誠의 통합학문적 탐구』, 인천: 내일을 여는 책, 2000.

――――, 「우리 시대와 왕양명 공부법의 교육철학적 의의」, 『동양철학연구』24, 2001.

――――, 「『대학』과 『중용』 사상의 현대 교육철학적 해석과 그 의의」, 『교육학연구』39(4), 2001.

이은선,「한국 종교문화사 전개 과정에서 본 한국 여성종교성 탐구」,『한국사상사학』21, 2003.

──────,『유교, 기독교 그리고 페미니즘』, 서울: 지식산업사, 2003.

──────,「한나 아렌트의 '인간의 조건' 과 '공공성' 에로의 교육」,『敎育哲學』29, 2003b.

──────,「한나 아렌트 사상에서 본 교육에서의 전통과 현대」,『敎育哲學』30, 2003c.

──────,「性과 가족, 그리고 한국 교육철학의 미래」,『敎育哲學』33, 2005.

──────, 기독여민회 엮음,「한국 여성그리스도의 도래를 감지하며-기독여민회와 한국 교회 개혁의 미래」,『발로 쓴 생명의 역사, 기독여민회 20년』, 2006.

──────,「한나 아렌트의 '탄생성' (natality)의 교육학과 양명의 '치량지' (致良知)- '공적 감각' 과 '지행합일' 의 인간교육을 위해서」,『陽明學』18, 2007.

──────,「종교성과 생태적 감수성-생명교육의 한 예시, 한명희 외」,『종교성, 미래교육의 새 로운 패러다임』, 서울: 학지사, 2007.

──────,「한국 유교의 종교적 성찰-조선후기 여성성리학자 강정일당을 중심으로」,『陽明學』 20, 2008.

──────,『잃어버린 초월을 찾아서-한국 유교의 종교적 성찰과 여성주의』, 서울: 도서출판 모 시는사람들, 2009.

──────,「루돌프 슈타이너의 신지학(神智學)과 교육」,『한국 교육철학의 새지평-聖性誠의 통 합학문적 탐구』, 인천 : 내일을 여는 책, 2009년 개정판.

──────,『한국 생물 여성 영성의 신학』, 서울 : 모시는사람들, 2011.

이장우, 장세후,『퇴계마을의 노래』, 지식산업사, 1997.

이정규,『한국사회의 학력·학벌주의 근원과 발달』, 서울: 집문당, 2003.

이정배,「퇴계의 '敬' 의 철학과 칸트적 신학(Wilhelm Hermann) 인식론」,『토착화와 생명문 화』, 서울: 종로서적, 1991.

──────,『한국 개신교 전위(前衛) 토착신학 연구』, 대한기독교서회, 2003.

──────,「종교개혁 500주년을 맞는 한국교회의 '2017년 의제' -공교회 운동과 성직자 영성운 동을 생각하며-」, 2012.

이재경,「여성의 경험을 통해본 한국가족의 근대적 변형」,『한국여성학』15(2), 1999.

이재봉,「함석헌의 비폭력사상과 한반도의 비폭력통일(초고)」,『함석헌이 지향한 한국사회』, 함석헌학회 제2회(2011년 추계)학술발표 자료집, 덕성여대 평생교육원 201호, 2011.

이진숙,「포스트모던 사회로의 이행과 핵가족-독일의 결혼과 가족제도 변화를 중심으로」, 『가족과 문화』2, 여름호, 1997.

이철호,「대학서열타파와 교육 공공성 실현을 위한 대학입학제도 개혁방안」,『대입제도 개선 을 위한 전문가 토론회 자료집』, 학벌없는 사회·민주화를 위한 전국교수협의회,

2004.

이한, 『탈학교의 상상력』, 서울: 삼인, 2000.

이황, 이광호 옮김, 『성학십도』, 홍익출판사, 2001.

이황·이이, 윤사순·유정동 역, 『한국의 유학사상』, 삼성출판사, 1993.

임성규, 「복지 패러다임의 변화와 한국교회의 역할」, 『한국교회의 변화는 가능한가』(자료집),
　　　2012년 에큐메니칼 전국목회자 인문학심포지엄, 연세대학교 알렌관 무악홀, KNCCK
　　　선교훈련원 주최, 2012.

임재해, 「한국 민속문화의 교육적 의미와 기능」, 『敎育哲學』 21, 1999.

자크 랑시에르, 양창렬 옮김, 『무지한 스승』, 서울 : 궁리, 2008.

장기근 역저, 『퇴계집』, 명문당, 2003.

장하준, 이순희 옮김, 『나쁜 사마리아인-장하준의 경제학파노라마』, 서울: 부키, 2007.

──────, 이종태, 황해선 옮김, 『다시 발전을 요구한다』, 서울: 부키, 2008.

정민승, 「사회 교육의 합리적 핵심으로서의 공공성 분석」, 『교육학연구』 40(1), 2002.

정선이, 「周易의 女性觀과 敎育觀에 관한 一 考察」, 『敎育哲學』 8, 1990.

정순목, 「한국유학교육자료집해」(1), 『아동교육론』, 서울: 학문사, 1983.

──────, 『退溪의 敎育哲學』, 지식산업사, 1986.

정순우, 「한국전통사회의 문화교육적 의의」, 『敎育哲學』 21, 1999.

──────, 『공부의 발견』, 서울: 현암사, 2007.

정영근, 「중등교사의 교육적 의미와 역할 과제」, 『한독교육학연구』 8(1), 2003.

정지욱, 「양명학에서의 意-양지와의 관계를 중심으로」, 『陽明學』 20, 2008.

정진상, 『국립대 통합네트워크-입시지옥과 학벌사회를 넘어서』, 서울: 책세상, 2004.

조경원, 「한국 문화의 현대적 변용과 여성교육의 과제-양성평등한 문화발전을 위한 여성 교
　　　육의 방향」, 『敎育哲學』 18, 1997.

조남욱, 「儒敎에서의 '樂'에 관한 연구」, 『동양철학연구』 49, 2007.

조상식, 「가족 이데올로기와 교육의 문제」, 『교육비평』 11, 2003.

조은 외, 『성해방과 성정치』, 서울: 서울대출판부, 2002.

조현규, 「왕양명의 생명윤리교육사상」, 『동양교육사상』, 서울 : 학지사, 2009.

존 스튜어트 밀, 김형철 역, 『자유론』, 서울: 서광사, 1992.

존 D. 카푸토, 최생열 옮김, 『종교에 대하여-행동하는 지성』, 동문선 현대신서 133, 2003.

줄리아 칭, 변선환 역, 『유교와 기독교』, 왜관: 분도출판사, 1994.

──────, 이은선 옮김, 『지혜를 찾아서-왕양명의 길』, 대전: 분도출판사, 1998.

최영진 역, 『퇴계 이황:사단칠정론·성학십도·무진육조소』, 서울 : 살림, 2007.

최인훈, 『바다의 편지-인류 문명에 대한 사색』, 서울: 삼인, 2012.

최숙연,「루돌프 슈타이너의 상상력과 그 유아교육적 의미 탐구」, 세종대학교 대학원 박사학위논문, 2009.

최재목,「딸깍발이-비정규직 교수, 他者인가」,『교수신문』, 2008.9.8.

――――,『퇴계심학과 왕양명』, 서울 : 새문사, 2009.

최정규,『이타적 인간의 출현』, 서울: 뿌리와 이파리, 2007.

최중석 역저,『이퇴계의 自省錄』, 국학자료원, 2003.

최중석,「인간의 주체적 진실성과 퇴계심학의 과제」, 이동준 등 24인,『동방사상과 인문정신』, 서울: 심산, 2007.

츠츠미 미카, 고정아 옮김,『르포 빈곤대국 아메리카』, 경기: 문학수첩, 2008.

칸트, 이석윤 역,『판단력비판』, 서울: 박영사, 2003.

칼 야스퍼스, 안준기 옮김,『대학의 이념』, 서울문고, 1984.

크리스 메르코글리아노, 공양희 옮김,『두려움과 배움은 함께 춤출 수 없다』, 서울: 민들레, 2005.

탄허,『탄허록-미래사회의 주인공들에게 남긴 100을 내다본 지혜 모음』, 서울: 휴, 2012.

태정호,「한나 아렌트의 "활동적 삶"에 관한 연구」, 계명대학교 박사학위논문, 1993.

플라톤, 이병길 역,『국가론』, 서울: 박영사, 1996.

한나 아렌트, 김선욱 옮김,『칸트 정치철학 강의』, 서울: 푸른숲, 2000.

한나 아렌트, 이진우, 태정호 역,『인간의 조건』, 서울: 한길사, 2001.

――――――, 서유경 옮김,『과거와 미래사이에서』, 서울: 푸른숲, 2005.

――――――, 이진우/박미애 옮김,『전체주의의 기원』1, 경기: 한길사, 2006.

한명희 외,『종교성, 미래교육의 새로운 패러다임』, 경기: 학지사, 2007.

한준상,「대학정론- 배고팠던 시절을 돌아보라」,『교수신문』, 2008.10.27.

함석헌,『인간혁명의 철학(함석헌 전집 2)』, 경기: 한길사.

헤르만 헤세, 김누리 옮김,『황야의 이리』, 서울: 민음사, 1997.

헨리 데이빗 소로우, 류시화 옮김,『구도자에게 보낸 편지』, 서울: 오래된 미래, 2005.

호사카 유지,『조선선비와 일본 사무라이』, 서울: 김영사, 2007.

홍원식,「퇴계학의 '독창성'에 대한 외국 학자들의 관점」,『오늘의 동양사상』제16호, 2007봄/여름, 2007.

홍원표,「아렌트의 '정신의 신화'와 그 정치적 함의: 정신의 삶에 관한 역사를 중심으로」,『한국정치학회보』33(1), 1999.

홍은숙,「공동체주의 교육의 개념연구」,『敎育哲學』27, 2002.

후쿠오카 신이치, 김소연 역,『생물과 무생물사이』, 은행나무, 2008.

「대담–원로학자들을 찾아서:한국철학연구의 대가, 천원 윤사순 교수」,『오늘의 동양사상』제

16호, 2007 봄/여름, 예문동양사상연구원, 2007.

「대담-원로학자들을 찾아서(10):마이클 칼튼」, 『오늘의 동양사상』제17호, 2007 가을/겨울, 예문동양사상연구원, 2007.

「대담-원로학자들을 찾아서(12):다카하시 스스무(高橋進)」, 『오늘의 동양사상』제19호, 2008 가을/겨울, 예문동양사상연구원, 2008.

「전통사회 아동의 가족관계 교육, 전통사회 아동의 가족관계 교육」, 『退溪學報』114.

「2007 OECD 교육지표」, 『동아일보』, 2007.9.19; 『한겨레』, 2007.10.18.

Alice Miller, *Am Anfang war Erziehung*, Suhrkamp Taschenbuch 951, 1983.

Arendt Hannah, *The Human Condition*, Chicago: University of Chicago Press, 1958.

Arendt, Hannah, *Ueber die Revolution*, NY: Penguin Books, 1963.

Arendt, Hannah, 'Walter Benjamin: 1932-1940', in: Hannah Arendt, *Men in Dark Times*, NY: Harcourt Brace Jovanovich, 1968.

Arendt Hannah, *On Violence*, Orlando: Harcourt Brace & Company, 1970.

Arendt Hannah, *Eichmann in Jerusalem - A Report on the Banality of Evil*, NY: PenguinBooks, 1977.

Arendt Hannah, *The Life the mind One-Volume Edition*, One/Thinking, NY& London: HBJ Book, 1978.

Arendt Hannah, *Lectures in Kant's Political Philosophy*, Chicago : University of ChicagoPress, 1982.

Arendt Hannah, *The Origins of Totalitarianism*, New York and London: A Harvest/HBJ Book, 1983.

Arendt Hannah, *Between Past and Future*, NY: Penguin book, 1993.

Breier, Karl-Heinz, *Hannah Arendt zur Einfuehrung*, Hamburg: JuniusVerlag, 1991.

Charles W. Fu, "주자학 계승자로서의 퇴계 철학의 독창성", 『퇴계학연구논총』제9권.

Elisabeth Young-Bruehl, *Hannah Arendt for Love of the World*, New Heaven And London: Yale University Press, 1982.

Ettinger, Elzbieta, *Hannah Arendt: Martin Heidegger*, Connecticut: Yale Univ.Press, 1997.

Gordon, Mordechai, 'Hannah Arendt on Authority: Conservatism in Education reconsidered', *Educational Theory*, Spring 1999Vol.49No.2, 1999.

Gordon, Mordechai(ed.), *Hannah Arendt and Education*, Colorado: Westview Press, 2001.

Heuer, Wolfgang, *Hannah Arendt, Rowohlt Taschenbuch Verlag*, 1987.

Helene Cixous, "The Laugh of th Medusa", E. Marks/I. Courtivron(eds.). *New French*

Feminism, University of Massachusetts at Amherst, 1980.

Hillary R. Clinton, *It Takes A Village*, Touchstone, 1996.

H. Rosenbau, *Formen der Familie. Unterzuchungen zum Zusammenhang von Familienverhaeltnissen, Sozialstruktur und sozialem Wandel in der deutschen Gesellschaft des 19 Jahrhunderts*. Frankfurt/M: Suhrkamp, 1993.

Rudolf Steiner, *Allgemeine Menschenkunde als Grundlage der Paedagogik, Rudolf Steiner Taschenbuecher aus dem Gesamtwerk*, Rudolf Steiner Verlag Dornach/Schweiz, 1980.

Rudolf Steiner, *Wie erlangt man Erkenntnesse der hoeheren Welten?*, Rudolf Steiner Taschenbuecher aus dem Gesamtwerk, Verlag Darnach/Schweiz, 1987.

Rudolf Steiner, *Theosophie, Einfuehrung in uebersinnliche Welterkenntnis und Menschenbestimung*, Rudolf Steiner Taschenbuecher aus dem Gesamtwerk, Rudolf Steiner Verlag Darnach/Schweiz, 1987.

Jonas, Hans, *Das Prinzip Verantwortung*, Frankfurt: Insel Verlag, 1983.

Johann Heinrich Pestalozzi, "Ja oder Nein", *Pestalozzi Saemtliche Werke 10. Band*, bearbeitet von E. Dejung/ H. Schoenebaum, Berlin und Leipzig, 1931.

Julia Ching, *Confucianism and Christianity-A comparative Study*, Tokyo: KodashaInternational, 1977.

Levinson, Natasha, 'Teaching in the midst of belatedness: The Paradox of natalityHannah', *Educational Theory*, Fall 1997, Vol.47, No.4, 1997.

Levinson, Natasha, 'Hannah Arendt on the Relationship Between Education and Political Action. Philosophy of Education', *Philosophy of Education* 2001, Philosophy of Education Society, University of Illinois at Urbana-Champaign, 2001.

Postman, N, *The Disappearance of Childhood*, NY: Delacorte, 1982.

Schutz, Aaron, 'Theory as performative Pedagogy: Three Masks of HannahArendt', *Educational Theory*, Vol.51, No.2, 2001.

Schutz, Aaron, Moss, Pamela A., 'Habermas, Arendt, and the Tension Between Authority and Democracy in educational Standards: The Case of Teaching Reform', *Philosophy of Education* 2000, Philosophy of Education Society, University of Illinois at Urbana-Champaign, 2000.

Schutz, Aaron, 'Is Political Education an Oxymoron? Hannah Arendt's Resistance to Public Spaces in Schools', *Philosophy of Education* 2001, Philosophy of Education Society, University of Illinois at Urbana-Champaign, 2001.

Michael C. Kalton, *To become a sage: The Ten Diagrams on Sage Learning by Yi T' oegye*, NY: olumbia Univ. Press, 1988.

Wang Yang-ming, *The Philosophical Letters of Wang Yang-ming*, trans. Julia Ching, canvera, 1963.

Wang Yang-ming, *Instructions for Practical Living and other N대-Confucian Writings*, trans. Wing-tsit Chan, NY:Columbia Univ. Press.

Wing-tsit Chan, *A Source Book in Chinese Philosophy*. Princeton, New Jersey, Princeton University Press, 1963.

Frans Carlgren, *Erziehung zur Freiheit-Die Paedagogik Rudolf Steiner*, Fischer Taschenbuch Verlag, 1986.

서장 청년정의운동

1 한나 아렌트, 『인간의 조건』, 이진우/태정호, 한길사, 2001, 312쪽.
2 핸리 데이빗 소로우, 『구도자에게 보낸 편지』, 류시화 옮김, 오래된 미래, 2005.
3 〈한겨레신문〉, 2011.11.14, "이 사람-박원순 서울시장 집무실 꾸미는 헌책방 주인 윤성근 씨"; 윤성근, 『심야책방』, 이매진, 2011.
4 서형숙, 『엄마학교』, 큰솔, 2011, 초판 40쇄.
5 핸리 데이빗 소로우, 같은 책, 22쪽.
6 이은선, 『한국 생물(生物)여성영성의 신학』, 도서출판 모시는 사람들 2011, 96쪽 이하.
7 존 D. 카푸토, 『종교에 대하여-행동하는 지성』, 최생열 옮김, 동문선 현대신서 133, 133쪽 이하.
8 백범 김구 자서전, 『백범일지』, 도진순 주해, 돌배게 2002, 39쪽.

한나 아렌트의 라헬 반하겐과 한국 사회에서의 졸부의식과 교육적 속물주의

1 Hannah Arendt, *Rahel Varnhagen-The Life of a Jewish Woman*, A Harvest/HBJ Book 1974, p.3.
2 아렌트는 자신이 라헬에 대한 이야기를 마지막 두 장을 제외하고 1933년 독일을 떠나기 전에 마무리했다고 밝히고, 나머지 두 장은 1933년과 1936년 사이 프랑스에서 썼다고 한 다. Hannah Arendt, 'What Remains? The Language Remains: A Conversation with Guenter Gaus', Hannah Arendt, *Essays in Understanding 1930-1954*, Harcourt Brace & Company 1994, p.12.
3 Elisabeth Young-Bruehl, *Hannah Arendt For Love of the World*, Yale University Press 1982, p.68.
4 Hannah Arendt, Heinrich Bluecher, 'The Correspondence between 1936-1968', *Within Four Walls*, 2001, p.10.
5 *Ibid.*, p.11.
6 Hannah Arendt, *Rahel Varnhagen-The Life of a Jewish Woman*, p.106.
7 *Ibid.*, p.8.
8 *Ibid.*, p.9.

9   *Ibid.*, p.14.

10   *Ibid.*, p.15-18.

11   *Ibid.*, p.40.

12   *Ibid.*, p.199.

13   *Ibid.*, p.203.

14   *Ibid.*, p.205.

15   *Ibid.*, p.205.

16   *Ibid.*, p.205.

17   *Ibid.*, p.210.

18   *Ibid.*, p.210.

19   *Ibid.*, p.214.

20   *Ibid.*, p.214.

21   *Ibid.*, p.214.

22   *Ibid.*, p.215.

23   *Ibid.*, p.208.

24   한나 아렌트, 『전체주의의 기원1』, 이진우 · 박미애 옮김, 한길사, 2006, 172쪽.

25   같은 책, 165쪽.

26   같은 책, 167쪽.

27   같은 책, 172쪽.

28   같은 책, 180쪽.

29   같은 책, 180쪽.

30   같은 책, 181쪽.

31   같은 책, 179-180쪽.

32   같은 책, 181쪽.

33   같은 책, 179쪽.

34   같은 책, 213-214쪽.

인간의 조건과 공공성으로의 교육

1   M. Gordon, ed., *Preserving Our Common World: Essays on Hannah Arendt and Education*,
    Boulder: Westview Press, in A. Schutz, 'Theory as performative Pedagogy: Three Masks
    of Hanhah Arendt', *Educational Theory*, Spring 2001, Vol.51, No.2, 2001, pp.127-150.

2   여기서 사적 영역에 대비되는 말로서 공적 영역보다는 공론(公論) 영역을 쓰는 이유는 『인

간의 조건』의 한국어 번역자인 이진우가 밝힌 대로 공적인 영역에서 말과 담론이 차지하는 중요성을 밝히기 위해서이다. 본인도 여기에 동의하여 먼저 공론 영역으로 제시하였다. 그러나 차후에는 공적 영역이나 공공의 영역 등도 큰 의미의 차이 없이 두루 같이 쓸 것이다.

3 참조 홍원표, 「아렌트의 '정신의 신화'와 그 정치적 함의: 정신의 삶에 관한 역사를 중심으로」, 『한국정치학회보』 Vol. 33 No. 1, 1999, 187-206쪽.

4 한나 아렌트, 이진우, 태정호 역, 『인간의 조건』, 서울: 한길사, 2001, 236쪽.

5 같은 책, 54쪽.

6 같은 책, 80쪽.

7 같은 책, 88-89쪽.

8 같은 책, 77쪽.

9 같은 책, 105쪽. 여기서 공적, 또는 공공성이라는 단어가 갖는 두 가지의 특성을 지적했는데, 본인이 여기서 아렌트의 개념을 빌려서 말하는 공공성에로의 교육이란 두 번째의 특성에 더욱 주목하면서 두 특성을 모두 포괄하는 것이다. 흔히 한국 교육에서 제기되는 교육의 공공성 문제에 함의된 논의는 교육이라는 인간 활동의 공적 특성을 강조하는 것이라는 점에서 또 다른 차원의 논의라고 생각한다.

10 같은 책, 101쪽.

11 같은 책, 90쪽.

12 같은 책, 91쪽.

13 같은 책, 99쪽.

14 같은 책, 109쪽.

15 같은 책, 121쪽.

16 같은 책, 119쪽.

17 같은 책, 127쪽.

18 같은 책, 140쪽.

19 같은 책, 174쪽.

20 참조 Hans Jonas, *Das Prinzip Verantwortung*, Frankfurt: Insel Verlag, 1983, p.343ff; 이은선, 「한스 요나스의 책임의 원리와 교육」, in: 이은선, 『한국 교육철학의 새지평-聖·性·誠의 통합학문적 탐구』, 내일을 여는 책, 2000, 274쪽.

21 한나 아렌트, 같은 책, 158쪽.

22 같은 책, 183쪽.

23 같은 책, 164쪽.

24 같은 책, 191쪽.

25 같은 책, 189쪽.

26 같은 책, 192쪽.

27 같은 책, 194쪽.

28 같은 책, 197쪽.

29 같은 책, 202쪽.

30 같은 책, 214쪽.

31 같은 책, 215쪽.

32 같은 책, 217쪽.

33 같은 책, 225쪽.

34 같은 책, 227쪽.

35 같은 책, 70쪽.

36 같은 책, 235쪽.

37 같은 책, 237쪽.

38 같은 책, 234쪽.

39 같은 책, 251쪽.

40 같은 책, 262쪽.

41 같은 책, 263쪽.

42 같은 책, 269쪽.

43 같은 책, 269쪽.

44 같은 책, 264쪽.

45 같은 책, 271쪽.

46 같은 책, 276쪽.

47 같은 책, 272쪽.

48 같은 책, 284쪽.

49 같은 책, 286쪽.

50 같은 책, 294쪽.

51 같은 책, 300쪽.

52 같은 책, 301쪽.

53 같은 책, 311쪽.

54 같은 책, 312쪽.

55 여기서 우리는 다시 한스 요나스가 자신의 책임의 원리를 지금까지 전통의 주관주의적
윤리학과는 달리 "갓 태어나 적나라하게 우리 앞에 놓여 있는, 부인하려야 부인할 수 없
는 한 아기의 객관적 존재"에서 찾는 것을 생각한다. 아렌트의 탄생성과 많은 유사점을

보이고, 또한 그 존재론을 궁극적으로 종교적인 초월성과 연결시키는 것도 유사하다. 이은선, 「한스요나스의 책임의 원리와 교육」, 『한국 교육철학의 새지평』, 내일을 여는 책, 2000.

56 Hannah Arendt, 'The Crisis in Education', in: Hannah Arendt, *Between Past and Future*, NY: Penguin Press, 1977, p.174.

57 한나 아렌트, 같은 책, 51쪽.

58 같은 책, 70쪽.

59 유재봉, 「교육철학의 새로운 파라다임」, 『교육학연구』Vol.38 No.3, 한국 교육학회, 2000, 235-253쪽; 홍은숙, 「공동체주의 교육의 개념연구」, 『教育哲學』Vol.27, 교육철학회, 2002.2, 181-182쪽; 정민승, 「사회교육의 합리적 핵심으로서의 공공성 분석」, 『교육학연구』Vol.40 No.1, 한국 교육학회, 2002, 249-267쪽.

60 이은선, 「우리 시대와 왕양명 공부법의 교육철학적 의의」, 『동양철학연구』3 제24집, 한국 교육학회, 2003, 193-220쪽.

61 한나 아렌트, 같은 책, 374쪽, 382쪽.

62 같은 책, 377쪽, 391쪽.

63 이상익, 「율곡의 공공론과 그 현대적 의의」, 동양철학교수연찬회, 경기도 이천 설봉호텔, 2002.12.15, 28쪽.

64 Hannah Arendt, 'The Crisis in Education', p.193.

65 *Ibid.*, p.192-193.

66 M. Gordon, 'Hannah Arendt on Authority: Conservatism in Education reconsidered', *Educational Theory*, Spring 1999, Vol.49, No.2, 1999, pp.161-180.

67 Hannah Arendt, 'The Crisis in Education', p.189.

68 N. Levinson, 'Teaching in the midst of belatedness: The Paradox of natality in Hannah Arendt's educational Thought', *Educational Theory*, Fall 1997, Vol.47, No.4, 1997, p.449.

69 Ibid, p.451.

70 N. Postman, *The Disappearance of Childhood*, NY: Delacorte, 1982, in: M. Gordon, *op.cit.*, p.179.

한나 아렌트 교육사상에서의 전통과 현대

1 이 글은 노무현 참여정부 당시 2003년 쓰여진 것으로서 당시 한국 사회와 교육계는 여러 차원에서의 보수와 진보의 대립과 충돌로 무척 혼란스러운 때였다.

2 Hannah Arendt, 'The Crisis in Education', in: Hannah Arendt, *Between Past and Future*,

NY: Penguine Books, 1968, p.7.

3 정영근, 「중등교사의 교육적 의미와 역할과제」, 『한독교육학연구』제8권 제1호, 한독교육
   학회, 2003, 89-107쪽.

4 Hannah Arendt, *op. cit.*, p.193.

5 Natasha Levinson, 'Teaching in the midst belatedness: The paradox of natality in Hannah
   Arendt's educational thought', *Educational Theory*, Fall1997, Vol.47, No.4, 1997, pp.435-
   456.

6 Hannah Arendt, *op. cit.*, p.189.

7 *Ibid.*, p.186.

8 *Ibid.*, p.189.

9 *Ibid.*, p.182.

10 *Ibid.*, p.182.

11 정순우, "한국전통사회의 문화교육적 의의", 『教育哲學』21, 교육철학회, 1999, 29쪽.

12 임재해, 「한국 민속문화의 교육적 의미와 기능」, 같은 책, 68쪽.

13 Hannah Arendt, *op. cit.*, pp.192-193.

14 *Ibid.*, p.196.

15 Mordechai Gordon, 'Hannah Arendt on Authority: Conservation in Education
   Reconsidered', *Educational Theory*, Spring 1999, Vol.49, No.2, 1999, p.161-180.

16 Hannah Arendt, 'What is Authority?', in: Hannah Arendt, *op. cit.*, p.92.

17 *Ibid.*, p.93.

18 *Ibid.*, p.109.

19 플라톤, 이병길 옮김, 『국가론』, 박영사, 1996.

20 Hannah Arendt, 'what is Authority?', p.115.

21 *Ibid.*, p.120.

22 *Ibid.*, p.121.

23 *Ibid.*, pp.121-122.

24 *Ibid.*, p.125.

25 *Ibid.*, p.128.

26 Hannah Arendt, 'Walter Benjamin: 1932-1940', in: Hannah Arendt, *Men in Dark Times*,
   NY: Harcourt Brace Javanovich, 1968, p.201.

27 참조, 이승환, 「누가 감히 '전통'을 욕되게 하는가?」, 『전통과 현대』, 1997 여름, 184쪽.

28 *Ibid.*, p.141.

29 Hannah Arendt, 'What is Freedom?', in: Hannah Arendt, *op. cit.*, p.149.

30 *Ibid.*, p.152.

31 *Ibid.*, p.153.

32 김미영, 「朱熹의 儒敎批判과 工夫論 硏究」, 『고려대학교 대학원 박사학위논문』1998, in: 이은선, 「양명공부법의 교육철학적 의의」, 『동양철학연구』제24집, 동양철학연구회, 2001, 196쪽.

33 Hannah Arendt, 'what is Authority?', p.156.

34 *Ibid.*, 153, 얼마 전 〈아웃사이더〉의 노혜경은 〈여성신문〉의 기고문 「노무현은 불안하지 않다」에서 조선닷컴 칼럼의 전여옥의 글을 비판하면서 노무현 정치실험의 의미를 이와 유사한 맥락에서 지적하였다. 즉 노무현의 의미는 그가 대통령이 된 후 행하고 있는 대통령직의 잘잘못을 떠나서 이미 그가 선거를 치르면서 보여주었던 여러 용기 있던 행동으로 그 90% 이상의 의미를 달성했다고 한다. 이러한 지적은 오늘날 우리 사회의 정치적 보수주의자들에 대한 한 통찰 깊은 비판이라고 생각한다. 노혜경, 「노무현은 불안하지 않다」, 『여성신문』제729호, 2003년 6월 6일 금요일자, 3면.

35 *Ibid.*, p.171.

36 Hannah Arendt, 'The Crisis in Culture', in: Hannah Arendt, *op. cit.*, pp.205-208.

37 *Ibid.*, pp.207-208.

38 *Ibid.*, p.209.

39 *Ibid.*, p.224.

40 *Ibid.*, p.225.

41 *Ibid.*, p.226.

42 Stacy Smith, 'Education for Judgement: An Aredtian Oxymoron?', in: *Hannah Arendt and Education*, ed. by Mordechai Gordon, Colorado: Westview Press, 2001, p.71.

43 Hannah Arendt, 'The Crisis in Culture', p.219.

44 *Ibid.*, p.226.

45 Eduardo Duarte, 'The Eclipse of Thinking', in: *Hannah Arendt and Education*, p.219.

46 한나 아렌트, 이진우, 태정호 옮김, 『인간의 조건』, 한길사, 2001, 64쪽.

47 참조, 김영래, 『칸트의 교육이론』, 학지사, 2003, 13쪽.

한나 아렌트의 탄생성의 교육학과 왕양명의 치량지의 교육사상

1 Hannah Arendt, *The Origins of Totalitarianism*, New York and London: A Harvest/HBJ Book, 1983, p.458.

2 *Ibid.*, p.459.

3 Hannah Arendt, *The Life of the Mind*, One-Volume Edition, San Diego, New York and London: HBJ Book, 1978, One/Thinking, p.91.

4 *Ibid.*, p.139.

5 한나 아렌트, 이진우·태정호 역, 『인간의 조건』, 서울 : 한길사, 2001, 312쪽.

6 같은 책, 269쪽.

7 Hannah Arendt, 'What is freedom?', *Between Past and Future*, New York: Penguin book, 1993, p.151ff.

8 Ibid., p.153-154.

9 한나 아렌트, 『인간의 조건』, 287쪽.

10 『傳習錄』上, 6조 "先生曰: 然. 身之主宰便是心. 心之所發便是意. 意之本體便是知. 意之所在便是物. 如意在於事親, 卽事親便是一物. 意在於事君, 卽事君便是一物. … 所以某說無心外之理, 無心外之物."

11 줄리아 칭, 이은선 옮김, 『지혜를 찾아서-왕양명의 길』, 분도출판사, 1998, 110쪽 이하.

12 Hannah Arendt, *The Life of the Mind*, One-Volume Edition, One/Thinking, p.214; Two/Willing, p.44.

13 *Ibid.*, Two/Willing, p.140ff.

14 *Ibid.*, Two/Willing, p.140ff.

15 *Ibid.*, p.101.

16 *Ibid.*, p.102.

17 *Ibid.*, p.109.

18 *Ibid.*, One/Thinking, p.213-214.

19 한나 아렌트, 『인간의 조건』, 306쪽.

20 Hannah Arendt, 'What is freedom?', *Between Past and Future*, p.164.

21 *Ibid.*, p.152.

22 Hannah Arendt, *The Life of the Mind*, One-Volume Edition, One/Thinking, p.46.

23 *Ibid.*, p.215.

24 *Ibid.*, Two/Wiling, p.217.

25 Elisabeth Young-Bruehl, *Hannah Arendt for Love of the World*, New Heaven and London: Yale University Press, 1982, p.327.

26 줄리아 칭, 같은 책, 92쪽.

27 같은 책, 103쪽.

28 같은 책, 144쪽.

29 E. Bruel-Young, *op. cit.*, p.337.

30 The Arendt-Scholem Exchange, E. Bruehl-Young, *op. cit.*, p.369에서 재인용.

31 『傳習錄』下, 289조, "聖人之知, 如靑天之日, 賢人如浮雲天日, 愚人如陰? 天日, 雖有昏明不同, 其能辨黑白則一. 雖昏黑夜裏, 亦影影見得黑白, 就是日之餘光未盡處. 因學功夫, 亦只從這點明處精察去耳."

32 Hannah Arendt, 'Truth and Politics', *Between Past and Future*, pp.227-264.

33 『傳習錄』中, 137조 "心者, 身之主也, 而心之虛靈明覺, 卽所謂本然之良知也. 其虛靈明覺之良知, 應感而動者, 謂之意. 有知而後有意, 無知則無意矣. 知非意之體乎!"

34 Hannah Arendt, *The Life of the Mind*, One-Volume Edition, One/Thinking, p.15.

35 *Ibid.*, p.42.

36 *Ibid.*, p.44.

37 『傳習錄』下, 205조 "爾那一點良知, 是爾自家底準則. 爾意念著處, 他是便知是, 非便知非, 更瞞地一些不得. 爾只不要欺他, 實實落落, 依著他做去, 善便存, 惡便去, 他這裡何等穩當快樂? 此便是『格物』的眞訣, 『致知』的實功."

38 I. 칸트, 이석윤 역, 『판단력비판』, 박영사, 2003, 31쪽.

39 『傳習錄』下, 288조 "良知只是箇是非之心 … 是非只是箇好惡, 只好惡就盡了是非, 只是非就盡了萬事萬變."; Instruction for Practical Living and other Neo-Confucian Writings, trans. by Wing-tsit Chan, Columbia University Press, 228쪽 참조.

40 『傳習錄』下, 290조 "喜, 怒, 哀, 懼, 愛, 惡, 欲. 謂之七情, 七者俱是人心合有的. 但要認得良知明白. … 七情順其自然之流行, 皆是良知之用, 不可分別善惡. 但不可有所著. 七情有著, 俱謂之欲, 俱爲良知之蔽."

41 한나 아렌트, 김선욱 옮김, 『칸트 정치철학 강의』, 푸른숲, 2000, 14쪽.

42 Hannah Arendt, *The Life of the Mind*, Two/Willing, Appendix/Judging, p.264.

43 *Ibid.*, p.265.

44 *Ibid.*, p.265.

45 *Ibid.*, p.266.

46 *Ibid.*, p.269.

47 줄리아 칭, 같은 책, 217-218쪽.

48 Hannah Arendt, *The Life of the Mind*, Two/Willing, Appendix/Judging, p.265.

49 Hannah Arendt, *Eichmann in Jerusalem- A Report on the Banality of Evil*, Penguin Books, 1977, p.295ff.

50 *Ibid.*, p.287ff.

51 왕양명, 『대학문(大學文)』 "見瓦石之毀壞, 而有顧惜之心焉. 是基仁之與瓦石而爲一體也."

52 Hannah Arendt, *The Life of the Mind*, Two/Willing, Appendix/Judging, p.266.

53 *Ibid.*, p.270.

54 Hannah Arendt, *The Life of the Mind*, Two/Willing, p.102.

55 『傳習錄』下, 228조.

56 『傳習錄』上, 76조.

57 『傳習錄』下, 341조, " 先生曰, 良知卽是『易』. 其爲道也屢遷, 變動不居, 周流六虛, 上下無常, 剛柔相易, 不可爲典要, 惟變所適?此知如何捉摸得, 見得透時, 便是聖人."

58 Hannah Arendt, 'The Crisis in Culture', *Between Past and Future*, pp.197-226.

59 *Ibid.*, pp.219, 224.

60 Hannah Arendt, 'Truth and Politics', *Between Past and Future*, p.259ff.

61 『傳習錄』中, 318쪽; 이은선, 「왕양명 공부법에 대한 오늘의 성찰」, 『유교, 기독교 그리고 페미니즘』, 서울: 지식산업사, 2003, 357쪽 이하.

62 『傳習錄』中, 179조, "是非之心, 不慮而知, 不學而能, 所謂「良知」也. 良知之在人心, 無間於聖愚, 天下古今之所同也, 世之君子, 惟務其良知, 則自能公是非, 同好惡, 視人猶己, 視國猶家, 而以天地萬物爲一體, 求天下無治, 不可得矣."

63 『傳習錄』下, 312조, "我今信得這良知, 眞是眞非, 信手行去, 更不著些覆藏. 我今繞做得箇狂者的胸次. 使天下之人, 都說我行不掩言也罷."

64 Hannah Arendt, 'The Crisis in Education', *Between Past and Future*, p,185.

65 Hannah Arendt, *Eichmann in Jerusalem*, p.35.

66 *Ibid.*, p.28ff.

67 E. Bruehl-Young, *op. cit.*, p.87.

68 Alice Miller, *Am Anfang war Erziehung*, Suhrkamp Taschenbuch 951, 1983, pp.169-231.

69 Hannah Arendt, 'The Crisis in Education', *Between Past and Future*, p.192.

70 *Ibid.*, p.192.

71 E. Bruel-Young, *op. cit.*, pp.311-313.

72 Mordechi Gordon, 'Hannah Arendt on Authority, Conservation in Education Reconsidered', *Educational Theory*, Spring 1999, Vol.49, No.2, 1999, pp.161-180.

73 『傳習錄』中, 195조 이하, 「訓蒙大意示教讀劉伯頌等」.

74 『傳習錄』中, 195조, "大抵童子之情, 樂嬉遊而憚拘檢. 如草木之始萌芽, 舒暢之則利達, 摧撓之則衰痿. 今教童子, 必使其趨向鼓舞, 中心喜, 則其進自不能已. 譬之時雨春風, 霑被卉木, 莫不萌動發越, 自然日長月化."

75 『傳習錄』中, 195조, "故凡誘之歌詩者, 非但發其志意而已, 亦所以洩其跳號呼嘯於詠歌, 宣其幽抑結滯於音節也."

76 『傳習錄』中, 195조, "凡此皆所以順導其志意, 調理其性情, 潛消其鄙吝, 默化其. 頑, 日使

之漸於禮義而不苦其難, 人於中和而不知其故.",

77 Hannah Arendt, 'Truth and Politics', *Between Past and Future*, p.262.

78 *Ibid.*, p.262.

79 『傳習錄』下, 249조, "『思無邪』一言, 如何便蓋得三百篇之義?" 先生曰: "豈特三百篇? 六經只此一言, 便可該貫, 以至窮古今天下聖賢的話, 『思無邪』一言, 也可該貫?此外便有何說? 此是一了百當的功夫."

80 Alice Miller, *Am Unfrank war Erziehung*, p.175ff.

81 J.J. 루소, 정봉구 옮김, 『에밀』, 범우사, 2000, 33쪽.

82 『傳習錄』中, 195 조, "若近世之訓蒙? 者, 日惟督以句讀課倣, 責其檢束, 而不知導之以禮, 求其聰明, 而不知養之以善. 鞭撻繩縛, 若待拘囚. 彼視學舍, 如囹獄, 而不肯入. 視師長如寇仇, 而不欲見, 窺避掩覆, 以逐其嬉遊, 設詐飾詭, 以肆其頑鄙, ?薄庸劣, 日趨下流. 是蓋驅之於惡, 而求其爲善也, 何可得乎!"

83 『傳習錄』中 195 조, "凡授書, 不在徒多. 但貴精熟. 量其資稟, 能二百字者, 止可授以一百字. 常使精神力量有餘, 則無厭苦之患, 而有自得之美."

84 Hannah Arendt, 'The Crisis in Education', p.186.

85 *Ibid.*, p.193ff.

86 줄리아 칭, 같은책, 163쪽.

87 이은선, 「뜨거운 영혼의 사상가 페스탈로찌의 교육사상」, 『한국 교육철학의 새 지평』, 내일을 여는 책, 2000, 222쪽.

88 Hannah Arendt, *The Life of the Mind*, One/Thingking, 95쪽.

89 *Ibid.*, p.94.

90 *Ibid.*, Appendix/Judging, p.262.

91 *Ibid.*, One/Thinking, p.94.

92 *Ibid.*, p.96.

93 E. Young-Bruehl, *op. cit.*, 335쪽.

94 Hannah Arendt, *The Origins of Totalitarianism*, p.459.

성(性)과 가족, 그리고 한국 교육의 미래

1 물론 여기서 우리는 한나 아렌트가 근대 인류의 사회란 바로 그러한 사적 영역의 일, 우리 생명의 보존을 위해서 먹고 사는 일과 관계하는 몸과 노동의 일이 포괄적인 공적 관심이 된 상황이라고 비판한 것을 상기하지 않을 수 없지만, 이것은 아렌트 사고의 한 한계이기도 하면서, 동시에 그러나 그녀가 그렇게 사적영역과 공적영역을 나누어서 우리 시대에 다시 공

적영역을 강조한 것의 의미도 충분히 인지하므로 그녀의 사고도 결코 무조건적인 이원론이 아님을 지적하고자 한다.

2 한나 아렌트, 이진우·태정호역, 『인간의 조건』, 한길사, 2001.

3 본 글이 처음 쓰여진 것은 2004년 한국 교육철학회 창립 40주년을 맞이하면서였다. 10여년 이상이 흐른 상황은 더 급진적으로 변했지만 그 기본 양태와 거기서의 본인의 대안제시도 많이 다르지 않아서 다시 싣는다. 당시 교육철학회는 학회 이름의 중복 사용 등의 이유로 지금은 '한국 교육철학학회'로 이름을 바꾸었다.

4 정선이, 「周易의 女性觀과 教育觀에 관한 一 考察」, 『教育哲學』제8호, 한국 교육학회, 1990, 11, 115-122쪽.

5 이은선, 『유교와 기독교 그리고 페미니즘』, 지식산업사, 2003.

6 이은선, 「포스트모더니즘과 페미니즘 그리고 교육」, 『教育哲學』제11호, 한국 교육학회, 1993.12, 43-66쪽.

7 김현우, 「여성적 교육실천을 통한 관료주의의 극복」, 『教育哲學』제12-2호, 한국 교육학회, 1994.12, 79-98쪽.

8 조경원, 「한국 문화의 현대적 변용과 여성교육의 과제-양성평등한 문화발전을 위한 여성교육의 방향」, 『教育哲學』제18집, 한국 교육학회, 1997.12, 125-146쪽.

9 유현옥, 「여성학적 교육이론 가능성과 그 의미」, 『教育哲學』제22집, 한국 교육학회, 1999.8, 81-94쪽.

10 『教育哲學』제14-1호, 한국 교육학회, 1996.11.

11 김대용, 「한국 교육에서의 성교육문제」, 『教育哲學』제30집, 한국 교육학회, 2002.8, 27-44쪽.

12 이은선, 「한국 종교문화사 전개과정에서 본 한국 여성종교성 탐색」, 『韓國思想史學』제21집, 韓國思想史學會, 2003.12, 576쪽.

13 이수자, 「몸의 여성주의적 의미 확정」, 『한국 여성학』제15권2호, 1999, 259쪽.

14 이은선, 「유교적 몸의 수행과 페미니즘」, 같은 책, 205쪽 이하.

15 김대용, 같은 글, 29쪽.

16 조은 외, 『성해방과 성정치』, 서울대출판부, 2002, 93쪽 이하.

17 Gail. Hawkes, *a Sociology of Sex and Sexuality*, London: Open Univ Press, 1996, p.115, 같은 책, 96쪽.

18 H. Rosenbaum, *Formen der Familie. Unterzuchungen zum Zusammenhang von Familienverhaeltnissen, Sozialstruktur und sozialem Wandel in der deutschen Gesellschaft des 19 Jahrhunderts.* Frankfurt/M: Suhrkamp, 1993, p.251, 조상식, 『가족 이데올로기와 교육문제』, 교육비평, 99쪽.

19 문소정, 「1990년대 이후 한국가족 연구의 동향-페미니즘/포스트모던 페미니즘의 쟁점을 중심으로」, 『여성학연구』제13권 제1호, 2003, 39-63쪽.

20 이재경, 「여성의 경험을 통해본 한국가족의 근대적 변형」, 『한국여성학』제15권 2호, 1999, 55-86쪽.

21 『중앙일보』, 2004년 9월 24일(금), 5면.

22 같은 글.

23 이동원 외(옮김), 『변화하는 가족-새로운 가족 유대와 불균형』, 이화여대출판부, 1999; 서수경, 「새로운 포스트모던 가족연구에 대한 고찰」, 『한국가족관계학회지』제7권1호, 한국가족관계학회, 19-37쪽.

24 이진숙, 「포스트모던 사회로의 이행과 핵가족-독일의 결혼과 가족제도 변화를 중심으로」, 『가족과 문화』제2집(여름호), 한국 가족문화학회, 1997, 91-114쪽.

25 권명아, 『가족이야기는 어떻게 만들어지고 있는가』, 책세상 문고, 2000, 12쪽.

26 「누구와 함께 살 것인가-새로 쓰는 가족이야기」, 『또 하나의 문화』제17호, 도서출판 또 하나의 문화, 2003, 26쪽.

27 이은선, 「유교와 페미니즘-그 관계맺음의 해석학」, 같은 책, 191쪽.

28 Wing-tsit Chan의 A Source Book in Chinese Philosophy에 보면 "Humanity(jen) is [the distinguishing characteristic of] man, and the greatest application of it is in being affectionate toward relatives."라고 되어있는데, 이 영어 번역이 오늘의 우리의 뜻을 더 확실히 해준다고 본다. Wing-tsit Chan, A Source Book in Chinese Philosophy, New Jersey: Princeton University Press, 1963, p.104.

29 강희원, 「여성문제로서 가(家)와 가족법-한국 가족법 개정을 위한 어느 페미니스트적 휴머니스트의 조언」, 『법철학연구』제5권제2호, 한국법철학회, 2002, 301쪽.

30 Helene Cixous, 'The Laugh of the Medusa', E. Marks/I. Courtivron(eds.), New French Feminism, University of Massachusetts at Amherst, 1980, pp.245-264.

31 양현아, 「모성정책의 철학」, 『한겨레신문』시평.

32 정경세, 「養正篇」, 영인본, 정순목, 『한국유학교육자료집해(1)』, 「아동교육론」, 학문사, 1983, 177-179쪽, 류점숙, 「전통사회 아동의 가족관계 교육」, 『退溪學報』114, 187쪽.

33 정약용, 『弟徑』, 같은 글, 190쪽.

34 『孟子集註』, 「萬章 下」6, 萬章問曰 敢問交際, 河心也, 孟子曰 恭也.

35 헤르만 헤세, 김누리 옮김, 『황야의 이리』, 민음사, 1997, 67쪽.

36 신동은, 「『小學』의 교육적 원리 연구」, 『教育哲學』제31집, 한국 교육학회, 2004.2, 55쪽.

37 Frans Carlgren, Erziehung zur Freiheit-Die Paedagogik Rudolf Steiner, Fischer Taschenbuch Verlag, 1986, p.53ff.

38 헤르만 헤세, 같은 책, 20쪽.

39 강희원, 같은 글, 302쪽.

40 같은 글, 298쪽.

41 같은 글, 296쪽.

42 김정희, 「지구화시대의 교육변혁론과 여성주의」, 『한국여성학』 제17권2호, 2001, 51쪽.

43 같은 글, 61쪽 이하.

세계화 시대 한국 교육의 무한경쟁주의 극복을 위한 인문학적 성찰

1 이 글은 원래 2007년 가을 한국 교육학회 학술대회를 위해서 쓰여진 것이다.

2 『맹자』 「告子章」下, 4 : 爲人臣者懷利以事其君, 爲人子者懷利以事其父, 爲人弟者懷利以事其兄. 是君臣, 父子, 兄弟終去仁義, 懷利以相接, 然而不亡者, 未之有也.

3 정순우, 『공부의 발견』, 현암사, 2007, 112쪽.

4 같은 책, 135쪽.

5 김승혜, 『유교의 뿌리를 찾아서』, 지식의 풍경, 2001, 16-17쪽.

6 Julia Ching, *Confucianism and Christianity-A comparative Study*, Tokyo: Kodasha International, 1977, p.9.

7 이렇게 유교문화를 한국의 핵심적인 문화전통으로 이야기하면 혹자는 그것이 중국문명이지 한국 고유의 문명이 아니라고 반박한다. 그러나 그런 시각은 근대적인 국가주의 시각에 사로잡혀있는 단편적인 시각으로 인류의 보편적인 문화흐름의 성격을 충분히 이해하지 못한 데서 오는 것이다. 예를 들어 그리스 문화가 오늘날 민족국가인 그리스에서 배태되었다고 해서 그 이후의 서양 각 나라의 문화를 그리스의 종속문화라고 하지 않고, 기독교가 오늘의 이스라엘 땅에서 나온 것이라고 해서 영국이나 프랑스, 독일 등의 서양 각 나라가 나름대로 전개시킨 기독교 문화를 이스라엘의 아류 문화라고 하지않는다는 것과 마찬가지이다. 16세기 유럽의 르네상스 문화도 이탈리아에서 시작되어 그렇게 전 유럽으로 퍼져갔듯이 그렇게 인류문화는 중심부에서 주변으로 퍼지는 것이며, 주변국으로서 중심의 문화를 배우는 것은 결코 부끄러운 일이 아니라 주변부의 끊임없는 노력과 자기 갱신에 의해서 새로운 문명에 낙오되지 않기 위한 노력의 결과이므로 오히려 자랑할 일이다. 그렇게 인류문화는 흘러가는 것이므로 유교를 한반도가 받아들여서 전개시킨 것을 오늘의 민족국가 시각에서 보아서 중국 문화를 사대적으로 받아들인 것이라고 부끄러워 할 일이 아니다. 오히려 주변부의 한 나라로서 중심부의 문화를 그렇게 전개시킨 것에 대해 자긍심을 갖고 인류문화에서 중심부가 고정되어 있는 것이 아니라는 자각 아래 뛰어난 문화의 전개로 새롭게 중심부가 될 수 있음을 생각해서 새로운 역할에 합당한 의식을 가져야

한다는 것이다; 참조, 유홍준, "동아시아에서 한국 문화의 새로운 위상", 「우리길벗」
    2006.7/8호, 20-29쪽.

8 호사카 유지, 『조선선비와 일본 사무라이』, 김영사, 2007, 12쪽.

9 같은책, 15쪽.

10 우리가 잘 아는 대로 19세기 말에 본격적으로 유입된 서구 기독교 문화는 그때까지 오랜
    기간 신분사회에 억눌려 있던 많은 사람들을 해방시켰다. 반상과 적서, 남녀의 차별에서
    오는 억압을 기독교는 만인에게 '부모' (아버지)가 되는 '신 앞에서의 평등'으로 무마시켰
    고, 그 정신에 근거하여 처음에는 주로 서구 기독교선교사들에 의해 주도되었던 교육사업
    은 많은 평민들과 여성들을 근대교육의 수혜자가 되게 하였다. 신적인 것을 어떤 性的인
    것이나 인간적인 것과 직접적으로 연결시키지 않는 유대 전통에서 자라난 기독교는 유교
    문화가 그 인본주의적 경향에도 불구하고 극복하지 못했던 신분상의 차별과 성적인 차별
    을 넘게 해주었는데, 오늘날 인구의 30% 이상이 기독교인이 된 한국 문화에서 이제 누구
    나 용이하게 최고의 존재자에 대한 경전을 접할 수 있게 되었고(지하철에서도 그 성서를
    읽고 있는 사람들을 쉽게 볼 수 있다), 그 최고 존재자와 더불어 중보자의 커다란 개입 없
    이 직접적으로 관계할 수 있도록 해 준 기독교는 한국 민족에게 큰 해방적 역동력이 된 것
    은 부인할 수 없다. 이은선, 「한국 종교문화사 전개과정에서 본 한국 여성종교성 탐구」,
    『韓國思想史學』제21집, 2003.

11 Hillany R Clinton, It takes A Village, Touchstone, 1996

12 박지향, 「평준화 떠받치는 잘못 이해된 '평등'」, 동아일보, 2007.9.18.

13 장하준, 이순희 옮김, 『나쁜 사마리아인-장하준의 경제학파노라마』, 부키, 2007; 「책과 세
    상」, 〈한겨레신문〉, 2007.10.6 참조.

14 같은책, 108쪽.

15 한나 아렌트, 이진우·태정호 옮김, 『인간의 조건』, 한길사, 2002, 217쪽.

16 이은선, 「한스 요나스의 책임의 원리와 교육」, 『한국 교육철학의 새 지평』, 내일을 여는
    책, 2000, 257-284쪽.

17 『맹자』「盡心章」上, 15: 親親 仁也, 敬長 義也 無他, 達之天下也.

18 플라톤, 『국가론』, 박영사, 1996, 156쪽.

19 Hannah Arendt, "what in Authority?", Between Part and Future, NY:Prrguine Book, 1968,
    p.125.

20 류승국, 『한국사상과 현대』, 동방학술연구원, 1988.

20 Hannah Arendt, "The Crisis in culture", op.cit, p.220ff.

21 Ibid, 153쪽.

22 이정규, 『한국사회의 학력·학벌주의 근원과 발달』, 집문당, 2003; 정진상, 『국립대 통합

네트워크-입시지옥과 학벌사회를 넘어서』, 책세상, 2004; 송순재·교육사랑방 편저, 『대학입시와 교육제도의 스펙트럼』, 학지사, 2007.

23 이철호, 「대학서열타파와 교육 공공성 실현을 위한 대학입학제도 개혁 방안」, 『대입제도 개선을 위한 전문가 토론회 자료집』, 학벌 없는 사회·민주화를 위한 전국교수협의회, 2004, in:: 송순재·교육사랑방, 위의 책, 321쪽.

24 강태중, 「고교평준화 정책이 사교육비 지출에 미치는 영향」, 제3회 한국 교육고용패널학술대회, 한국직업능력개발원, 2007.10.9, 『동아일보』, 2007.10.9 참조.

25 『남명집』 권2, 「與退溪書」: 近見學者 手不知灑掃之節 而口談天理 計欲盜名.

26 정순우, 같은 책, 232쪽 이하. 정순우가 이 책에서 남명의 출처 의식을 오늘의 교육의 현실을 위해 논의한 것은 지금까지 한국 교육사에서 잘 보지 못한 의미 있는 사고라고 생각한다. 왜냐하면 예전의 출처와 오늘날 모든 교육의 목적이 되다시피 한 직업 선택과 취업의 문제는 밀접히 연관되어 있고, 특히 청년실업 문제와 관련하여 생각해 볼 때 대안적으로 사고해 볼 수 있는 여지를 많이 마련해 주기 때문이다.

27 『맹자』 告子章 上 18: 仁之勝不仁也, 猶水勝火. 今之爲仁者, 猶以一杯水, 救一車薪之火也; 不熄, 則謂之水不勝火, 此又與於不仁之甚者也.

탈학교 사회와 한국 생물(生物) 여성 영성의 교육

1 이 글이 처음 쓰여진 시기는 2008년 가을 MB정부가 막 들어선 후였다.

2 우석훈, 「과외금지, 국민투표에 붙이자」, 『한겨레신문』, 2008.10.23.

3 크리스 메르코글리아노, 공양희 옮김, 『두려움과 배움은 함께 춤출 수 없다』, 민들레, 2002, 231-233쪽.

4 츠츠미 미카, 고정아 옮김, 『르포 빈곤대국 아메리카』, 문학수첩, 2008, 23쪽 이하.

5 같은 책, 62쪽.

6 같은 책, 63쪽.

7 같은 책, 150쪽.

8 김은실, 「세계화, 국민국가, 생명정치: 촛불, "국민", "여성들"」, 한국여성학회&비판사회학회 공동심포지엄, 중앙대학교 법학과 대강당, 2008.9.26 발표문.

9 츠츠미 미카, 앞의 책, 45쪽.

10 장하준, 이종태·황해선 옮김, 『다시 발전을 요구한다』, 부키 2008; 정재호, 「장하준의 대안, 장하준의 한계」, 『교수신문』 서평, 2008.9.8. 참조.

11 이반 일리치, 이한 옮김, 『성장을 멈춰라-자율적 공생을 위한 도구 Tools for Conviviality』, 미토, 2004, 27쪽.

12 같은 책, 22쪽.

13 같은 책, 45쪽.

14 같은 책, 139쪽.

15 같은 책, 32쪽.

16 같은 책, 21쪽.

17 같은 책, 76쪽.

18 같은 책, 77쪽.

19 같은 책, 78쪽 .

20 같은 책, 33쪽.

21 같은 책, 79쪽.

22 이반 일리치, 심성보 옮김, 『학교 없는 사회』, 미토, 2004, 13쪽.

23 이반 일리치, 『성장을 멈춰라』, 미토, 2004, 86쪽.

24 같은 책, 87-88쪽.

25 이반 일리치, 『학교 없는 사회』, 72쪽.

26 이반 일리치, 『성장을 멈춰라』, 107쪽.

27 이반 일리치, 『학교 없는 사회』, 79-83쪽.

28 같은 책, 92쪽.

29 같은 책, 15쪽.

30 이반 일리치, 『성장을 멈춰라』, 94쪽.

31 이반 일리치, 『학교 없는 사회』, 16쪽.

32 같은 책, 23쪽.

33 같은 책, 59쪽.

34 같은 책, 27쪽.

35 같은 책, 84쪽.

36 같은 책, 78쪽.

37 같은 책, 87쪽.

38 같은 책, 181쪽.

39 이반 일리치, 『성장을 멈춰라』, 99쪽.

40 같은 책, 100쪽

41 같은 책, 111쪽.

42 같은 책, 123쪽.

43 같은 책, 134쪽.

44 이반 일리치, 『학교 없는 사회』, 182쪽.

45 크리스 메르코글리아노, 같은 책, 163쪽.

46 이은선, 「마하트마 간디 사상의 동양적, 여성적, 교육적 성격」, 『한국 교육철학의 새지평-聖·性·誠의 통합학문적 탐구』, 내일을 여는 책, 2000, 52쪽.

47 Julia Ching, *Confucianism and Christianity-A comparative Study*, Tokyo, NY and San Francisco: Kodansha Interntional, 1977, p.9; 변선환역, 『유교와 기독교』, 분도출판사, 1994 참조.

48 이은선, 「『대학』과 『중용』사상의 현대 교육철학적 해석과 그 의의」, 『교육학연구』제39권 제4호, 2001.12.

49 이은선, 「종교성과 생태적 감수성-생명교육의 한 예시」, 한명희 외, 『종교성, 미래교육의 새로운 패러다임』, 학지사, 2007, 120-141쪽.

50 『맹자』告子 上 11, "孟子曰 仁人心也, 義人路也. 仁者 心之德, 程子所謂心如穀種, 仁則其生之性 是也".

51 크리스 메르코글리아노, 같은 책, 21쪽.

52 같은 책, 183쪽.

53 같은 책, 140쪽.

54 같은 책, 224-228쪽.

55 같은 책, 57쪽.

56 같은 책, 188-189쪽.

57 이반 일리치, 『학교 없는 사회』, 40쪽.

58 왕양명, 『傳習錄』中12조; 이은선, 「양명 공부법의 교육철학적 의의」, 『東洋哲學研究』제24집, 2001.3, 213쪽 이하.

59 이은선, 『잃어버린 초월을 찾아서-한국 유교의 성찰과 여성주의』, 도서출판 모시는사람들, 2009, 74ff쪽.

60 이은선, 「한국 유교의 종교적 성찰-조선후기 여성성리학자 강정일당을 중심으로」, 『陽明學』제20호, 한국양명학회, 2008.7, 43-82쪽.

61 김혜순, 『여성이 글을 쓴다는 것은』, 문학동네, 2002, 18쪽.

62 같은 책, 30쪽.

63 이황, 『성학십도』, 이광호 옮김, 홍익출판사, 2001.

64 『大學章句序』.

65 이은선, 「『대학』과 『중용』사상의 현대 교육철학적 해석과 그 의의」, 324쪽.

66 크리스 메르코글리아노, 같은 책, 11쪽.

67 같은 책, 105쪽

68 같은 책, 223쪽.

69 같은 책, 249쪽.

70 같은 책, 247쪽.

71 같은 책, 252쪽.

72 이반 일리치, 박홍규 옮김, 『그림자 노동』 Shadow Work, 미토, 2005, 156쪽 이하.

73 같은 책, 164쪽 이하.

74 같은 책, 170쪽.

75 샐리 맥페이그, 김준우 옮김, 『기후 변화와 신학의 재구성』, 한국기독교연구소, 2008.

76 이반 일리치, 『성장을 멈춰라』, 174쪽.

77 같은 책, 175쪽.

78 George Monbiot, *Heat: How to Stop the Planet from Burning*, Toronto: Doulbleday, 2006, 샐리맥페이그, 같은 책, 40쪽.

79 왕양명, 『大學問』.

80 『한겨레신문』, 2008. 12.

81 『한겨레신문』, 2008. 12.

어떻게 행위하고 희락할 수 있는 인간을 기를 수 있을 것인가?

1 본 글은 지난 2010년 6월 11일 충남대학교 유학연구소의 〈양명학, 현대적 만남과 융화 그 리고 소통〉의 학술대회에서 "양명과 퇴계 그리고 루돌프 슈타이너(Rudolf Steiner)의 '교 육예술' "이라는 제목으로 발표되었다. 그때 발표된 것 중에서 퇴계와 양명의 비교 부분이 「어떻게 행위할 수 있고, 희락할 수 있는 인간을 기를 수 있을 것인가? 퇴계 '敬의 心學'과 양명 '致良知'의 현대 교육철학적 비교연구」라는 제목으로 영남대학교 퇴계학연구원의 『退溪學論集』6호에 실렸다. 여기에서는 거기에 덧붙여서 20세기의 서양 사상가 루돌프 슈타이너를 연결해서 동서와 고금의 만남을 더욱 구체적으로 보여주고자 한다.

2 Johann Heinrich Pestalozzi, "Ja oder Nein", *Pestalozzi Saemtliche Werke 10. Band*, bearbeitet von E. Dejung/ H. Schoenebaum, Berlin und Leipzig, 1931, p. 118ff.

3 『전습록』권中, 143조 "記誦之廣. 適以長其放他, 知識之多. 適以行其惡也, 聞見之博. 適 以肆其辨也, 辭章之富. 適以飾其僞也?"

4 한나 아렌트, 이진우·태정호 역, 『인간의 조건』, 서울: 한길사, 2001, 102쪽 이하.

5 매기 잭슨, 왕수민 옮김, 『집중력의 탄생』 Distracted, 다산초당, 2010, 64쪽 이하.

6 Rudolf Steiner, *Allgemeine Menschenkunde als Grundlage der Paedagogik, Rudolf Steiner Taschenbuecher aus dem Gesamtwerk*, Rudolf Steiner Verlag Dornach/Schweiz, 1980, p. 31ff.

7 Hannah Arendt, *Between Past and Future*, NY: Penguin book, 1993, p.7ff; 한나 아렌트, 서유경 옮김, 『과거와 미래 사이에서』, 푸른숲, 2005, 15쪽 이하.

8 '인간에 대한 지혜'를 뜻하는 '인지학'(人智學, Anthroposophie)은 슈타이너가 자신의 사상을 정립하는 데 있어서 중요하게 영향을 받은 유럽 '신지학'(神智學, Theosophie)과는 뚜렷하게 구별되는 의미로 사용하는 용어이다. 슈타이너는 1913년 신지학회로부터 완전히 독립하여 인지학회를 창립하면서 자신은 신지학회와는 달리 더 높은 세계의 인식을 어떤 비의적인 방법이나 꿈 또는 무의식의 상태가 아닌 인간 정신과 의식의 합리적인 고양을 통해서 도달하고자 함을 강조했다. 그래서 그는 인지학을 일종의 '학'(學), 즉 '정신과학'으로 세우고자 했으며 그것은 마치 수학적인 진실을 경험하듯이 그렇게 인간 정신이 경험적으로 보는 것임을 강조하는데, 나는 슈타이너 인지학의 이러한 측면이 오늘 '합리적 초월'(rational transcendence)과 '세속적 종교성'(secular religiosity)의 차원을 지시하는 (신)유교적 세계관과 매우 잘 상응된다고 본다. 이은선, 「루돌프 슈타이너의 신지학(神智學)과 교육」, 『한국 교육철학의 새지평-聖性誠의 통합학문적 탐구』, 내일을 여는 책, 2009년 개정판, 60-87쪽.

9 『전습록』권下, 318조목 "衆人只說「格物」要依晦翁, 何曾把他的說去用! 我著實曾用來."

10 『전습록』권中, 133조목 "故有孝親之心, 即有孝之理, 無孝親之心, 即無孝之理矣. 有忠君之心, 即有忠之理, 無忠君之心, 即無忠之理矣. 理豈外於吾心邪?"

11 『전습록』권上, 32조목 "虛靈不昧, 衆理而萬事出. 心外無理. 心外無事."

12 『전습록』권上, 5조목 "未有而不行者. 知而不行, 只是未知和. 聖賢敎人知行, 正是要復那本體. … 就如稱某人知孝, 某人知弟. 必是其人已曾行孝行弟, 方可稱他知孝知弟. 不成只是曉得說些孝弟的話, 便可稱爲知孝弟. … 此便是知行的本體, 不曾有私意隔斷的."

13 『전습록』권上, 5조목 "故遂終身不行, 亦遂終身不知. 此不是小病痛, 其來已非一日矣. 某今說箇知行合一, 正是對病的藥. 又不是某鑿空杜撰. 知行本體, 原是如此."

14 『전습록』권中, 132조목 "夫人必有欲食之心, 然後知食, 欲食之心卽是意, 卽是行之始矣: 食味之美惡, 必待人口而後知, 豈有不待入口而已先知食味之美惡者邪?"

15 『전습록』권上, 5조목.

16 『전습록』권上, 78조목.

17 『전습록』권上, 31조목.

18 『전습록』권中, 137조목 "意之所用, 必有其物, 物卽事也. 如意用於事親, 卽事親爲一物, 意用於治民, 卽治民爲一物, … 凡意之所用, 無有無物者, 有是意卽有是物, 無是意卽無是物矣. 物非意之用乎?"

19 루돌프 슈타이너, 『교육의 기초로서의 일반인간학』, 116-117쪽; Rudolf Steiner, *Allgemeine Menschenkunde als Grundlage der Paedagogik*.

20 여기서 슈타이너 사상을 우리말로 옮기는 것의 어려움을 말하고자 한다. 우리말에서처럼 서구 정신사에서도 일반적으로 Geist(정신)보다는 Seele(영혼)가 인간 존재의 더 깊은 내면을 지시하는 말로 쓰이지만 슈타이너는 이 전통을 따르지 않는다. 그래서 그의 사상을 우리말로 옮기는 초기에 혼동이 있었지만, 요즈음은 Geist(정신)를 '靈'으로, Seele를 '魂'으로 옮겨서 혼동이 많이 줄었다. 나도 이 구분에 따라서 Geist를 정신과 더불어 靈으로도 표현할 것이다. 이와 더불어 지적하고 싶은 것은 우리가 슈타이너의 Geist(靈)에 상응하는 개념을 성리학의 '理'로 보았다면 그 理를 靈으로도 이해할 수 있다는 것인데, 그렇게 함으로써 지금까지의 동아시아 성리학 전통에서 理 이해의 차원을 한층 더 높일 수 있다. 즉 理의 초월적이고 영적인 차원을 말하는 것이다. 참조, 이은선, 같은 글, 66쪽.

21 Rudolf Steiner, *Theosophie, Einfuehrung in uebersinnliche Welterkenntnis und Menschenbestimung*, Rudolf Steiner Taschenbuecher aus dem Gesamtwerk, Rudolf Steiner Verlag Darnach/Schweiz, 1987, p.68ff; 루돌프 슈타이너, 양억관 · 타카하시 이와오 옮김, 『신지학』, 물병자리, 2003.

22 이은선, 같은 글, 79쪽.

23 루돌프 슈타이너, 『교육의 기초로서의 일반인간학』, 42쪽.

24 같은 책, 29쪽.

25 같은 책, 32쪽.

26 같은 책, 43쪽.

27 같은 책, 44쪽

28 같은 책, 55쪽

29 『전습록』권中, 199조목 "量其資稟, 能二百字者, 止可授以一百字. 常使精神力量有餘, 則無厭苦之患, 而有自得之美. 諷誦之際, 務令專心一志. 口誦心惟, 字字句句, 紬繹反覆, 抑揚其音節, 寬虛其心意, 久則義禮浹洽, 聰明日開矣; 『전습록』권中, 200조목 "凡習禮歌詩之數, 皆所以常存童子之心, 使其樂習不倦, 而無暇及於邪僻."

30 루돌프 슈타이너, 『교육의 기초로서의 일반인간학』, 46쪽.

31 같은 책, 64쪽, Rudolf Steiner, *Allgemeine Menschenkunde als Grundlage der Paedagogik*, p.51.

32 *Ibid.*, p.49.

33 *Ibid.*, p.51.

34 *Ibid.*, p.48; 루돌프 슈타이너, 『교육의 기초로서의 일반인간학』, 60쪽.

35 같은 책, 60-61쪽.

36 같은 책, 64쪽.

37 같은 책, 71쪽.

38 같은 책, 76쪽.

39 같은 책, 78쪽.

40 『전습록』권上 , 121조목 "誠是心之本體. 求復其本體, 便是思誠的工夫."

41 루돌프 슈타이너, 『교육의 기초로서의 일반인간학』, 90쪽.

42 『전습록』권下, 226조목 "先生曰: 此須識我立言宗旨. 今人學問, 只因知行分作兩件, 故有 一念發動, 雖是不善, 然却未曾行, 便不去禁止. 我今說箇知行合一, 正要人曉得一念發動 處, 便卽是行了. 發動處有不善, 就將這不善的念克倒了, 須要徹根徹底, 不使那一念不善潛 伏在胸中. 此是我上上言宗旨."

43 최영진, 『퇴계 이황:사단칠정론·성학십도·무진육조소』, 살림, 2007, 101쪽.

44 장기근 역저, 『퇴계집』, 명문당, 2003, 128쪽.

45 『퇴계집』, 「戊辰筵啓箚 2」, 210쪽.

46 『퇴계집』, 「戊辰六條疏」, 128쪽.

47 최중석, 「인간의 주체적 진실성과 퇴계심학의 과제」, 이동준 등 24인, 『동방사상과 인문정 신』, 심산, 2007, 351-352쪽.

48 「원로학자를 찾아서(12):다카하시 스스무(高橋進)」, 『오늘의 동양사상』제19호 2008가을/ 겨울, 예문동양사상연구원, 2008, 35쪽 참조.

49 Hannah Arendt, *The Life the mind One-Volume Edition*, One/Thinking, NY& London: HBJ Book, 1978, p.213ff.
이 글을 이 책의 또 다른 주제인 한나 아렌트의 인식론과 비교하여 생각해보면, 아렌트가 예루살렘의 아미 히만을 들어서 그가 바노는 아니었지만(知) 사고하고 생각하지 못하며 (思) 느끼지 못하는(情) 사람이었다고 지적한 것과 유사하게, 양명에게서의 '지식'은 인 식과 더욱 관련되고, 퇴계는 아렌트가 말한 그 단순한 인식(知)을 넘어선 사고와 사유(思) 를 말한 것으로 볼 수 있다.

50 『퇴계집』, 「언행록 제1권」, 537쪽.

51 『퇴계집』, 「언행록 제1권」, 572쪽.

52 최재목, 『퇴계심학과 왕양명』, 새문사, 2009, 108쪽.

53 김종석, 「퇴계철학과 『心經附註』」, 『퇴계학의 이해』, 일송미디어, 2001, 64-84쪽; 김세정, 「양명 심학과 퇴계 심학 비교의 새로운 지평」, 『양명학』제13호, 2005, 395-397쪽; 홍원식, 「퇴계학의 '독창성'에 대한 외국 학자들의 관점」, 『오늘의 동양사상』제16호 2007봄/여 름, 2007, 175-192쪽.

54 『退溪先生文集』권41, 「傳習錄論辯」, 12쪽.

55 『退溪先生文集』권41, 「傳習錄論辯」, 13쪽.

56 『退溪先生文集』권41, 「傳習錄論辯」, 14쪽.

57 『退溪先生文集』권41, 「傳習錄論辯」, 14쪽.

58 『退溪先生文集』권41, 「傳習錄論辯」, 15쪽.

59 금장태, 『퇴계의 삶과 철학』, 서울대학교출판부, 2001, 108쪽.

60 『전습록』권上, 99조목 "所以爲聖者, 在純乎天理而不在才力也. 故雖凡人而肯爲學, 使此心純乎天理, 則亦可爲聖人. 猶一兩之金, 此之萬鎰, 分兩雖懸絶, 而其到足色處, 可以無愧. 故曰"人皆可以爲堯舜者, 以此. 學者學聖人, 不過是去人欲而存天理耳.""

61 「퇴계가 고봉에게 답함: 사단칠정을 논한 첫 번째 편지」, 최영진, 같은 책, 132쪽.

62 「퇴계가 고봉에게 답함: 사단칠정을 논한 첫 번째 편지」, 같은 책, 139쪽.

63 「퇴계가 고봉에게 답함: 사단칠정을 논한 첫 번째 편지」, 같은 책, 140쪽.

64 금장태, 같은 책, 165쪽 참조.

65 「퇴계가 고봉에게 답함:사단칠정을 논한 두 번째 편지」, 같은 책, 166쪽.

66 「퇴계가 고봉에게 답함:사단칠정을 논한 두 번째 편지」, 같은 책, 175쪽.

67 「퇴계가 고봉에게 답함:사단칠정을 논한 두 번째 편지」, 같은 책, 176쪽.

68 「퇴계가 고봉에게 답함:사단칠정을 논한 두 번째 편지」, 같은 책, 186쪽.

69 「퇴계가 고봉에게 답함:사단칠정을 논한 첫 번째 편지」, 같은 책, 142쪽.

70 같은 책, 82쪽.

71 최숙연, 「루돌프 슈타이너의 상상력과 그 유아교육적 의미 탐구」, 『세종대학교 대학원 박사학위논문』, 2009, 105-106쪽.

72 루돌프 슈타이너, 『교육의 기초로서의 일반인간학』, 177쪽.

73 Rudolf Steiner, Wie erlangt man Erkenntnisse der hoeheren Welten?, p.19-25; 루돌프 슈타이너, 김경식 옮김, 『고차세계의 인식으로 가는 길』, 밝은 누리, 2003, 35-42쪽.

74 루돌프 슈타이너, 『교육의 기초로서의 일반인간학』, 102쪽 이하.

75 같은 책, 94쪽.

76 같은 책, 103-104쪽.

77 같은 책, 104쪽.

78 같은 책, 106쪽.

79 Rudolf Steiner, Allgemeine Menschenkunde als Grundlage der Paedagogik, p.85.

80 Ibid., p.86; 루돌프 슈타이너, 『교육의 기초로서의 일반인간학』, 108쪽.

81 같은 책, 107쪽.

82 같은 책, 111쪽.

83 같은 책, 98쪽.

84 줄리아 칭, 이은선 옮김, 『지혜를 찾아서-왕양명의 길』, 분도출판사, 1998, 143쪽이하.

85 같은 책, 144쪽.

86 『전습록』권中, 137조목 "心者, 身之主也, 而心之虛靈明覺, 卽所謂本然之良知也. 其虛靈明 覺之良知應感而動者謂之意. 有知而後有意, 無知則無意矣. 知非意之體乎? 意之所用, 必 有其物, 物卽事也."

87 『전습록』권上, 「徐愛跋」.

88 『전습록』권上, 71조목.

89 『전습록』권上, 39조목 "常如猫之捕鼠. 一眼看著, 一耳聽著."

90 『전습록』권下, 244조목.

91 조현규, 「왕양명의 생명윤리교육사상」, 『동양교육사상』, 학지사, 2009, 389쪽 이하 참조.

92 『전습록』권中, 142조목.

93 왕양명, 「大學文」.

94 같은 글.

95 『전습록』권上, 30조목.

96 일찍이 철학자 찰스 푸가 퇴계의 사단칠정 심성론을 주자의 성즉리설과 양명의 심즉리설 을 웅대하게 종합한 결과라고 평가한 것과 더불어 퇴계가 양명을 비판하면서도 무의식적 으로 유사하게 되었다는 연구는 많이 나와 있다. 그 반대의 주장도 만만치 않지만 본 연 구도 둘 사이의 같은 점을 보는데 더 주력했음을 밝힌다. "주자학적 심학", "道器二元論 的 심학", "敬의 심학" 등이 모두 그런 의미의 표현들이다. Charles W. Fu, 「주자학 계승 자로서의 퇴계 철학의 독창성」, 『퇴계학연구논총』제9권, 1997; 홍원식, 같은 글 188쪽 재 인용; 김종석, 같은 책; 최재목, 같은 책, 118쪽 이하; 김세정, 같은 글, 390-395쪽, 류승국, 「한국근대사상사에 있어서 양명학의 역할」, 『동양철학연구』, 동방학술연구원, 1988 참 조.

97 최재목, 같은 책, 87쪽 이하.

98 『전습록』상, 129조목.

99 『退溪先生文集』권41, 「抄醫閭先生集附白沙陽明抄後復書其末」, 16-17쪽.

100 『퇴계집』, 「聖學十圖를 올리는 箚子」, 장기근 역저, 218쪽.

101 『퇴계집』, 「聖學十圖를 올리는 箚子」, 244쪽.

102 최중석, 같은 글, 359쪽.

103 『퇴계문집』권18, 30a, 「答奇明彦」, 최중석, 같은 글, 360쪽에서 재인용.

104 이정배, 「퇴계의 '敬'의 철학과 칸트적 신학(Wilhelm Hermann) 인식론」, 『토착화와 생 명문화』, 종로서적, 1991, 39쪽 참조.

105 『퇴계집』, 「聖學十圖를 올리는 箚子」, 259쪽, 이황, 이광호 옮김, 『성학십도』, 홍익출판 사, 2001, 87쪽 참조.

106 최중석, 같은 글, 366쪽 이하.

107 『퇴계집』,「聖學十圖를 올리는 箚子」, 233쪽, 이광호, 같은 책, 50쪽 참조.

108 Michael C. Kalton, *To become a sage: The Ten Diagrams on Sage Learning by Yi T' oegye*, NY: olumbia Univ. Press, 1988, p.174ff.

109 『퇴계집』,「聖學十圖를 올리는 箚子」, 263쪽, 이광호, 같은 책, 95쪽 참조.

110 한나 아렌트, 서유경 옮김,「문화의 위기:그 사회적 정치적 의미」,『과거와 미래사이에서』, 푸른숲, 286쪽 이하 참조.

111 루돌프 슈타이너,『교육의 기초로서의 일반인간학』, 134쪽.

112 같은 책, 129쪽.

113 같은 책, 116-117쪽.

114 같은 책, 144쪽.

115 같은 책, 163쪽.

116 같은 책, 56쪽.

117 이은선,「종교성과 생태적 감수성-생명교육의 한 예시」, 한명희 외,『종교성, 미래교육의 새로운 패러다임』, 학지사, 2007, 128쪽 이하.

118 같은 책, 186쪽.

119 같은 책, 209쪽.

120 같은 책, 190쪽.

121 『전습록』권中, 158조목 "然謂「良知常若居於優閒無事之地」, 語尙有病. 蓋良知雖不滯於喜怒憂懼, 而喜怒憂懼亦不外於良知也."

122 쥴리아 칭, 같은 책, 78쪽.

123 같은 책, 215쪽.

124 같은 책, 218-219쪽.

125 같은책, 187쪽.

126 같은 책, 247쪽; Rudolf Steiner, *Allegement Menschenkunde als Grundlage der Paedagogik*, p.195.

127 같은 책, 256쪽.

128 최숙연, 같은 논문.

129 루돌프 슈타이너,『교육의 기초로서의 일반인간학』, 264-268쪽.

130 이은선,「루돌프 슈타이너의 신지학(神智學)과 교육」, 56쪽.

131 같은 글, 72쪽.

132 루돌프 슈타이너,『교육의 기초로서의 일반인간학』, 267쪽; 여기서 다시 슈타이너 사상의 우리말 번역의 문제점이 나타난다. 한국에서의 슈타이너 사상 소개가 처음부터 독어에서 직접 이루어지지 않았고 영어나 일어 번역본에서 이루어진 경우가 많았기 때문

에 몇 차례의 언어세계를 거치면서 혼란이 일어났다. 또한 슈타이너도 지적하듯이 '상상력' 이라는 인간 정신의 영역이 아직 심도 깊게 탐구되지 않았기 때문에 오는 용어상의 혼란도 있다. 우리가 여기서 보통 쓰는 '상상력' 이라는 단어는 독일어 "Phantasie" 에서 온 것인데, 엄밀히 말하면 상상력으로 번역되기 보다는 '환상' 이 더 적합한 것 같다. 슈타이너가 그 판타지에서 길러지는 것으로 보는 "형상적 상상력"(bildliche Imagination)이야말로 보편적인 의미에서 "상상력" 이라는 용어로 표현될 수 있다. 최숙연, 같은 논문, 66쪽 이하 참조.

133 같은 책, 269쪽.

134 Rudolf Steiner, *Wie erlangt man Erkenntnesse der hoeheren Welten?*, *Rudolf Steiner Taschenbuecher aus dem Gesamtwerk*, Verlag Darnach/Schweiz, 1987, p.19; 루돌프 슈타이너, 김경식 옮김, 『고차 세계의 인식으로 가는 길』, 밝은 누리, 2003, 35쪽.

135 같은 책, 42쪽.

136 같은 책, 69-73쪽.

137 Rudolf Steiner, *Wie erlangt man Erkenntnesse der hoeheren Welten?*, p.45; 같은 책, 65쪽.

138 *Ibid.*, p.54.

139 같은 책, 77쪽, 123쪽.

140 같은 책, 126쪽.

141 줄리아 칭, 같은 책, 227쪽 이하.

142 루돌프 슈타이너, 『교육의 기초로서의 일반인간학』, 42쪽 이하.

143 이동준, 『유교의 인도주의와 한국사상』, 한울아카데미, 1997, 436쪽.

144 『퇴계집』, 「언행록」 제2권, 590쪽.

145 『퇴계집』, 「언행록」 제2권, 592쪽.

146 『퇴계집』, 「언행록」 제3권, 624쪽.

147 『퇴계집』, 「언행록」 제1권, 535쪽.

148 자크 랑시에르, 양창렬 옮김, 『무지한 스승』, 궁리, 2008, 108쪽 이하.

149 『전습록』 권上, 25조.

150 『전습록』 권中, 180조.

151 『전습록』 권下, 292조.

152 양명, 「대학문」, 줄리아 칭, 같은 책, 181-190쪽 참조.

153 『퇴계집』, 「언행록」 제1권, 562쪽.

154 『퇴계집』, 「언행록」 제2권, 584쪽.

155 『퇴계집』, 「언행록」 제1권, 563쪽.

156 『퇴계집』, 「언행록」 제3권, 631쪽.

157 『퇴계집』, 「언행록」 제3권, 632쪽.

158 『퇴계집』, 「언행록」 제2권, 593쪽.

159 데이비드 케일리(대담 · 엮음), 이한 · 서범석 옮김, 『이반 일리치의 유언』, 이파르, 2010, 71쪽 이하.

160 「대담 원로학자들을 찾아서:한국철학연구의 대가, 천원 윤사순 교수」, 『오늘의 동양사상』 제16호, 2007봄/여름, 195-198쪽; 張立文, 『朱熹與退溪思想比較硏究』, 臺北:文津出版社 1995, 홍원식, 앞의 글, 182쪽에서 재인용.

161 『이반 일리치의 유언』, 70쪽 참조.

162 『이반 일리치의 유언』, 169쪽.

163 Wang Yang-ming, *The Philosophical Letters of Wang Yang-ming*, trans. Julia Ching, canvera 1963, p.67.

164 『퇴계집』, 「언행록」 제1권, 569쪽.

165 『퇴계집』, 「언행록」 제1권, 562쪽.

어떻게 우리의 대동(大同)사회를 이룰 수 있을 것인가?

1 백낙청, 『2013년 체제 만들기』, 창비, 2012, 86쪽.이 글은 2012년 9월 대선에 쓰여진 것이다.

2 같은 책, 87쪽.

3 같은 책, 71쪽.

4 같은 책, 23쪽.

5 한나 아렌트, 「진리와 정치」, 『과거와 미래 사이-정치사상에 관한 여덟 가지 철학연습』, 서유경 옮김, 푸른숲, 313쪽.

6 백낙청, 같은 책, 33쪽.

7 "이명박 대통령의 위험한 천안함 왜곡발언", 「오피니언 왜냐면」, 『한겨레신문』, 2012.6.14, 29면.

8 한나 아렌트, 같은 글, 326쪽.

9 같은 글, 345-346쪽.

10 같은 글, 345쪽.

11 같은 글, 348쪽.

12 같은 글, 353쪽.

13 『한겨레신문』, 2012.6.8, 1-2쪽.

14 최인훈, 『바다의 편지-인류 문명에 대한 사색』, 삼인, 2012, 516쪽.

15 같은 책, 331쪽.

16 같은 책, 569쪽; 오인영, 「최인훈의 사유에서 역사의 길을 만나다-문명적 (DNA)' 의 힘, 빛, 꿈」.

17 같은 책, 341쪽, 420쪽.

18 같은 책, 335쪽.

19 같은 책, 335쪽.

20 이재봉, 「함석헌의 비폭력사상과 한반도의 비폭력통일(초고)」, 『함석헌이 지향한 한국사회』, 함석헌학괴 제2회(2011년 추계)학술발표 자료집, 덕성여대 평생교육원 201호, 2011.11.11., 23쪽.

21 백낙청, 같은 책, 173쪽.

22 한나 아렌트, 같은 책, 335쪽.

23 같은 책, 347쪽.

24 이신, 이경 엮음, 「사실(事實)I」, 『李信 詩集 돌의 소리』, 동연, 2012, 55-58쪽.

25 율곡, 『聖學輯要』.

26 임성규, 「복지 패러다임의 변화와 한국교회의 역할」, 『한국교회의 변화는 가능한가』자료집, 2012년 에큐메니칼 전국목회자 인문학심포지엄, 연세대학교 알렌관 무악홀, KNCCK 선교훈련원 주최, 2012.2.13, 60쪽.

27 이반 일리치, 이한 옮김, 『성장을 멈춰라-자율적 공생을 위한 도구 Tools for Conviviality』, 미토, 2004, 27쪽.

28 같은 책, 32쪽.

29 이반 일리치, 심성보 옮김, 『학교 없는 사회』, 미토, 2004, 13쪽.

30 이반 일리치, 『성장을 멈춰라-자율적 공생을 위한 도구 Tools for Conviviality』, 34쪽.

31 이반 일리치, 『학교 없는 사회』, 같은 책, 81쪽.

32 같은 책, 79-83쪽.

33 같은 책, 72쪽.

34 데이비드 케일리, 대담엮음, 이한 옮김, 『이반 일리치의 유언』, 이파리, 2010; 이은선, 「한국 페미니스트 그리스도론과 오늘의 기독교」, 『한국 生物여성영성의 신학-종교(聖)·여성(性)·정치(誠)의 한몸짜기』, 도서출판 모시는사람들, 2011, 88쪽.

35 여기서부터 인용하는 것은 시인 박노해가 이끄는 대안사회운동모임 〈나눔문화〉에서 나온 아직 미출간된 번역물에서 번역자의 허락 없이 잠깐 가져온 것이기 때문에 재인용을 금합니다.

36 이은선, 『한국 교육철학의 새지평-聖性誠의 통합학문적 탐구』, 내일을 여는 책, 2009.

37 백낙청, 같은 책, 31쪽.

38 베네딕트 데 스피노자, 김호경 옮김, 『신학-정치론』, 책세상, 2006, 25쪽.

39 함석헌, 「인간혁명의 철학」, 『함석헌 전집 2』, 한길사, 83쪽.

40 이은선, 『잃어버린 초월을 찾아서-한국 유교의 종교적 성찰과 여성주의』, 도서출판 모시는 사람들, 2009, 29쪽 이하.

41 『맹자』, 등문공下 9장.

42 이은선, 「性과 가족, 그리고 한국 교육철학의 미래」, 『教育哲學』 제33집, 2005.2.

43 백낙청, 같은 책, 84-85쪽.

44 백낙청, 같은 책, 80-81쪽.

45 최인훈, 같은 책, 451쪽.

46 백낙청, 같은 책, 56쪽.

47 이은선, 「에큐메니컬 운동의 미래와 한국적 聖·性·誠의 영성신학-2013WCC부산총회를 전망하며」, 『한국생물여성영성의 신학』, 321쪽 이하.

48 남재영, 「새로운 공교회운동·성직자운동·성직자영성운동」, 전국목회자정의평화협의회 교회개혁 심포지엄 및 제28차 정기총회 자료집, 2012.5.21, 기독교회관 2층 대강당, 9쪽.

49 이정배, 「종교개혁 500주년을 맞는 한국교회의 '2017년 의제'-공교회 운동과 성직자 영성운동을 생각하며-」, 같은 자료집, 16쪽.

50 이정배, 같은 글, 19쪽.

51 탄허, 『탄허록-미래사회의 주인공들에게 남간 100을 내다본 지혜 모음』, 휴, 2012.

52 이은선, 기독여민회 엮음, 「한국 여성그리스도의 도래를 감지하며-기독여민회와 한국 교회개혁의 미래」, 『발로 쓴 생명의 역사, 기독여민회 20년』, 대한기독교서회, 2006, 75쪽 이하.

• 찾아보기 •

교환가치 68,69,70,210
권력 73,74
권위 99-102,104
그림자 노동 257
근대 인간의 전체주의 52
근대인 63
근본악 122
기독교 36,203
기독교 전통 200
기적 78,108
김구 26

[ㄴ]

내재적 초월 311
노동 61,63,65-67,76,80-82,84,114,180,228,
239,254,331,336
노동 활동 64
노동력 62,65
노동자 66,84,86,208,254,256
논어 186,213,219
놀이 96,97

[ㄷ]

다원성 53,55,71,94
대동사회 319,329
대변자 95
대양 23,27
대학도 298
도구화 68,69,206,209,256
동반자 112,114,115

[ㄹ]

라헬 반하겐 31,32,36,37,40,41,155
루돌프 슈타이너 265,267,269,273-276,27
9,287,310
리(理) 107,108,211

[ㅁ]

마음 111,116,120,125,128,129,135,142,14
8,152,162,168,211,246,252,270,272,274,
280,285,291,295,297,300,310,314,316
말 57,82,83,86
맥켄타이어 68
맹자 165,211,292
명예 22,40,48,106,146,160,218
몸 185,274
무한경쟁주의 197,199,200
문화 108,109
문화인 105,108,112
민족국가 58

[ㅂ]

반감 275,287
배움 241,262
백낙청 327,342,344,345
백록동규도 298
보수적 87,98,102,112,113,154,162,214
보편적 불행 65
불멸성 71,74
불행 65
비인간화 50